Paul Frank

Entschlüsselte
Botschaft

Inhalt

Das Leben selbst lehrt uns …

Wir wissen nicht im entferntesten, was gespielt wird, universal gesehen, wer oder was wir überhaupt sind, woher und wohin. Arbeit und Erfolg ist in keinen Zusammenhang zu bringen, auch Leben und Tod nicht.

Gottfried Benn

IN DER NACHT VOR DER PARAPHIERUNG des Moskauer Vertrages im Juli 1970, am Ende eines anstrengenden Verhandlungstages, saßen die deutsche und die sowjetische Delegation um den gedeckten Tisch auf der Terrasse des Gästehauses der Sowjetregierung auf den Leninhügeln. Wir genossen die russische Küche und einen warmen Sommerabend. Gastgeber Andrej Gromyko hatte durch seine gespenstisch lautlosen Gehilfen ein Abschiedsessen hervorzaubern lassen, das seinesgleichen suchte. Nach all den Anstrengungen stellte sich eine gelöste, entspannte Atmosphäre ein.

Plötzlich und unvermittelt fragte mich Andrej Gromyko, der Meister des brüsken Stimmungswandels, mit ernster Stimme: »Gospodin Frank, sagen Sie, sind Sie in einem Dorf oder in einer Stadt auf die Welt gekommen?«

Ich wußte im Augenblick nicht, worauf der alte Fuchs hinauswollte. So antwortete ich wahrheitsgemäß, was immer noch das sicherste ist: »In einem kleinen Dorf von sechshundert Seelen; es heißt Hilzingen.«

»Ah«, sagte Andrej Gromyko, »das ist gut! Man muß in einem Dorf zur Welt gekommen sein, wenn man etwas von der Welt und von den Menschen verstehen will. Ich bin auch in einem kleinen Dorf geboren wie Sie. Es heißt Gromyko und liegt in der Ukraine.«

Diese überraschende Bodenverbundenheit des Andrej Gromyko war gewiß kein Produkt seiner marxistisch-leninistischen Überzeugungen. Aber er verstand sicher eine Menge von der Welt und von den Menschen. Er ist nicht umsonst einer der bedeutendsten Außenminister unserer Zeit. Ich hatte jedenfalls den Eindruck, als habe er mir etwas Nettes sagen wollen. Und das hat bei Andrej Gromyko Seltenheitswert.

EIN GANZES LEBEN LANG sind die überschaubaren und wohlgeordneten Welten des handwerklichen Betriebes meiner Eltern und des bäuerlichen Daseins meiner Großeltern in meiner Erinnerung eingegraben geblieben. Das Lob des Dorfes ist kein Thema für jene modische, rustikal aufgeputzte Nostalgie, die heutzutage entschwundene oder verkommene Tugenden beschwören will. Auch in unserer Zeit ist das Dorf eine Lebenseinheit, die ein Teil unserer Welt ist. In ihr wird hart gearbeitet; wir können von ihren Menschen viel lernen.

Alle Palasthotels, alle Badestrände und Attraktionen der Welt können für mich den Obstgarten hinterm Haus meines Großvaters am Bach nicht aufwiegen. Dort durfte ich, wenn ich als Bub über den Hohentwiel auf Besuch hinüberkam, die Taschen voll mit Obst stopfen, soviel ich tragen konnte – die ersten saftigen, ein wenig säuerlichen Gravensteiner, und vor allem jene penetrant-süßen und »teigen« Birnen, deren richtigen Namen ich vergessen habe, die man auch »Süli-Birre« nannte. Waren sie überreif geworden, mußte man sie den Schweinen verfüttern. Es verging kaum eine Woche, daß ich nicht mit dem »Bähnle« oder mit dem Fahrrad meine Großeltern besuchte. Sonntags nahm mich der Großvater an der Hand, und ich durfte mit ihm über die Felder wandern. Es gebe für ihn nichts Schöneres, als am Sonntag nach der Messe übers Feld zu gehen und zu sehen, wie die Saat stehe. Und als er nach einem arbeitsreichen und mustergültigen Leben seinen 78. Geburtstag beging, meinte er zu mir, jetzt komme ihm sein Leben so vor, als sei er gerade einmal durchs Dorf gegangen.

Wer den Stimmen der Erinnerung zu lauschen versteht und in die tieferen Schichten seiner Herkunft hinabzusteigen vermag, wird für manches in seinem Leben, das ihm bis dahin unverständlich erschien, die Entschlüsselung finden. Nicht in jenem primitiven, abstoßenden Sinn einer sogenannten Ahnenforschung, wie sie im »Dritten Reich« betrieben wurde. Nein, ganz und gar nicht! Das respektvolle Gedenken an die Vorfahren ist gemeint, gerade weil wir, die Heutigen, den Tod so oft zu verdrängen suchen und damit auch die Verstorbenen vertreiben.

Nun, da gab es den Urgroßvater Johann Frank. Er war ein Bauer zwischen Bodensee und Schwarzwald. Und ein begüterter dazu. Ein rundköpfiger und hartnäckiger Alemanne, ein Vertreter der Rasse, die als minderwertig einzustufen den Rasseforschern des Dritten Reiches vorbehalten blieb.

In der Revolution von 1848 kam Johann Frank zu Tode. Und das geschah so: Neben seinem Hof betrieb er einen Viehhandel mit der

Schweiz. Was er dabei verdiente, legte er in Waffen an, die er in der Schweiz kaufte, teils über die Grenze ins Badische schmuggelte, teils in Depots im »Schaffhauser Zipfel« einlagerte.

Ein Schreiben des badischen Ministers der auswärtigen Angelegenheiten vom 24. Juli 1848 an den Bundestag zu Frankfurt hat sich mit dem Tatbestand befaßt. Es heißt dort:

Daß theils im Elsaß, theils in der Schweiz (von Basel über Schaffhausen bis Konstanz, Eglisau, Leichlingen, Tegerwilen) neue republikanische Freischaren, wenn auch noch schwach an der Zahl, unter den bekannten Führern Heinzen, Hecker, Mögling, Siegel, Resina, Kayser, organisiert; daß Waffen angekauft und Depôts in manchen Orten der Kantone Basel, Schaffhausen, Thurgau gebildet, und daß von da aus fortwährend Verbindungen mit dem badischen Oberland unterhalten, Druckschriften wie der Volksfreund nebst zahllosen Flugblättern, die alle zu republikanischen Schilderhebungen aufforderten, herbeigeschleppt und verteilt wurden.

Zusammen mit dem Heckerschen Haufen zog Johann Frank über den Schwarzwald. Bei Kandern kam es zur Schlacht, in der der General Friedrich von Gagern fiel. Bernhard Becker (»Die Reaktion in Deutschland gegen die Revolution von 1848«) berichtet:

Obschon der General in offener Feldschlacht geblieben war, schilderten dennoch die Reaktionäre seinen Tod wie einen Meuchelmord, und obschon Gagern in einem von der Reaktion arrangierten Feldzuge gegen die Republikaner eine Hauptrolle gespielt, schämten sich gleichwohl die liberalen Zeitungen nicht, heuchlerisch in ihm einen der edelsten Söhne Deutschlands zu betrauern.

In Rastatt verteidigte Urgroßvater Johann Frank zusammen mit mehr als tausend Freiheitskämpfern die Festung gegen die Kräfte des »ordre établi«. Die Republikaner wurden Opfer einer Kriegslist. In einem Kapitulationsvertrag war den Belagerten volle Amnestie zugesichert worden. Sie ergaben sich daraufhin.

Nachdem aber die Freischaren ihre Waffen abgeliefert hatten, wurden sie Räuber und Lumpengesindel genannt und als Gefangene in die Kasematten der Festung eingesperrt, wo sie eine harte Behandlung erleiden mußten.

9

In den dunklen und feuchten Kasematten holte sich Johann Frank eine Lungenentzündung und starb. Die Bauern seines Heimatdorfes spannten zwei Pferde ein und holten den Leichnam zurück. Zuvor hatten sie ihn in eine schwarz-rot-goldene Fahne eingewickelt.

Ereignisse in der eigenen Sippe sind keineswegs ohne Bedeutung für die nachfolgenden Generationen, auch wenn diese vom Glück und Unglück ihrer Vorfahren nur wenig oder nichts wissen. Ihr Verhalten scheint sich gelegentlich über Generationen hinweg zu ähneln. Ob ein Mensch auf der Seite der Freiheit oder auf der Seite der Unterdrückung steht, ist nicht in einem Parteibuch verzeichnet.

Fast ein Jahrhundert nach Johann Frank, im Frühjahr 1933, wurde mein Vetter und Urenkel dieses Freiheitskämpfers dabei erwischt, als er Anti-Hitler-Druckschriften von Schaffhausen über die deutsche Grenze schmuggelte. Das kostete ihn zweieinhalb Jahre Gefängnis. Als er diese abgesessen hatte, wurde er dem Gauleiter Robert Wagner in Karlsruhe vorgeführt, der ihm die Entlassung aus der Haft versprach, wenn er sich schriftlich verpflichten würde, nie mehr politisch aktiv zu werden. Der alemannische Dickschädel antwortete: »Ich will das Gefängnis erst verlassen, wenn ich sicher sein kann, daß Sie hineinkommen!« Das hat ihm die Verbringung in das Konzentrationslager Buchenwald eingetragen. 1945 wurde er von dort befreit.

Heute weiß ich, daß die Sippe ihren Teil dazu beigetragen hat, um in mir den Grund für die innere Unabhängigkeit zu legen. Sie stößt oft an, sie ist unbequem und wirkt zuweilen arrogant. In Wahrheit ist sie nur die Kehrseite der persönlichen Freiheit, die es in Deutschland schon immer schwer gehabt hat.

Ich war vierzehn Jahre alt, als sich der braune Schatten über Deutschland legte. Er begann sich alsbald blutrot zu färben.

Natürlich kann man den Hitlerismus historisch, wirtschaftlich oder gar philosophisch zu erklären suchen. Es gab auch lange vor 1933 eine unterschwellige Komplizenschaft in der europäischen Literatur und Philosophie. Da war auch der traditionelle Antisemitismus im Habsburger Staat. Und niemand wird leugnen wollen, daß die Massenarbeitslosigkeit im Gefolge der Weltwirtschaftskrise ihren Anteil am Aufstieg Hitlers und seiner Trabanten hatte. Wie gefestigt das demokratische Bewußtsein der Deutschen war, die immer noch unter ihrer Dolchstoßlegende litten, so daß ihnen der Generalfeldmarschall Paul von Hindenburg nicht als Präsident der Republik, sondern als Ersatzkaiser erschien, sollten wir lieber verschweigen. Nicht aus Höflichkeit, sondern aus Scham.

Was nach 1933 passiert ist, läßt sich in der Wirklichkeit des deutschen Alltags in einer Kleinstadt jener Zeit besser erkennen, als aus den geistesgeschichtlichen Zusammenhängen und den »großen« Ideen, die meistens lügen. Es mag sein, daß damals in mir die Neigung entstanden ist, die mikro-politischen Ereignisse für bedeutsamer einzuschätzen als die großen Zusammenhänge, das Verhalten der Menschen für wichtiger zu nehmen als den Inhalt von Programmen, Gut und Böse für entscheidender zu halten als Gekonntes und Imponierendes.

Ein Bub von vierzehn Jahren konnte sehr gut feststellen, wie sich die Welt, in der er lebte, nach 1933 zum Bösen veränderte. Da war zunächst die Familie. Mein Vater hatte es in der Zentrumspartei zum Kreisvorsitzenden und zum stellvertretenden Bürgermeister gebracht. Edmund Kaufmann, der spätere Finanzminister von Württemberg-Baden, war damals Bürgermeister. Mein Vater hatte ihm für seinen Hausbau für eine beträchtliche Summe gebürgt. Nun, 1933, wurden beide aus ihren Ämtern gejagt. Die Hypothek bildete ein schwieriges Problem für meinen Vater. Noch heute spüre ich, wie die häusliche Atmosphäre von dieser Sorge erfüllt war.

Da war die Schule. Schulkameraden, die im allgemeinen das Schlußlicht der Klasse gebildet hatten, erschienen plötzlich in brauner Uniform, stellten sich als Hitler-Jugendführer vor und wurden von manchen Lehrern recht respektvoll behandelt. Der Religionsunterricht fiel Rowdys zum Opfer. Einer der Hitler-Jugendführer schleuderte einmal unserem Stadtpfarrer August Ruf, der später im Konzentrationslager jämmerlich zu Tode gequält wurde, vor der Klasse ins Gesicht: »Ich verlange für mich die Note ungenügend, denn ein Hitler-Junge ist stolz darauf, in Religion ungenügend zu sein!« Der greise Stadtpfarrer weinte.

Gewiß, alle die, die damals dem Verführer zugelaufen sind, wußten nicht, konnten nicht wissen, wie alles enden würde; aber keiner hat Gut und Böse nicht unterscheiden können.

1937 wurde uns ein Schuljahr »geschenkt«. Wir durften ein Jahr früher Abitur machen, weil das Oberkommando der Wehrmacht unseren Jahrgang schon eingeplant hatte für das, was 1939 kommen sollte. Jede Woche ließ der Mathematiklehrer diejenigen unter uns, die sich bereits freiwillig für den Militärdienst gemeldet hatten, aufstehen und beglückwünschte sie zu ihrer Entscheidung. Er ermunterte die anderen, dem Beispiel dieser Kameraden zu folgen, mit den Worten:»Wenn es Krieg gibt, stelle ich fünf Soldaten ins Feld (er hatte nämlich fünf Söhne), und ich bin der sechste!« Als ich mich schließlich als letzter dazu bekannte, mich »freiwillig« gemeldet zu haben, quittierte er dies mit den Worten: »Na endlich! Du auch? Da wirst du ja bald lernen, die Schnauze zu halten!«

1940, zu Beginn des Krieges in Frankreich, fiel sein ältester Sohn. Der Mathematiklehrer war fortan ein gebrochener Mann.

DER JAHRGANG 1918 hatte nicht nur das Vergnügen, ein Jahr Schulzeit einzusparen. Ihm war es auch vergönnt, nach zweieinhalb Jahren Arbeits- und Militärdienstzeit ohne Übergang in den Krieg zu ziehen. Zwanzig Zentimeter mußten einzeln von dem Metermaß im Spind noch abgeschnitten werden; zwanzig Tage trennten uns von der Entlassung aus dem Militärdienst, da war erster Mobilmachungstag!

Mit einer Panzerdivision ging es nacheinander nach Frankreich, nach Griechenland und nach Rußland. Im Frankreichfeldzug überschritten wir die Somme, von der uns mein Vater mit schöner Regelmäßigkeit am Sonntagnachmittag seine Erlebnisse aus dem Ersten Weltkrieg berichtet hatte. Die Rückkehrer aus dem Zweiten Weltkrieg haben dagegen wenig Neigung gezeigt, daheim ihre Kriegserlebnisse zum besten zu geben. Das Erlebte hat ihnen den Mund verschlossen, wie ja auch die Luftschutzkeller in der Heimat nicht gerade zur Unterhaltung einluden.

An der Front habe ich zuweilen ein Gedicht geschrieben. In einem alten Schulheft sind sie unter dem Titel »Saat aus Trümmern« zusammengefaßt. Dieses Heft ist das Kriegstagebuch meiner Seele. Alle meine Ängste, Verzweiflungen und Hoffnungen jener Zeit sind darin aufgeschrieben. Gefühle, wie sie »ein guter Soldat wider Willen« (Franz Marc) empfinden mag.

Eine Birke weint.
Ihr keusches Kleid
hängt zerfetzt.
Glühender Stahl des Geschosses
brach ihr das Herz,
nicht anders,
als breche
unmutige Hand einen Zweig.

Ein Pferd schreit auf.
Es bäumt sich und blutet,
verendet im Sand.
Glühender Stahl des Geschosses
schlug ihm die Wunde,
nicht anders,
als schlage
ein Rohling das schuldlose Tier.

Ein Mensch stirbt.
Der Seele entringt sich
stöhnend der Welt Schmerz.
Glühender Stahl des Geschosses
nahm ihm den Atem,
nicht anders,
als nehme
der Bruder dem Bruder das Leben.

(Geschrieben 1941 an der Rollbahn Smolensk-Moskau)

Mancher, der mehr oder weniger unversehrt aus dem Krieg zurückkam, wird sich gefragt haben, warum gerade er die Heimat
wiedersehen durfte, während so viele seiner Kameraden gefallen
sind. Die Geschosse der Stalinorgeln prasselten auf alle gleich dicht
herab, und doch machte es den schicksalhaften Unterschied aus, ob
der Splitter in den Oberschenkel, in den Kopf oder in das Herz
drang.
Jeder mag seine eigene Erklärung dafür gefunden haben, oder er
hat sie nicht finden können. Meine stimmt mit derjenigen überein,

die meine Mutter ausgerufen hat, als sie mich bei der Rückkehr aus dem Krieg in die Arme schloß: »Die Mutter Gottes hat dich beschützt!«

Ich hatte Ende 1945 grosses Glück gehabt. Durch die Hilfe guter Schweizer Freunde konnte ich das Studium in Zürich beginnen und dank eines Stipendiums der Universität Fribourg/Schweiz dort beenden. Das Stipendium bestand aus Naturalleistungen Freiburger Familien, von denen die einen ein kostenloses Quartier, andere einen Mittags- oder Abendtisch spendierten. Die Schweizer Studenten legten dreißig Franken Taschengeld pro Monat dazu. Ein Zeichen der Solidarität und der Hoffnung nach 1945!

Eine Zeitlang wurde ich am Tisch der Angestellten eines Hotels verköstigt. Da sagte eines Tages eine Putzfrau, die mit am Tisch saß, so laut, daß es alle hören konnten: »Wenn wir unser Essen nicht mit diesem deutschen Studenten teilen müßten, bekämen wir besseres Essen!« Ich bekam einen roten Kopf, sagte aber nichts. In diesem Augenblick hatte ich tatsächlich gelernt, »die Schnauze zu halten«, wie mein Mathematiklehrer prophezeit hatte. Mein Ziel, sobald wie möglich das Studium abzuschließen und nicht noch mehr Zeit zu verlieren, sollte durch nichts, aber auch durch gar nichts gefährdet werden.

In der zulässigen Minimalzeit von acht Semestern schloß ich mit dem Doktor der Staatswissenschaften ab. Das Thema meiner Dissertation lautete: »Die Neuordnung des deutschen Geldwesens nach dem Zweiten Weltkrieg«. Zwei weitere Jahre war ich dann ordentlich bestallter Assistent der Rechts- und Staatswissenschaftlichen Fakultät der Universität Fribourg. Die Professoren Eugène Bongras und Artur F. Utz und ich bauten dort das Internationale Institut für Sozialwissenschaften und Politik auf, das heute noch besteht.

Mein erstes Monatsgehalt (ich war inzwischen dreißig Jahre alt geworden) betrug dreihundert Schweizer Franken. Ich hatte das Gefühl, jetzt könne mir nichts mehr passieren. Selbst für einige Schweizer Kommilitonen, die verärgert meinten, es sei eine unglaubliche Sache, die – begehrte – Assistentenstelle so einem »chaibe Schwob« zu geben, hatte ich Verständnis. Diese Stellen waren ja äußerst rar.

Der angenehme Zustand, als Gehaltsempfänger des Kantons Fribourg an jedem Ersten des Monats auf der Kantonskasse dreihundert Franken abholen zu können, dauerte zwei Jahre. Dann geriet ich in die Verstrickung, an deren Ende ich dem wiedererstandenen Auswärtigen Amt zugeführt wurde, das damals – 1950 – noch schamhaft den Namen »Verbindungsstelle zur Alliierten Hohen Kommission« trug.

NOCH WÄHREND MEINER TÄTIGKEIT ALS ASSISTENT am Internationalen Institut für Sozialwissenschaften und Politik lernte ich Franz M. Elsen kennen. Er war ein politisch engagierter und mit vielfältigen Beziehungen ausgestatteter Mann und nahm auch regelmäßig an den vom Fribourger Institut durchgeführten Studientagungen teil. Über Jahre hinweg beschäftigte sich das Institut mit der Frage, wie die Grundsätze der katholischen Soziallehre, so wie sie in den päpstlichen Enzykliken niedergelegt waren, auf die heutigen Tatbestände in Wirtschaft und Gesellschaft angewandt werden können. Eine bis heute unvollendete Aufgabe.

Franz M. Elsen zeigte sich dankbar dafür, daß das Institut nach 1945 die ersten Deutschen in die Schweiz eingeladen hatte, soweit sie bei der Erteilung des Visums keine Schwierigkeiten zu fürchten brauchten. Zaghafte Verbindungen und ein erster Dialog wurden auf diese Weise wieder hergestellt. Dies alles geschah mit dem gemeinsamen Ziel, ein Vereintes Europa aufzubauen, das sich aus dem Prinzip der Subsidiarität zwingend ergab.

Das ging so bis 1950, als der neue deutsche Staat im Westen, so wie der andere im Osten, anfing, einen außenpolitischen Apparat aufzubauen. Mag ein Land noch so besiegt, zerstört und desorganisiert sein, der Zwang, die Beziehungen zur Umwelt zu regeln, ist übermächtig. Dafür braucht man ein Instrument.

Geräuschlos und der Aufmerksamkeit der Öffentlichkeit entzogen sollte der neue auswärtige Dienst der Bundesrepublik Deutschland heranwachsen. Die meisten Beamten, die den Wiederaufbau des Auswärtigen Amtes in die Hand genommen hatten, waren gebrannte Kinder. Manch einem war das seelische Rückgrat gebrochen worden, als er bei Kriegsende eine Wegstrecke lang bangen mußte, ob sein Dienst im und am »Dritten Reich« die Hoffnung auf eine gesicherte Zukunft in dem geliebten Beruf in einem demokratischen Staat zunichte machen würde.

Im Sommer 1950 schrieb Franz M. Elsen ohne mein Wissen einen Brief an den Kunstschriftsteller Wilhelm Hausenstein, der als erster Generalkonsul nach dem Kriege für Paris vorgesehen war. Er riet ihm, mich für den Eintritt in den auswärtigen Dienst zu gewinnen und am neu zu eröffnenden Generalkonsulat in Paris als seinen »persönlichen Gehilfen« zu beschäftigen.

Wilhelm Hausenstein bat mich daraufhin, nach Bonn zu kommen, um mich kennenlernen zu können. Eugène Bongras, den ich um Rat gefragt hatte, ob ich fahren solle, meinte: »Fahren Sie ruhig, Sie können ja immer noch nein sagen, wenn Ihnen kein vernünftiges Angebot gemacht wird.« Also fuhr ich – im Sommer 1950 – nach Bonn. Wilhelm Hausenstein war mit seiner Frau Margot von Tutzing in die provisorische Hauptstadt gekommen, um die administrativen Einzelheiten der persönlichen und materiellen Ausstattung des neuen Generalkonsulats in Paris, mit dessen Führung ihn Konrad Adenauer betraut hatte, zu klären. Dazu gehörte auch, so dachte Wilhelm Hausenstein, die Anstellung eines Persönlichen Referenten.

Nun, das war leichter gedacht als getan. Dieses Bonn, mit allen Zeichen des Provinziellen und des Provisorischen, glich im Sommer 1950 einem drückend-feuchten Kahlschlag, in dem allerlei Sorten von Pilzen aus dem Boden schossen. Alle diejenigen, die aus irgendeinem Grunde ihre heile Haut in die neue Zeit herübergerettet hatten, empfahlen sich Konrad Adenauer als unentbehrliche Spezialisten für dies und das.

Nun ist es richtig, daß unter den Beamten, die Herr Erler genannt hat, also vom Referenten an aufwärts, wenn ich die Zahl richtig im Kopf habe, etwa 66 Prozent frühere Pgs gewesen sind. Aber ich glaube, wenn Sie die Dinge einmal in Ruhe überlegen, dann werden Sie nicht sagen können, daß man hätte anders verfahren können.
(Konrad Adenauer in der Debatte um die Einstellung von ehemaligen Mitgliedern der NSDAP in den öffentlichen Dienst am 22. Oktober 1952.)

Mittlerweile habe ich genügend Abstand gewonnen, um mir über die damaligen, alles andere als ermutigenden Verhältnisse in Bonn ein abgewogenes Urteil zu bilden. Auch von dem, was man damals die »Wiedergeburt der Wilhelmstraße«, jener Zentrale der Außenpolitik seit Bismarck, genannt hat.

Konrad Adenauer hat in den Fragen des administrativen Neubeginns und der damit verbundenen Personalpolitik nie besondere Skrupel verspürt. Er besaß dafür überhaupt kein Organ. Beamte, die an ihrer politischen Vergangenheit schwer zu tragen hatten, waren ihm für seine Zwecke gerade recht. Von ihnen versprach er sich, daß sie bequeme und gefügige Werkzeuge sein würden, die froh sein mußten, nicht schon wieder am Ende ihrer Karriere zu stehen. Von ihnen durfte er Unterwerfung unter seinen Willen erwarten. Das war es, was er brauchte.

Was die Beamten der früheren »Wilhelmstraße« angeht, um die damals so viel Lärm gemacht worden ist, so können ihre Motive für die Wiederverwendung als harmlos und verständlich bezeichnet werden. Sie dachten nicht im Traum daran, den neuen auswärtigen Dienst um eine braune Zelle herum aufzubauen und so eines Tages auf die Außenpolitik des neuen Staates entscheidenden Einfluß zu bekommen. Ihr Interesse war bescheiden und unpolitisch. Sie wollten die Stellen des neu aufzubauenden Ministeriums für sich und ihre Freunde reservieren. Sie waren bereit, loyale Diener zu sein, wenn nur ihre besonderen Kenntnisse des diplomatischen Handwerks anerkannt wurden, ihre exklusiven Interessen gewahrt waren und man ihnen die Personalpolitik überließ.

Jede Bundesregierung konnte ihnen recht sein, die einzusehen bereit war, daß eine Verbalnote eben etwas anderes ist als ein gewöhnlicher Brief, eine Note wieder etwas anderes, und daß ein Diplomat nicht eben nur im Außenministerium des Gastlandes vorspricht, sondern eine Démarche durchführt.

»Diplomat sein« hieß nach ihrer Vorstellung vor allem, dazuzugehören – zu einem Kreis ausgesuchter, berufssolidarischer Menschen, wenn möglich aus »gutem Stall.« Das hieß auch, über solche Banalitäten wie die NS-Vergangenheit erhaben zu sein. In der dünnen Luft der Diplomatie die ja auch im Dritten Reich noch ein wenig konserviert wurde, darf man sich eben nicht kompromittieren. Und wenn – par malheur – eben mal ein Kollege gefallen war, so hatte er damit nur bewiesen, daß er das Zeug zum richtigen Diplomaten nicht hatte. Wenn alle Stricke reißen sollten, konnte man sich noch immer an das Wort von Karl Mellies halten: »Seinen Konzessionsjuden hat jeder Nazi!«

Für Wilhelm Hausenstein stellten sich die Dinge allerdings anders dar. Konrad Adenauer, den er nahezu unkritisch verehrte, hatte ihn auf den Pariser Posten berufen. In Sachen Diplomatie war Hausenstein zwar ein Neuling und ein Außenseiter dazu, aber er kannte die tieferen Schichten der französischen Nation. Maria Schlüter-Hermkes und Theodor Heuss hatten ihn als ersten Vertreter in Frankreich nach dem Krieg empfohlen. Theodor Heuss kannte Wilhelm Hausenstein gut, sie hatten schon vor dem Ersten Weltkrieg gemeinsam das kulturelle und künstlerische Paris durchwandert.

Konrad Adenauer erkannte mit dem ihm eigenen Instinkt für das taktisch Kluge sofort die Bedeutung einer solchen Geste gegenüber Frankreich, wo Diplomatie und Literatur von jeher in einem engen Verhältnis stehen. Und Margot Hausenstein blickte als belgische Jüdin auf viele Jahre der Verfolgung im Dritten Reich zurück. Die Franzosen erkannten und würdigten die Geste. Manche Leute in Bonn haben hingegen versucht, eine Legende in die Welt zu setzen: Konrad Adenauer sei einer Namensverwechslung zum Opfer gefallen. Er habe eigentlich den Wirtschaftsjournalisten (Fritz) Hauenstein ernennen wollen. Als er dies bemerkt habe, sei es zu spät gewesen. Und der damalige Personalchef der Dienststelle für Auswärtige Angelegenheiten, Wilhelm Haas, hat noch 1969 den gedruckten Beweis nachgeliefert, daß er die tiefe Bedeutung der Berufung Wilhelm Hausensteins nicht begriffen hatte. Er meinte, Wilhelm Hausenstein werde für die Franzosen »kaum ein politischer Gesprächspartner« gewesen sein.

Willi Baumeister gar richtete einen Offenen Brief an Theodor Heuss. Ein Hauptgegner der modernen Kunst wie Wilhelm Hausenstein, so meinte er, könne nicht die Bundesrepublik in Paris, dem Mekka der modernen Kunst, vertreten. Das lasse eine Schädigung »der jetzt in Fluß kommenden Beziehungen deutscher und französischer moderner Künstler« befürchten. Theodor Heuss, der der Entsendung Wilhelm Hausensteins nach Paris »seine volle Zustimmung« gegeben hatte, ließ mit seiner Antwort nicht auf sich warten. »Ihr Protest«, schrieb er an Willi Baumeister, »hat mich einigermaßen erstaunt, und, wenn Sie mir das nicht übelnehmen, sogar etwas erheitert ... Ihre Bemerkung, man stünde im Begriff, den ›Bock zum Gärtner zu machen‹, ist doch arg danebengehauen, sie ist, verzeihen Sie, fast philiströs, weil sie eine schier groteske Verengung des Blickfeldes zeigt ... Eine zur Polemik geneigte Eingesponnenheit muß Ihnen das Gefühl für die Gewichte verdorben haben.«

In einem Brief an Wilhelm Hausenstein war Theodor Heuss noch um einige Grade deutlicher. Am 9. Mai 1950 schrieb er ihm: »Ich traf zufällig in der Bauhaus-Ausstellung am Samstag in München Baumeister und sagte ihm auch mündlich so ungefähr, daß er ein Esel sei.« Und am 20. Mai 1950: »Ich kriege auch entsetzlich

18

viele Briefe in der Baumeister-Sache, z. T. von Leuten, bei denen ich den Verdacht habe, daß sie mich etwas zu Unrecht für sich in Anspruch nehmen.«

Was hatte diesen Wirbel in künstlerisch-literarischen Kreisen verursacht?

Wilhelm Hausenstein, in früheren Jahren Protagonist und Deuter der modernen Kunst, hatte nach dem Krieg seinen Standpunkt revidiert und 1949 eine kritische Broschüre gegen die abstrakte Malerei veröffentlicht. In dem Maße, wie er sich nach dem Zweiten Weltkrieg den Fragen einer neuen menschlichen Ordnung in Europa zuwandte, wurde er zunehmend unsicher, ob die moderne Kunst nicht einen Verfall der traditionellen Werte des Abendlandes zum Ausdruck bringe. Er stellte die Aussagekraft der modernen Kunst nicht in Abrede, sondern beklagte die Verunstaltung und den Verlust des menschlichen Antlitzes, was ihm neues, inhumanes Unheil für die Welt anzukündigen schien. Er sah im »Neuen« im »Unerhörten«, im »Interessanten«, wie er es vor allem bei Picasso entdeckte, die »Grundkategorie dieser verlorenen Gegenwart«.

War dies ein ausreichender Grund, um öffentlich die Zurücknahme der Ernennung Wilhelm Hausensteins zu fordern? In Deutschland wohl. Da ist man immer bereit, den Kopf des Andersgläubigen zu fordern.

Kürzlich war ich wieder einmal im Wallraf-Richartz-Museum in Köln. Da habe ich mich an die Kontroverse zwischen Wilhelm Hausenstein und Willi Baumeister erinnert. Ich sah »Kopfloser Mannequin« von Bernard Schultze, ich sah einen halb abgegessenen Mittagstisch, ich sah all das Verfaulende, das Stinkende als Ankündigung der Gesellschaft von morgen. Hatte Wilhelm Hausenstein wirklich so unrecht gehabt?

Nach den Pariser Verträgen (1955) wurde die Diplomatische Vertretung in eine Botschaft umgewandelt. Wie hatte der Personalchef zu Konrad Adenauer gesagt? »Sobald die Mission des deutschen Vertreters in die tiefe politische Problematik hineinführe, werde daher ein Wechsel auf dem Posten notwendig werden.« Der Bundeskanzler sagte, er teile diese Auffassung.

Die ganze Bitterkeit Wilhelm Hausensteins über seinen Abschied – vor allem über dessen Form – konzentrierte sich bis zu seinem Tode auf die Person Walter Hallsteins, der den Abberufungserlaß unterschrieben hatte. Wilhelm Hausenstein weigerte sich einzusehen, daß seine Abberufung eine Entscheidung Konrad Adenauers war. Er sah darin – ganz zu Unrecht – eine Intrige Walter Hallsteins. Vielleicht war dies auch das unbewußte Bemühen, das Bild Konrad Adenauers, das er in idealistischer Weise überhöht hatte, unbefleckt zu erhalten.

Ein rechtzeitiges Gespräch Konrad Adenauers mit Wilhelm Hausenstein hätte der Abberufung des über Siebzigjährigen die menschliche Härte nehmen können. Aber wer so etwas von Adenauer erwartete, kannte ihn schlecht – oder gar nicht.

Wilhelm Hausenstein hat die Atmosphäre der freundlichen, unverbindlichen Ablehnung, auf die er stieß, sicherlich schon 1950 verspürt, als er die Baracke betrat, in der die »Verbindungsstelle zur Alliierten Hohen Kommission« untergebracht war. Alle Baracken riechen gleich: feucht, überheizt, muffig und von penetrantem Geruch nach Bodenpflegemitteln durchzogen. Dieser Geruch sorgte sogleich für ein Gefühl ungebrochener Kontinuität zu den zahllosen Baracken, die ich im Arbeitsdienst, auf den Truppenübungsplätzen und im Krieg kennengelernt hatte. Baracke ist Baracke, auch wenn ein auswärtiger Dienst drin haust.

Die Bitten Wilhelm Hausensteins, man möge ihm für seine Arbeit in Paris mich beigeben, damit er wenigstens über einen Mitarbeiter verfüge, der perfekt Französisch spreche, wurden mit freundlichster Unverbindlichkeit überhört. Ein Blick in die Stellenbesetzung jedoch hatte mich überzeugt, daß noch mehr als die Hälfte aller Posten unbesetzt waren. Ein höherer Beamter hatte den Nerv, mir zu sagen: »Junger Mann, bewerben Sie sich erst einmal um die Aufnahme in unsere (noch gar nicht arbeitende) Diplomatenschule; wenn Sie dort bestanden haben, tragen Sie den Marschallstab im Tornister!«

Ich war zu diesem Zeitpunkt immerhin 32 Jahre alt, davon acht Jahre lang Soldat. Nach dem Krieg hatte ich mein Studium in der Schweiz absolviert, weil ich, von der NS-Vergangenheit unbelastet, schon Ende 1945 in die Schweiz einreisen konnte.

Das war mir zuviel. Konnte denn dieses Land ohne Kasinoton nie auskommen? Ich wollte keinen Marschallstab im Tornister. Ich hatte geglaubt, die aus dem Krieg Zurückgekehrten sollten sobald wie möglich mithelfen, einen neuen, besseren Staat aufzubauen. Ich hatte geglaubt, ich könne nicht ablehnen, wenn ich gerufen würde. Die herablassende, süffisante Art verletzte mich tief. Sie ist heute ebenso unerträglich wie 1950. Oder war ich durch den Aufenthalt in der Schweiz in solchen Dingen überempfindlich geworden? Ich kehrte jedenfalls zornig nach Fribourg zurück, fest entschlossen, mich im Zusammenhang mit dem neuen deutschen Staat auf nichts mehr einzulassen. Der »Verbindungsstelle« sandte ich einen kurzen eingeschriebenen Brief, in dem ich mitteilte, daß ich unter den in Bonn angetroffenen Bedingungen darauf verzichtet habe, in den Auswärtigen Dienst der Bundesrepublik Deutschland einzutreten. Die Empfänger werden wohl aufgeatmet haben. Wieder konnte eine Stelle »reserviert« werden. Mein Brief ist heute noch »Stück Nummer eins« in meiner Personalakte.

Mit der ihm eigenen, geradezu pedantischen Zähigkeit ließ Wilhelm Hausenstein meine Absage, die er als seine eigene Abfuhr verstand, nicht auf sich sitzen. Von Paris aus bemühte er sich weiter, meine Einstellung doch noch zu ermöglichen. Die negative Entscheidung Bonns sah er als eine persönliche Kränkung an – sehr zu Unrecht. Die Dinge lagen viel einfacher. Warum sollte man denn voreilig handeln und die wenigen vom Parlament genehmigten Stellen mit Leuten besetzen, die nicht »dazu« gehörten? Andererseits würde bald genügend Wasser den Rhein hinuntergeflossen sein. Dann könnte man auf frühere Kollegen und Freunde zurückgreifen, die sich vorläufig mucksmäuschenstill verhielten.

»Bei der Verwendung von Beamten und Angestellten des höheren Dienstes im Ausland war mit Rücksicht auf die Nachwirkungen des nationalsozialistischen Regimes auf die Stimmung des Auslandes *zunächst* (Hervorhebung vom Verfasser) davon abzusehen, solche Personen zu entsenden, die von der ausländischen öffentlichen Meinung als ehemalige Nationalsozialisten oder als höhere Offiziere der Wehrmacht abgelehnt werden könnten, auch wenn sie aus deutscher Sicht eine einwandfreie politische Vergangenheit hatten und als voll verläßlich im Sinne einer demokratischen Geisteshaltung gelten durften« (Wilhelm Haas, Beitrag zur Geschichte der Entstehung des Auswärtigen Dienstes der Bundesrepublik Deutschland, 1969; als Manuskript gedruckt).

Die Zähigkeit Wilhelm Hausensteins hatte Erfolg. Im Oktober 1950 schrieb er mir, der Weg zur Einstellung beim Generalkonsulat Paris sei frei. Ich dürfe ihm keine durch berechtigte Verärgerung motivierte Absage erteilen. Er würde dies als persönliche Kränkung empfinden, nachdem er sich so große Mühe gegeben habe, das Unmögliche doch noch zu erreichen.

Am 20. November 1950 traf ich in Paris ein, um meine Arbeit, die sieben Jahre meines Lebens ausfüllen sollte, zu beginnen. Wenige Tage zuvor hatte ich geheiratet. Meine Schweizer Braut wollte mich nicht allein nach Paris ziehen lassen. Wie recht sie hatte! Für mich hatte sich ein Beruf eröffnet, der schließlich mit meinem Lebensweg identisch werden sollte. Er führte mich über alle Stufen des Dienstes bis in das Amt des Staatssekretärs des Auswärtigen Amtes, das ich vier Jahre lang versah. Daran schlossen sich fünf Jahre im Bundespräsidialamt an, als Walter Scheel Bundespräsident war.

NICHT DIE WIDERWÄRTIGKEITEN und nicht die Privilegien machen den unvergleichlichen Reiz des Diplomatenberufes aus, sondern die Möglichkeit, an jeder Stelle das Zusammenleben der Völker zu beeinflussen. Im Guten und im Bösen.

Ich hatte Glück. Die Stationen meines beruflichen Weges waren allesamt interessant, erregend und mit dem Zeitgeschehen aufs engste verbunden. Ohne selbst handelnd oder entscheidend eingreifen zu können, war meine Arbeit vom Herzschlag der Zeit erfüllt. Die Hoffnungen und Enttäuschungen, die Versäumnisse und Chancen, die Einsicht und die Dummheit, die mir auf meinem Weg begegnet sind, waren diejenigen, die meiner Generation begegnet sind.

Den Frieden stärken, Europa einigen, die Interessen unseres Landes vertreten, nicht mehr und nicht weniger war die Aufgabe eines deutschen Diplomaten in dieser Zeit. Da kam es nicht darauf an, ob der Frack gut saß, ob man »bella figura« machte. Was zählte in diesen schwierigen Jahren, war der Wille, die einzig wirksame Wiedergutmachung nach all dem Unglück zu leisten, die jeder Mensch guten Willens leisten konnte: eine Politik des Friedens, eine Politik der Toleranz, eine Politik der Solidarität in einer immer gefährlicher werdenden Welt.

Historische Raster und Verhaltensmuster konnten da nicht weiterhelfen. Deutschland existierte nicht mehr. Aber auch die europäischen Nachbarn taten sich schwer, sich in den Nachkriegsrealitäten zurechtzufinden. Das nukleare Problem erzeugte weltweite Wirkungen. Die Emanzipation der ehemaligen Kolonialvölker warf ihre Schatten über Europa. Die Rivalität der beiden Weltmächte brachte den Frieden immer wieder in unmittelbare Gefahr.

So war der weltpolitische Hintergrund beschaffen, vor dem ich meine bescheidene Arbeit verrichtete. Als Persönlicher Referent

Wilhelm Hausensteins hatte ich, selbst ein Neuling, darauf zu achten, daß das Professionelle bei meinem Chef gebührende Berücksichtigung fand. Gleichzeitig verrichtete ich die Arbeit eines Kulturreferenten, diesmal unter Anleitung von Wilhelm Hausenstein. Er konzipierte und organisierte sensationelle Kunstausstellungen im Musée de l'Orangerie. Die Ausstellung »Französische Impressionisten aus deutschen Museen« war ein Riesenerfolg, wenn auch viele Deutsche fragten: Müssen wir denn französische Kunst ausstellen? Sie hatten nicht begriffen, welche Wirkung von den kleinen Täfelchen unter den Bildern ausging, auf denen verzeichnet war, wann dieser oder jener Impressionist von einem deutschen Museum erworben worden war. Zum ersten Mal erfuhren die Franzosen, daß die Impressionisten in Deutschland geschätzt und gesammelt wurden, als in Frankreich der Streit über sie noch hoch herging. Waren die Deutschen also doch keine Barbaren?

Bald aber wuchs ich in die Rolle eines Beobachters und Verbindungsmannes zum französischen Parlament hinein. Diese Funktion kam meiner Neigung sehr entgegen. Ich war schon immer der Auffassung gewesen, daß die Außenpolitik »innen« beginne und nicht mehr leisten könne, als die hinter ihr stehende Gesellschaft zu geben bereit sei. So wurde ich zum Spezialisten der französischen Innenpolitik der IV. Republik, die für die Entwicklung Europas von schicksalhafter Bedeutung werden sollte. Die Nacht im Palais Bourbon, als die Europäische Verteidigungsgemeinschaft scheiterte, werde ich nie vergessen.

Der Zeit den Puls zu fühlen und dem Zeitgeist auf die Schliche zu kommen, das kann auf diese Art und Weise außer dem Diplomaten nur noch der Auslandskorrespondent großer Zeitungen, wenn er ausreichend Bewegungsraum hat. Die Menschen, die Handelnden sind sein Material. Mit ihnen muß der Diplomat zurechtkommen, wenn er Erfolg haben will.

Das, was im diplomatischen Beruf die Verantwortung und die Toleranz des einzelnen herausfordert, ist der Zwang, zu Menschen verschiedener Herkunft und Mentalität Zugang zu finden. Mit Menschen, die sich genauso darauf vorbereitet haben, ihre Interessen zu verteidigen, ihre Argumente zu messen und Erfolg zu haben.

In vielen Situationen ist der Diplomat dem Chirurgen vergleichbar. Nicht Mitleid soll seine Hand führen, sondern der klare Antrieb von Notwendigkeit und Können. Der Diplomat, der seiner Regierung nach dem Munde redet, ist ein schlechter Diplomat. Er hat seinen Beruf verfehlt. Eine Regierung, die die Warnungen ihrer Diplomaten in den Wind schlägt, ist eine schlechte Regierung. Dergleichen ist nicht nur zu Hitlers Zeiten passiert.

Es ist eine Regel, daß diejenigen, die sich an das Wesentliche halten, ihren Zeitgenossen oft als unzeitgemäß, als kalt, selbstsüchtig und begeisterungsunfähig erscheinen. Später, wenn die Generation vorüber ist, wird dann allerdings die Rangfolge eine andere; jene, die einst in allen Zwangsvorstellungen ihres Zeitalters aufgingen, gehören nun zu den Rhetoren, deren Rede verklungen ist; sie gehören zum Wesen- und Gehaltlosen; und als die wirklich Lebendigen der vergangenen Epoche erscheinen jene Außenseiter, deren Sinn auf das Dauernde gerichtet war und die dem Verhängnis, diesem reißenden Strom aus Sucht und Wahn widerstanden, unter lauter Hingerissenen stehen blieben, die sich nicht an den Lärm des Jahrhunderts verloren, sondern es nach großen, lauteren, einfachen und ewigen Gesetzen durchschauten und erkannten.

Der auf das Dauernde gerichtete Sinn; dem Strom aus Sucht und Wahn widerstehen; sich nicht an den Lärm des Jahrhunderts verlieren; sein Jahrhundert durchschauen! Carl J. Burckhardt, der Basler Historiker und Diplomat, hat den Diplomatenberuf umschrieben, wie es schöner nicht geht.

Trotz aller Erfolge und aller Befriedigung in meinem Beruf habe ich meine Zugehörigkeit zum diplomatischen Dienst stets als etwas Außergewöhnliches empfunden. Daher kann es auch nicht überraschen, daß ich mich nie um die Aufnahme in den auswärtigen Dienst beworben habe. Die Prozedur, die zu meiner Aufnahme führte, empfand ich eher als einen fatalen Vorgang, aus dem ich mich an einem bestimmten Punkte nicht mehr lösen konnte. Gleichwohl habe ich diesen Beruf geliebt.

Ich besaß alle jene Eigenschaften nicht, die nach der landläufigen Vorstellung vom Diplomaten erwartet werden. Ich war nicht aus »guter« Familie, sondern der Sohn eines Handwerkers; ich war nicht groß und schlank, sondern klein mit einem alemannischen Rundschädel; ich war kein Anhänger der preußisch-kleindeutschen Reichspolitik, sondern ein süddeutscher Föderalist; ich war auch nicht Mitglied irgendeiner Studentenverbindung, ob schlagend oder nicht. Kurzum: das Bild vom smarten Diplomaten paßte auf mich wie die Faust aufs Auge.

Als Richard Stücklen in seiner Eigenschaft als Bundespostminister einmal seinen argentinischen Kollegen im Königshof in Bonn zu Gast hatte, meinte er, in meiner Gegenwart die psychologischen und sozialen Komplexe des Nicht-Diplomaten herausstreichen zu müssen. Augenzwinkernd sagte er zu seinem argentinischen Gast: »Herr Kollege, heute abend wird uns eine besondere Ehre zuteil.« Das staunende Gesicht des Argentiniers ließ ihn fortfahren: »Wir haben nämlich einen Diplomaten am Tisch. Das sind feine Leute. Die setzen sich nicht mit jedem an den Tisch. Wir müssen daher dankbar sein, daß Herr Frank gekommen ist.« Der Argentinier reagierte noch immer nicht. Offensichtlich hatte er keine einschlägigen Komplexe. Und fränkischer Humor war ihm fremd. Ich aber kochte innerlich vor Wut, war ich doch in einem Bereich getroffen, in dem ich besonders empfindlich reagierte.

Kaum war die Tafel aufgehoben, stellte ich Richard Stücklen zur Rede. Er entschuldigte sich. Auch er sei der Sohn eines Handwerkers. So habe er es nicht gemeint. Ich aber wollte nicht in eine schablonenhafte und dazu noch falsche Kategorie von Menschen eingeordnet werden. Für mich war »Diplomat sein« etwas ganz anderes als nur ein »feiner Mann« sein.

Wie in jedem Beruf sind die Menschen im auswärtigen Dienst mit ihrer ganzen Person gefordert. Mehr als in anderen Berufen setzen sie auf klimatisch schwierigen Posten ihre Gesundheit und die ihrer Familie aufs Spiel. Die Kinder zahlen in den meisten Fällen für die Karriere ihres Vaters. Sie wandern von Schule zu Schule, von Sprachgebiet zu Sprachgebiet. Selbstverständlich gibt es wie überall auf der Welt auch Diplomaten, die sich die Sonnenseite des Berufes ausgewählt haben. Sie sind eine Minderheit. Sie sind auch nicht immer die interessantesten. Kein anderer Beruf genießt in der Öffentlichkeit ein so hohes Prestige und erfährt gleichzeitig soviel Unverständnis und – Neid. »Man sollte alle Auswärtigen Ämter mit Stumpf und Stiel ausrotten«, hat Konrad Adenauer einmal gesagt. Bei allem Respekt, hier muß ich ihm widersprechen.

VIELLEICHT WIRD EINMAL DIE GESCHICHTE Gerichtstag über unsere Zeit abhalten, dann auch über die Außenpolitik seit 1949. Wie jedem ordentlichen Gericht werden Ermittlungen vorliegen, es wird Ankläger und Beschuldigte geben, und es werden Zeugen aufgerufen werden. Zeugen der Anklage und Zeugen der Verteidigung. Staatsmänner und solche, die es gerne geworden wären, werden in den Zeugenstand treten. Sie werden ihre Konzeptionen, ihre guten Absichten und vor allem ihre Erfolge darlegen. Jeder wird unterschiedslos seinen Friedenswillen beteuern.

Andererseits werden sie lückenlos und schlüssig nachweisen, daß mögliche Versäumnisse und Fehler dem politischen Gegner oder dem Unverstand fremder Regierungen anzulasten seien. In einzelnen Fällen werden sie zu ihrer Entlastung dartun, daß die Zeit noch nicht reif gewesen sei für ihre weitausholenden Gedanken und Pläne. Und wenn es sich um ein ganz schwerwiegendes Versagen oder gar um eine Katastrophe handeln sollte, werden sie die Schuld auf das Volk abwälzen, das einen so bedeutenden Staatsmann wie den, der gerade im Zeugenstand steht, ganz einfach nicht verdient habe.

Die Autoren von Memoiren werden dann gefragte Leute sein. Allerdings wird das Gericht große Mühe haben, in diesen Memoiren das Wahre vom Unwahren, das Wirkliche vom Eingebildeten und die Nüchternheit des Geschäfts von der Selbstbeweihräucherung zu unterscheiden.

Am schwierigsten, wenn nicht gar unmöglich wird es für das Gericht sein, die Memoiren ehemaliger Diplomaten auf ihren Wahrheitsgehalt zu prüfen. Wie Domestiken feiner Familien hören und wissen sie vieles, was eigentlich ihrer Herrschaft vorbehalten bleiben müßte. Da jene aber auf die Dienste ihrer Hausangestellten nicht verzichten wollen, ja zuweilen ein kumpelhaftes Verhältnis zu ihnen unterhalten, sind sie wohl oder übel gezwungen, die kleinen Geheimnisse aus Küche und Schlafzimmer mit eben diesen Domestiken zu teilen. Und da kommt es gelegentlich schon einmal vor, daß Herr und Knecht ihre Rollen verwechseln.

Nur in seltenen Fällen leben sich Botschafter und Regierung so weit auseinander, wie dies in hochadeligen Familien manchmal vorzukommen scheint. So hieß es beispielsweise in der Kündigung des ehemaligen Kammerdieners Josef Hampl: »In Gegenwart des Kochs, Herrn Schmalhofer, und einiger Gäste haben Sie Seine Durchlaucht den Erbprinzen Drecksau und besoffenes Schwein genannt. Sie haben erklärt, Durchlaucht könne man nicht mehr sagen, Arschloch müsse man sagen« (*Die Welt* vom 11. März 1976). Mir ist kein Fall bekannt, daß ein verbitterter ehemaliger Botschafter so weit gegangen wäre in seinen Formulierungen wie der ehemalige Kammerdiener Josef Hampl.

Aber famose Memoiren haben sie teilweise schon geschrieben. Bei der Lektüre erhält der Leser den Eindruck, daß der liebe Gott den Verlauf der Weltgeschichte so und nicht anders eingerichtet habe, just damit der »leider viel zu früh in den Ruhestand getretene Botschafter« am Ende seines Lebens seine zentrale Rolle im Zeitgeschehen ins rechte, das heißt ins verklärende Licht rücken könne. Wie wäre doch alles besser und erfolgreicher geworden, wenn man nur auf ihn hätte hören wollen.

Die Memoiren sind für ihn eine späte Genugtuung. Er kann in ihnen die Geschehnisse so beschreiben, daß seine bisher verkannten Verdienste im hellsten Lichte erscheinen. Die Daten müssen natürlich schon stimmen; das ist ja klar. Die Personen dürfen auch nicht verwechselt werden. Aber die Wahrheit liegt in den Nuancen. Und die beherrscht der Diplomat wie kein anderer. Wenn er einer ist. So wird schließlich aus dem mehr oder weniger passiv Beobachtenden ein Held des Schicksals, der nicht zögert, den Mantel der Geschichte zu ergreifen. Zum Erstaunen und zum Staunen des Lesers.

Wie soll eines Tages das Gericht der Geschichte mit derartigem Beweismaterial zurechtkommen, wenn schon der Zeitgenosse Zweifel hegt, ob der Autor die Ereignisse nicht allzu einseitig zu seinen Gunsten geschönt habe?

Es werden sodann die Historiker und Politologen auftreten. Ihren Darstellungen wird das Gericht erfahrungsgemäß am ehesten Glauben schenken. Sie können auf den lückenlos geflochtenen Zopf ihrer Fußnoten verweisen, die auch auf den erfahrensten Richter wie Glaubensartikel wirken. Diese wissenschaftlich genannte Methode erleichtert dem Gericht die Wahrheitsfindung ungemein. Hat man je erlebt, daß ein Richter in einem komplizierten Bauprozeß einem »öffentlich bestellten und vereidigten Sachverständigen« nicht geglaubt hätte? Dabei ist der Prozeß, den die Geschichte eines Tages unserer Zeit machen wird, unvergleichlich komplizierter als ein Bauprozeß. Man muß also annehmen, daß das Urteil über die Außenpolitik unserer Zeit weitgehend von Geschichtsbüchern bestimmt sein wird, die von »öffentlich bestellten und vereidigten Sachverständigen« geschrieben werden. Sie waren zwar nicht »dabei«, aber sie können sich eben auf die »Quellen« stützen und auf den genannten Zopf.

Vor etwa zwei Jahren saß ich in meiner Stube im Hochschwarzwald. Vor dem Fenster tobte der Weststurm und kündigte frühen Schnee an. Er wird hierzulande dem Ostwind, den man »Vorwind«

nennt vorgezogen, weil dieser angeblich die Krankheiten bringe. »Aus dem Osten kommt niemals etwas Gutes!« sagt meine Schwarzwälder Nachbarin. Solch atavistischer Glaube konnte mir wenig anhaben. Der Kachelofen verbreitete eine wohlige Wärme, und der Riesling vom Kaiserstuhl belebte die Erinnerung und die Inspiration.

Die Gedanken sprangen bald von der Gegenwart in die Vergangenheit, bevor sie zum Sprung in die Zukunft ansetzten. Diese senkt sich nicht wie der stille Morgen von Tau gesättigt vom Himmel, um die Welt neu zu beleben. Sie ist im Gestern verankert. Die Fehler und Versäumnisse von gestern sind die Fesseln, die uns morgen daran hindern, die Hoffnungen und Träume der Menschen zu erfüllen.

Jedermann, der um das Jahr 1918 herum auf die Welt gekommen ist und zu dieser zerrissenen und undefinierbaren Generation zählt, hat Krieg und Nach-Krieg auf ähnliche Weise erlebt, sofern die Granaten ihn verschont haben. Eine Jugend, vollgesogen mit Friedrich Hölderlin, aber auch mit Ernst Wiechert und Hermann Hesse, durchwandert ein Chaos und steht eines Tages vor der Chance, eine neue Welt, ein besseres Deutschland aufbauen zu helfen. Der in der Gluthitze Nordafrikas und in der Polarkälte Rußlands unversehrt gebliebene Idealismus sollte nun, so dachten wir, im milden Klima des Friedens aufblühen und Früchte tragen dürfen. Dann hatte uns aber bald die Gegenwart in ihren Fängen.

Wie ich so dasaß und versuchte, die Gedanken an das Vergangene zu Erfahrungen zu verdichten – die Schatten der Zeitgenossen schienen an meinem Tisch zu sitzen –, verspürte ich auf einmal den Wunsch, dies alles mitzuteilen. Aber ich wußte nicht, wie ich es anstellen sollte. »Memoiren« waren dafür zu hochtrabend. Domestiken schreiben keine Memoiren. Da kam mir Gertrude Stein, jene Amerikanerin im Paris der Vorkriegsjahre, die Freundin Pablo Picassos, in den Sinn. Sie hatte seinerzeit vorgegeben, die Autobiographie ihrer Freundin Alice B. Toklas zu schreiben, die in Wirklichkeit ihre eigene gewesen war. So wollte ich es auch machen. Denn Namen sind Schall und Rauch. Schließlich sind wir alle Bauern auf dem Schachbrett der Politik.

Meinem zweiten Ich habe ich aber einen Namen gegeben: Caspar Hilzinger. Sein Vorname erinnert an jenen unglücklichen badischen Landsmann Kaspar Hauser, dessen wahre Herkunft durch einen falschen Namen verschleiert werden sollte. Und der Name

Hilzinger geht auf meinen Geburtsort zurück, der, wie Andrej Gromyko zu Recht gesagt hat, von großer Bedeutung ist. Mein zweites Ich mit Namen Caspar Hilzinger war Kammerdiener im hochherrschaftlichen Haushalt der deutschen Außenpolitik nach 1950. Nicht als Architekt und nicht als Vordenker. Als kleiner Angestellter hat er beim Generalkonsulat in Paris angefangen, und als Staatssekretär hat er aufgehört. Er hat ungezählte Berichte an das Auswärtige Amt in Bonn geschickt, die manchmal sogar gelesen wurden. Hunderte von Gesprächen mit ausländischen Kollegen hat er in schriftlichen Vermerken niedergelegt. Zahllose Glückwunschtelegramme – oder Beileidstelegramme – der Bundeskanzler oder der Bundespräsidenten an fremde Potentaten entstammen seiner Feder. Tischreden hat er für jeden Gastgeber und jede Gelegenheit entworfen. Nicht zuletzt hat er viele Reden und Interviews geliefert, die in seiner Fassung oder in einer anderen von Konrad Adenauer, Willy Brandt, Heinrich von Brentano, Walter Scheel und Gerhard Schröder verwendet wurden. Kurzum, er war immer zu Handreichungen zur Stelle. Er versuchte, hilfreich und nützlich zu sein. Wie das eben von einem ordentlichen Kammerdiener erwartet wird.

Caspar Hilzinger ist in der Welt herumgeschickt worden, mal zu Verhandlungen, mal zu sogenannten Konsultationen. Auf ungezählten Cocktailparties und inoffiziellen und offiziellen Essen hat er dienstlich seine Leber strapaziert, ohne daß ihm dafür ein Dienstunfall vergütet worden wäre. Menschen aller Klassen und Rassen sind ihm begegnet und haben das Bild vervollständigt, das er sich von unserer Zeit und unserer Welt gemacht hat.

Ich werde die Erinnerungen, die Gedanken und die Erfahrungen des Caspar Hilzinger so sorgfältig und gewissenhaft aufschreiben wie meine eigenen, sagte ich mir. Seine Erlebnisse im auswärtigen Dienst der Bundesrepublik Deutschland werden zwar nicht für würdig befunden werden, in die Geschichtsschreibung einzugehen oder wenigstens Fußnoten für andere Publikationen abzugeben. Nach § 61 des Beamtengesetzes unterliegen sie nicht der Schweigepflicht pensionierter Beamter, weil sie »ihrer Bedeutung nach« keiner Geheimhaltung bedürfen.

Kern und Sinn des Lebens aber treten, wie schon Georg Wilhelm Friedrich Hegel gewußt hat, aus »den umherspielenden Zufälligkeiten und gleichgültigem Beiwerke des Geschehens« um so deutlicher hervor. Auf diese Weise gewinnen die Erinnerungen eine Objektivität, wie sie der Historiker nicht kennt und der Politiker verabscheut. Dieser verspürt vom ersten Tag seiner Tätigkeit an nur den Drang zum Denkmalbauer. Seines eigenen Denkmals natürlich. Eines Tages steht es da wie ein »rocher de bronze« auf schokoladenem Sockel.

Ich möchte einen menschlichen Maßstab an die Vergangenheit anlegen. Dadurch wird mehr Aufrichtigkeit, weniger Eitelkeit und damit mehr Wahrheit erreicht.

Dies wird keine Wahrheit sein, wie die Historiker und Zeitgeschichtsforscher sie verstehen. Jene suchen und rekonstruieren aus den Spuren flüchtiger Ereignisse, die selbst dem, der »dabei« war, schillernd erscheinen, die objektive Wahrheit. Sie nennen sie die geschichtliche Wahrheit. Diese gibt es aber nicht. Jeder am Zeitgeschehen irgendwie Beteiligte hat seine eigene Wahrheit. Und über unser aller Köpfe spielt sich ein dauernder Kampf ab zwischen Einsicht und Dummheit, genau so, wie unser ganzes Dasein vom Kampf zwischen Leben und Tod überspannt wird.

Wenn ein russischer Unterhändler in schwierigen diplomatischen Verhandlungen mit seinen Argumenten ins Gedränge kommt, nimmt er gern Zuflucht zu dem Satz: Das Leben selbst lehrt uns ... Als wolle er das Leben als ultima ratio für seine These in Anspruch nehmen. Er hat insoweit recht, als nur das Leben uns etwas lehren kann. Heute mehr denn je ist das Leben – oder besser gesagt das Überleben – das überzeugendste Argument, das der Diplomat ins Feld führen kann – nein: muß!

Die große Illusion

*Wenn man von einer konstruktiven deutsch-französischen
Politik spricht, setzt man sich leicht der Gefahr aus, als
Romantiker oder gar als Illusionist zu erscheinen.*

Vollrath von Maltzan

DIE DIPLOMATISCHE ARBEIT IN PARIS während der frühen fünfziger
Jahre war für einen Deutschen kein Honigschlecken. Heute kann
sich kaum mehr jemand davon ein rechtes Bild machen, und das ist
auch gut so. Caspar Hilzinger hat jedoch die damals in Frankreich
allem Deutschen gegenüber herrschende Atmosphäre nicht so
leicht vergessen können.

Einmal sollte er im Maison de l'Amérique Latine Räumlichkeiten
anmieten, um dort einen Empfang durchführen zu können. Der Direktor bat ihn in sein Büro und meinte: »Ja, es trifft zu, daß wir unsere Salons an ausländische Vertretungen vermieten; aber nicht an
die Deutschen. Wenn Sie wissen wollen, warum, so sehen Sie sich
dieses Foto an!« Mit diesen Worten deutete er auf ein Foto des
Konzentrationslagers Auschwitz. Dann wies er Caspar Hilzinger
zur Türe hinaus.

Von einem anderen Ereignis, das die politische Atmosphäre der
damaligen Jahre zum Ausdruck bringt, hat Caspar Hilzinger mehrfach gesprochen. Im Juli 1951 hatte der Deutsche Bundestag den
Vertrag über die Gründung der Europäischen Gemeinschaft für
Kohle und Stahl, besser bekannt unter dem Namen Montanunion,
ratifiziert. Konrad Adenauer sprach vor dem Bundestag davon,
»daß der damalige Vorschlag Herrn Schumans nicht nur in der
Welt das größte Aufsehen erregt hat, sondern daß er auch in
Deutschland fast uneingeschränkt mit der lebhaftesten Genugtuung begrüßt worden ist«.

Generalkonsul Wilhelm Hausenstein erhielt Weisung, die Ratifizierungsurkunde bei der französischen Regierung zu hinterlegen.
Ein Termin mit dem damaligen Generalsekretär des Quai d'Orsay,
Alexandre Parodi, wurde vereinbart. Caspar Hilzinger sollte Wilhelm Hausenstein bei dieser geschichtlich bedeutenden und für das
Generalkonsulat herausragenden Démarche begleiten.

Pünktlich zur festgesetzten Zeit fanden sie sich im dritten Stock
des Quai d'Orsay ein und wurden von dem dort im Dienst ergrau

ten, stets gemessenen und höflichen »Huissier« in Empfang genommen. Er bot den beiden Deutschen einen Stuhl an hinter jener Glaswand, die die Wartenische vom Korridor trennt und hinter der man das Kommen und Gehen der Beamten und Besucher des Quai d'Orsay beobachten kann, ohne selbst gesehen zu werden.

Caspar Hilzinger trug die Ratifizierungsurkunde fest unter den Arm geklemmt, als trage er ein wertvolles Pfand der europäischen Zukunft bei sich. Wilhelm Hausenstein sprach beglückt von der Bedeutung des Augenblicks und der Aufgabe, die ihm anvertraut worden war. Beide befanden sich in einer hoffnungsvollen Stimmung. Schließlich war dies der erste offizielle Kontakt von Bedeutung nach so vielen Jahren des Streits und der Feindschaft. So warteten die beiden eine Viertelstunde, eine halbe Stunde. Sie begannen, sich ein wenig beunruhigt anzusehen. Sie baten den Huissier, den Generalsekretär an den Termin zu erinnern, was dieser aber schon wiederholt getan hatte. Als auf diese Weise mehr als eine Stunde Wartezeit verstrichen war, erwog Wilhelm Hausenstein, unverrichteterdinge wieder wegzugehen und so der unwürdigen Situation ein Ende zu bereiten. Just in diesem Moment wurden sie zum Generalsekretär geführt.

Ein trockenes »Bonjour, Monsieur«. Kein Wort der Erklärung oder der Entschuldigung für die ungewöhnliche, unhöfliche Wartezeit. Wortlos nahm Alexandre Parodi die Urkunde entgegen. »Au revoir, Monsieur«. Das war's, und die Deutschen waren wieder draußen.

Ja, so war es eben im Jahre 1951. Für Wilhelm Hausenstein war der unfreundliche Empfang eine herbe Enttäuschung. Er hatte geglaubt, der erste Baustein aus deutscher Hand für die europäische Einigung würde mit größerer Freude entgegengenommen werden.

Wenn man verstehen will, wie die Menschen handeln, muß man ihren persönlichen Hintergrund kennen. So war es auch hier. Alexandre Parodi war ein Mann der Résistance. Ein naher Verwandter war nach längerer Haft von den Deutschen erschossen worden. Dessen Frau erfuhr davon auf einzigartig sadistische Weise. Zwei Männer der Miliz legten die Leiche vor die Haustüre, läuteten und riefen: »Madame, votre mari vous attend en bas!« – Madame, Ihr Mann wartet hier unten auf Sie! Als die ahnungslose Frau der freudigen Umarmung entgegeneilte, fand sie ihren Mann – tot.

Trotz allem: Europa in seinem Kern, das ist immer noch Frankreich und Deutschland. Am Anfang und am Ende stehen sie sich gegenüber, sei es als Feind, sei es als Freund. Jeder von ihnen hat zeitweise dem anderen den Rücken gekehrt und in die entgegengesetzte Richtung geblickt. Der eine nach Afrika und Ostasien, der andere nach Marokko oder Osteuropa. Am Ende, wenn alle Dummheiten und Irrtümer ausgekostet waren, stand man sich wieder gegenüber, ein wenig beschämt, ein wenig trotzig, die »blaue Linie der Vogesen« fest im Blick. Genau wie zwei Geschwister, feindlich gesonnen und doch zur gleichen Familie gehörend, auf Versöhnung bedacht und doch nicht zum letzten, endgültigen und unwiderruflichen Schritt zur Gemeinsamkeit fähig.

CASPAR HILZINGER KONNTE SEINE ERSTE BEGEGNUNG mit Frankreich zeitlich genau bestimmen. Erlebnisse, die man nicht vergißt. Es war im Mai 1940. Als junger Leutnant befand er sich mit einer Panzerdivision auf dem Vormarsch in Richtung Bretagne. Es waren warme, sonnige Maitage; die Bäume in weißer, unschuldiger Blüte, das Getreide schon recht hoch. Die stählerne Kolonne der vorrückenden Panzerdivision zog aus entgegengesetzter Richtung an einer jammervollen Kolonne von Flüchtlingen vorbei. Es war das erste Mal, daß Caspar Hilzinger aus der Nähe Flüchtlinge und Flüchtlingsnot sah.

Dieses menschliche Elend wurde plötzlich ins Unerträgliche gesteigert, als französische Tiefflieger die vorrückenden Panzer beschossen – und die fliehenden Menschen trafen. Wenige Meter entfernt mußte Caspar Hilzinger mitansehen, wie im Straßengraben eine Mutter ihren sterbenden Säugling in ihrem Schoß zu bergen suchte. Umsonst.

Caspar Hilzinger besaß, was man ein weiches Herz nennt. Seine Mutter hatte eine solche Anlage in ihm noch gefördert. Sie war überzeugt, daß man den Mitmenschen nichts Gutes tun könne, ohne irgend einmal in einer ähnlichen Lage seinen Lohn zu empfangen.

Den Flüchtlingen konnte Caspar Hilzinger nicht helfen. Aber die Sinnlosigkeit des Krieges gegen dieses schöne Land, gegen dieses gute Volk prägte sich ihm für das ganze Leben ein. Wenn er fortan den Flüchtlingen auf der Vormarschstraße die erbeuteten Weißblechkanister mit Benzin schenkte, so wußten jene oft nicht, wie ihnen geschah. Sie konnten es nicht fassen, daß ein Deutscher einer menschlichen Regung fähig war. Ihr Dank machte Caspar Hilzinger verlegen. Er hatte Lust, den Franzosen zu sagen: Glaubt doch bitte nicht, wir seien alle Verbrecher, weil dieser Krieg ein Verbrechen ist und eine Dummheit dazu.

Anfang Juni 1940 führte Caspar Hilzinger einen Aufklärungsauftrag in der Bretagne aus. Langsam und vorsichtig näherten sich die gepanzerten Fahrzeuge einem großen Gehöft. Da ertönte plötzlich eine Stimme, die aus der Richtung des großen Getreidespeichers zu kommen schien, in unverwechselbarem elsässischen Dialekt:

»Nur kai Angscht; mir warte scho drii Taag uf ich!«

Wir warten schon drei Tage auf euch! Das war es, was Deutschland nicht verstanden hatte, nicht verstehen konnte. Das Europa der dreißiger Jahre wartete darauf, daß Deutschland die Stimme eines besiegten Volkes, das vieles gelernt haben würde, erheben werde, um Europa den Weg aus der Misere zu weisen. Aber es hatte nichts gelernt. Wird es das jemals?

Das Unglück nahm seinen ungehemmten Lauf.

1946 besuchte Georges Bernanos das zerbombte Freiburg im Breisgau. Nur das Münster war in wunderbarer Weise stehengeblieben. Überwältigt vom Eindruck der Trümmerlandschaft, prägte er jenes schöne Wort von der überwundenen Verzweiflung als der höchsten Form der Hoffnung. Nur wer den Neubeginn der Beziehungen zu Frankreich so verstand, fand nach 1945 die rechten Worte, um sich mit Franzosen verständigen zu können. Was sonst hätte die Schatten der Vergangenheit zwischen beiden Völkern zum Verblassen bringen können, wenn nicht das Prinzip Hoffnung?

Viele Franzosen zögerten nicht, unsere Hand zu ergreifen und mit Versöhnung und Zusammenarbeit einen neuen Anfang zu machen. Das waren Zeichen der Hoffnung. Sie kamen zuerst von Joseph Breitbach, Alfred Grosser, Robert d'Harcourt, Annette Kolb, Gabriel Marcel, Roland de Margerie, Jean Schlumberger, Louise Weiss und anderen.

Bei einem der ersten offiziellen Bonn-Besuche von Michel Debré als französischer Premierminister im Jahre 1959 galt es, für das offizielle Essen des Bundeskanzlers eine Tischrede zu entwerfen. Caspar Hilzinger war zu der Zeit Referent für Frankreich. Das Freiburger Zitat von Georges Bernanos schien ihm aus zwei Gründen geeignet, in die Ansprache Konrad Adenauers aufgenommen zu werden. Einmal gibt es für diejenigen, die es mit dem Verhältnis der beiden Länder nach all den Rückschlägen und Enttäuschungen ernst meinen, keine bessere Maxime. Zum andern wußte Caspar Hilzinger, daß dies die Sprache war, die Michel Debré verstand. Er galt als ein Gegner der supranationalen Integration; er war französischer Patriot, den die Deutschen mit der pauschalen Bezeichnung Anti-Europäer bedacht hatten. Vor allem aber war er ein Mann, dem die Tragik der Geschichte nicht fremd war, ja, der ganz offensichtlich von ihr gezeichnet schien.

Caspar Hilzinger konnte sein Zitat aber noch nicht einbauen. Der Weg der Gedanken eines Referenten in das Redemanuskript des Kanzlers ist oft weit und verschlungen. Der Unterabteilungsleiter fand das Zitat gut. Der Abteilungsleiter bat, es zu streichen. Konrad Adenauer habe dafür kein Verständnis; er glaube nicht, daß der Kanzler schon einmal verzweifelt gewesen sei. Doch Caspar Hilzinger war hartnäckig – übrigens eine seiner betontesten Eigenschaften. Er beließ das Zitat im Entwurf und schickte das Ganze an das Bundeskanzleramt.

Wer will es Caspar Hilzinger verdenken, daß er Genugtuung empfand, als Konrad Adenauer die Ansprache so hielt, wie sie entworfen worden war, das heißt mit dem Zitat von Georges Bernanos. Die Einschätzung des französischen Premierministers, der sich nur mit großen persönlichen Vorbehalten dem deutschen Nachbarn zugewandt hatte, erwies sich als richtig. Die »überwundene Verzweiflung« war für ihn das Stichwort für seine improvisierte Antwort, in der er das Zitat mit geistreichen Betrachtungen weiterführte.

Als die Tafel aufgehoben war, kam Konrad Adenauer um den großen Tisch im Palais Schaumburg herum und sagte zu Caspar Hilzinger: »Ich danke Ihnen für dieses schöne und tiefe Zitat. Es drückt wirklich alles aus, was zum deutsch-französischen Verhältnis zu sagen ist.«

Ich erinnere mich, daß Caspar Hilzinger im Gespräch mit mir immer wieder auf dieses Ereignis und das Zitat zurückgekommen ist. Er wollte sich Klarheit verschaffen über die Frankreich-Politik Konrad Adenauers oder über seine persönlichen Motive. Welcher Art war sein Verhältnis zu Frankreich, das er kaum kannte, dessen Sprache er nicht sprach? Lag es näher bei Sieburg, Salomon oder Bismarck? Die Frage, ich weiß es aus vielen Gesprächen, beschäftigte Caspar Hilzinger ein Leben lang. Ich fürchte, er hat eine eindeutige Antwort nicht finden können.

Paul Claudel hat einmal zu Wilhelm Hausenstein gesagt, daß die europäische Einigung erst möglich sein werde, wenn Frankreich und Deutschland zuvor die Straßburger Eide erneuert und bekräftigt hätten. Was hatte es auf sich mit diesen Straßburger Eiden? Ludwig der Deutsche und Karl der Kahle haben 842 einen Bündnisschwur geleistet, ein jeder in der Sprache des andern. Das Bündnis sollte sich gegen einen Dritten richten, gegen Lothar I., dessen Reich sich zwischen Frankreich und Deutschland schob. Daß jeder in der Sprache des andern schwor, hat die Phantasie der Nachkommenden immer wieder genährt. Ein Zeichen enger Verbundenheit der beiden Könige, aber auch ein erster Nachweis der Trennung der beiden Völker.

Die Sprache ist auch heute noch, mehr als tausend Jahre danach, das große Hindernis für das gegenseitige Verstehen. Charles de Gaulle hätte den Eid in deutscher Sprache leisten können, aber Konrad Adenauer hätte Schwierigkeiten gehabt, ihn auf französisch zu sprechen.

Die Sprachbarriere spielte auch bei einer anderen deutsch-französischen Begegnung eine bezeichnende Rolle. Max Beer, der erfahrene Korrespondent aus Völkerbundzeiten, hat sie Caspar Hilzinger in New York erzählt.

Aristide Briand und Gustav Stresemann waren wieder einmal am Genfer See zusammengetroffen. Nach einem Mittagessen, das dem französischen Gastgeber alle Ehre machte, erhob sich Aristide Briand, um eines seiner rhetorisch glänzenden Feuerwerke loszulassen. Ihr Gegenstand war die deutsch-französische Verständigung.

Gustav Stresemann wollte offensichtlich die entstandene gute Atmosphäre nicht beeinträchtigen. Was Aristide Briand gesagt hatte, besaß eben nur auf französisch den rechten Klang. Gustav Stresemann kam auf einen genialen Gedanken. Er sagte zu Briand: »Leider bin ich nicht in der Lage, auf Ihre Ansprache in so vollendetem Französisch zu antworten. Es wäre schade, es in unvollkommener Weise zu versuchen. Um mich aber für Ihre Worte zu bedanken, will ich Ihnen statt einer Rede ein Gedicht eines Ihrer großen Dichter vortragen, das ich seit meiner Jugend auswendig kann.« Dann rezitierte Gustav Stresemann das Gedicht von Charles Baudelaire in geradezu perfekter Aussprache.

ELÉVATION

Au-dessus des étangs au-dessus des vallées,
Des montagnes, des bois, des nuages, des mers,
Par delà le soleil, par delà les éthers,
Par delà les confins des sphères étoilées,

Mon esprit, tu te meus avec agilité,
Et, comme un bon nageur qui se pâme dans l'onde,
Tu sillones gaiement l'immensité profonde
Avec une indicible et mâle volupté.

ERHEBUNG
(In der Übertragung von Wilhelm Hausenstein)

Hoch über Tälern hin, den Weihern und den Teichen,
Gebirgen, Wäldern und dem blanken Wolkenschnee,
Jenseits der Himmelsluft, der Sonne und der See
Und oberhalb der Sphären mit den Sternenzeichen

Bewegst du dich, mein Geist, lebendig und geschickt.
In Wollust liegt der gute Schwimmer auf der Welle;
So furchst du die Unendlichkeit, der tiefen Helle
Unsäglich froh, von männlichem Genuß erquickt.

Aristide Briand und die ihn begleitenden Franzosen waren hingerissen.

Weder Tischreden noch stimmungsvolle Veranstaltungen reichen allerdings aus, um den Mantel der Geschichte zu ergreifen, wenn er vorüberweht. Kenntnis der Probleme und Interessen des Partners; Zivilcourage, die eigenen Probleme und Interessen dem Partner nahezubringen; Ausdauer und Zuverlässigkeit bei der Verwirklichung gemeinsam festgelegter Ziele; Klarheit und Aufrichtigkeit in allen Äußerungen bei allen Gelegenheiten; Mut zur Solidarität, auch Dritten gegenüber. Dies sind die Tugenden, die Ergebnisse hervorbringen.

Mit Atmosphäre allein läßt sich keine Politik machen. Das noch so gut Gemeinte führt schnell zu Mißverständnissen, wenn es an der Aufrichtigkeit fehlt. Da gab es jenes deutsch-französische Gipfeltreffen, das viele Jahre später aus Zufall auf den Geburtstag des französischen Gastes, des Staatspräsidenten Georges Pompidou, fiel. Irgendein findiger Kopf im Bundeskanzleramt hatte dies entdeckt und damit den Anstoß zu einer ach so deutschen, gutgemeinten und doch so peinlichen Veranstaltung gegeben.

Die Bundesregierung charterte ein großes Rheinschiff. Alles, was in Bonn Rang und Namen hatte, begleitete den französischen Präsidenten auf einer Rheinfahrt. Warum ist es am Rhein so schön! Das Wetter war wirklich strahlend an jenem Tag im Juni. An beiden Ufern säumten Bevölkerung, Trachtengruppen und Musikkapellen den Weg. Polizeiboote und Froschmänner taten das ihre, um alles so martialisch wie möglich zu gestalten. Böllerschüsse kündeten vom jeweiligen Stand des Schiffes. Eine riesige rheinische Kermes wälzte sich den Rhein hinauf. Das alles wurde veranstaltet für einen Franzosen, der südlich der Loire – mit wenig Verständnis für die Sitten in »Outre-Rhin« – aufgewachsen war. Er wußte nicht, wie ihm geschah. Seinen Geburtstag hatte er französischer Gewohnheit entsprechend nie gefeiert. Als echter Sohn der kargen und trockenen Auvergne war ihm dieses feucht-fröhliche Treiben der Rheinländer nicht nur fremd, sondern lästig und suspekt.

Am Loreleyfelsen, dem Höhepunkt der Reise, angelangt, wollte der Kapitän des Schiffes noch ein übriges zum Gelingen des Festes beitragen. Er wußte, daß die Amerikaner und die Japaner, die als Touristen hierherkamen, es jeweils als besondere Attraktion der Reise empfanden, das Lied von der Loreley am Loreleyfelsen selbst zu hören. So erklang das Lied Heinrich Heines über die Lautsprecher – in englischer Sprache! Und das für Georges Pompidou, für den die Ausbreitung der französischen Sprache ein Herzensanliegen war. Der »Erfolg« war vollständig.

Warum mußte im offiziellen Verkehr der beiden Länder das Einfache so kompliziert, das Naheliegende so mißverständlich sein, und warum mußte das Gutgemeinte sich immer wieder ins Gegenteil verwandeln?

Mit der Sentimentalität hatte Caspar Hilzinger nie viel im Sinn gehabt. Sie hat, so meinte er, in der Politik nichts zu suchen. Weder in der Frankreich-Politik noch in anderen Bereichen hat sie je etwas Positives hervorgebracht. Die Sentimentalität hat in der Politik schon viel Katzenjammer verursacht. Das will nicht heißen, daß die Gefühle nicht ihre Bedeutung in der Außenpolitik und vor allem im Verhältnis zu Frankreich hätten. Die Politik wird letztendlich erst durchschlagenden Erfolg haben, wenn es ihr gelingt, gute Gefühle zu wecken. Aber das hat mit Sentimentalität nichts zu tun. Frankreich galt bei uns lange als das Land des leichten Lebens. Die Anstrengungen, die es nach 1945 für die Modernisierung der Wirtschaft unternommen hat, wurden kaum zur Kenntnis genommen. Wie oft war in den Zeiten der Verhandlungen über den Gemeinsamen Markt auf deutscher Seite zu hören: man muß Verständnis haben für die Franzosen, wenn sie nicht so können wie wir; man muß ihnen helfen. Frankreich wollte nicht, daß man half, sondern daß man es verstand. Vor allem in seinen Interessen.

Kenntnis der Probleme und Interessen des anderen Partners – gerade daran hat es häufig gefehlt. Auf beiden Seiten. Wir mokierten uns über das französische Bestreben, zu den Siegern des Zweiten Weltkriegs zu zählen, weil wir um die tiefere, die psychologische Wurzel dieses Wunsches nicht wußten. Wir glaubten, es handle sich um das Gekrähe des gallischen Hahns, eine Art Neuauflage der Politik von 1914. Jean Dutourd, ein Linker und Gaullist, hatte es 1956 in seinem »Les taxis de la Marne« nur zu deutlich gesagt, unter welchen traumatischen Erinnerungen die junge französische Generation von 1940 litt: »In einer Welt, die nicht französisch denkt, möchte ich nicht leben!« Deshalb war uns auch lange Zeit der Zugang zu Charles de Gaulle verwehrt. Er wußte, daß Frankreich, wenn es je wieder gesund werden sollte, Erfolge brauchte, um wieder ein neues Selbstbewußtsein zu erlangen. In keinem Land Europas gab es nach 1945 eine so breit angelegte selbstkritische Literatur, nicht als Nestbeschmutzung zu verstehen, wie man gewöhnlich in Deutschland kritische Fragen an das eigene Volk brandmarkt. Nein, Frankreich mußte nach der Demütigung von 1940 erst wieder mit sich selbst ins reine kommen. Und wer weiß, was aus Frankreich geworden wäre, wenn nicht Charles de Gaulle als eine Art Don Quijote und Parsival zugleich einige Besitztitel über die Katastrophe hinweg gerettet hätte.

Haben wir Deutschen denn in all den Jahren verstanden, was die Entkolonisierung, ein ebenso schmerzlicher wie unvermeidlicher Vorgang, für Frankreich und seine Rolle in Europa bedeutet hat? Haben wir nicht munter europäische Pläne auf den Verhandlungstisch geworfen, gerade so, als ob es den französischen Indochinakonflikt, Tunesien, Marokko, Schwarz-Afrika und Algerien nicht gegeben hätte? Haben wir auch nur einmal das verständnisvolle und konstruktive Gespräch mit Frankreich darüber gesucht? Es war nicht weit her mit unserer Zivilcourage, die Interessenabwägung auch dort vorzunehmen, wo es – das sei zugegeben – schwierig und undankbar war. Caspar Hilzinger hatte aus einer langen Erfahrung gelernt, daß man Frankreich keinen guten Dienst erwies, wenn seine engsten Partner aus Bequemlichkeit schwiegen, wo die französische Position die europäische Politik zu belasten drohte. Falsch verstandene, sogenannte diplomatische Zurückhaltung ist oft ein Alibi für mangelnde Klarheit der eigenen Position. Schlimmer ist es, wenn aus Opportunismus Unterstützung geliehen wird für eine Politik, die zum Scheitern verurteilt ist. Zynischer Verbalismus kann über die Unannehmlichkeit eines Konsultationstreffens hinweghelfen. Die Schwierigkeiten werden dadurch nur größer. Dies gilt nicht nur im Verhältnis zu Frankreich.

Man schrieb den Herbst 1958. Caspar Hilzinger versuchte, Außenminister und Bundeskanzler auf den Zusammenhang des französischen Engagements in Algerien mit der Position Frankreichs in Europa aufmerksam zu machen. Die Bildung einer algerischen Regierung, die sich der Anerkennung durch eine zunehmende Anzahl von Staaten erfreute, warf für die Verbündeten Frankreichs Fragen auf. Es war zu befürchten, daß außer den Ländern der Arabischen Liga alle Staaten des kommunistischen Blocks die algerische Regierung anerkannten und den Eindruck in der afrikanisch-asiatischen Welt verstärkten, als hegten allein die Kommunisten Sympathie für den Kampf des algerischen Volkes um Unabhängigkeit. Neben den Interessen, die Frankreich in Algerien vertrat, stand das Bemühen der freien Welt, die potentiellen und akuten Störungsherde in Afrika zu beseitigen.

Heinrich von Brentano schenkte solchen Überlegungen Caspar Hilzingers Beachtung. Allerdings war es immer schwer, die Wirkung der Argumente über das Gespräch hinaus abzuschätzen. Er war immer freundlich genug, den Eindruck vollkommener Übereinstimmung entstehen zu lassen, was sich leider auch auf die folgenden und übernächsten Gesprächspartner bezog, auch wenn diese entgegengesetzte Meinungen vortrugen. Das letzte Wort hatte für ihn in jedem Fall der Bundeskanzler.

Bei Konrad Adenauer kam Caspar Hilzinger indessen schlecht an. Ihm war Ende 1958 eine Aufzeichnung vorgelegt worden, die sich mit den deutsch-französischen Beziehungen zu Beginn der V. Republik befaßte. Zu diesem Zeitpunkt, im Sommer und Herbst

1958, gab sich Caspar Hilzinger große Mühe, Aufzeichnungen über die Lage Frankreichs nach der Übernahme der Macht durch Charles de Gaulle »an den Mann zu bringen«. Charles de Gaulle war zu diesem Zeitpunkt für den überwiegenden Teil der politischen Gesellschaft in Bonn die Schreckfigur, die zusammen mit »dem Juden« Pierre Mendès-France und den Kommunisten die Europäische Verteidigungsgemeinschaft kaputt gemacht hatte. Er war derjenige unter den Siegern des Zweiten Weltkriegs, der sich gegen die gesamtstaatliche Organisation Westdeutschlands am längsten gesträubt hatte; kurzum der Mann, der nationalistische General, der sich zu den Siegern geschlagen hatte, ohne wirklich gesiegt zu haben.

Diese Welle aus Mißtrauen und Vorurteilen machte auch nicht vor dem Bundeskanzleramt halt. Konrad Adenauer störte es verhältnismäßig wenig, daß Charles de Gaulle in Frankreich verdächtigt wurde, in einer V. Republik eine Art aufgeklärter Diktatur errichten zu wollen. Was ihn störte, war der unerträgliche Gedanke, in Paris einen Mann an der Macht zu wissen, den er als Anti-Europäer einstufte. Unterstützt in dieser negativen Einschätzung wurde er vom gemischten Chor deutscher und französischer Informanten.

Caspar Hilzinger hielt diese pauschalen Vorurteile für falsch und gefährlich. Sie gingen so weit, daß Konrad Adenauer erhebliche Hemmungen hatte, die Einladung Charles de Gaulles zum Treffen in Colombey-les-deux-Eglises anzunehmen. Er sah, nachdem er alle Bedenken überwunden hatte, der ersten Begegnung mit dem Urheber des größten persönlichen und politischen Debakels seiner Regierungszeit mit Beklemmung entgegen.

Hier versuchte Caspar Hilzinger, den die Gestalt Charles de Gaulles seit Jahren beschäftigt hatte, aufklärend und beruhigend zu wirken. Er legte dar, daß es im Denken von Charles de Gaulle schon frühzeitig Ansatzpunkte für einen europäischen Zusammenschluß gäbe, jedenfalls schon zu einer Zeit, da der Schwarm deutscher Europa-Professoren noch nicht über die europäische Idee hergefallen war. Allerdings war die Grundkonstruktion der Europapolitik Charles de Gaulles von den evolutiven Zugzwängen deutscher Denker fundamental verschieden. Für Charles de Gaulle waren nur Interessen und Tatsachen wichtig.

Konrad Adenauer kehrte als ein Bekehrter von Colombey-les-deux-Eglises überaus zufrieden zurück. Er war der meisterhaften Regie Charles de Gaulles erlegen. Dieser hatte ihn in kluger psychologischer Berechnung nicht nach Paris, sondern in die karge Landschaft Lothringens in den Familienkreis eingeladen. Die Landschaft von Colombey-les-deux-Eglises bildete die freskenhafte Kulisse für den spartanischen Charakter der Welt Charles de Gaulles. Der Rahmen eines Familienheimes schien ihm für die Zusammenkunft mit dem alten Mann aus Bonn sinnfälliger als die Kulisse eines Palastes. Später bezeichnete er die Zusammenkunft als »historisch«.

Der Aufenthalt in einem vorbildlich geführten Haushalt nach Art des französischen 19. Jahrhunderts mit blankgescheuerten Fußböden, einfacher, aber schmackhafter Küche und exzellenten Weinen ließ das gutbürgerliche Köln des 19. Jahrhunderts in seltsamer Weise mitklingen und trug zur Harmonie bei. Was Konrad Adenauer Georges Bidault, Guy Mollet und selbst Robert Schuman verweigert hatte, schien am 14. und 15. September 1958 im rauhen Klima Lothringens wie unter einer wärmenden Herbstsonne zu keimen: Vertrauen in den »alten Franzosen«.

Charles de Gaulle war in jenem Jahr 1958 durch die Verstrickungen und Ausweglosigkeiten des algerischen Krieges an die Macht gekommen, aber das Problem war noch weit davon entfernt, gelöst zu werden. Die Bewältigung der kolonialen Vergangenheit absorbierte die Kraft Frankreichs so stark, daß es für die einzig zukunftsträchtige Konzeption auf dem europäischen Kontinent, das vereinte Europa, nicht mit seinem vollen Gewicht zur Verfügung stand.

Europapolitik ist eben nicht eine Sparte der Außenpolitik wie jede andere. Die politische Wurzel, aus der heraus die neue Gesellschaft in Europa nach dem Zweiten Weltkrieg erwachsen sollte, hatte sehr viel mit einer radikal veränderten Einstellung zur »imperialen« Vergangenheit zu tun. Sie erforderte den ganzen, intakten Willen der beteiligten Nationen, ohne Ablenkung! Im Grunde genommen handelte es sich um die Durchführung einer Revolution.

Caspar Hilzinger meinte damals, nach der überraschend günstig verlaufenen Begegnung von Colombey-les-deux-Eglises sei eine ausreichend tragfähige Grundlage entstanden, die es ermöglichen würde, mit Frankreich vertrauensvoll über die Sorgen zu sprechen, die der Algerienkrieg auch für die europäischen Nachbarn Frankreichs mit sich brachte, für uns und die Europapolitik. Algerien konnte die Unabhängigkeit nicht mehr vorenthalten werden. Das sah jedermann ein, und auch Charles de Gaulle wußte es. Daran änderte auch sein Zick-zack-Kurs nichts, mit dem er später die Trennung von Algerien zu Ende brachte. Die geschaffene und von ihm geförderte Verwirrung über seine letzten Absichten war Teil seiner Taktik. In einem vertraulichen Gespräch, das er schon 1956 über Algerien geführt hatte, hatte er erklärt:»Algerien wird unabhängig sein!« Caspar Hilzinger schrieb unterm 30. Dezember 1958 in einer Aufzeichnung für den Bundeskanzler, daß die Bedeutung des Algerienproblems ein neues Treffen mit Charles de Gaulle rechtfertigen würde. Von Konrad Adenauer, der bei Charles de Gaulle über ein hohes Maß an persönlichem Ansehen verfüge, könne diese heikle Angelegenheit besser als von irgend jemand sonst zur Sprache gebracht werden, ohne mißverstanden zu werden.

Die Sorge, die Caspar Hilzinger bewog, dieses heiße Eisen anzufassen, war eine doppelte: Vom weiteren Verlauf des Algerienkriegs, so fürchtete er, hing ab, ob Frankreich in eine wohlverstandene Solidarität mit seinen kontinental-europäischen Partnern weiter hineinwachsen, oder ob es sein Gesicht in zunehmendem Maße dem afrikanischen Raum zuwenden würde, um eines Tages nach dem unvermeidlichen Mißerfolg seiner auf Erhaltung bedachten afrikanischen Politik auf den europäischen Kontinent zurückgeworfen zu werden, ohne dann noch die Macht zu haben, dessen Schicksal zum Guten hin zu beeinflussen.

Andererseits hatte die Wahl zur ersten Nationalversammlung der V. Republik einen kräftigen Rechtsruck mit sich gebracht. Dieser konnte nur bedeuten, daß die Mehrheit der Franzosen gerade die von uns befürchtete Politik machen wollte, um das»französische Algerien« zu halten, koste es, was es wolle.

Es gab in der neuen Regierung und in ihren Vorzimmern genügend Leute, die die geschichtliche Aufgabe Charles de Gaulles darin sahen, Frankreich den algerischen Besitz zu erhalten. In ihrer egoistischen Kurzsichtigkeit verlangten sie vom deutschen Partner Solidarität mit diesem Kurs. Manche unter diesen Leuten, die Charles de Gaulle besser verstehen wollten, als er sich selbst verstand, machten ohne Hemmung eine Gleichung auf, die lautete: Unterstützung für das französische Algerien durch die Deutschen bedeute auch Unterstützung der Wiedervereinigung Deutschlands durch die Franzosen. Berlin wurde wieder einmal irgendwo in der Welt verteidigt. Damals sollte es in Algier sein.

Der Kabinettsdirektor von Michel Debré sagte in jenen Tagen zu Caspar Hilzinger:»Die Bundesrepublik muß wählen zwischen der

Sympathie für ein unabhängiges Algerien und der Freundschaft mit Frankreich!« Auch rechts des Rheins gab es damals Leute, die dachten und sagten, Berlin werde in Algerien verteidigt, so wie andere etwas später behaupteten, Berlin werde in Saigon und wieder etwas später in Kabul verteidigt. So einfach ist die Welt zusammengesetzt, wenn man nicht nachdenkt. In höflichen und umständlichen Floskeln antwortete Caspar Hilzinger, daß er noch nie etwas Dümmeres gehört habe.

Die Gefahr, daß Michel Debré und seine hundertfünfzigprozentigen Gaullisten versuchen würden, die Bundesrepublik in das Schlepptau ihrer Algerienpolitik zu nehmen, drohte in der Tat. Es kam daher darauf an, den Bundeskanzler und die Bundesregierung rechtzeitig zu warnen. Die Zusammenarbeit mit Frankreich, so meinte Caspar Hilzinger, könnten wir jederzeit bekommen; wir brauchten uns nur die Ziele und Forderungen Frankreichs kritiklos zu eigen machen. Friedrich der Große habe einmal gesagt, der Verbündete Frankreichs sein, heiße, sein Sklave sein. Wer die Unterstützung der Bundesrepublik für eine schlechte Politik des Partners zulasse, zerstöre die konstruktive Zusammenarbeit auf lange Sicht.

»Das Algerienproblem«, schrieb Caspar Hilzinger am 30. Dezember 1958, »kann nicht herausgelöst werden aus den Bestrebungen für den panarabischen Zusammenschluß. Die arabische Welt ist erwacht, und Algerien ist ein Teil dieser arabischen Welt. Die Franzosen, die auf Grund einer formalen und juristischen Überlegung Algerien als integrierenden Bestandteil Frankreichs betrachten, werden der elementaren Tatsache der arabischen Volkszugehörigkeit der acht Millionen Muselmanen in Algerien auf die Dauer nicht widerstehen können. In dem Maße, wie die panarabische Bewegung Erfolge aufweisen kann, wird die Position Frankreichs in Algerien als einem unerlösten Teil der arabischen Welt unhaltbar werden.«

»Weder die Größe Frankreichs, noch die Möglichkeit, daß Frankreich eines Tages die Führung der Weltpolitik zu unserem Nachteil an sich reißen könnte, brauchen uns zu beunruhigen. Wir haben vielmehr die Sorge, das Frankreich in diesem hoffnungslosen Streben nach nationaler Größe seine Energien verbraucht und so den Rest europäischer Macht zerstört.«

Diese Gedanken hatten im Auswärtigen Amt Beifall gefunden. Aber bei Konrad Adenauer kam Caspar Hilzinger damit an die falsche Adresse. Er bestellte Heinrich von Brentano zu sich und las ihm die Leviten wegen dieser »unglaublichen Aufzeichnung«. Dieser zog sich aus der Affäre mit der Bemerkung, er habe die Aufzeichnung an den Bundeskanzler weitergeleitet, ohne sie gelesen zu haben. Nichtsdestoweniger schickte Konrad Adenauer sie noch am gleichen Tag mit einem handschriftlichen Vermerk zurück. In seinen unverwechselbaren, hohen gotischen Schriftzeichen, steil und steif wie seine Erscheinung, hatte er voller Zorn auf dem Papier vermerkt: »H. BM. v. Brentano mit Bezug auf unsere heutige Besprechung. Ich mache besonders auf das unmögliche Citat S. 2 (Spruch Friedrichs des Großen) und die ebenso unmögliche Schlußfolgerung aufmerksam. Adenauer.«

Es gab dann viel Aufregung zwischen Bundeskanzleramt und Auswärtigem Amt wegen dieser Aufzeichnung. Herbert Blankenhorn schreckte Hilger van Scherpenberg auf. Dieser ließ Heinrich von Brentano einen Vermerk zugehen: »Blankenhorn rät dringend ab, unsere Beziehungen mit Frankreich im gegenwärtigen Zeitpunkt durch ein Gespräch über Algerien zu belasten.« Manche Kollegen in der politischen Abteilung feixten. Niemand hatte Caspar Hilzinger um eine solche Aufzeichnung gebeten. Wer sich in Gefahr begibt, kommt darin um.

Zivilcourage, die eigenen Probleme und Interessen dem Partner verständlich zu machen – das konnte man bei Charles de Gaulle lernen. In einer vergleichbaren Situation, der hoffnungslosen amerikanischen Verstrickung in Vietnam, als die Amerikaner eine positive Stellungnahme ihrer Alliierten zur Ausdehnung des Vietnamkrieges erwarteten, sagte er zu John F. Kennedy: »Für Sie wird das Eingreifen in diesem Gebiet ein Faß ohne Boden sein. Ist eine Nation erst einmal erwacht, dann kann sich ihr keine fremde Macht mehr aufzwingen, und seien ihre Mittel noch so groß. Sie werden das merken. Denn wenn Sie auch an Ort und Stelle Regierende finden, die aus Eigeninteresse bereit sind, Ihnen zu gehorchen, so lassen sich doch die Völker nicht dazu herbei, die Sie im übrigen auch gar nicht rufen. Die Ideologie, auf die Sie sich berufen, ändert daran nichts. Die Volksmassen werden diese Ideologie nur mit Machtstreben verwechseln. Je mehr Sie sich dort hinten gegen den Kommunismus engagieren, desto mehr werden die Kommunisten als Vorkämpfer der nationalen Unabhängigkeit gelten, desto mehr Helfershelfer finden, in erster Linie bei den Verzweifelten. Wir Franzosen haben diese Erfahrung gemacht. Ihr Amerikaner wolltet uns gestern den Platz in Indochina streitig machen. Ihr wollt jetzt unsere Nachfolge antreten und einen Krieg neu entfachen, den wir beendet hatten. Ich sage Ihnen heute schon: Sie werden mit jedem Schritt tiefer in einem militärischen und politischen Morast versinken, wieviel Verluste Sie auch hinnehmen, welche Gelder Sie auch aufwenden mögen.«

Hut ab vor Charles de Gaulle! Es kommt nicht darauf an, dem mächtigen Verbündeten zu gefallen, sondern für eine gute Politik zu sorgen. Gouverner, c'est prévoir! Wenn eine Weltmacht sich über eine zu lange Zeit hin Fehleinschätzungen leistet, wird sie bald keine mehr sein.

Mit dem Abstand der Jahre beginnt man sich zu fragen, wo der Nutzen politischer Gespräche auf hoher politischer Ebene liegt. Konrad Adenauer hatte sich gescheut, Charles de Gaulle zu sagen, daß wir den Ausgang des Algerienkonflikts in zutreffender Weise voraussahen und deshalb eine baldige Beendigung empfahlen. Charles de Gaulle hatte die notwendige Zivilcourage gehabt und John F. Kennedy gewarnt. Im einen wie im anderen Falle fiel die Entscheidung nicht in den höheren Sphären der Gipfeldiplomatie, sondern aus der Mündung der Gewehre.

Um Deutschland und Frankreich in ein unauflösliches Verhältnis zu bringen, braucht es die Mündung der Gewehre nicht. Es braucht auch keinem der beiden zugemutet zu werden, das Wenige, das man heute noch Unabhängigkeit nennen könnte, aufzugeben. Es geht ja keinesfalls um die künstliche und zwangsmäßige Verschmelzung zweier alter Völker. Harmonie kann nur da entstehen, wo Unterschiedliches zusammenklingt. Die Architekten und Denker der Außenpolitik sollten sich aber hinter die Ohren schreiben, daß Diplomatie nicht darin besteht, alles zu verschweigen und nichts zu wagen. Wo die Träume sterben, zerbricht auch bald die Wirklichkeit. Aber was ist die »große Illusion«?

Man möchte mit Martin Luther King sagen: »I have a dream!« Caspar Hilzinger hatte den Traum, daß Frankreich und Deutschland voneinander lernen, ihr menschliches, wirtschaftliches und kulturelles Potential zusammenzulegen, daß sie die Kraft und die Imagination haben, die neue Gesellschaft zu entwerfen, auf die wir während des Krieges gehofft haben. Er hatte den Traum, daß Georges Bernanos recht behalten würde, daß der liebe Gott Frankreich zu dem Zweck geschaffen habe, die Übermenschen in die Schranken zu weisen, und daß Deutschland ihm bei der Verwirklichung dieses Zieles folge. Kein Bündnis, kein Zusammenschluß von

Staaten, keine europäische Einigung kann bestehen, wenn sie nicht von neuen gesellschaftlichen Idealen getragen sind, die sich bei näherem Hinsehen als diejenigen erweisen, denen wir in den vergangenen drei Jahrzehnten nicht gefolgt sind.

Frankreich hat sich, einem tiefsitzenden Instinkt folgend, seit 1945 gegen die Amerikanisierung des Lebens gewehrt. Die Bundesrepublik Deutschland hat sich dem Einfluß der USA geöffnet und sich darin gefallen, Amerikas Musterschüler zu sein. Darüber nachzudenken, lohnt gewiß.

Was sagte doch Willy Brandt einmal in freundschaftlicher Absicht zu Richard Nixon? Die Bundesrepublik Deutschland werde immer an der Seite der Vereinigten Staaten zu finden sein. Und was antwortete Richard Nixon mit der ihm eigenen kalten Brutalität? Da sei die Bundesrepublik ja wohl auch gut beraten; denn sonst stehe sie draußen in der Kälte.

Die Franzosen sind ein altes Volk. Ihr geschichtliches Bewußtsein ist ungebrochen. Ihre Überzeugung, die eigene Kultur sei die höchste und dazu bestimmt, universelle Geltung zu erlangen, ist beneidenswert. Seinem Genius folgend, läßt sich Frankreich mit den Entscheidungen Zeit oder es versucht, ihnen auszuweichen. In der Nuance entdeckt es tausendmal mehr Wahrheit als in der grobschlächtigen Alternative. Klarheit geht ihm vor Dialektik.

Die Franzosen nennen sich auch heute noch die »Chinesen des Westens«. Sie wollen damit andeuten, daß das »Französische« als Lebensphilosophie verblüffend ähnliche Züge mit der chinesischen Denkweise trägt. Beide begreifen sich als alte Kulturvölker. In gleicher Weise sind sie schwer zu durchschauen. Das Gesicht nicht zu verlieren, ist für sie wichtig, für die französische Politik geradezu ein Bestandteil des Selbstbewußtseins.

Das Gesetz vom 13. Mai 1873 trägt in den Kommentaren zum französischen Staatsrecht die Bezeichnung »la loi chinoise«. Es ist als Verfassungsgesetz der damaligen Zeit erlassen worden, um die bis dahin bestehenden Unklarheiten in den Beziehungen der staatlichen Institutionen im unklaren zu lassen, und es sollte nach seinem Wortlaut »ne rien changer au fond des choses« – am Grund der Dinge nichts ändern.

Frankreich hat in den letzten Jahrzehnten viele Gesetze erlassen, die am Grund der Dinge nichts ändern konnten oder nichts ändern sollten. Es ist wahr, vieles hat sich dennoch geändert, ohne das Zutun und gegen den Willen Frankreichs. Es hat versucht, sich treu zu bleiben und hat sich gegen die Veränderungen, die sich von der Peripherie her aufdrängen, gewehrt. Vielleicht haben aber die Erschütterungen des Zweiten Weltkriegs, der Entkolonisierung und der Industrialisierung den Weg Frankreichs nur vorübergehend gestört. Vielleicht ist es weiterhin auf dem Wege von sich selbst zu sich selbst. »Frankreich ist jene harrende Penelope, die täglich webt und täglich ihr Gewebe wieder zerstört, um nur Zeit zu gewinnen bis zur Ankunft des rechten Mannes« (Heinrich Heine). Die Franzosen sind ein altes Volk, das in sich ruht, auf keines Fremden Rat angewiesen. »Frankreich kommt aus der Tiefe der Zeiten. Die Jahrhunderte rufen nach ihm« (Charles de Gaulle).

Trotzdem hat die Technik die Türen zum Heiligtum der französischen Lebensweise schon längst aufgebrochen. Seine chinesische Mauer ist an vielen Stellen durchbrochen. Die Augen fremder Frevler dringen in seine innersten Bezirke. Frankreich mißtraut der modernen Welt, den neuen Technologien; aber es weiß, daß diese neue Invasion nicht abgewehrt werden kann. Wie 1940 wird es nicht gegen die Eindringlinge kämpfen, sondern sie durch den Zeitablauf zu besiegen trachten. Dann wird Frankreich dem neuen Europa den Stempel der eigenen Lebensart aufdrücken.

Der Traum von der Verbindung Frankreichs und Deutschlands ist dieser: Das tiefe Beharren der Franzosen und die losgelöste Ungeduld der Deutschen muß man zusammenspannen, unwiderruflich und unauflöslich; die stille Weisheit der Loire und die laute Betriebsamkeit des Rheins. Und über allen Anstrengungen wölbt sich das gemeinsame Ziel: unsere beiden Länder lebenswert zu erhalten angesichts der Bedrohungen am Horizont und darin Vorbild zu sein für andere; auf keines Fremden Rat angewiesen.

Requiem für eine Republik

Ich bin überzeugt, daß die Franzosen keine Republik, weder die Verfassung von Athen, noch die von Sparta, und am allerwenigsten die von Nordamerika ertragen können.

Heinrich Heine

Die Größe der Macht ist etwas, das Frankreich nicht mehr besitzt, nicht mehr besitzen kann.

Raymond Aron

CASPAR HILZINGER SPRICHT HEUTE NOCH mit einer etwas abgeklärten Bitterkeit davon, wie schnell sich die Franzosen innerlich von der IV. Republik trennten, als Charles de Gaulle im Mai 1958 ein zweites Mal an die Tore von Paris pochte. Er brauchte die Trompeten gar nicht erschallen zu lassen; die Stadt öffnete sich ihm von selbst. Die »normale Prozedur«, wie er es nannte, um die Macht aus den Händen des Präsidenten der IV. Republik entgegenzunehmen, hatte begonnen.

Alte Freunde Caspar Hilzingers in den politischen Parteien und im Außenministerium, die glaubten, den Deutschen nach 1945 eine Lektion in parlamentarischer Demokratie erteilen zu müssen, indem sie auf die Vorzüge der Institutionen und freiheitlichen Spielregeln der IV. Republik hinwiesen, ließen im Mai 1958 plötzlich keinen guten Faden mehr am »Régime«. »Wissen Sie, in einem muß man de Gaulle ja recht geben. Das mit den vielen Parteien geht ja so nicht weiter. Und alle paar Monate eine Regierungskrise; wir machen uns ja zum Gespött der ganzen Welt.« Ähnliches bekam Caspar Hilzinger damals fast täglich zu hören.

Dies erinnerte ihn – wenn auch unter nicht vergleichbaren Bedingungen – an die Wankelmütigkeit der Menschen, die sich ihm als jungem Menschen in den Januartagen 1933 eingeprägt hatte. Als Adolf Hitler Reichskanzler geworden war, schien so vielen Leuten plötzlich alles anders geworden zu sein. Was sie vorher noch angebetet hatten, verleugneten oder beschimpften sie. Treue Katholiken gingen plötzlich nicht mehr zur Kirche; eingefleischte Kommunisten entdeckten die Vorzüge der Volksgemeinschaft. Einer seiner beliebten Lehrer im Gymnasium, ein militanter Katholik, war für seine Gegnerschaft gegen Hitler bekannt. Seine Rede vor der Schulklasse pflegte zu sein: »Ein Satz aus der Heiligen Schrift ist mir lieber als der ganze *Hitler: Mein Kampf!*« Wenige Tage nach dem 30. Januar trat eben dieser Lehrer vor seine Schüler und erklärte: »Ich habe da vor einigen Tagen einen Vergleich zwischen der Heiligen Schrift und *Hitler: Mein Kampf* angestellt. Es tut mir leid, dies gesagt zu haben, und ich nehme jedes Wort davon mit Bedauern zurück.« Da war eine Säule seines Vertrauens in die Älteren ins Wanken geraten. Wenn das so einfach ist, dachte er.

Auch später, nach vielen Jahren, war Caspar Hilzinger entsetzt, als ein junger Hamburger Politiker, der zum rechten Flügel der SPD gezählt wurde, plötzlich Stamokap-Ideen vertrat. Auf diesen Gesinnungswechsel angesprochen, antwortete dieser: »Ich habe festgestellt, daß ich mich bisher geirrt habe.« So einfach ist das mit den politischen Einsichten und Überzeugungen. Man irrt sich einfach – und setzt seinen Weg fort. Konrad Adenauers Bemerkung, daß Kölner Bekannte sich nach 1933 scheuten, ihm auf der Straße zu begegnen, paßte ebenso in diese Landschaft menschlicher Schwächen.

So einfach, so menschlich ging es auch 1958 zu, als Charles de Gaulle sich anschickte, die IV. Republik, ihre Institutionen und ihre Politiker in die Wüste zu schicken. Es lebe de Gaulle, sagten die Leute; ich habe mich geirrt.

Die IV. Republik hatte sicherlich große Mängel und Unzulänglichkeiten. Sie war in so vielen Dingen ein Abbild der menschlichen Schwächen. Aber eine so rasche Verleugnung, eine so weitverbreitete Treulosigkeit hatte sie nicht verdient. Sie hatte auch Vorzüge.

Die IV. Republik, deren genauer zeitlicher Beginn zwischen 1944 und 1946 sich nicht eindeutig feststellen läßt, hatte vor allem begriffen, daß Frankreich große wirtschaftliche und soziale Anstrengungen unternehmen mußte, wenn es den Platz in der Welt, den Charles de Gaulle in London für Frankreich vorbereitet hatte, behalten wollte. Der wirtschaftliche Wettbewerb zwischen den Industriestaaten sollte die drei Jahrzehnte nach der Beendigung des Zweiten Weltkriegs ausfüllen. Es gab politische und militärische Krisen. Aber der wesentliche Inhalt dieser Jahre waren die Steigerung der Produktion, der technologische Fortschritt, die wirtschaftliche Expansion und die schier unbegrenzte Konsumsteigerung. Dies prägte die neue Form des Existenzkampfes zwischen den Menschen und zwischen den Völkern. Wer in dieser neuen

Welt mithalten wollte, mußte vor allem wirtschaftlich auf der Höhe sein. Diese Grundtatsache der zu Ende gehenden Epoche hat sich die IV. Republik von Anfang an zu eigen gemacht.

Die Menschen sind überall gleich. Was sie haben, schätzen sie nicht, und was sie sich wünschen, haben sie nicht. Sie möchten am liebsten alles auf einmal, ohne irgendeinen Preis dafür zu zahlen. Größere persönliche Freiheit als während der IV. Republik hat es in Frankreich nie gegeben. Dort, wo ein Höchstmaß an Freiheit gewährt wird, ist für den starken Mann kein Platz. Die Entscheidungen fallen langsam und umständlich. Sie schrumpfen am Ende zum Kompromiß, der niemand befriedigt. Das hat die Franzosen an der IV. Republik im Grunde genommen nicht gestört. Kompromiß bedeutet, daß keine Seite zu kurz kommt und ihre Interessen im schließlichen Ergebnis wiederfindet. Das hat ihnen schon behagt.

Der Bazillus des Bonapartismus war es, der sie daran hinderte, die Freiheit ohne Reue zu genießen. Bonapartismus ist nicht gleichbedeutend mit Faschismus. Dieser hat den Franzosen nie zu schaffen gemacht. Ihr politisches Denken kommt nicht aus den obskuren Quellen, aus denen die deutschen Faschisten getrunken haben. Die Ideologie, das Programm zählt wenig im Vergleich zu dem Manne. Und wenn der Mann ein Militär ist, um so besser, um so größer seine Popularität beim Volk und in den Salons. Ein wenig Napoleon-Nostalgie ist immer dabei.

In weniger als hundert Jahren haben sich Millionen Franzosen einem Kaiser, einem Marschall, zwei Generalen und einem Obersten zugewandt. In Zeiten von Mißständen und Mißerfolgen des parlamentarischen Regimes sind Namen wie Napoleon III., General Boulanger, Oberst de la Rocque, Marschall Pétain und General de Gaulle wie Retter aus der Not erschienen, wenn auch manchmal nur für Monate. Die Mode und die Popularität ändern sich rasch in Frankreich.

Die IV. Republik hat mit Charles de Gaulle noch während des Krieges begonnen und 1958 mit ihm geendet. Immer wieder im Laufe der vierzehn Jahre ihrer Existenz erscheint der lange, unverwechselbare Schatten des Generals auf der politischen Bühne Frankreichs als Menetekel und letzte Chance zugleich. Trotzdem kann keine Rede davon sein, daß allein der Name und das Prestige des Generals ausgereicht hätten, die IV. Republik zu Fall zu bringen, wenn sie nicht von Todessehnsucht ergriffen gewesen wäre.

Caspar Hilzinger hatte 1951 eine biographische Skizze über

51

Charles de Gaulle niedergeschrieben, um Bonn frühzeitig auf diesen Mann als politische Möglichkeit der Zukunft aufmerksam zu machen. Sein Papier fand wenig Interesse, denn die damals leitenden Herren der Außenpolitik waren zu sehr mit ihren europäischen Glasperlenspielen beschäftigt. Caspar Hilzingers Papier schloß mit den Worten: »Wer weiß, ob das Schicksal dieses Mannes, Charles de Gaulle, nicht darin besteht, an Bedeutung für Frankreich und Europa wiederzugewinnen, wenn – analog zu 1940 – eine Situation eingetreten sein wird, die das heutige Frankreich nicht meistern kann?« Das galt bei manchen Herren in Bonn als Spökenkiekerei, eines seriösen Diplomaten unwürdig. Nach sieben Jahren war die Situation da.

Was der IV. Republik wirklich das Leben kostete, war aber letzten Endes nicht der Mangel an Regierungsstabilität (alle 4 bis 6 Monate eine neue Regierung) oder die bonapartistische Nostalgie, sondern die Unfähigkeit, die Zeichen der Zeit zu begreifen und die imperialen Kostüme der letzten Jahrhunderte abzulegen. Da zog ein sozialistischer (!) Ministerpräsident für die Aktionäre der Suez-Kanal-Aktiengesellschaft und für die Großmachtstellung Frankreichs im Mittelmeer zusammen mit den Konservativen Großbritanniens in den Krieg. Da sah ein katholischer Volksrepublikaner seine Hauptaufgabe darin, Vietnam für Frankreich und für sich zu erhalten, koste es, was es wolle. Ein »sozialistischer« Generalgouverneur wurde zum Symbol der Repression in Algerien. Die Ohrfeige des damaligen Beys für den französischen Konsul, die 1830 den Vorwand für die Annexion Algeriens gebildet hatte, wurde in schrecklicher Weise vergolten.

Die europäischen Völker hatten, jedes auf seine Weise, nach 1945 mit Schwierigkeiten zu kämpfen, von deren Lösung alle anderen Probleme abhingen: die Anpassung an die durch den Zweiten Weltkrieg in der Welt hervorgerufenen tiefen Machtverschiebungen. Jedes der europäischen Völker hatte mit einer historischen Vergangenheit fertig zu werden, die ihm bis dahin als glorreich erschienen war. Das 19. Jahrhundert hat den Ersten Weltkrieg hervorgebracht; der Zweite Weltkrieg hat das 19. Jahrhundert beendet und seine politischen Grundlagen zerstört. So, wie eine in Konkurs geratene Firma noch eine Zeitlang versucht, sich über den wahren Zustand ihrer Bilanzen Illusionen zu machen, so haben sich die europäischen Völker nach 1945 geweigert, die Veränderungen in der Welt zur Kenntnis zu nehmen. Sie haben nicht bemerkt oder bemerken wollen, daß nur noch der Familienschmuck und ein paar Fotos übriggeblieben waren, in denen sie voller Nostalgie herumwühlen konnten. Die Grundlagen ihrer Macht waren zerstört. Das Deutsche Reich gab es nicht mehr. Großbritannien war auf die Insel zurückgeworfen. Und Frankreich, das in seiner universellen Berufung noch einige Jahre dahinträumte, war in Wirklichkeit auf das »Sechseck« reduziert.

Die Verdrängung des wahren Zustandes, den man auch Entkolonisierung nennen kann, hat Frankreich (und die anderen) viel wertvolle Zeit, viel Blut und viel Geld gekostet. Die IV. Republik hat ihre Existenz verloren.

Allein der Rückzug aus Vietnam, wider Willen und in Etappen seit 1946, hat über 100 000 Tote auf seiten Frankreichs und der Union Française, etwa 650 000 Verwundete und 3000 Milliarden Francs gekostet. Und das Ergebnis? 1955: Teilung Vietnams am 17. Breitengrad; dann übernahmen die Amerikaner die Unglücks-Staffette; 1978: ganz Vietnam, Laos und Kambodscha sind in der Hand Hanois; Ende des Containment, der Zurückdrängung des Kommunismus in Asien. Innerhalb weniger Jahre wurden Tunesien, Marokko, die französischen Kolonien in Afrika und Algerien unabhängig. Halb folgte Frankreich der eigenen Einsicht, halb dem Druck einer globalen Entwicklung. Einfach war das keineswegs. Der Terminkalender der Entkolonisierung hat die Chance einer wirklichen europäischen Einigung durch die Ereignisse und durch ihre parlamentarische Behandlung weitgehend zunichte gemacht. Geben wir es doch zu: Die Europäer haben die Tragweite der Entkolonisierung und ihre Einwirkung auf die europäische Einigung unterschätzt. Logisch wäre gewesen, wenn die Franzosen, die Engländer, die Italiener und die Deutschen, die sich überall auf dem Rückzug befanden, sich auf einem inneren Kreis wiedergefunden hätten, um die Reste ihrer Macht zusammenzulegen und ein neues Verhältnis zur Welt zu gewinnen. Europäische Einigung als strategischer Rückzug. Aber wer will behaupten, daß die Geschichte logisch verläuft und die Staatsmänner logische Entscheidungen treffen?

Das Schicksal eines Mannes zeigt, daß das Frankreich der IV. Republik »das Gift und die Köstlichkeiten« der parlamentarischen Demokratie höher einschätzte als die spartanische Disziplin. Das politische Schicksal von Pierre Mendès-France wurde zum Schlüsselerlebnis der jungen französischen Generation von 1945.

Und auch für Caspar Hilzinger, der jahrelang aus nächster Nähe den Weg von Pierre Mendès-France beobachten konnte.

Keine politische Partei war für das politische Leben der IV. Republik so charakteristisch wie die radikalsozialistische. Sie hat sich nach 1945 ohne Aufsehen und ohne Geräusch wieder zusammengefunden. Sie konnte an die Tradition der III. Republik anknüpfen. Edouard Herriot, der große alte Mann aus Lyon, personifizierte diese Kontinuität und gab, wenn er im Palais Bourbon präsidierte, der jungen Republik die Würde und den Segen des Patriarchen.

Edouard Daladier, der Mann, der für Frankreich das Münchener Abkommen mit Adolf Hitler geschlossen hatte, verkörperte ebenfalls einen Zweig derselben Kontinuität der III. Republik.

Bürgerlich, liberal, laizistisch, freihändlerisch, in Worten progressiv, in Taten konservativ, republikanisch und freimaurerisch, national und patriotisch, den angenehmen Seiten des Lebens zugetan, stets Kompromissen zuneigend, waren die Radikalsozialisten weniger eine Partei, als vielmehr das typische Abbild der französischen Gesellschaft. Radikal hieß eben gerade nicht-radikal; und sozialistisch bedeutete eben gerade nicht-sozialistisch. Radikalsozialistisch, das ist jenes barbusige Mädchen, das Eugène Delacroix gemalt hat, über die Trümmer des Ancien régime vorwärtsstürmend, die Trikolore den anderen vorantragend. Die Radikalsozialisten der IV. Republik, Urenkel der Jakobiner von 1789, waren in der Zwischenzeit allerdings ein wenig satt und fett geworden. Sie hätten keine Barrikaden und keine Bastille mehr erstürmen können. Herz und Kreislauf hätten nicht mehr mitgemacht. Und im übrigen waren sie es, die die Positionen in Staat und Gesellschaft eingenommen hatten. Also Revolution gegen sich selbst?

Ausgerechnet in einer Partei, in der die traditionellen Verkrustungen am härtesten waren, hat Pierre Mendès-France schon 1932 seine politische Heimat gefunden. »Der kleine Mendès« pflegte Léon Blum zu sagen, und es schwang dabei auch ein wenig Anerkennung mit für den Parlamentarier der Linken, der damals der jüngste Rechtsanwalt, der jüngste Abgeordnete und der jüngste Minister war.

Léon Blum hat ihn 1938 als Unterstaatssekretär ins Finanzministerium berufen, denn Pierre Mendès-France galt inzwischen als finanzpolitischer Experte seiner Partei.

Das große Unglück, das mit dem Ausbruch des Zweiten Weltkriegs über Frankreich hereinbrach, brachte für Pierre Mendès-

France bittere persönliche Erfahrungen mit sich: Verfolgung durch Pétains Regierung, entehrende Anklage, Scheinprozeß und politische Verurteilung waren ebenso Zeichen der Rache seiner Gegner wie antisemitische Verunglimpfungen.

Die Politik ist kein Spiel für blauäugige Idealisten. Sie kann, wenn sie den sicheren Boden des Rechts und des Anstands verläßt, zum grausamen Dschungelkampf werden, in dem alle Mittel »gut« sind. Durch Franzosen, nicht durch die deutschen Besatzer, hat Pierre Mendès-France erfahren, daß der Antisemitismus auch in Frankreich zumindest für einen Teil der politischen Kräfte eine Konstante darstellte. »Die wirkliche Teilung unseres Landes«, sagte er später einmal, »ist diejenige der Dreyfus-Affäre.«

Das Kriegsende sah Pierre Mendès-France als Wirtschaftsminister in der Regierung Charles de Gaulle. Aber nicht für lange Zeit. Der Streit, der am 5. April 1945 zu seinem Rücktritt führte, war für den Mann ebenso bezeichnend wie für den weiteren Weg der IV. Republik. Pierre Mendès-France beabsichtigte, eine Währungsreform durchzuführen, ähnlich derjenigen, die die Alliierten 1948 für die drei Westzonen Deutschlands anordnen sollten. Sein Grundgedanke war, die Lohn-Preis-Spirale durch eine drastische Verringerung des Geldvolumens und durch die Erhebung einer Kriegsgewinnsteuer zum Halten zu bringen. Erstes Ziel der Operation sollte sein, die Produktion anzuregen. Das sollte die Kaufkraft der unteren Lohnempfänger steigern.

René Pleven, der Finanzminister, widersetzte sich solchen Plänen. Er zog es vor, den Weg der leichten Lösungen zu betreten, die niemand weh tun. Damit kam er dem innersten Genius Frankreichs näher als Mendès-France mit seinem rigorosen Denken. Die »leichten Lösungen« tauchten später immer wieder auf. Schließlich war auch die Europa-Armee, wie sie derselbe René Pleven vorschlug, eine von diesen leichten Lösungen, mit denen der Weg zur Hölle gepflastert ist. René Pleven konterte die Pläne von Pierre Mendès-France mit einem Anheben der Löhne und Gehälter und der Renten, ohne indessen über ein entsprechendes Warenangebot zu verfügen. Die Folge waren neue Preissteigerungen.

Die Weichen waren damit gestellt. Die Gelegenheit, ein neues Bewußtsein von der *res publica* zu bilden, war verpaßt. Frankreich blieb Frankreich.

Das Schreiben, mit dem Pierre Mendès-France dem Regierungschef Charles de Gaulle den Rücktritt mitteilte, ist ein Dokument, das das permanente Dilemma der IV. Republik offenlegt: Erneuerung oder Wursteln wie bisher. Schmaler Pfad der Opfer und der Disziplin oder breite Straße der Leichtigkeit und der Gefälligkeiten für jedermann. Der Weg zur Hölle war betreten. Andere haben ihn noch abschüssiger gemacht. Einem Bekannten von Caspar Hilzinger aus der Nationalversammlung hatte Charles de Gaulle 1956 gesagt: »Stufe um Stufe steigt das Regime herab; und unten wartet der Teufel auf euch!«

Pierre Mendès-France war der Unbequeme, der keine Ruhe geben wollte. Frankreich wollte aber seine Ruhe haben. Am 5. April 1945 schrieb er an Charles de Gaulle: »Unter alle Leute Geld verteilen, ohne auch nur einem welches zu nehmen, bedeutet eine Täuschung aufrechterhalten, eine Täuschung, die jedermann glauben macht, er könne ebensogut leben und ebensoviel, wenn nicht noch mehr Gewinn machen wie vor dem Krieg; indessen haben die Zerstörungen, die Verwüstungen, die Abnutzung des Materials und der Menschen aus Frankreich ein armes Land gemacht, während das Sozialprodukt auf die Hälfte des Vorkriegsstandes gefallen ist.«

Dann fragte er weiter, ob man einerseits Frankreich auf den Weg der Größe führen, blutige Opfer und zahllose Anstrengungen verlangen könne, wenn man andererseits eine Politik mache, die die Kriegsgewinnler und Spekulanten begünstige. Vor den Augen der ganzen Nation zerstöre eine solche Politik die grundlegenden moralischen Werte und zersetze die guten Sitten.

Kann man Frankreich wieder an die Arbeit bringen, seinen Produktionsapparat wieder aufbauen und ihm den Sinn für Gerechtigkeit wiedergeben, indem man die Egoisten, die Emporkömmlinge, die Habgierigen schont und sich unbewußt auf sie stützt? Kann man es erreichen, indem man diejenigen verspottet, die geglaubt haben, wir sollten eine reine und strenge Republik und wir würden Frankreich erneuern?

Armer Mendès-France, du wolltest republikanische Strenge einführen, da, wo so viele ihr lächelndes, frisierendes und duftendes Gewerbe treiben. Ähnlich hatte Heinrich Heine schon einhundertzwölf Jahre vorher über Robespierre gespottet. Der deutsche Dichter, der in Paris lebte und auf dem Friedhof Montmartre begraben liegt, kannte seine Franzosen.

Der Geschichte beliebt es manchmal, sich über die Ansichten und Schwächen der Zeitgenossen zu mokieren, indem sie die Verlachten und Verunglimpften in Notzeiten wieder an die Macht holt. 1954 nahm Pierre Mendès-France einen zweiten Anlauf, der IV. Republik neues Leben einzuhauchen, diesmal als Regierungschef. Die Entkolonisierung und die Europapolitik überstiegen jedoch seine Kraft und die Kraft der IV. Republik. Das Glas Milch auf der Rednertribüne des Palais Bourbon war das äußere Symbol der Provokation, die von ihm ausging. Das Land des Weinbaus hat ihn als nicht-kongenial im Innersten abgelehnt.

Gleichwohl waren die Franzosen aus Krieg und Besatzung zurückgekehrt mit der festen Absicht, es besser zu machen als vor dem Krieg. An neuen Ideen fehlte es nicht – sei es ein neues Verhältnis von Kapital und Arbeit, sei es der Gedanke der europäischen Einigung. Weder die Linke noch die Rechte war indessen imstande, die neuen Ideen zu einem ganzheitlichen Programm zusammenzufassen und ihm die notwendige Stoßkraft zu verleihen, so daß es alle Klassen des Volkes hätte erfassen können. Nicht die IV. Republik als solche war an diesem Zustand schuld, sondern die in ihr wirkenden politischen Kräfte, allen voran die Christdemokraten und die Sozialisten. Sie trugen die größte Verantwortung an dem Fiasko. Mit halben Überzeugungen und Lippenbekenntnissen war weder die Entkolonisierung noch die europäische Einheit zu verwirklichen.

So lebte, arbeitete und baute das Frankreich der IV. Republik vor sich hin. Es tat dies anderen europäischen Völkern gleich. Die ideologische Armut der fünfziger Jahre war in Wirklichkeit das Ergebnis einer geistigen Auszehrung. Die alten Hasen der III. Republik, die die Schliche kannten, gewannen die Oberhand. Die Erfahrung lehrte sie, die nicht aufschiebbaren Probleme mit ihren persönlichen Interessen in Übereinstimmung zu bringen. Probleme, die eine Konzeption, eine Gesamtschau der Welt des 21. Jahrhunderts erfordert hätten, wurden der Routine der Fachminister überlassen. Diese schoben sie hin und her, bis sie sich von selbst erledigten – oder durch Gewalt.

1958 wäre die Republik zerstört worden, wenn nicht einer ihrer Platzhalter in höchster Not vor dem Militärputsch Charles de Gaulle die Schlüssel des Staates übergeben hätte: René Coty, Präsident der Republik, ein ehrenwerter Mann. Von dieser Seite hatte Charles de Gaulle nichts zu befürchten. René Coty hat einmal über seine Wahl zum Präsidenten der Republik nach dreizehn Wahlgängen in schöner Aufrichtigkeit gesagt: »Ich mache mir keinerlei Illusion; wenn ich Präsident der Republik geworden bin, so verdanke ich das der Tatsache, daß ich an der Prostata operiert worden bin. Diese Operation hat mich einer Stellungnahme für oder gegen die Europäische Verteidigungsgemeinschaft enthoben.«

Solche braven Leute konnten Charles de Gaulle den Weg nicht versperren. Am 1. Juni 1958 ist er mit 329 gegen 224 Stimmen zum Regierungschef gewählt worden. Dies war der letzte Akt der IV. Republik.

Die Koalition von Geld und Armee, die sich der Unabhängigkeit Algeriens entgegenstemmte und die auch keine europäische Einigung wollte, hatte Paris den Gehorsam verweigert und mit der Militärdiktatur gedroht. Die letzte Stunde der IV. Republik war gekommen. Noch gab es da und dort ein letztes Aufmucken; in Wirklichkeit trat de Gaulle sein Amt an, als die IV. Republik von allgemeiner Paralyse befallen war.

»Wenn es nicht am 13. Mai passiert wäre, dann eben am 14. Juni, am 15. Juli oder am 16. August«, schrieb Michel Debré über den Verlauf der Agonie. Charles de Gaulle hat das Sterben der IV. Republik erleichtert, indem er den Trägern des verblichenen Regimes versicherte, daß es nach dem Tode eine Auferstehung geben würde.

Diese IV. Republik, die so sang- und klanglos verschwunden ist, hat trotz allem ein Requiem verdient.

Charles de Gaulle:
Charakter und Härte

*Der Mensch von Charakter wird durch die der Anstrengung
eigene Härte gebildet.*

Charles de Gaulle

*Es passiert ihm (de Gaulle), daß er seine Härte vor seine
Interessen setzt, was für einen Staatsmann ärgerlich ist.*

Henri de Montherland

KEIN FRANZOSE HAT NACH 1945 die Befürchtungen der Deutschen
stärker genährt als Charles de Gaulle. Die einen sahen in ihm den
General, den Testamentsvollstrecker Richelieus, den Erneuerer des
französisch-sowjetischen Paktes, den Mann, der die Kommunisten
in die Regierung geholt hatte, und schließlich den Totengräber der
Europäischen Verteidigungsgemeinschaft. Für andere wiederum
war seine Politik von Nationalismus und Großmachtstreben
geprägt, was beides eher als anachronistisch empfunden wurde.
1958 mußte Konrad Adenauer ermutigt werden, der Einladung
nach Colombey-les-deux-Eglises zu folgen. Er reiste hin, »aufs
Schlimmste gefaßt«. Am Ende seines Lebens hat er Charles de
Gaulle als seinen Freund bezeichnet.

Caspar Hilzinger begegnete Charles de Gaulle 1960 zum erstenmal. Es war gelegentlich eines Besuchs des Bundeskanzlers in Paris.
Der französische Protokollchef stellte die Deutschen vor. Er versah, wie man sagt, die Rolle des »annonceurs«. Als Caspar Hilzinger an die Reihe kam, sagte der Protokollchef zum Präsidenten:
»Dies ist Monsieur Hilzinger, der Leiter des Frankreich-Referates
im Bonner Außenministerium.«

»Wie«, rief de Gaulle erstaunt und mißbilligend zugleich, »meinen Sie, ich wüßte nicht, wer Herr Hilzinger ist? Guten Tag,
Herr Hilzinger, ich freue mich, Sie bei mir zu sehen? Wie geht es
Ihnen?«

Dieses »comment allez-vous?« sagte er in einem so herzlichen
Ton, daß der Nichteingeweihte denken mußte, hier seien sich zwei
alte Freunde nach langer Zeit wieder begegnet. Das Erstaunen des
Protokollchefs schien ebenso groß wie das von Caspar Hilzinger,

der Charles de Gaulle soeben zum erstenmal in seinem Leben in Fleisch und Knochen begegnet war. War es eine Verwechslung? Oder wandte de Gaulle eines dieser kleinen Mittel an, die auch große Männer nicht verschmähen?

Wer war Charles de Gaulle, und was wollte er mit seiner Bewegung zur Sammlung und Rettung Frankreichs?

Die starken Menschen, welche für Kämpfe, Prüfungen und große Ereignisse bestimmt sind, haben es nicht leicht und verfügen nicht über jene oberflächliche Verführungskunst, die ohne weiteres gefällt. Solche schwierigen Charaktere sind meist herb, unbequem und vielleicht sogar scheu. Wo sich die Masse in ihrer eigenen Überlegenheit und undurchsichtigen Gerechtigkeit wohl fühlt, ist es selten, daß man solche Menschen liebt oder sie gar begünstigt. Die Leidenschaft des eigenen Handelns ist oft von einer gewissen Härte in den Methoden begleitet. Der Mensch von Charakter wird durch die der Anstrengung eigene Härte gebildet. Die Untergebenen spüren das, und manchmal zittern sie davor. Außerdem hält ein solcher Führer Distanz, denn weder ist die Autorität ohne Prestige möglich, noch gibt es Prestige ohne Abstand.

Mit diesen Sätzen aus seinem 1932 erschienenen Buch »Au fil de l'épée« hat General de Gaulle, Führer der Sammlungsbewegung des französischen Volkes (RPF), sein eigenes Porträt gezeichnet, lange bevor die Katastrophe von 1940 ihm Gelegenheit gab, durch seinen Appell zum Durchhalten bekanntzuwerden; lange bevor die Enttäuschung über die Parteienwirtschaft nach 1945 ihn bewog, in seiner Sammlungsbewegung ein politisches Instrument gegen die Parteien der IV. Republik zu schmieden. Charles de Gaulle unterschied sich von Diktatoren autoritärer Regime dadurch, daß er politischer Führer aus Überzeugung und nicht aus Temperament war. Nicht die Doktrin, sondern der persönliche Instinkt beherrschte sein Handeln. Näher bei Salazar als bei Franco, hatte de Gaulle überhaupt nichts mit Hitler oder Mussolini gemein. Er war letzten Endes Demokrat.

Charles André Joseph Marie de Gaulle wurde am 22. November 1890 in Lille geboren. Seine Jugend verbrachte er in Paris, wo sein Vater lange Jahre als Professor der Philosophie am Jesuitenkolleg in der Rue Vaugirard tätig war. Durch den Beruf seines Vaters kam er früh zur Begegnung mit der Philosophie, zu der er zeit seines Lebens ein besonderes Verhältnis behalten hat. Der Einfluß von Nietzsche und Hegel, deren deutsche Ausgaben er ohne Schwierigkeit las, war in seinem militärischen und politischen Denken unverkennbar. Die politische Weisheit eines Montaigne und die Strenge eines Pascal, die zu seinen bevorzugten französischen Philosophen gehörten, waren geeignet, den Einfluß Nietzsches und Hegels zu einem Gleichgewicht zu bringen, das ihn vor dem Extrem bewahrte. Die solide philosophische Bildung, die er mit zunehmendem Alter vertiefte, war eine gute Grundlage für die in den dreißiger Jahren verfaßten Publikationen. Wenn de Gaulle trotz seiner Bücher über Militärreformen kein Militärreformer oder Militärschriftsteller geworden ist, so lag dies in erster Linie an den Umständen seiner Zeit, die ihm politisches Handeln aufgedrängt haben.

Zunächst jedoch lag die traditionelle Laufbahn des Berufsoffiziers vor ihm, die mit seinem Eintritt in die Kriegsschule Saint-Cyr im Jahre 1911 den Anfang nahm. Durch sehr gute Qualifikationen nach Ablauf von zwei Jahren erwarb sich der »sous-lieutenant« de Gaulle die Vergünstigung, das Regiment, in dem er dienen wollte, auszuwählen. Aus Bewunderung für dessen Regimentskommandeur wählte er das 33. Infanterieregiment. Es war – welche Ironie des Schicksals – der damalige Oberst und spätere Marschall von Frankreich, Philippe Pétain.

Im August 1914 wurde Charles de Gaulle bei Dinant (Belgien) verwundet, 1915 zum Hauptmann befördert, im März 1915 in der Champagne zum zweitenmal und im März 1916 bei Verdun zum drittenmal verwundet und geriet dabei in deutsche Gefangenschaft. Nach Kriegsende kehrte er mit einer Denkschrift »La discorde chez l'ennemi« nach Frankreich zurück und wurde mit dem Grade eines Majors Geschichtslehrer an der Kriegsschule Saint-Cyr. 1921 findet man Charles de Gaulle unter dem Befehl des General Weygand beim französischen Militärkontingent in Warschau im Einsatz gegen die Bolschewisten. Drei Jahre später wurde de Gaulle an die Militärakademie (Ecole de Guerre) abkommandiert, wo die französischen Generalstabsoffiziere ihre Ausbildung erhalten. Eine Kontroverse über strategische Konzeptionen brachte ihn alsbald in Gegensatz zur herrschenden Lehre – und zu seinen Vorgesetzten. Marschall Pétain griff ein, verlangte von Charles de Gaulle die schriftliche Abfassung seiner Ansichten und ernannte ihn daraufhin zum Lehrbeauftragten der Akademie. Charles de Gaulle hielt Vorlesungen über das Thema Kriegslehre und Aufgabe des militärischen Führers. Schließlich berief ihn Pétain als Adjutant in seinen Stab. In der Folge wurde er nacheinander zum französischen Generalstab in Trier, dann als Militärattaché nach dem Irak, Persien und Ägypten versetzt, um 1932 als Oberstleutnant in das Sekretariat des »Conseil Supérieur de la Défense Nationale« berufen zu werden.

Die Anwesenheit in Paris und die Stellung an der obersten Behörde der Armee erlaubten es de Gaulle, seine Gedanken über die motorisierte Kriegführung und die Aufstellung von Panzerdivisionen zu erweitern und zu propagieren. Er kam mit parlamentarischen Kreisen in Berührung, denen er angesichts der sich zuspitzenden internationalen Lage seine Vorschläge unterbreitete. Aber Frankreich wollte Frieden, Frieden um jeden Preis. Frankreich war taub für alle Pläne offensiver Kriegführung, und der einzige Minister, der sich im Parlament im Sinne der Vorschläge de Gaulles einsetzte, Paul Reynaud, erlitt eine Niederlage.

Fünf Tage nach der deutschen Offensive im Mai 1940, deren Erfolg die Gedanken de Gaulles auf eine für die Franzosen schmerzliche Weise bestätigte, wurde er zum Generalmajor befördert und mit der Führung einer neuaufgestellten Panzerdivision beauftragt. Soll der doch zeigen, was seine Pläne wert sind, mag der eine oder andere Rivale gedacht haben. Wie das halt so ist.

Bei Laon und Abbeville kam seine Panzerdivision zum Einsatz, aber außer einigem Störfeuer konnte sie gegen die Übermacht der vorrückenden deutschen Panzerarmee nichts ausrichten. Paul Reynaud, der inzwischen Ministerpräsident geworden war, erinnerte sich an de Gaulle und berief ihn am 6. Juni 1940 als Unterstaatssekretär ins Kriegsministerium. In unmittelbarer Anschauung der Verworrenheit und der Zerrissenheit der politischen Kräfte, des Defätismus der öffentlichen Meinung und des Chaos der zurückströmenden Flüchtlinge und Truppen erlebte Charles de Gaulle den Zusammenbruch von 1940.

Die Stationen Tours und Bordeaux, wo sich die französische Regierung auf der Flucht vor den deutschen Truppen jeweils kurze Zeit aufhielt, lagen auf dem Weg nach England. Für ihn entschied sich de Gaulle, als die Krise auf dem Höhepunkt angelangt war. Ohne Erfolg hatte er zuvor versucht, Regierung und Oberkommando der Armee von der Notwendigkeit zu überzeugen, den Krieg in Afrika fortzusetzen.

Am 18. Juni 1940 traf de Gaulle, der mehrmals als Kurier zu Winston Churchill geflogen war, wieder in Bordeaux ein und erfuhr über den Rundfunk, daß die Regierung Paul Reynaud demissioniert habe. Die nicht zu leugnende Verachtung, die de Gaulle den Parteien entgegenbrachte, mag damals entstanden sein, in dem panischen Hexenkessel von Bordeaux, angesichts einer flüchtenden und unentschlossenen Regierung, wo die einen aus gewöhnlicher Angst keinen Entschluß zu fassen vermochten und die anderen mit opportunistischer Schläue sich auszurechnen begannen, auf welcher Seite die Karriere wohl am raschesten fortgesetzt werden könnte. Der Journalist Philippe Barrès erzählt aus jenen Tagen, wie Botschafter André François-Poncet, mit dem er über die Möglichkeit gesprochen habe, den Krieg in England fortzusetzen, ihm in Anwesenheit von Edgar Mowrer von der *Chicago Daily News* mit sichtlicher Gereiztheit geantwortet habe: »Diejenigen, die heute weggehen, werden nie mehr wiederkommen.«

Noch an demselben 18. Juni 1940 kehrte de Gaulle nach London zurück. Winston Churchill empfing ihn am Nachmittag. Abends richtete de Gaulle einen ersten Aufruf an die Franzosen, den Krieg um jeden Preis fortzusetzen. Ganz auf sich allein gestellt, ging er nach der Unterzeichnung des deutsch-französischen Waffenstillstandsabkommens an die Aufgabe, den Widerstand von England aus zu organisieren, ein im doppelten Sinne schwieriges und undankbares Unternehmen; einmal stand Frankreich, an das er sich wandte, unter dem Eindruck der gewaltigen deutschen Übermacht und Besetzung, die sich zu dem Zeitpunkt sogar noch eines gewissen sympathisierenden Anhanges im französischen Volk erfreute; andererseits mußte de Gaulle in den Augen der Engländer für das Versagen seines Landes geradestehen, was sicherlich nicht dazu beitrug, seinen Aufenthalt in England, das weiterkämpfte, angenehm zu gestalten. Es ist ja bekannt, daß seine Beziehungen zu Winston Churchill nicht immer die freundlichsten gewesen sind.

Wie die weitere Entwicklung des Krieges zeigen sollte, hatte de Gaulle »auf das richtige Pferd gesetzt«. Um so bitterer war es für ihn, sich von den Politikern der III. Republik verlassen zu sehen. Keine der entscheidenden politischen Figuren von 1940 fand den Weg nach London.

Charles de Gaulle verfolgte in London zwei konkrete Nahziele: Einmal sollte der französische Kolonialbesitz unversehrt, zum andern Frankreich im Zuge des alliierten Vormarsches nach der Landung eine amerikanische Militärverwaltung erspart bleiben. Gerade dieser Punkt war in der Diskussion mit den Alliierten schwer umkämpft. Die politische Stellung Frankreichs in der unmittelbaren Nachkriegszeit wäre ohne diese von de Gaulle geschaffenen Voraussetzungen mit Sicherheit eine mindere gewesen.

Die zunächst gesuchte, dann aber tatsächliche Einsamkeit im politischen Handeln schien ein Hauptmerkmal dieses Mannes zu sein. Am 23. Oktober 1944 von den Alliierten als Chef der provisorischen französischen Regierung endlich anerkannt, kehrte er mit den alliierten Truppen nach Frankreich zurück, in der festen Absicht, aus der Vergangenheit politische Nutzanwendung zu ziehen. Wie Leitmotive seines politischen Wollens lassen sich in seinen Reden, Botschaften und Pressekonferenzen nach 1944 drei Gedankenkomplexe erkennen, die immer wiederkehren: Reform der Demokratie – Kampf der Parteienwirtschaft – Verteidigung gegen den Bolschewismus.

In der Absicht, diese Ziele durch eine parlamentarische Evolution unter dem Eindruck der von ihm erhofften nationalen Einigkeit zu erreichen, erlitt de Gaulle vielleicht die schwerste Enttäuschung seines Lebens. Mit der Wahl zur Verfassunggebenden Versammlung erwachten die alten Parteien wieder zum Leben und mit ihnen die 1940 sang- und klanglos untergetauchten Routiniers der III. Republik. (Eine Analogie zu der innenpolitischen Entwicklung in Deutschland nach 1945 ist nicht zu verkennen.) Den alten Kräften gelang es, in Erinnerung an das Experiment des General Boulanger, de Gaulle autoritäre und neofaschistische Ambitionen zu unterstellen und dem Volk einen Verfassungsentwurf vorzulegen, der den Zielen de Gaulles entgegengesetzt war.

Für Charles de Gaulle, der keine eigene Parlamentsfraktion hinter sich wußte, wurde die Stellung als Regierungschef immer schwieriger. Die Zusammenarbeit mit den Kommunisten erwies sich auf die Dauer als unmöglich. Er hatte den Patriotismus der Kommunisten überschätzt. Sie erhielten von nun an und unbeschadet der Erinnerung an den deutsch-sowjetischen Pakt von 1939 ihre Instruktionen aus Moskau.

In der Hoffnung, durch seinen Rücktritt einen Umschwung herbeizuführen, legte de Gaulle am 26. Januar 1946 das Amt des Ministerpräsidenten nieder. Zu seiner tiefen Enttäuschung ließen ihn seine politischen Freunde, auf die er gerechnet hatte, insbesondere die ihm grundsätzlich nahestehenden katholischen Volksrepublikaner, im Stich. Der General ging, die Zivilisten verteilten die Posten neu. Die Enttäuschung de Gaulles fand ihren Ausdruck in einem einsamen Gang zum Grabe von Georges Clemenceau, dessen Durchhaltegeist er umsonst zu beschwören suchte.

Man hat gegen Charles de Gaulle später den Vorwurf erhoben, daß er die Kommunisten in die Regierung gebracht und damit die französische Verwaltung mit unzuverlässigen Elementen durchsetzt habe. Gerechterweise muß bei dieser Anschuldigung von der Lage ausgegangen werden, wie sie 1945 bestanden hat: Der Widerstand gegen die deutsche Besatzung hatte die Kommunisten in das nationale Lager zurückgebracht, nachdem sie durch den deutschrussischen Nichtangriffspakt von 1939 vorübergehend schwankend geworden waren, wem ihre Loyalität gehören sollte. Maurice Thorez, der Führer der Kommunisten, der den Krieg in der Sowjetunion zugebracht hatte, konnte sich 1945 rühmen, die Partei der 75 000 Hingerichteten zu vertreten, wofür er eine gerechte Verteilung der Ministerien forderte. Mit 358 gegen 39 Stimmen errichtete die Nationalversammlung am 19. November 1945 eine Dreiparteien-Regierung, bestehend aus den katholischen Volksrepublikanern, den Sozialisten und den Kommunisten. De Gaulle konnte lediglich erreichen, daß die Kommunisten vom Innen-, Außen- und Verteidigungsministerium ferngehalten wurden. Die Kommunisten hatten mindestens eine dieser Schlüsselpositionen für sich beansprucht.

Der vom Volk zunächst verworfene Verfassungsentwurf wurde einer unwesentlichen Korrektur unterzogen und am 13. Oktober 1946 mit schwacher Mehrheit schließlich angenommen. Bemerkenswert war eine große Zahl von Enthaltungen. Damals – so berichtete Caspar Hilzinger – habe ihm ein guter Kenner der französischen Innenpolitik erklärt, die zahlreichen Enthaltungen (etwa ein Drittel) gingen auf das Konto der Anhänger der Vichy-Regierung. Sie waren für die Verfassungsvorstellungen de Gaulles, aber sie konnten ihm nicht verzeihen, daß er recht behalten hatte.

Die Frage, ob es de Gaulle im Jahre 1946 wegen politischer Versäumnisse oder wegen demokratischer Skrupel nicht gelungen war, durch einen Staatsstreich die Macht an sich zu reißen, wird wohl nie ganz aufgeklärt werden können. Vielleicht läßt sich in der Person des Generals am ehesten eine Erklärung finden: Er war eben nicht der hemmungslose Volkstribun; sein Streben zur Macht beruhte auf dem Bewußtsein des Offiziers, der davon überzeugt ist, daß ihm die Macht automatisch und ohne Diskussion zufällt, wenn der Feind vor den Toren steht.

Wer aber seine politischen Ziele in der parlamentarischen Demokratie verwirklichen will, muß sie in einer Partei konkretisieren.
Dieser Grundtatsache trug Charles de Gaulle Rechnung, als er am
29. Mai 1947 das »Rassemblement du Peuple Français« gründete.
Je weniger sich die Hoffnung erfüllte, die Wählermassen würden
sich in einem einzigen Schwung der Bewegung anschließen, desto
mehr mußte die Sammlungsbewegung alle Erfahrungen, Rück-
schläge und inneren Reinigungsprozesse durchmachen, von denen
der Aufbau einer Partei begleitet ist. Die Stellung de Gaulles in seiner Bewegung als Schiedsrichter, der das letzte Wort hat, war bis
zuletzt unangefochten. Es ist sicher, daß er diese Schiedsrichter-
funktion nicht nur seinem Prestige von 1940/45 verdankte, sondern daß ihn seine ganze Persönlichkeit, seine auch von den Gegnern anerkannte Unbestechlichkeit und sein solides Wissen um die
politischen Zusammenhänge dazu befähigten. Die von ihm angestrebte Verfassungsreform sollte ihm diese Stellung garantieren,
auch wenn seine Anhänger einmal zur Macht gekommen sein würden.

Dieser einsame, hochaufgeschossene Mann, in seiner äußeren
Erscheinung der Vorstellung vom Franzosen wenig entsprechend,
mit einem zur Melancholie neigenden Geist, glühender Vater-
landsliebe und gewollt distanzierenden Führereigenschaften, denen etwas Erratisches anhaftete, war eigentlich immer nur eine Figur am Rande des Zeitgeschehens gewesen. Nur die rückschauende
Betrachtung läßt seine Bedeutung für Frankreich ganz erkennen. In
den dreißiger Jahren Verfechter der Panzerwaffe – von den Franzosen in seiner Bedeutung erkannt, als es zu spät war; 1944 Vorkämpfer einer nationalen Einigkeit, die Frankreich seitdem vergeblich zu erreichen sucht; Herbst 1951 Chef der zweitstärksten Partei
mit dem Ziel einer starken Regierung in einem Augenblick, wo nur
eine schwache Regierung Aussicht hatte, den folgenden Tag zu erleben; 1954 zurückgezogen, aber doch noch stark genug, das Projekt einer Europäischen Verteidigungsgemeinschaft zu Fall zu
bringen. Das Schicksal dieses Mannes, Charles de Gaulle, sollte
schließlich darin bestehen, an Bedeutung für sein Land zu gewinnen, als 1958 die Lage wieder einmal dramatisch geworden war und
von den Parteien der IV. Republik nicht mehr gemeistert werden
konnte.

EIN TYPISCHER CHARAKTERZUG DE GAULLES kam in der Reise nach Moskau im Dezember 1944 zum Ausdruck. Sie fand wenige Wochen nach der Anerkennung der provisorischen französischen Regierung durch die Alliierten statt. Er glaubte, damit genug Macht darzustellen, um mit den Russen verhandeln zu können. Das Ergebnis war die Erneuerung des französisch-russischen Beistandspakts, der sich gegen ein möglicherweise wiederentstehendes Deutschland richten sollte. Dabei war die starre Ablehnung der Anerkennung des sogenannten »Lubliner Komitees«, einer von den Russen eingesetzten polnischen Marionettenregierung, typisch für de Gaulle. Aber er konnte den Gang der Ereignisse nicht aufhalten.

In einer Rede in Rennes am 27. Juli 1947 bezeichnete de Gaulle die französischen Kommunisten zum erstenmal als Separatisten. Unter dieser Bezeichnung erscheinen sie von da an immer wieder in seinen Äußerungen; aber auch sein Verhältnis zur Sowjetunion wird von diesem Zeitpunkt an einer Revision unterzogen. Der Kommunismus wurde schließlich zum Feind Nummer 1 der Gaullisten.

Ein guter Kenner de Gaulles hat einmal geäußert, daß Charles de Gaulle das Wort »Europa« nur widerwillig ausspreche, daß er es aber so ausspreche, daß man an seiner festen Absicht, zur europäischen Einigung beizutragen, nicht zweifeln könne. Die Beweggründe, die ihn zu einem guten Europäer wider Willen werden ließen, sind verschiedenster Art. Sein ihm nachgerühmter Realismus konnte ihn nicht übersehen lassen, daß die Einigung Europas eine wirtschaftliche und militärische Notwendigkeit darstellte, ohne die auch das Schicksal Frankreichs besiegelt werden würde. In einer Rede in Bar-le-Duc am 28. Juli 1946 tauchte bei ihm zum erstenmal ausführlich der Gedanke auf, Europa müsse zwischen dem amerikanischen und dem russischen Block eine »dritte Kraft« bilden, um das Gleichgewicht wiederherzustellen. Dabei zitierte er die berühmte Stelle bei Alexis de Tocqueville: »Zwei große Völker, die von verschiedenen Punkten ausgegangen sind, gehen auf dasselbe Ziel zu, die Russen und die Amerikaner. Die anderen Völker scheinen die Grenzen, welche die Natur gezogen hat, erreicht zu haben. Allein jene gehen einer Entwicklung entgegen, deren Hindernisse das Auge nicht bemerkt. Der Amerikaner verläßt sich, um sein Ziel zu erreichen, auf die Kraft und Vernunft der Individuen; der Russe konzentriert in einem Mann die ganze Macht der Gesellschaft. Der eine handelt durch die Freiheit, der andere durch die Knechtschaft.

Ihr Ausgangspunkt ist verschieden. Ihre Wege sind nicht dieselben. Aber jeder von ihnen scheint nach einem geheimnisvollen Entwurf der Vorsehung dazu berufen, eines Tages das Schicksal einer halben Welt in den Händen zu halten.«

Als Offizier mußte de Gaulle von der militärischen Notwendigkeit des europäischen Zusammenschlusses überzeugt sein, und zwar in dem Maße, wie sich die östliche Bedrohung Europas durch die Sowjetunion abzeichnete. Schließlich – und wahrscheinlich als Hauptgrund für die Europapläne de Gaulles – tauchte immer wieder in seinen Reden das deutsche Problem auf, das ihn veranlaßte, europäisch zu denken.

Kurz nach dem Zusammenbruch von 1945 befürwortete de Gaulle die Einbeziehung der westdeutschen Länder in eine europäische Föderation, bei gleichzeitiger Internationalisierung des Ruhrgebiets und saarländischer Autonomie unter Wirtschaftsunion mit Frankreich. Immer wieder brachte de Gaulle zum Ausdruck, daß es Frankreichs Aufgabe sei, als »Fédérateur« zu wirken. Mehr und mehr beherrschte die kontinentaleuropäische Aufgabe Frankreichs das Denken de Gaulles. Die englische Konzeption des europäischen Gleichgewichts habe auf der Voraussetzung beruht, daß Frankreich und Deutschland in dauernder Feindschaft gehalten würden und England in allen europäischen Streitfällen den Schiedsrichter spielen könnte. Ebenso entschlossen lehnte de Gaulle aber auch das Wiederentstehen des Reiches ab, worunter er einen zentralisierten deutschen Einheitsstaat verstand.

Wenn die Europapolitik de Gaulles später einen realistischeren Zug annahm, so waren zunächst die Merkmale Richelieuscher Vorstellungen unverkennbar. Die Organisation Europas wurde von ihm nur so weit für nützlich gehalten, wie sie die Vormachtstellung Frankreichs zuließ. Der politische Zustand Europas mit der Vierteilung Deutschlands in Besatzungszonen schien ihm der historische Ansatzpunkt, ein Europa aufzurichten, in dem Frankreich die alleinige Führungsmacht sein würde.

Die unerwartet rasche Veränderung des Gleichgewichts zwischen Ost und West nach dem Zweiten Weltkrieg veranlaßte de Gaulle, seine Europapolitik den neuen Gegebenheiten anzupassen. Die Gründung der westdeutschen Bundesrepublik und der ostdeutschen DDR schloß die Möglichkeit aus, die deutschen Länder einzeln in einen europäischen Bund aufzunehmen. Dem Europarat stand de Gaulle von Anfang an skeptisch gegenüber. Vor allem befürchtete de Gaulle, Deutschland könne über die Straßburger Versammlung versuchen, die europäischen Staaten gegeneinander auszuspielen, um dadurch eine dominierende Stellung zu erreichen. Von 1949 an tauchte daher immer deutlicher der Gedanke auf, die europäische Einigung müsse auf der Grundlage eines umfassenden zweiseitigen Vertrages zwischen Frankreich und Deutschland aufgebaut werden. Frankreich habe die Möglichkeit, in ein solches Vertragswerk die für notwendig erachteten Sicherungen und Kontrollen gegenüber Deutschland einzubauen.

Der Schuman-Plan und das Projekt einer europäischen Verteidigungsgemeinschaft verfielen seiner Ablehnung, weil, so argumentierte de Gaulle, durch das Fehlen einer echten übernationalen Autorität Deutschland ein wirtschaftliches und militärisches Übergewicht bekommen werde. Außerdem besitze eine Europa-Armee keinen Kampfwert.

Für das wirtschaftliche Denken der unmittelbaren Nachkriegszeit war die Tatsache bezeichnend, daß die beiden Wirtschaftssysteme des Liberalismus und des wissenschaftlichen Sozialismus als fragwürdig galten. Verschwommene Vorstellungen von Kompromissen und dem sogenannten »dritten Weg« traten an ihre Stelle. De Gaulle bildete darin keine Ausnahme. Sein Programm bestätigte das. Eine klar definierte Linie der Wirtschaftspolitik fehlte so gut wie vollkommen. Es gab allgemein gehaltene Forderungen, die im Endergebnis der Idee der »sozialen Marktwirtschaft« nahekamen. Dabei wurde allerdings, wie könnte dies in Frankreich anders sein, der Förderung der Landwirtschaft besondere Aufmerksamkeit geschenkt.

Publizistisch stand im Mittelpunkt der sozialökonomischen Vorstellungen der Gedanke der Partnerschaft von Kapital und Arbeit. Dieses in anderen Ländern unter der Bezeichnung Betriebsgemeinschaft oder Mitbestimmung behandelte Problem war zum Teil auf das kameradschaftliche Erlebnis des Krieges zurückzuführen. Daneben spielte die Absicht eine Rolle, den Gewerkschaften durch die Schaffung von Betriebsgemeinschaften das Wasser abzugraben. Die von de Gaulle gewünschte Betriebsgemeinschaft unterschied sich vom deutschen Mitbestimmungsrecht insofern, als betriebsfremde Einflüsse vollkommen ausgeschaltet werden sollten. Ja, man hoffte, auf diesem Wege die Stellung der Gewerkschaften nach und nach zu untergraben.

Die gaullistische Bewegung wurde ins Leben gerufen als eine nationale Sammlungsbewegung, die das ganze französische Volk mit Ausnahme der »kommunistischen Separatisten« umfassen sollte. Die Wahlen zur Nationalversammlung (Juni 1951) haben aber gezeigt, daß das gaullistische »RPF« selbst mit 22 Prozent der Stimmen nur einen Bruchteil der französischen Bürger vertrat. Die Positionen der übrigen republikanischen Parteien waren nicht so weit zu erschüttern, daß man von einer nationalen Bewegung sprechen konnte. Die Tatsache, daß das französische Volk sich nicht in einem nationalen Aufbruch de Gaulle anschloß, wie es dieser noch 1947 geglaubt hatte, zwang das RPF, seine Plätze in der Nationalversammlung mit den anderen Parteien zu teilen, denen seine ganze Verachtung galt. Die gaullistische Sammlungsbewegung hatte den Charakter einer Partei wie jede angenommen. Sie mußte entweder den erwarteten Zersetzungsprozeß in Frankreich abwarten oder versuchen, Koalitionen mit anderen Parteien einzugehen und Kompromisse zu schließen. Kompromisse aber waren nicht nach dem Geschmack de Gaulles. Frankreich blieb eben, wie er selbst einmal ausgerufen hatte, Frankreich.

Es mutet wie eine Ironie des Schicksals an, daß die gaullistische Bewegung, ausgezogen zum Kampf gegen die Parteienwirtschaft, nun selbst eine Partei geworden war. Schwerer wog aber, daß die Sammlungsbewegung alle möglichen politischen Elemente aufgenommen hatte, so daß darunter die notwendige innere Geschlossenheit zu leiden begann. Solange die Gaullisten in der Opposition standen, mochte es gehen oder verdeckt werden. Die Gegensätze innerhalb der Bewegung sollten aber in dem Moment aufbrechen, als es sich darum handelte, Verantwortung zu übernehmen.

Charles de Gaulle hatte so nicht gewettet. Er zog sich in stolzer Gebärde in die selbstgewählte Isolierung der lothringischen Landschaft zurück. Als er dann 1958 durch das Algerienproblem an die Macht kam, war seine Sammlungsbewegung ebenso dem süßen Gift und den Versuchungen des Regimes erlegen wie die anderen Parteien. Doch standen ihm eine Reihe treuer Gefährten aus der Kriegszeit zur Verfügung, die hauptsächlich der hohen Beamtenschaft angehörten. Sie waren die treuen Gralshüter de Gaulles und nach 1958 die unentbehrlichen Helfer und Exekutanten seiner Politik, deren Inhalt man besser versteht, wenn man, wie bei jedem Politiker, seine Vergangenheit kennt.

Konrad Adenauer:
Wille und Aufopferung

*In gewissen Dingen erinnert Adenauer an seinen berühmten
rheinischen Landsmann Metternich. Er war ein bürgerlicher,
der Schwäche seines Staates bewußter, parlamentarisch
regierender Metternich. Was für Metternich die Furcht vor
Frankreich war, war für Adenauer die Furcht vor Rußland.*

Jean Rodolphe de Salis

*Keine Art, die mir zusagt, aber eine Art, die man, hat man sie
einmal gesehen, nie wieder vergißt.*

Harold Nicholson über Konrad Adenauer

*Das ist es, nicht für den Nutzen und den Erfolg ihrer Thaten
muß das Vaterland seinen großen Männern danken, sondern für
den Willen und die Aufopferung, die sie dabei bekundet.*

Heinrich Heine

KÜRZLICH FAND ICH CASPAR HILZINGER in die Lektüre eines Buches
vertieft, das anläßlich Konrad Adenauers einhundertstem Geburtstag erschienen war. Da fragte ich ihn: »Hältst du Konrad Adenauer
für einen der großen Staatsmänner unserer Zeit?«

Caspar Hilzinger schien über die Frage verwundert. Jedenfalls
zögerte er zu antworten. Nach einer Weile des Nachdenkens sagte
er salomonisch: »Das kommt darauf an, was man unter einem großen Staatsmann versteht.«

»So laß uns doch nach einem Kriterium suchen«, bat ich ihn, »ein
Kriterium, das es uns erlaubt, die Unterscheidungen zu treffen, die
uns weiterführen können. Außerdem hast du ja wohl auch ein paar
persönliche Erinnerungen an Begegnungen mit Konrad Adenauer,
über die du dir, wie ich dich kenne, vielleicht Gedanken gemacht
hast.«

»Weißt du«, sagte Caspar Hilzinger, »es ist nicht sosehr die
Schwierigkeit, Konrad Adenauers historische Rolle zu beschreiben
und durch persönliche Eindrücke zu ergänzen; was mich zögern
läßt, mich mit der Person Konrad Adenauers rückblickend zu beschäftigen, ist die Tatsache, daß so viele bekannte und verdiente
Leute die Politik und die Persönlichkeit des ersten Bundeskanzlers

beschrieben und bewertet haben. Unsereins hat Hemmungen, sich dem gleichen Thema zuzuwenden. Ich denke da an die beiden Sammelbände ›Konrad Adenauer und seine Zeit‹, in denen sowohl Weg- und Zeitgenossen wie auch Wissenschaftler zu Wort gekommen sind.«

»Könnten nicht gerade diese Publikationen einen Ansatzpunkt bieten, um Persönlichkeit und Politik Konrad Adenauers besser zu verstehen und wenn möglich zu bewerten?« fragte ich wieder. »Mir scheint bedeutsam, daß die Beiträge der Wissenschaftler viel distanzierter, kühler und objektiver sind als die Beschreibungen der Politiker, gleich, aus welchem politischen Lager sie stammen.«

»Da hast du recht; aber das ist nicht sonderlich überraschend. Die Wissenschaftler haben ihre Eindrücke aus zeitgeschichtlichen Quellen bezogen; den Politikern war es in erster Linie darum zu tun, sich vom Glanz Konrad Adenauers anstrahlen zu lassen. Sie wollten sagen, jetzt, wo der Alte tot ist, vor dem sie sich zeitlebens gefürchtet und vor dem sie gekuscht haben: Seht, was ich für eine wichtige Figur bin; ich war einer der Zeitgenossen Konrad Adenauers, auf den irgendwann einmal der dünne Strahl des Wohlwollens gefallen ist. Oder wenn ich damals noch zu jung war, um sein Mitstreiter zu sein, so erkläre ich mich heute zu seinem politischen Erben. Sie verschweigen, daß Mitarbeiter und Mitstreiter für Konrad Adenauer ebenso instrumentalen Charakter hatten wie seine politischen Widersacher.

Und dann darfst du nicht vergessen, daß Politiker es sich instinktiv versagen, über einen anderen Politiker in direkter Weise eine negative Meinung zu äußern. Erst recht nicht post mortem. Was im Wahlkampf an Verbalinjurien hin- und hergeschleudert wird, gehört einer anderen Kategorie von Umgangssprache an. Es ist Teil des großen politischen Spiels und wird damit nur von den Nichteingeweihten ernst genommen. Der Volksmund hat dafür das treffende Bild von der Krähe, wie sie andere Krähen behandelt.

Die Meinungen der Wissenschaftler über Adenauers Politik haben mich beeindruckt. Einige der dort veröffentlichten Arbeiten sind ein Beweis für den hohen Stand der zeitgeschichtlichen Forschung in der Bundesrepublik. Dabei muß man bedenken, daß noch viele Quellen verschlossen sind. Und das aufschlußreichste ist sowieso nie aufgeschrieben worden. Das macht die Lektüre solcher Arbeiten in einem zeitlichen Abstand zum Geschehen von zwanzig bis dreißig Jahren so erregend. Es ist natürlich, daß man manches besser weiß, wenn man vom Rathaus kommt. Das gilt vor allem für die Wiederbegegnung mit Texten, Erklärungen und Verträgen. Man glaubt, einen anderen Wortlaut vor sich zu haben, weil sich im Laufe der Zeit der Sinn der Worte zu verändern scheint. Was damals unwichtig oder peripher erschien, steht jetzt auf einmal im Mittelpunkt der Aufmerksamkeit, und umgekehrt.«

Ich merkte, daß Caspar Hilzinger von der ihm eingangs gestellten Frage, ob Konrad Adenauer unter die großen Staatsmänner zu zählen sei, abzulenken suchte. Er wollte offensichtlich nicht an diese Frage heran. Doch vermutete ich, daß er im Grunde seines Herzens dazu eine ganz feste Meinung habe. Diese wollte ich kennenlernen.

Seine Zurückhaltung zur Person und zur Politik Konrad Adenauers überraschte mich um so mehr, als ich in früheren Jahren manche Bemerkung von ihm gehört hatte, aus der leicht zu schließen war, daß er nicht als Anhänger des »Alten von Rhöndorf« gelten konnte.

Einmal, so erzählte er mir – es war kurz nach dem Rücktritt Konrad Adenauers – habe eine der Sekretärinnen aus dem Bundeskanzler-Vorzimmer ihn, Caspar Hilzinger, gefragt, ob er nicht ein Foto Konrad Adenauers mit persönlicher Widmung haben wolle. So viele Politiker und Beamte hätten einen solchen Wunsch geäußert. Er habe, so meinte sie, ein solches Foto nicht weniger verdient als mancher andere.

Caspar Hilzinger hatte jener Sekretärin damals geantwortet, daß er sich mit Konrad Adenauer nie besonders gut verstanden habe, als dieser noch Bundeskanzler gewesen sei; es erschiene ihm nicht angemessen und nicht aufrichtig, jetzt von ihm in dieser Form einen Sympathiebeweis zu erbitten. Er habe nie das Gefühl gehabt, mit seiner Arbeit Konrad Adenauer zu dienen, sondern dem Staat.

Eine solche Antwort wundere sie nicht, habe die Sekretärin Konrad Adenauers geantwortet. Ihr Chef habe von jeher alle Leute von sich ferngehalten, die eine eigene Meinung und innere Unabhängigkeit gezeigt hätten. Konrad Adenauer habe geradezu einen besonders entwickelten Instinkt dafür gehabt, ob ein Gesprächspartner ein willfähriges Werkzeug oder ein unabhängiger, kritischer Geist gewesen sei.

Da mich die historische Bewertung Konrad Adenauers durch Caspar Hilzinger wirklich interessierte, unternahm ich einen neuerlichen Anlauf:

»Du solltest meiner Frage nicht ausweichen. Mir liegt sehr daran, von dir zu hören, ob du Konrad Adenauer zu den großen Staatsmännern zählst. Klare Kriterien oder eine Definition des großen Staatsmannes könnten die Antwort leichter machen.«

»Ja«, antwortete Caspar Hilzinger, »ich habe tatsächlich viel darüber nachgedacht. Man könnte die Großen in der Geschichte ihres Volkes so abgrenzen: Sie bringen die tiefe Berufung ihrer Nation, die der einzelne nicht einmal kennt, mit Erfolg um ein Stück Wirklichkeit weiter vorwärts. Ich betone, mit Erfolg.

Jede Nation hat im Gesamtzusammenhang der ganzen Menschheit eine spezielle Berufung, die der große Staatsmann kennt und verwirklicht. Jeder andere Maßstab für den großen Staatsmann erscheint mir untauglich.

Die Tragik Deutschlands seit dem Ende des 19. Jahrhunderts kann man darin sehen, daß die deutsche Nation ihre ureigenste Berufung in Europa stets verkannt hat. Dies hat teilweise zu enormen Dummheiten und schließlich zu unbeschreiblichen Verbrechen geführt.

Der nur erfolgreiche Politiker, der mit Taktik und List sich an der Macht hält, bleibt ein Politiker. Und jener, der die großen Ziele lediglich proklamiert, ohne sie zu verwirklichen, wird vom Flugsand der Geschichte bald bedeckt sein. Absichten, so lobenswert sie sein mögen, zählen nicht auf dieser unerbittlichen Waage, auf der die Taten der Politiker gewogen werden. Nicht einmal das Versagen anderer wird dort als Entschuldigung oder Entlastung akzeptiert. Das macht in manchen Fällen den tragischen Charakter von Entscheidungen aus. Die Dummheit oder Unzulänglichkeit anderer ist in der Politik kein Berufungsgrund.«

Nun hatte ich Caspar Hilzinger da, wo ich ihn haben wollte. Er war in seinem Element. So lässig und scheinbar uninteressiert er in ideologischen Streitgesprächen wirken konnte, so fest gegründet waren seine ethischen Maßstäbe für die Aufgaben des Politikers. Er war rigoros, wenn es um die Beurteilung von Politikern ging, ganz einfach deshalb, wie er sagte, weil die Politiker sich selbst auf ein so hohes moralisches Podest stellen. Der wirkliche Grund aber war wohl, daß die Grundsätze der katholischen Soziallehre für ihn so eine Art politischer Mitte darstellten, sowohl was ihren materiellen

Inhalt anging als auch in bezug auf die Herausforderung an die Person des Politikers.

Vielleicht war sein Maßstab für Politik und Politiker auch deshalb so streng, weil Caspar Hilzinger zu gewissen Zeiten wohl selbst gern aktiver Politiker geworden wäre. Er hat sich die hierfür selbst geforderte heroisch-ethische Lebenshaltung kaum zugetraut. Er wußte, daß fast kein ihm bekannter Politiker sie erreichte. Den anderen gleich zu werden, fürchtete er.

»Weißt du«, fuhr Caspar Hilzinger fort, »für die Beantwortung deiner Frage genügt es, sich darüber klarzuwerden, welche politischen Ziele nach 1945 der tiefen Berufung der deutschen Nation entsprachen. Dann brauchst du nur zu prüfen, ob Konrad Adenauer während seiner Zeit als Bundeskanzler diesen Zielen nähergekommen ist oder nicht.«

»Ich habe Zweifel«, wandte ich ein, »ob die Definition vom großen Staatsmann, die du gerade gegeben hast, zutreffend ist. Wie kann man denn das, was du die tiefe Berufung einer Nation nennst, erkennen? Kannst du mir Beispiele nennen von Politikern, denen du das Prädikat großer Staatsmann zuerkennen würdest?«

»Das, was ich die tiefe, die spezielle Berufung einer Nation nenne, ergibt sich aus dem Lauf der Geschichte und den Lehren, die sie uns erteilt. Ich glaube, daß das Gemeinwohl letzten Endes das Ziel der ganzen Menschheit sein muß. Jede Nation als ein natürlicher Teil der Menschheit soll auf seine unverwechselbare Weise zum Gemeinwohl der Menschheit beitragen.

Nun, wer die Zeichen der Geschichte zu deuten vermag, wird erkennen, in welchen Epochen wir mehr und in welchen Epochen wir weniger solche Beiträge geleistet haben. Ganz abgesehen von den Phasen, in denen wir uns direkt gegen das Gemeinwohl versündigt haben. Wir müssen bereit sein, die Lehren der Geschichte zu vernehmen und sie zu beherzigen. Dies gilt für alle Nationen auf ihre Weise.

Hinzu kommt, daß der Politiker, der das Gemeinwohl seines Volkes und der Menschheit anstrebt, mit seiner Politik erfolgreich sein muß, um unter die Großen gezählt zu werden. Aber darüber haben wir ja schon gesprochen.

Die Frage, welche Politiker unter diesen Bedingungen zu den Großen der Staatskunst zu zählen sind, ist deshalb so schwer zu beantworten, weil diese Männer in ihrer Zeit ja alle heftig umstritten waren. Kein politischer Erfolg fällt wie eine reife Frucht vom Baum.

Winston Churchill würde ich zu den Großen zählen. Er hat Großbritannien – und damit den freien Teil Europas – vor dem Untergang bewahrt. Lies die Reden, die er vor dem Zweiten Weltkrieg gehalten hat. Dann wirst du erkennen, daß sein Erfolg die Frucht klarsichtigen Denkens und eines unbeugsamen Willens war.

Franklin D. Roosevelt zähle ich ebenso zu den Großen, wenn auch seine Person in Deutschland in merkwürdiger Weise noch immer überschattet ist von der Kriegspropaganda Hitlers. Ohne die weitschauende Politik Franklin D. Roosevelts, die gegen die kompakten Blöcke der amerikanischen öffentlichen Meinung die Vereinigten Staaten in den Krieg geführt hat, wären wir vielleicht heute noch unter der braunen Knechtschaft. Leider hat sich das Bild Roosevelts durch seine Rolle in Jalta, als er schon ein schwerkranker Mann war, für uns Deutsche verdunkelt. Seine Politik bis zum Kriegseintritt der Vereinigten Staaten war ein Meisterstück und entsprach der Berufung der USA zur Weltmacht.

Charles de Gaulle gehört zu den Großen. Aus dem Verglimmen einer europäischen Macht hat er die letzten Gluten aufgelesen und einen Leuchtturm entzündet, der die lange Nacht des Zweiten Weltkriegs überdauert hat. Er hat den Franzosen den Weg gewiesen, wie sie die Freiheit und die Einheit der Nation wiedererringen konnten.

Charles de Gaulle war es vergönnt, mit einer weiteren Großtat in die Geschichte einzugehen. Er hat Algerien die Unabhängigkeit gewährt und dabei Frankreich den Bürgerkrieg erspart. Die Entkolonisierung aus eigenem Willen, nicht aufgezwungen von außen, war ein wichtiges Stück der Berufung Frankreichs als Hort der Freiheit.

Wir dürfen Leopold Figl und Juho K. Paasikivi nicht vergessen. Sie haben der Welt, soweit sie nicht zu hochmütig war, sich mit Vertretern von Kleinstaaten zu befassen, gezeigt, wie Intelligenz und Charakter die Außenpolitik als Vertretung der höchsten Interessen eines Landes zu einer großartigen Leistung werden lassen. Leopold Figl hat der Sowjetunion in einem günstigen Moment den Staatsvertrag und damit die Einheit und die Freiheit seines Landes abgerungen. Juho K. Paasikivi hat der Sowjetunion aus einer verzweifelten Lage heraus die friedliche Koexistenz des kleinen Finnland mit dem Übermächtigen zur Grundlage der nationalen Existenz seines Landes gemacht.

Ohne Österreich, wie es ist, ohne Finnland, wie es ist, wäre die Menschheit ärmer.«

Noch während ich über die fünf Namen, die Caspar Hilzinger mir als Beispiel für große Staatsmänner genannt hatte, nachdachte, kam er auf die Person und die Politik Konrad Adenauers zurück. Es sollte ein längerer Monolog werden, bei dem ich ihn nicht unterbrach.

»Was Konrad Adenauer angeht, so kann es sich für mich nicht darum handeln, anzuklagen oder Weihrauch zu verbrennen. Damit wäre niemand gedient. Am wenigsten der historischen Wahrheit oder dem, was wir dafür halten.

Rückblickend kann man feststellen, daß es zwei große Fragenpaare gab, die das politische Werk Konrad Adenauers zu einem in sich zusammenhängenden, sich gegenseitig in Erfolg und Mißerfolg bedingenden Ganzen erscheinen lassen: die Wiederbewaffnung Deutschlands und die europäische Einigung einerseits und seine über Jahrzehnte hinweg kontinuierliche Auffassung von der Struktur Deutschlands zwischen Ost und West sowie die Abwehr eines neutralisierten, wiedervereinigten Deutschland.

Diese beiden Doppelkomplexe bilden den Kern der Politik Konrad Adenauers. Andere Fragen der Außenpolitik betrachtete er als zweitrangig und peripher. Sie waren für ihn eigentlich uninteressant. Wer ihn in seinen Grundanliegen unterstützte, war sein Verbündeter; wer seine Ziele anzweifelte, war sein Gegner. Wer laut fragte, ob die Ziele so wohl richtig aufgestellt seien, war suspekt. Wer nicht an ihre Verwirklichung glauben konnte, war ein Defätist.

Die politische Welt, in der Konrad Adenauer agierte, war durch seine Ziele klar und übersichtlich abgegrenzt.

Mit der Verwirklichung der Wiederbewaffnung hat er wahrlich keine Zeit vergeudet. Schon vor der Gründung der Bundesrepublik ließ er auf privaten Kanälen in Washington sondieren, wie man dort über die zukünftige Verteidigung Westeuropas denke und welche Rolle ein deutscher Verteidigungsbeitrag spielen könne.

Ein deutscher Verteidigungsbeitrag konnte damals nur ein westdeutscher Beitrag sein. Man muß es dem Realismus von Konrad Adenauer zuschreiben, daß er sich schon Ende 1945 keinerlei Illusionen über die Dauerhaftigkeit der Spaltung Europas entlang der militärischen Demarkationslinie mehr machte. Er brauchte nicht auf die Rede von James Byrnes in Stuttgart zu warten, um zu begreifen, daß die Allianz des Zweiten Weltkriegs zerbrochen war. Die Ankündigungen des amerikanischen Außenministers waren für ihn nur die Bestätigung dafür, daß die Bäume auch bei den Siegern nicht in den Himmel wuchsen und man früher oder später die Deutschen wieder brauchen würde.

Die Wiederbewaffnung war für ihn, nach seinen eigenen Worten, die Frage unserer politischen Zukunft schlechthin.

Ich habe mich immer wieder gefragt, von welchen Motiven Konrad Adenauer getrieben war, die Wiederbewaffnung als die Frage unserer politischen Zukunft schlechthin derart zum Zentrum seiner Außen- und Innenpolitik zu machen. War es politisches, taktisches Zweckmäßigkeitskalkül? War es einfach die Angst vor einem sowjetischen Angriff gegen Westeuropa?

Zu der Zeit bestand ja noch das amerikanische Nuklearmonopol und somit eine Abschreckungsfähigkeit, dessen Wirkungsgrad an den Verwüstungen von Hiroshima abgelesen werden konnte. Würden die Russen, die noch damit beschäftigt waren, die Wunden des Zweiten Weltkriegs zu verbinden, selbstmörderisch genug sein, für eine Expansion nach Westen das Risiko eines Atomschlages einzugehen. Wohl nicht!

Ein paar Divisionen deutscher Fußtruppen konnten der nuklearen Abschreckung wohl kaum etwas Nennenswertes hinzufügen. Die differenzierte Diskussion über den Sinn konventioneller Verbände im Rahmen einer Strategie der sogenannten abgestuften Abschreckung ist ja erst viel später entstanden.

Oder hatte Konrad Adenauer Angst, die Vereinigten Staaten würden Europa den Rücken kehren, wenn man sie nicht, wie Heinrich von Brentano mir einmal gesagt hat, in Europa festbinde. Festbinden in der Form einer engen Verzahnung der amerikanischen Verbände in Europa mit deutschen Verbänden.

Die konventionelle Unterlegenheit des Westens war notorisch. Alles hing an dem Faden der amerikanischen nuklearen Abschreckung. Was würde aus ihr werden, wenn die Sowjets früher oder später auch über Atomwaffen verfügten, wenn es zu dem gefürchteten atomaren Patt kommen würde? Die Amerikaner würden dann wohl kaum einen Atomkrieg riskieren, um den Deutschen, die bis dahin als Unbeteiligte den Segen der Nichtaufrüstung genossen hätten, Sicherheit zu geben. Also mußte die Bundesrepublik in das atlantische Bündnis, zusammen mit der Atommacht USA. Das war die angestrebte Verzahnung der Sicherheit.

Nur: Bündnisse zerbrechen selten in Friedenszeiten. Niemand kann vorhersagen, wie sie im Ernstfall funktionieren. Diese Frage wird immer gestellt werden. Sie gilt auch heute noch.

Keiner kann die Feststellung leugnen, daß der amerikanische Generalstab insbesondere unter der Wirkung des Koreakrieges die Forderung nach Aufstellung deutscher militärischer Verbände erhoben hat. Aber warum um Gottes willen war Adenauer von dieser Möglichkeit so beherrscht, daß er in einem jahrelangen taktischen Spiel des Forderns, des Herabspielens, des Provozierens dieser Wiederbewaffnung näherzukommen suchte, bis auch das zarte Pflänzlein der europäischen Einigung unter dem Militärstiefel zertreten war.

Hier liegt der große, verhängnisvolle Widerspruch: Der Realist Konrad Adenauer mußte wissen, daß die europäischen Nachbarn auf lange Zeit nicht mit einem aufgerüsteten Deutschland verheiratet sein wollten. Und die europäische Einigung konnte nun mal nur mit diesen Nachbarn erreicht werden, die man zu nehmen hatte, wie sie waren. Wir mußten sie nehmen, wie sie waren, nicht wie ihre Regierungen es uns ins Ohr säuselten. Konrad Adenauer mußte wissen, daß sich – mindestens für längere Zeit – Wiederbewaffnung der Bundesrepublik und europäische Einigung ausschlossen.

Oder sollte hier jene unglückselige Art Konrad Adenauers, die Menschen einzuteilen, die Hand mit im Spiel gehabt haben? Danach konnten Europäer, die gegen die Wiederbewaffnung waren, nur Suspekte, Defätisten und kommunistische Agenten sein. Dieser verhängnisvollen Klassifizierung sollte er schließlich selbst erliegen, als die Europäische Verteidigungsgemeinschaft als vorletzte Station des Wiederbewaffnungsprozesses in Frankreich abgelehnt wurde.

Die Unfähigkeit, sich in die Lage seiner Partnervölker zu versetzen und ihre Argumente zu verstehen, ihre Sorgen und Probleme nachzuvollziehen, hat immer wieder schlechte Resultate hervorgebracht. Im Falle der Wiederbewaffnung blieb Konrad Adenauer letzten Endes erfolgreich. Aber der Preis war hoch. Er muß es wohl selbst gemerkt haben, als es zu spät war. Seine tiefe Niedergeschlagenheit über die Ablehnung der EVG im französischen Parlament konnte nicht durch Überraschung ausgelöst sein.

Am 12. Dezember 1953 war Konrad Adenauer in Paris. Der Botschafter schlug ihm vor, er solle sich von mir über die Aussichten der EVG in der Nationalversammlung vortragen lassen.

Viele Tage und Nächte hatte ich als Beobachter der französischen Innenpolitik im Palais Bourbon zugebracht, um die Temperatur des EVG-Fiebers zu messen. Ich hatte ein eigenes Verfahren der Abstimmungsprognose entwickelt, das schon im voraus das schließliche Endergebnis zu berechnen erlauben sollte. Die sicheren Befürworter und die sicheren Gegner wurden gezählt und die unsicheren Kantonisten wurden gewogen, um der einen oder anderen Seite zugeschlagen zu werden. Während Monaten variierte das Ergebnis, aber ich konnte rechnen wie ich wollte, es fehlten immer etwa dreißig Stimmen zur Annahme des Projekts.

Kurzum, ich konnte mich mit einer gewissen Berechtigung als einen Spezialisten der Innenpolitik der IV. Republik betrachten. Es machte mir einen Riesenspaß, das Spiel im Salon des pas perdus auf meine Art mitzuspielen. Als mich eines Nachts – die wichtigsten Abstimmungen fanden meistens in Nachtsitzungen statt – ein französischer Abgeordneter in der Annahme, ich sei sein Kollege, nach meiner Meinung befragte, wurde mir die Sache allerdings ein wenig unheimlich. Dafür hatte der damalige britische Botschafter in Paris, Sir Gladwin Jebb, bedeutend weniger Hemmungen, sich in den Streit um die EVG einzumischen.

Aber ich wollte von jenem 12. Dezember 1953, acht Monate vor dem Debakel erzählen. Konrad Adenauer hörte mich aufmerksam an. Ich berichtete ihm über meine Methode, das schließliche Abstimmungergebnis in der Nationalversammlung im voraus zu berechnen. Ich sprach zu ihm über die Stellungnahmen der Parteien und die Meinung einzelner Abgeordneter. Ich setzte ihm auseinander, wie Kommunisten und Gaullisten ein unnatürliches Bündnis gegen den Vertrag eingegangen seien, daß dieses aber nicht zur Ablehnung ausreichen würde, wenn die übrigen politischen Kräfte von Mitte links bis Mitte rechts einig wären. In allen Parteien gehe der Riß zwischen Zustimmung und Ablehnung mitten hindurch. Es handle sich ausnahmsweise nicht um ein parteitaktisches Spiel, wie wir es von der IV. Republik gewohnt seien. Der Streit um die EVG habe die Franzosen in ihrer Gesamtheit aufgewühlt. Die beträchtlichen Sorgen um die überseeischen Gebiete spielten ebenfalls eine Rolle. Der Widerstand richte sich nicht gegen den Gedanken, daß Europa vereint werden müsse, sondern gegen die für viele Franzosen nach wie vor ungeheuere Vorstellung, Deutschland wieder bewaffnet zu sehen.

Wie ich auch rechnete, sagte ich, es fehlten zur Annahme des Vertrages etwa dreißig Stimmen! Man müsse sich also auf Ablehnung einstellen. Es herrsche die allgemeine Überzeugung, daß es nun genug sei mit prozeduralen Verzögerungen der Debatte, mit denen man sich jahrelang um eine Entscheidung herumgedrückt habe. Und auch neue Zusatzprotokolle könnten die Sache nur noch verschlimmern.

Konrad Adenauer hörte sich meine Ausführungen an, ohne mich zu unterbrechen. Dann fragte er: ›Sie sind also der Meinung, daß die Franzosen den Vertrag ablehnen?‹

›Ja, Herr Bundeskanzler, dieser Meinung bin ich. Aber‹, fügte ich hinzu, ›wir sollten auch dann nicht vergessen, daß Frankreich sozusagen vor unserer Haustüre liegt und unser nächster Nachbar bleibt. Was wir auch tun, wir brauchen Frankreich.‹

Der Bundeskanzler sagte daraufhin: ›Wenn der Vertrag nicht ratifiziert wird, weiß ich noch nicht, welche Entscheidungen getroffen werden müssen und ob diese Entscheidungen den Franzosen gefallen werden. Ich weiß dann nicht, was ich mit Frankreich machen werde.‹

Abschließend fragte mich Konrad Adenauer, was die Amerikaner und die Engländer tun könnten, um die Ratifizierung des EVG-Vertrages zu erreichen.

Ich antwortete, daß ich nicht wisse, was die Amerikaner dafür tun könnten. Wahrscheinlich hätten sie schon zuviel getan. Jedes ihrer Worte an die Adresse Frankreichs bewirke das Gegenteil des Gewünschten. Die Beteiligung Englands an der EVG biete an sich die beste Hilfe für die Ratifizierung. Aber der britische Botschafter Sir Gladwin Jebb mache, wo er könne, Stimmung gegen sie. Er sehe im Zustandekommen der EVG eine Gefahr für die *entente cordiale*. Deshalb verbreitet er in den politischen Zirkeln von Paris, daß es sehr wohl eine andere Möglichkeit, die Bundesrepublik zu bewaffnen, gebe, wenn erst einmal die EVG abgelehnt sei. Das sei natürlich Wasser auf die Mühlen der EVG-Gegner.

Konrad Adenauer erwiderte, Churchill habe ihm gesagt, es ließe sich im Unterhaus weder ein Sozialist noch ein Konservativer finden, der zu einem Verzicht auf Souveränität bereit sei. Der Bundeskanzler sagte ferner, er zweifle nicht daran, daß England außerhalb des Souveränitätsverzichts sich aktiv an der westlichen Verteidigung beteiligen werde.

Am 30. August 1954 war es dann soweit. Die französische Nationalversammlung setzte den Vertrag über die Europäische Verteidigungsgemeinschaft von der Tagesordnung ab. Den entsprechenden Antrag hatte ein ehemaliger General eingebracht. Seinen Namen aber kennt niemand mehr.

Das Abstimmungsergebnis war um eine Stimme schlechter, als die Voraussage, die ich am 12. Dezember 1953 im Gespräch mit Konrad Adenauer gemacht hatte.

Weder vorher noch nachher habe ich von jenen rotgepolsterten Bänken der Diplomatenloge aus einer so aufgewühlten Debatte der Nationalversammlung beigewohnt. In der vordersten Reihe, sich immer in letzter Minute hineinquetschend, saß der Botschafter Ihrer Majestät, der in den Wochen und Monaten vorher das Seine zur Ablehnung der EVG beigetragen hatte, indem er mit Ersatzlösungen in Paris herumhausierte, noch ehe der Vertrag zur Debatte kam. Auch er empfahl sich später als großer Europäer.

Der Inhalt dieser Debatte ließ keinen Zweifel daran, daß das Vereinte Europa vom falschen Ende her aufgezäumt worden war. Und sie brachte noch eine andere Wahrheit zutage. Selbst wenn es im zufälligen Wechselspiel der Mehrheiten gelungen wäre, den Vertrag zu retten, er hätte das, was am 1. November 1954 so tragisch begann, nicht überlebt: den Krieg in Algerien.

Was noch schwerer wog, war das gleichzeitige lautlose Versinken des Entwurfs einer europäischen Bundesverfassung, der unter dem Vorsitz Heinrich von Brentanos erarbeitet worden war.

Als ich am späten Nachmittag des 30. August im Büro des Gesandten in einem ziemlich niedergeschlagenen und erschöpften Zustand über die entscheidende Sitzung berichtete, meinte ein dort ebenfalls anwesender, immer optimistischer Kollege aus Bonn: ›Nehmen Sie sich die Sache doch nicht so zu Herzen. Sie wissen ja nicht, Sie können natürlich nicht wissen, daß wir in Bonn mindestens ein halbes Dutzend Ersatzlösungen in der Schublade haben. Wir brauchen sie nur herauszuziehen. Jetzt kriegen wir nach dem Willen der Franzosen etwas viel Besseres; jetzt werden wir Mitglied der NATO.‹

Ein anderes Mal, das war noch lange vor der Debatte im französischen Parlament, hatte ich um ein Gespräch mit Theodor Blank, dem christlichen Gewerkschafter, der im Auftrag Konrad Adenauers die EVG-Verhandlungen führte, gebeten. Ich wollte ihn darauf aufmerksam machen, daß die noch immer ungelöste Saarfrage ein zusätzliches Hindernis für die Ratifizierung des EVG Vertrages sei. Ich hoffte, er würde die Bundesregierung dazu bringen, sich wenigstens auf diesem Gebiet um Fortschritte zu bemühen. Aber da kam ich schlecht an. Das seien mal wieder so typische Diplomatenspinnereien. Das eine habe mit dem anderen überhaupt nichts zu tun. Und einer seiner eilfertigen Offiziere fügte gönnerhaft hinzu: ›Ach wissen Sie, Herr Hilzinger, hier ist es, wie es manchmal an der Front zugeht. Sie sprechen aus der Sicht des vorgeschobenen Artilleriebeobachters, der Alarm gibt, wenn in seinem Abschnitt etwas passiert. Er kann den Überblick über das Ganze ja nicht haben. Aber der Generalstab hat den Überblick über das Ganze; der weiß schon, was er zu machen hat.‹

Ich konnte mich nicht zurückhalten, jenem famosen Offizier aus dem Stab Theodor Blanks zu antworten: ›Verehrter Herr Oberst, ich habe an der Front schon Situationen erlebt, da hatte auch der Generalstab den Überblick verloren und wußte nicht mehr, was er machen sollte.‹

So also war es um die Überzeugungstreue unserer Europäer bestellt. Man hatte einen Sündenbock, der hieß Mendès-France. Und man hatte etwas viel besseres in Aussicht, nämlich den Beitritt zum Nordatlantischen Bündnis, den Konrad Adenauer von Anfang an und auch während der EVG-Verhandlungen gefordert hatte.

Wenige Wochen nach dem Ende der EVG gewann ich Hans Schuberth, einen überzeugten Europäer und Mitglied der Bundesregierung, für den Gedanken, Konrad Adenauer ein Papier zuzuleiten, in dem ich ausgeführt hatte, daß die Ablehnung der EVG, so paradox dies sich damals in Bonn anhörte, eine Chance für die weitere politische Einigung Europas bieten könne. Zwar seien die Franzosen noch nicht bereit, der Wiederbewaffnung Deutschlands zuzustimmen, aber der Wunsch nach politischer Einigung sei nach wie vor stark. Die Bundesregierung könne den Prozeß in der gewünschten Richtung fördern, wenn sie erkläre, daß die militärische Gefährdung der Bundesrepublik auch nicht größer sei als diejenige seiner Nachbarn, daß sie aber trotzdem einem militärischen Beitrag zur gemeinsamen Verteidigung nur zustimmen könne, wenn dieser unter dem Dach eines europäischen Bundes erfolge. Falls einige seiner Nachbarn zu einem echten europäischen Zusammenschluß noch nicht bereit seien aus Gründen, die wir respektieren müßten, so werde die Bundesrepublik warten. Sie dränge nicht, lasse aber auch keinen Zweifel daran, daß Europa, das Vereinte Europa, für sie Priorität habe. Also erst eine politische Union, dann einen deutschen Verteidigungsbeitrag.

Hans Schuberth, der dieses Papier an Konrad Adenauer weiterleitete, war ein Mann mit gesundem Menschenverstand, der sich ebenso wie ich um die Zukunft Europas sorgte. Für ihn war die europäische Einigung die Frage der Fragen. Er verehrte Konrad Adenauer und glaubte daher, er könne sich so etwas wie die Weiterleitung eines Papiers leisten.

Er erhielt als Antwort die Zurechtweisung, er solle sich gefälligst um sein Ressort kümmern. Im nächsten Kabinett Adenauer war er nicht mehr vertreten.

Die Welt ist nicht so beschaffen, daß man alles haben kann und zudem noch alles zur gleichen Zeit. Konrad Adenauer hatte ›die Frage unserer politischen Zukunft schlechthin‹ erfolgreich beantwortet. Die Bundesrepublik war Mitglied des Nordatlantik-Paktes. Die Gleichberechtigung aufzurüsten, war erreicht. Konrad Adenauer wertete den Vorgang noch am gleichen Tag mit den Worten: ›Wir sitzen nun im stärksten Bündnis der Geschichte. Es wird uns die Wiedervereinigung bringen.‹

Nun, die europäische Einigung war verpaßt. Es sei denn, man nennt eine Zollunion und ein Agrarkartell Vereintes Europa. Auch die politische Zusammenarbeit der Auswärtigen Ämter und der Außenminister kann keine einheitliche Willensbildung schaffen, die von der Zustimmung der Völker getragen wird. Sie bleibt Kabinettspolitik. Niemand sollte sagen, Konrad Adenauer habe die Prioritäten falsch gewählt. Er hat das bekommen, was er wollte. Dafür hat er mit großer Aufopferung gearbeitet, allerdings dabei übersehen, daß er damit die europäische Einigung von ihrer Sternstunde so weit weggeführt hat, daß niemand zu sagen vermag, ob jemals wieder eine kommt.

Einer ahnte schon frühzeitig, daß es so kommen könnte. Am 22. August 1950 schrieb Heinrich von Brentano an Konrad Adenauer: ›Jeder Versuch, eine deutsche Armee zu schaffen, gleichgültig, wie man sie nennt, wird auf einen unüberwindlichen Widerstand im Westen stoßen und wird uns daher bestimmt auch in der heutigen gefährlichen Lage keinen Vorteil, wohl aber sichere politische Nachteile bringen.‹ Aber damals schrieb man das Jahr 1950.

Genau das war es, was obenan stehen mußte, die unlösbare Einheit Europas als eine Herausforderung an unsere Berufung als europäische Nation, nachdem das Deutsche Reich von Generation zu Generation antieuropäische Politik betrieben hatte.

1956 beschloß Frankreich, das Frankreich der IV. Republik wohlverstanden, unter der Regierung eines Sozialdemokraten, Atommacht zu werden. Damit legte sich Frankreich eine Bewaffnung zu, für die es nach der Logik der Dinge keine gemeinsame

Verfügung geben kann, es sei denn auf der höheren Entscheidungsebene eines europäischen Bundes. Bis zu seiner Errichtung ist mit der *force de frappe* eine objektive Barriere gegen die europäische Einigung errichtet worden.

Das Zutrauen, das Konrad Adenauer in die politischen Talente der Deutschen hatte, darf bei zurückhaltender Bewertung als gering veranschlagt werden. Und das nicht ohne Grund. Seit über hundert Jahren liefert die Geschichte das Anschauungsmaterial dazu.

A propos, das ist auch der Grund dafür, warum ich zu Anfang unseres Gesprächs gezögert habe, Otto von Bismarck unter die großen Staatsmänner einzureihen, obwohl er als der bedeutendste Außenpolitiker angesehen werden muß, den Deutschland hervorgebracht hat. Er erreichte sein Ziel, die Einheit Deutschlands zu schaffen, wenn auch mit ›Blut und Eisen‹. Als ein Kind seiner Zeit waren seine politischen und ethischen Grundsätze diejenigen seiner Zeit. Er wußte, wann er die Macht anzuwenden hatte, und er wußte, wann der Zeitpunkt für Mäßigung gekommen war.

Der Gedanke eines von oben verordneten kleindeutschen Einheitsstaates entsprach zwar dem Geist des 19. Jahrhunderts, aber keinesfalls der tiefen Berufung der deutschen Nation, zwischen Ost und West ein bewegliches Scharnier zu bilden, das die Unterschiede und Gegensätze in Europa zum Gleichgewicht bringt.

Otto von Bismarck hat das zusammengeschmiedete Deutsche Reich wie einen Felsbrocken in die elastische Masse der europäischen Völker gesenkt. Sie haben sich fast hundert Jahre lang daran die Zähne ausgebissen, aber am Ende stand Deutschland wieder geteilt da.

Die deutsche Nation wird ihren spezifischen Beitrag zum europäischen Gemeinwohl nur erbringen können, wenn ihre staatliche Struktur ein Spiegelbild der vielfältigen Einflüsse darstellt, die in diesem kulturellen und geographischen Raum, dieser Riesenkarawanserei, aufeinanderstoßen. Eine weitgehend dezentralisierte, föderalistische Struktur ist diese Form.

Konrad Adenauer ist von seinen Gegnern unrecht getan worden, wenn sie ihn eines primitiven Separatismus geziehen haben. Seine Gedanken – übrigens in einer eindrucksvollen gleichbleibenden Weise über Jahrzehnte hinweg – kreisten um die Frage, wie Deutschland seine Rolle in der Mitte Europas in einer Weise spielen könne, daß alle seine Stämme ihren Einfluß auf die Gestaltung des

Verhältnisses zu den Nachbarn nehmen könnten. Er sah, daß die vielfältigen Sicherheitsbedürfnisse unserer Nachbarn, insbesondere Frankreichs, nur befriedigt werden konnten, wenn das Deutsche Reich ein lockerer Verband mehrerer souveräner Teilstaaten würde. Wenn es gelänge, das rechte und linke Rheinufer in einer Westdeutschen Republik zusammenzuführen, so schien ihm vor allem das französische Sicherheitsbedürfnis befriedigt und gleichzeitig die Loslösung des linken Rheinufers als potentielle Gefahr beseitigt.

Konrad Adenauer hat am 1. Februar 1919 in Köln eine Rede gehalten, die uns den Schlüssel für das Verständnis seiner Haltung zum Deutschlandproblem nach 1945 liefert.«

Caspar Hilzinger nahm ein Buch mit Reden des Bundeskanzlers aus dem Bücherregal und las mir daraus vor:

Würde Preußen geteilt werden, die westlichen Teile Deutschlands zu einem Bundesstaate der »Westdeutschen Republik« zusammengeschlossen, so würde dadurch die Beherrschung Deutschlands durch ein vom Geiste des Ostens, vom Militarismus beherrschtes Preußen unmöglich gemacht; der beherrschende Einfluß derjenigen Kreise, die bis zur Revolution Preußen und damit Deutschland beherrscht haben, wäre endgültig, auch für den Fall, daß sie sich von der Revolution wieder erholten, ausgeschaltet. Diese Westdeutsche Republik würde wegen ihrer Größe und wirtschaftlichen Bedeutung in dem neuen deutschen Reiche eine bedeutungsvolle Rolle spielen und demgemäß auch die außenpolitische Haltung Deutschlands in ihrem friedensfreundlichen Geiste beeinflussen können.

»Mit der Bundesrepublik«, fuhr Caspar Hilzinger fort, »ist jene Westdeutsche Republik entstanden, von der Konrad Adenauer 1919 gesprochen hat. Als ein Staat in Deutschland sollte er zusammen mit anderen deutschen Staaten eine Rolle spielen. Damals, 1919, war natürlich keine Rede davon, daß dieses Konzept auch einen gewissen Selbstschutz böte, wenn andere Teile Deutschlands in politische Bedrängnis geraten würden.

Ein neutrales, von Ost und West militärisch losgelöstes Deutschland würde, so meinte Konrad Adenauer, zwangsläufig jenen deutschen Einheitsstaat hervorbringen, den er ablehnte.

Von da aus gesehen gewinnt die Behandlung der sowjetischen Note vom 10. März 1952 durch Konrad Adenauer einen Sinn. Unter der Voraussetzung, daß Konrad Adenauer die Wiedervereinigung Deutschlands wirklich gewollt hätte, wäre die Art und Weise, wie er diese Note ins Aus leitete, unverzeihlich gewesen.

Die Frage, die sich viele heute noch stellen, hieß für Konrad Adenauer nicht: Ist der Inhalt dieser Note ernst gemeint? Seine Sorge war: Wenn diese Note ernst gemeint ist, kommt meine Konzeption vom staatlichen Aufbau Deutschlands in Gefahr, und eines Tages wird alles wieder von vorne anfangen. Also darf eine Diskussion in der Sache erst gar nicht entstehen.

Auf seiten der westlichen Alliierten, mit denen die Bundesregierung in schwierigen Verhandlungen stand, hatte sie mit einer solch grundsätzlichen Einstellung natürlich keine Schwierigkeiten.

Nicht die eigene Konzeption vom inneren Gefüge Deutschlands, die dem Bismarckschen Reichsbegriff entgegengesetzt war, ist Konrad Adenauer vorzuwerfen, sondern sein Bemühen, diesen inneren Kern seiner Politik im verborgenen zu halten und dafür den Chor der Wiedervereinigungsanhänger und Vertriebenenverbände um so lauter zu Gehör kommen zu lassen. Ja, er ging sogar noch einen Schritt weiter und benutzte die Hoffnung der meisten Deutschen auf eine Wiedervereinigung in Frieden und Freiheit als Hilfsaggregat für seine Wiederbewaffnungspolitik. ›Wir sitzen nun im stärksten Bündnis der Geschichte. Es wird uns die Wiedervereinigung bringen‹ (11. Mai 1955).

Ein Volk kann auf die Dauer nicht mit zwei Wahrheiten leben. Auch seine Partner lassen das nicht zu. Wenn für den Gebrauch im Innern erklärt wird, das Vereinte Europa oder das atlantische Bündnis werde die Wiedervereinigung bringen, so werden dadurch die ausländischen Partner nur abgeschreckt, auf einem solchen Weg zu folgen. Doppelbödige Argumentation, und mag sie innenpolitisch noch so bequem sein, ist nicht glaubwürdig. Sie zerstört die Alternativen.

Eine deklamatorische Politik streut die Saat aus, Mißverständnisse und Widersprüche lassen sie heranreifen. Wenn sie dann zur Ernte dasteht und von fremden Schnittern geerntet werden, kann der Sämann nur noch sagen: Das habe ich nicht gewollt.

Konrad Adenauer hat den europäischen Bundesstaat gewollt; durch seine Ungeduld in der Wiederbewaffnung hat er die Chance zerstört. Er hat die Anbindung der ›Westdeutschen Republik‹ an den Westen erreicht; aber die Wiedervereinigungsdeklamationen werden eines Tages, wenn die Wiedervereinigungsdynamik auf die DDR übergegangen sein wird, allen denen in den Ohren dröhnen, die geglaubt haben, mit solchen Dingen könne man innenpolitisch kokettieren.

Konrad Adenauer muß darum gewußt haben, daß es ihm nicht gelungen war, seine Konzeption mit festen Fundamenten für die Zukunft zu versehen. Hinzu kam die Beklemmung und die Sorge, daß die Nachfolger nicht die Kraft haben würden, die Fundamente nachzuliefern.

Der Übergang von der Herrschaft der CDU/CSU zur sozialliberalen Koalition des Jahres 1969 wurde in der großen Koalition unter Kurt Georg Kiesinger vorbereitet. Auch mit wohlgesetzten Worten war nicht zu verhindern, daß das Erbe Konrad Adenauers sehr schnell die Kontur verlor und dem Bewußtsein der Bürger entschwand. Kurt Georg Kiesinger hatte nicht die Kraft, weder persönlich noch politisch, die Ordnung Konrad Adenauers wiederherzustellen und die neuen Probleme, die am Horizont heraufzogen, mit den einfachen Faustregeln Konrad Adenauers zu lösen. So blieb ihm nichts anderes vorbehalten, als Übergang zu sein.«

Caspar Hilzinger war meiner Frage nach der historischen Einstufung Konrad Adenauers nun doch ausgewichen. Als habe er meine Gedanken erraten, fügte er am Schluß des Gesprächs hinzu:

»Ob man Konrad Adenauer unter die großen Staatsmänner der Geschichte einreihen kann, ergibt sich aus dem, was ich dir eben ziemlich ausführlich dargelegt habe. Damit kannst du dir selbst ein Urteil bilden!«

Da schien mir Caspar Hilzinger ganz Diplomat zu sein. Dies war wieder einmal typisch für diese Diplomaten: Nur keine eigene Meinung äußern. Und dabei habe ich Caspar Hilzinger immer für undiplomatisch gehalten. Ich solle mir die Frage, ob Konrad Adenauer ein großer Staatsmann gewesen sei, selbst beantworten. Dies habe ich dann auch getan. Für mich ganz allein. Und ich habe niemand etwas darüber erzählt.

Die Erneuerung der Straßburger Eide

Wenn ich mich an dieser Stelle befinde, so nicht deshalb, weil ich dieses Amt gesucht hätte, sondern weil man an dieser Grenze im Osten jemanden braucht, der versucht, die beiden Völker, die sich so oft zerfleischt haben, zu bewegen, miteinander in Frieden zu leben.

Robert Schuman

Schließlich will ich dafür sorgen, daß Frankreich und Deutschland ein ganzes Netz besonderer Bande knüpfen, damit die beiden Völker einander nach und nach verstehen und würdigen lernen, wie ihr Instinkt es fordert, sobald sie nur davon ablassen, ihre Lebenskraft im Kampf gegeneinander zu verbrauchen.

Charles de Gaulle

Nicht immer folgen in der Geschichte der Völker den Worten sogleich die Taten.

Gustav Stresemann

NICHT DIE BERÜHMTEN MISSVERSTÄNDNISSE haben den deutsch-französischen Vertrag vom 22. Januar 1963 in seiner Substanz getroffen, noch bevor er ratifiziert war. Ein Mangel an Klarheit, Mut und Konsequenz auf deutscher Seite hat von Anfang an dafür gesorgt, daß aus der zarten Pflanze kein Baum werden konnte.

Auch auf seiten Charles de Gaulles lag eine Fehleinschätzung vor. Sie wurde durch seinen Besuch in der Bundesrepublik 1962 noch begünstigt. Jeder Franzose, der aus dem Land südlich der Loire entstammt, wäre durch den frenetischen Empfang der Deutschen skeptisch und mißtrauisch geworden. Nicht so Charles de Gaulle. Als »Homme du Nord« und als Volkstribun, der er auch war, genoß er die lärmende Zustimmung der Germanen für den Gallier.

Beiden, Deutschen und Franzosen, war gemeinsam, daß sie es bei der Vorbereitung des Vertrages an der geringsten diplomatischen Umsicht fehlen ließen. Sie hatten es vollständig versäumt, die Welt auf den Abschluß des Vertrages vorzubereiten. Die Welt schätzt solche Überraschungen nicht. In unserer kleingewordenen Welt können sich zwei Völker und Staaten nicht zusammentun, ohne das Gesamtgefüge der Beziehungen und das Gleichgewicht zu stören. Dies galt ganz besonders für den großen Verbündeten in Amerika, der über das, was den Europäern frommte, seine eigenen Meinungen besaß.

Dabei war es sicherlich nicht die Absicht der beiden Partner gewesen, die Staaten des Ostens oder des Westens oder auch nur die europäischen Nachbarn vor den Kopf zu stoßen. Die Vorbereitung und der Abschluß der Verhandlungen sind ganz einfach ein Paradebeispiel für eine Diplomatie, die nicht weiß, was sie will, und das, was sie will, nicht in Aktion umsetzen kann. Auf diese Weise schlittert sie in eine Lage, die ihren Absichten oft entgegengesetzt ist. Sie wird das Opfer des willensstärkeren und präziser denkenden Partners und muß hinterher versuchen, die ärgsten Abweichungen von der eigenen Linie zu korrigieren.

Das Korrigieren von Verträgen, zu deren Abschluß man sich hat hinreißen lassen oder bei denen man sich übernommen hat, ist meist sehr schwierig. Es nagt an der Glaubwürdigkeit als zuverlässiger Vertragspartner. Der Spaltpilz des Zweifels, des Verdachts auf Doppelzüngigkeit breitet sich aus. Genauso kam es mit dem deutsch-französischen Vertrag, der die Grundlage und der Ausgangspunkt für eine deutsch-französische Union hätte sein sollen.

Charles de Gaulle hat aus seiner politischen Konzeption nie ein Geheimnis gemacht. Seine deutschen Partner nahmen seine Aussagen nur nicht für bare Münze. Sie dachten wohl, daß sie selbst auch dieses und jenes äußerten, das man nicht allzu ernst nehmen sollte. Andere wiederum wollten nur jene Sätze der de Gaulleschen Äußerungen hören, die ihnen in den Kram paßten. So ließ er von Anfang an keinen Zweifel daran, daß er die Anerkennung der existierenden Grenzen in Deutschland, das heißt den Verzicht auf die Gebiete östlich der Oder-Neiße-Linie, für unabdingbar hielt. Einige seiner glühendsten Anhänger in der Bundesrepublik störte das schon, aber sie verdrängten es.

Charles de Gaulle brauchte die Bundesrepublik Deutschland, denn ohne sie und deren volle Unterstützung war sein politisches Ziel von vornherein zum Scheitern verurteilt. In dem Maße, wie es gelingen würde, die Konfrontation zwischen Ost und West in Europa in Kooperation auf der Grundlage des gegenseitigen Interesses zu verwandeln, mußte sich das Verhältnis Europa-USA zwar nicht lockern, wohl aber seiner Natur nach verändern. An die Stelle des europäischen Vasallen der Vereinigten Staaten sollte ein einziger, selbstbewußter, seinen eigenen Interessen verpflichteter europäischer Partner treten. Dies ist der Kernpunkt der Außenpolitik von Charles de Gaulle, um den sich alle seine taktischen Schritte und variierenden Äußerungen wie verschiedenfarbig schillernde Perlen einer Kette gruppierten.

Genau dies aber wollten die Vereinigten Staaten nicht. Caspar Hilzinger traf 1963 anläßlich einer Studientagung in Frankfurt mit Walt E. Rostow zusammen, der jahrelang außenpolitischer Berater demokratischer Regierungen in den Vereinigten Staaten gewesen war. Bis spät in die Nacht saßen die beiden in der Bar des Frankfurter Hofs und diskutierten. Aktuelles Thema war natürlich der deutsch-französische Vertrag, den Caspar Hilzinger als ein Stück europäischer Einigung darzustellen und zu verteidigen suchte.

An einer Stelle des Gesprächs sagte Caspar Hilzinger: »Die wirkliche europäische Einigung liegt doch auch im wohlverstandenen Interesse der Vereinigten Staaten. Euch ist doch mehr gedient mit einem Partner, der weiß, was er will, als mit einem Club von Ja-Sagern.«

Walt E. Rostow erwiderte darauf: »Ich kann Ihre Unzufriedenheit mit dem jetzigen Zustand nicht teilen und nicht verstehen. Das Verhältnis zwischen Europa und den Vereinigten Staaten ist doch sehr vernünftig geregelt. Grundlage dieses Verhältnisses ist ein einfaches und einleuchtendes Geschäft. Wir Amerikaner gönnen den Europäern ihre wirtschaftliche Prosperität und fördern sie aktiv. Dafür überlassen uns die Europäer die Sorge um die internationale Politik und die Fragen der Sicherheit. Was wollt ihr Europäer eigentlich noch mehr?«

Caspar Hilzinger empfand diese Antwort wie einen Schock. So klar und deutlich hatte er die amerikanische Definition der »europäisch-atlantischen Partnerschaft« aus amerikanischem Munde noch nicht gehört. Für ein paar Augenblicke hatte ein wissenschaftlicher Analytiker der Präzision zuliebe den Vorhang weggezogen, der sonst aus allerlei verbalen Beteuerungen für ein vereintes Europa gewoben war. In Wirklichkeit haben die Vereinigten Staaten ein vereintes und selbständiges Europa nie gewollt. Selbst John Foster Dulles wünschte ein Europa nach seinem Bilde.

Die Gründe für diese Ablehnung, die gewöhnlich in eine diplomatisch-unverbindliche Ermunterung bis zum Knüller von Henry A. Kissingers »Jahr Europas« gekleidet waren, lagen auf der Hand. Europa als selbständige Macht, mit den Vereinigten Staaten von gleich zu gleich verbunden, hätte die weltpolitische Konstellation grundlegend verändert, insbesondere in jenen Teilen der Welt, zu denen die Vereinigten Staaten bis zum heutigen Tage kein positives Verhältnis entwickeln konnten. Caspar Hilzinger ist in dieser Überzeugung bestärkt worden, als er zehn Jahre später mit Henry A. Kissinger über die Frage diskutierte, welcher Begriff für das europäisch-amerikanische Verhältnis wohl am zutreffendsten sein würde, nachdem die Franzosen die Bezeichnung »atlantische Partnerschaft« strikt abgelehnt hatten. Der Außenminister hatte soeben das »Jahr Europas« proklamiert.

Da es einerseits darum ging, Frankreich wieder enger an das atlantische Bündnis heranzubringen, andererseits aber französische Gefühle geschont werden sollten, kamen Begriffe wie »Union«, »Gemeinschaft«, »Partnerschaft« nicht in Frage. Caspar Hilzinger gab Henry A. Kissinger zu bedenken, daß es das beste sein würde, einen Begriff zu wählen, der die Bedeutung der europäisch-amerikanischen Beziehungen nicht herunterspiele, andererseits auch nicht einen Zustand beschreibe, der von der Wirklichkeit nicht erreicht werde. Ihm schiene der Begriff »europäisch-amerikanische Schicksalsgemeinschaft« genau das auszudrücken, was den Inhalt des Verhältnisses ausmacht. Werde Europa schwach, seien die Vereinigten Staaten gefährdet. Würden die Vereinigten Staaten schwach, sei Europa verloren. Die Politik der beiden könne verschieden sein; ihr Schicksal hätten sie gemeinsam zu tragen.

Henry A. Kissinger überlegte eine Weile. Dann meinte er, diesem Vorschlag könne er aus linguistischen Gründen nicht zustimmen. »Schicksalsgemeinschaft« sei zwar ins Französische, aber ins Englische kaum zu übersetzen.

Als der deutsch-französische Vertrag unterzeichnet wurde, befand sich Caspar Hilzinger in New York. Selten war er in seinem Berufsleben Zeuge eines so tiefsitzenden Mißbehagens geworden, wie es die Amerikaner in jenen Tagen offen zum Ausdruck brachten. Bis in die New Yorker Friseurstuben hinein reichte die Diskussion. »Jetzt hatten wir geglaubt, diese Deutschen unter Kontrolle zu haben, da kommt dieser General daher und macht ihnen den Mund wäßrig für eine Großmachtpolitik, die nur eine Großmannssucht-Politik sein kann. Das ist ein Komplott gegen die Vereinigten Staaten. Es ist wohl der Dank für die Hilfe nach dem Krieg. Man sollte unsere Boys zurückrufen aus Europa. Sollen sie doch sehen, wohin sie ohne unsere Hilfe kommen, diese Gaullisten!«

Dies war der Ton, der einem in fast allen Kreisen entgegenschlug.

Die Reaktion der Sowjetunion war nicht weniger unfreundlich. Die Partner der europäischen Gemeinschaft waren erbittert und verunsichert. Sollte die weitere Zukunft der europäischen Einigung unter einem deutsch-französischen Diktat stehen? Lieber wollten sie auf die europäische Politik ganz verzichten.

Der ganze Lärm hätte vermieden werden können, wenn der Abschluß des Vertrags diplomatisch vorbereitet worden wäre. Warum hätte es unmöglich sein sollen, Ost und West darüber aufzuklären, daß diese Politik gegen niemand gerichtet war und nur das in feste, unauflösliche Formen gießen sollte, was sich die ganze Welt immer gewünscht hatte: eine unwiderrufliche Aussöhnung zwischen Franzosen und Deutschen, nicht als ein menschenfreundliches, literarisches Bekenntnis, sondern als ein Stück handfester Politik. Daß es nicht geschah, lag daran, daß der deutsche Partner nicht recht wußte, was er wollte, oder besser gesagt: was er sich da zutrauen konnte. Aus einer inneren Unklarheit kann ein solches Vertragswerk nicht gedeihen.

Am 14. Januar 1963 sagte Charles de Gaulle nein zu allem, was der deutschen Bundesregierung bis dahin hoch und heilig gewesen war. Nein zur atlantischen Partnerschaft; nein zum EWG-Beitritt Großbritanniens. Am 22. Januar, also ganze neun Tage später, unterzeichnete Konrad Adenauer den Vertrag, den er später als »das Hauptwerk meiner vierzehnjährigen Tätigkeit als Bundeskanzler« betrachtet hat.

Der Gedanke zu einem solchen Vertrag, einem wirklichen deutsch-französischen Grundvertrag, war auf eine präzise Frage von Charles de Gaulle an Konrad Adenauer zurückzuführen, die er am 5. Juli 1962 in Paris stellte: ob nämlich die deutsche Regierung bereit sei, mit Frankreich in eine politische Union einzutreten, falls die anderen nicht mitmachen wollten. Adenauer bejahte und de Gaulle meinte, dies sei wichtig.

Was folgte, war ein Reigen von Mißverständnissen und falschen Signalen. Die Franzosen wollten die Zusammenarbeit organisieren. Die Deutschen sprachen von »Systematisierung der Kontakte und Kosultationen«. Die Franzosen wollten eine feierliche Erklärung. Die Deutschen sagten, ein Vertrag sei erforderlich, weil operative Regelungen vorgesehen seien. Die Franzosen dachten, wenn die Deutschen einen ratifizierungsbedürftigen Vertrag wollen, so zeigt das, wie wichtig ihnen die Sache ist. Also wollten auch die Franzosen das Parlament bemühen.

Die Deutschen wollten einen Vertrag mit Charles de Gaulle, aber von seiner Politik wollten sie nichts wissen. Dem Vertrag wurde eine Präambel des Bundestages beigegeben, die klarstellen sollte, wie der Vertrag aus deutscher Sicht zu interpretieren war. Charles de Gaulle hatte verstanden. Am 28. Oktober 1966 erklärte er: »Es liegt nicht an uns, wenn die von Bonn bevorzugten und ständig entwickelten Bindungen mit Washington diesen deutsch-französischen Vertrag seines Geistes und seiner Substanz beraubt haben … Unsere Nachbarn jenseits des Rheins wendeten nicht unseren Vertrag an, sondern die unilaterale Präambel, die seinen ganzen Sinn änderte und die sie selbst hinzugefügt haben.«

Mit der Präambel, die der Bundestag dem Vertrag voranstellte, war ein böser Präzedenzfall geschaffen worden. Hier wurde eine Prozedur deutscher Machart eingeführt, die formal vielleicht weniger zu beanstanden war, aber doch einen Verstoß gegen Treu und Glauben darstellte.

Zu dieser Prozedur paßte die Tatsache, daß der Staatssekretär des Auswärtigen Amtes wenige Tage nach der Unterzeichnung, als die Feste in Paris gefeiert waren, nach Washington entsandt wurde, um Präsident John F. Kennedy von der Harmlosigkeit der deutsch-französischen Unternehmung zu überzeugen. Dies gelang dann Kai-Uwe von Hassell vollständig, als er in Washington einen Milliardenauftrag für amerikanische Rüstungsgüter tätigte, obwohl es gerade der Sinn des deutsch-französischen Vertrages war, zu einer gemeinsamen deutsch-französischen Rüstungsproduktion zu gelangen.

Diese Art Diplomatie muß den Deutschen wohl ein wenig im Blut liegen. Der Vertrag von Rapallo wurde vorbereitet, ohne daß der Reichspräsident unterrichtet worden war. Die Unterzeichner bekamen schon auf der Rückreise nach Berlin »kalte Füße«. Der Vertrag von Locarno sollte die Welt dann wieder in Ordnung bringen.

Nun, es gibt keinen noch so schlecht gemachten Vertrag, als daß man aus ihm nicht etwas Gutes machen könnte. Wenn man will – und kann. Die durch Vertrag eingerichteten regelmäßigen Konsultationen waren etwas Gutes. Der Zwang zur Regelmäßigkeit läßt zeitweilige atmosphärische Tiefs überbrücken. Die Hochrangigkeit der Konsultationspartner gibt an sich die Möglichkeit, über einen Informationsaustausch hinauszugehen und gemeinsame Beschlüsse zu fassen.

Caspar Hilzinger hat an vielen solcher Konsultationstreffen teilgenommen – als Zuhörer, versteht sich. Zwei solche Treffen sind ihm in Erinnerung geblieben. Sie zählten zu den seltenen Gelegenheiten, wo die Geschichte in ihrer ganzen Größe durch den Konferenzsaal weht. Keiner der Akteure bemerkte etwas davon. Die Regierenden sind meistens weniger mit der Geschichte als mit sich selbst beschäftigt.

Gleich bei einem der ersten Treffen der Regierungschefs, als die Deutschen sich wieder einmal anschickten, über Institutionen zu philosophieren, sagte Charles de Gaulle: »Wozu brauchen wir neue Institutionen? Dort sitzt die deutsche Bundesregierung, hier sitzt die Regierung der Französischen Republik. Wir können, wenn wir das wollen, uns auf der Stelle als deutsch-französische Regierung konstituieren und gemeinsame Beschlüsse fassen.«

Darauf war auf deutscher Seite niemand gefaßt gewesen. Das war wohl zu gewagt. Ein teils verlegenes, teils ungläubiges Lächeln quittierte den Vorschlag de Gaulles. Und dabei blieb es.

Ein anderes Mal, nachdem Konrad Adenauer von Ludwig Erhard abgelöst worden war – die Rosen waren längst verblüht –, machte Charles de Gaulle einen letzten Versuch, aus dem Vertrag ein Instrument einer deutsch-französischen Union zu machen. Er setzte an der Stelle an, wo er nach den bisherigen Erfahrungen am ehesten mit der Aufmerksamkeit und dem aktiven Interesse der Deutschen rechnen konnte: bei der Verteidigung.

Gleich einem großen Fresko malte Charles de Gaulle vor den deutschen Ministern unter Vorsitz von Ludwig Erhard ein Bild der strategischen Lage Europas. Es mündete in die unausgesprochene Aufforderung, die Gemeinsamkeit des Schicksals Deutschlands und Frankreichs zwischen den nuklearen Weltmächten zu erkennen und daraus die notwendigen Konsequenzen zu ziehen. Hier und sofort. Der Vortrag de Gaulles, das muß man ohne Neid gestehen, war eine Analyse der politischen und strategischen Lage der Welt, die in Gedankenführung und Sprache an klassische Vorbilder erinnerte. Es war wahrscheinlich der größte und entscheidendste Augenblick im Verhältnis der beiden Länder.

Ludwig Erhard hörte sich das alles an. Er saß da mit abwesendem und versteinertem Blick. Er hatte wohl immer Angst gehabt, Charles de Gaulle gegenübersitzen zu müssen. Und verstanden hatte er von dem, was de Gaulle sagte, wohl wenig. Es entstand eine peinliche Stille im Kabinettssaal des Palais Schaumburg. Ludwig Erhards Blick vermittelte den Eindruck, als stünde er unter der Wirkung schmerzstillender Mittel. Jeder wartete auf seine Replik zu dem Kolossalgemälde de Gaulles. Schließlich unterbrach er die lautlose Spannung mit den Worten: »Dann wollen wir in der Tagesordnung fortfahren.«

Die Anwesenden blickten sich überrascht und ungläubig an. War das möglich? Der Regierungschef eines großen Landes unfähig, auch nur ein Wort zu sagen zu dem, was sein Gast aus Paris gerade eben ausgebreitet hatte. Charles de Gaulle bemerkte im Sonderzug, der ihn nach Paris zurückbrachte, zu dem ihn begleitenden deutschen Botschafter: »Ich bin verzweifelt; Deutschland hat einen Regierungschef, der das Interesse seines Landes nicht kennt. Was soll ich da noch machen?«

Doch die Regierungspartei kannte ihr Interesse. Für sie war Ludwig Erhard die »Wahllokomotive«. Das genügte ihr.

Indessen ist es ganz und gar nicht so, als sei der Weg zu einer deutsch-französischen Union nur von der deutschen Seite verbaut worden. Auch von französischer Seite sind Fehler über Fehler gemacht worden. Konrad Adenauer war innenpolitisch schon zu sehr geschwächt, um ein solches Ziel verwirklichen zu können. Charles de Gaulle hat das gewußt, hat ihn aber in seinen Memoiren gleichwohl gütig behandelt. Vielleicht war er selbst auch unsicher geworden.

Gewiß, Gerhard Schröder hat zum Zeitpunkt des Vertragsabschlusses bereits stärker auf die Mehrheit von morgen als auf den Bundeskanzler von damals gesetzt. Aber Maurice Couve de Murville hat wenig getan, um Gerhard Schröder für die Sache zu gewinnen. Caspar Hilzinger saß meist dabei, wenn Couve de Murville die Ministerkonsultation eröffnete, trocken, hochmütig herablassend: »Mon cher collègue, je suis prêt à vous écouter!« – Mein lieber Kollege, ich bin bereit, Sie anzuhören! Und dann Stille. Es konnte einen der kalte Zorn packen. Und dabei war Couve de Murville der korrekteste, präziseste und gescheiteste Außenminister, den das Frankreich der V. Republik besaß.

Der wirkliche Grund für das Scheitern lag tiefer, denn um ein Scheitern handelte es sich, es sei denn, man betrachtet normale freundschaftliche Beziehungen zwischen den beiden Ländern als das Ziel des Vertrags. Diese aber waren es nicht. Es war viel höher gesteckt. Eine deutsch-französische Union sollte entstehen. Sie wurde nicht erreicht.

Weder Konrad Adenauer noch Charles de Gaulle haben jemals alle ihre Karten rückhaltlos auf den Verhandlungstisch gelegt. Jeder hat vom anderen geglaubt, er werde auch so seinen Zuschlag erteilen, ohne daß Klarheit bis ins letzte geschaffen sei.

Konrad Adenauer hat Charles de Gaulle glauben machen wollen, daß er willens und in der Lage sei, die Bindungen der Bundesrepublik an die Vereinigten Staaten so weit zu lockern, wie es das »grand dessin« de Gaulles erfordert hätte. Er wollte nicht wahrhaben, daß dafür in den eigenen Reihen keine Mehrheit bestand. Ähnlich wie beim Scheitern der EVG hat er sich damit begnügt, angebliche Sündenböcke herauszustellen.

Charles de Gaulle hat Konrad Adenauer glauben machen wollen, daß in einer deutsch-französischen Union die Sicherheit Frankreichs als Nuklearmacht in jedem denkbaren Fall mit der Sicherheit der Bundesrepublik identisch sei. Er hat aber verschwiegen, daß die Verfügung über Atomwaffen unteilbar ist. An Selbstmord für die Sicherheit des Freundes glaubt niemand.

Es hätte eines Otto von Bismarck bedurft, um Charles de Gaulle im Netz seiner eigenen Argumente zu fangen. Konrad Adenauer besaß dazu nicht die notwendige Beweglichkeit. Für ihn galt, was Walter Lippmann schon 1961 geschrieben hatte: Es ist ihm nicht erklärt worden, »wie Diplomatie im Atomzeitalter zu führen sei«.

Ludwig Erhard hatte die Fragen, die er Charles de Gaulle hätte stellen sollen, einfach nicht parat – und hätte sie auch nicht verstanden. Kurt Georg Kiesinger sah die Außenpolitik zu nahe bei der Literatur aufgehängt.

Georges Pompidou und Willy Brandt haben die Anwendung des Vertrags auf ein praktisches und realistisches Normalmaß eingespielt. Dies hat immerhin den Beitritt Großbritanniens zur EWG ermöglicht, der schließlich ein Produkt der deutsch-französischen Konsultationen war.

Valéry Giscard d'Estaing und Helmut Schmidt haben sich durch die regelmäßigen Begegnungen als wirtschaftspolitische Sachverständige schätzen gelernt und sind Freunde geworden, was immer das in der Politik heißen mag. Eine Zeitlang trugen diese beiden Männer das deutsch-französische Verhältnis in ihren Händen. Es hat sich eher in Funktion dritter Probleme und weniger als ein eigenständiger Wachstumsprozeß aus sich heraus entwickelt.

Wie könnte diese Welt, die so kompliziert, so schwierig und wechsel-
voll ist, in der es so viele Menschen gibt, die nichts zu essen haben, wie
könnte sie ihren Weg zum Gleichgewicht finden, zum Wohlsein, wenn
nicht die Menschen unserer (beiden) Völker trotz ihrer Vergangenheit
zusammenfinden und alles tun, was notwendig ist, um zusammenzu-
arbeiten für die menschliche Zivilisation. Deswegen wollen wir Euro-
pa bauen, damit dieses Europa Inspirator sein kann, ja, daß es in vielen
Fällen Initiator sein kann für Fortschritt in der Welt. (Charles
de Gaulle)

Heute, fast zwei Jahrzehnte später, können wir den Fortschritt in
der Welt ermessen. Wir sehen uns umsonst um nach dem »Initiator«
und nach dem »Inspirator«. Die Welt scheint sich nach ihren eigenen mechanischen Gesetzen fortzubewegen, von einer Notwendigkeit zur anderen, von Gewalt zu Gewalt. Der eine ißt sich satt,
der andere hungert; der eine arbeitet, der andere ist arbeitslos; der
eine lebt, der andere stirbt.

Die guten Absichten reichen nicht aus, um die Welt fortzubewegen und wirklich voranzubringen. Da Frankreich und Deutschland
nicht zu einer neuen, zusätzlichen Kraft geworden sind, bleiben sie
dazu verurteilt, den Gang der Welt vom Rande her zu beobachten.
Europa ist ein großes geistiges und politisches Vakuum, das in der
Erwartung, aufgefüllt zu werden, die Dinge nicht ändern kann.
Aufgefüllt von wem? Wir wissen es nicht.

»Frankreich ist der Kopf, Deutschland ist das Herz Europas«,
rief Victor Hugo vor über hundert Jahren aus, als die Deutschen
und Franzosen gerade wieder einmal gegeneinander Krieg geführt
hatten. Das ist eine schöne Parabel. Sie ist leider nicht zutreffend,
weil Kopf und Herz voneinander getrennt sind. Der Kopf sagt, er
könne ohne das Herz viel freier und unabhängiger denken; das
Herz meint, es könne ohne den Kopf und ohne Denken viel kräfti-
ger schlagen. Bis eines Tages einer kommt, der ihnen wieder einmal
die Köpfe blutig schlägt. Vielleicht werden sie dann begreifen.

CASPAR HILZINGER HAT IM MÄRZ 1963 in einem Zeitschriftenartikel
die Nützlichkeit des deutsch-französischen Vertrags für eine auf
lange Sicht angelegte deutsche Außenpolitik vor dem Hintergrund
einer grundlegenden Veränderung des europäisch-russischen Verhältnisses geprüft. Als ich kürzlich wieder auf diese Analyse stieß,
die er damals unter dem Pseudonym Michael P. Hägele veröffent-

lichte, erschien sie mir so aktuell wie damals. Deshalb sollen hier einige Auszüge wiedergegeben werden, die mir für Caspar Hilzingers Verständnis von Außenpolitik interessant erscheinen:

Weniger denn je steht heute das deutsch-französische Verhältnis isoliert da. Im Guten und im Bösen wirken sich die Beziehungen zwischen diesen beiden Ländern auf die politischen Gesamtverhältnisse in der Welt aus. Die Interdependenz innerhalb des westlichen Lagers und auch zwischen ihm und dem Ostblock ist so intensiv geworden, daß schon eine geringe Veränderung der bilateralen Beziehungen Kettenreaktionen in der übrigen Welt hervorrufen muß. So wie heute kein Land mehr eine lokale Krise auslösen kann, ohne gleichzeitig die gesamten Ost-West-Beziehungen zu tangieren, so kann auch in irgendeinem Teil der Welt keine aufbauende und konsolidierende Politik zweier Staaten mehr betrieben werden, ohne mit den Interessen der beiden Weltmächte, der Vereinigten Staaten und der Sowjetunion, in Konflikt zu geraten. Diese haben sich im bipolaren System des Kalten Krieges und des atomaren Gleichgewichtes eingerichtet und empfinden das Stärkerwerden Dritter zwangsläufig als Störung. Dies gilt erst recht, wenn zwei Länder sich zusammenzutun versuchen, deren geographische und strategische Lage für eben dieses Ost-West-Verhältnis von entscheidender Bedeutung ist.

Der Sinn und die Tragweite des Vertrages vom 22. Januar 1963 werden nur erkennbar, wenn sie auf dem Hintergrund der tiefgreifenden Veränderungen der europäisch-russischen Beziehungen gesehen werden. Die Sowjetunion hat nach 1945 ihre Westgrenze an die Elbe vorschieben können; sie hat damit das europäische Gleichgewicht in so entscheidender Weise zerstört, daß alle kontinentaleuropäischen Länder hiervon unmittelbar betroffen werden. Am stärksten wird davon das Verhältnis zwischen Deutschland und Frankreich betroffen, das bis 1939 in direkter Weise vom europäischen Gleichgewicht abhing. Bereits im Jahre 1954 hat der führende radikal-sozialistische Politiker Maurice Faure diesen geschichtlichen Vorgang so formuliert: »Unsere neuen Beziehungen zu Deutschland beruhen auf der Tatsache, daß zwischen Frankreich und Rußland keine Interessengleichheit in bezug auf Deutschland mehr besteht.« Das Vordringen der Sowjetunion bis in die mittelbare Nähe der französischen Ostgrenze hat den Gedanken an einen französisch-sowjetischen Pakt gegenstandslos gemacht. In drei Kriegen haben die Verletzungen der Ostgrenze Frankreichs dort eine starke Sensibilität für die Bedrohung aus dem Osten entwickelt.

99

Bei den Bemühungen Frankreichs, mit der veränderten Lage fertig zu werden, darf man nicht vergessen, daß das Gebot der Sicherheit noch immer an der ersten Stelle der außenpolitischen Überlegungen aller seiner Regierungen stand. Erst recht dürfte das für seine jetzige Regierung zutreffen.

Die Zerstörung des Gleichgewichtes in Europa ist gleichbedeutend mit der Teilung Europas, diese hinwiederum mit der Teilung Deutschlands. Hier bietet sich ein Ansatzpunkt für eine deutsche Außenpolitik, in der die außenpolitischen Beziehungen nicht um ihrer selbst willen ausgebaut und gepflegt werden, sondern in der das eigene nationale Interesse Ausgangspunkt und Mittelpunkt der außenpolitischen Orientierung ist. Kein Land der westlichen Bündnisgemeinschaft steht vor einem nationalen Problem, dessen Schwere mit der Teilung Deutschlands vergleichbar wäre. Wir sind daher mehr als jedes andere Land darauf angewiesen, bei allem, was wir in der Außenpolitik planen und tun, die augenblickliche Befriedigung hinter dem langfristigen Ziel der Wiedervereinigung Deutschlands in Frieden und Freiheit zurückzustellen. Daß es sich um ein langfristiges Ziel handelt, wird wohl niemand bestreiten, der die Augen vor der derzeitigen Kräfteverteilung in der Welt nicht verschließt und dem die Wahrheit höher steht als der Respekt vor Tabus.

Wenn Frankreich das zerstörte Gleichgewicht in Europa durch kühne Konzeptionen und große militärische Anstrengungen zu überwinden trachtet und es in Kauf nimmt, seine traditionellen Alliierten vorübergehend vor den Kopf zu stoßen, so sollten wir Deutschen es wenigstens so weit bringen, daß wir um der Lösung unseres nationalen Problems willen uns einer realistischen Analyse der europäischen Gesamtlage hingeben und die sich daraus ergebenden Konsequenzen mit Logik und Zivilcourage tragen.

Indessen vermitteln die deutschen Reaktionen auf den Vertrag vom 22. Januar 1963 den Eindruck der Halbheit, um nicht zu sagen der Unaufrichtigkeit. Der Wert des Vertrages für die deutsch-französische Aussöhnung wird zwar anerkannt, doch fehlt jede Bewertung des deutsch-französischen Bündnisses unter dem Gesichtswinkel einer auf lange Sicht angelegten deutschen Außenpolitik. Die Furcht, wir könnten durch die Mitwirkung am Pariser Vertragswerk einige europäische Partner, Großbritannien oder die Vereinigten Staaten vergrämen, überwiegt in den meisten Kommentaren. Kaum einer stellt die Frage, ob der Vertrag dem langfristigen Ziel der deutschen Wiedervereinigung nützlich sein wird oder nicht. Ist er nämlich mit den fundamentalen Interessen Deutschlands nicht vereinbar, so müssen andere Mittel und Wege gefunden werden, um die deutsch-französische Aussöhnung sicherzustellen. Kann er aber dem langfristigen Ziel der Wiedervereinigung Deutschlands dienstbar gemacht werden, so haben wir die patriotische Pflicht, diesen Vertrag mit Leben zu erfüllen, uns zu ihm zu bekennen und ihn zu einer echten, unauflöslichen Partnerschaft weiterzuentwickeln.

Das Bestreben der Deutschen, es mit niemand zu verderben und sich nicht zu entscheiden, entspringt mancherlei Motiven. Die Zeit, da es die Deutschen mit der ganzen Welt verdorben hatten, liegt nicht weit zurück. Die Politik des »sowohl als auch« ist daher bis zu einem gewissen Maße verständlich. Da und dort in Deutschland wird Diplomatie fälschlicherweise verstanden als die Kunst, die Dinge in der Schwebe zu halten, zu finassieren, abzuwarten und wenn möglich nie Stellung zu nehmen. Wir berufen uns gern auf das diplomatische Genie Bismarcks bei der Reichsgründung. Seine Politik war aber das Ergebnis klarer, wenn auch schmerzlicher Entscheidungen...

Die beiden Kernländer Europas gehen in einem Augenblick zusammen, in dem die Grundlagen der westlichen Politik infolge der strategischen Entwicklung neu überdacht werden müssen. Die Amerikaner unter Präsident Kennedy haben damit bereits begonnen. Großbritannien glaubt, daß seine Verbindung mit dem Gemeinsamen Markt die Anpassung Englands an die neue Lage einleiten wird. Und Frankreich, bzw. General de Gaulle, glaubt, daß sich das kontinentale Europa darauf vorbereiten muß, sein Schicksal wieder weitgehend in die eigene Hand zu nehmen...

De Gaulle sieht den Zeitpunkt nahen, wo die außenpolitische Handlungsfähigkeit Frankreichs, unterstützt vom deutschen Potential und der Existenz der französischen Atomwaffe, nicht von außen her gelähmt werden darf. Ihm geht es um nicht mehr und nicht weniger als um die Wiedervereinigung Europas, des kontinentalen Europas, zu dem Großbritannien nicht gehört und von dem die Vereinigten Staaten weit entfernt sind. De Gaulle ist davon überzeugt, daß das amerikanische grand design auf der Annahme und Zementierung des Status quo zwischen Ost und West beruht. Dagegen richtet sich nicht nur der Ehrgeiz de Gaulles, sondern auch das nationale Interesse Frankreichs. In einem geteilten Europa kann Frankreich seinen Rang als unabhängige Macht ebensowenig behalten, wie die Bundesrepublik bei Fortdauer der deutschen Teilung ihrer mitteleuropäischen Aufgabe gerecht werden kann.

Der amerikanische Außenminister Dean Rusk hat vor kurzem er-
klärt, er hoffe, daß Bundeskanzler Dr. Adenauer nicht zwischen der
Konzeption Kennedys und derjenigen de Gaulles wählen müsse. Unse-
re Aufgabe kann nicht darin bestehen, zwischen den beiden Antagoni-
sten in der westlichen Welt zu wählen; wohl aber werden wir beide
Konzeptionen im Hinblick auf unser nationales Problem der Wieder-
vereinigung in Frieden und Freiheit prüfen müssen, und wir werden
alles tun, daß die scheinbaren Gegensätze ausgeglichen werden. Dann
wird sich ergeben, daß wir an beide Seiten Vorschläge zu richten ha-
ben. Unsere Stellung ist dabei gar nicht so schwach, wie wir meinen
könnten. Weder kann de Gaulle seine Pläne ohne uns realisieren, noch
können die wirtschaftlichen Wünsche Englands und der Vereinigten
Staaten an die Adresse des Gemeinsamen Marktes ohne unsere Zustim-
mung erfüllt werden.

Wenn Polen und die übrigen Ostblockländer eines Tages wieder
näher an die europäische Völkerfamilie heranrücken, wird die Ostzone
nicht mehr weit von Deutschland sein. Eine solche Entwicklung ist für
einen Zeitpunkt denkbar, wo die Sowjetunion mit gefährlicheren Pro-
blemen in einer anderen Ecke ihres Reiches beschäftigt sein wird.
Dann muß sie an ihrer Westgrenze Entlastung und Sicherheit suchen.
Diese Sicherheit kann die Sowjetunion heute schon und ohne die Ent-
richtung eines Preises auf zwei Wegen erhalten: Entweder die Ver-
einigten Staaten verhindern das Entstehen einer europäischen Macht,
oder Europa verzichtet selbst darauf, eine Macht zu werden, indem es
sich mit der Rolle des atlantischen Brückenkopfes zufriedengibt. Baut
aber Europa zusammen mit den Vereinigten Staaten eine kontinental-
europäische Macht auf, so bildet das deutsch-französische Bündnis ei-
nen Kristallisationskern, von dem eine Anziehungskraft auf ganz
Europa in Ost und West ausgehen wird. Dann wird die Sowjetunion
ihre Sicherheit an der Westgrenze gegen Konzessionen an Europa aus-
handeln müssen.

An diesem Punkt der Überlegung stoßen wir nicht nur auf unser na-
tionales Interesse in einer sich wandelnden Welt, sondern auch auf eine
hohe Aufgabe für eine deutsche Außenpolitik. An der augenblicklichen
Diskussion erinnert manches an die sektiererische Atmosphäre des
Kampfes um die Europäische Verteidigungsgemeinschaft. Wir sollten
vermeiden, daß die notwendige Neuordnung innerhalb des westlichen
Bündnisses mit der Heftigkeit eines Religionskrieges ausgetragen wird.
Wir sollten in den Gesprächen mit den Verbündeten von den nüchter-
nen Interessen aller Beteiligten ausgehen und sie zur Übereinstimmung

*bringen. Je deutlicher wir unser nationales Interesse vertreten, um so
glaubhafter und klarer wird unsere Politik. Hier ergibt sich für unsere
Diplomatie eine hohe Aufgabe.*

*Der Platz Großbritanniens in einer solchen Entwicklung ist in der
Tat ein echtes und ernstes Problem. Vieles deutet darauf hin, daß sich
Großbritannien psychologisch dem Kontinent nähert. Alles deutet darauf hin, daß seine wirtschaftlichen Probleme dringend sind und im Beitritt zum Gemeinsamen Markt einen Ausweg finden können. Daraus
ergibt sich ein Spielraum für ein ehrliches Maklergeschäft: Großbritanniens sofortiger Eintritt in den Gemeinsamen Markt gegen die Zustimmung der USA und Großbritanniens zum deutsch-französischen
Bündnis. Gegen den sofortigen Beitritt Großbritanniens in eine europäische politische Union spricht ein Argument, das oft übersehen wird.
Die Länder des Gemeinsamen Marktes haben alle ihre kolonialen Hypotheken liquidiert. Sie sind in der Lage, in ein neues Verhältnis zu
den jungen afrikanischen Ländern einzutreten. Sollen sie sich just in
diesem Augenblick mit dem britischen Entkolonisierungsprozeß in
Afrika belasten?*

*Wir müssen wissen, daß Außenpolitik mehr mit Charakter als mit
Intelligenz zu tun hat. Wir sollten daher einem Bekenntnis zum
deutsch-französischen Vertrag vom 22. Januar 1963 nicht dadurch
ausweichen, daß wir sagen, dieser Vertrag habe nichts zu tun mit dem
Eintritt Großbritanniens in die Europäische Gemeinschaft und mit
dem Aufbau einer französischen Atomwaffe. Dadurch gehen wir den
Schwierigkeiten nicht aus dem Wege und gewinnen auch nicht an
Glaubwürdigkeit. Wenn wir das kontinentale Konzept de Gaulles im
wesentlichen nicht teilen, durften wir auch diesen Vertrag nicht schließen. Teilen wir aber dieses Konzept, weil wir die Wiedervereinigung
Deutschlands als eine kontinentale Aufgabe auffassen, dann haben wir
die Pflicht, den Vertrag mit eigenen Vorschlägen auszufüllen, weiter-
zugehen, als de Gaulle heute auf dem Weg zur gemeinsamen Politik gehen will, eine deutsch-französische Ko-Souveränität anzustreben, um
schließlich auf einem kürzeren Umweg doch zur europäischen Einigung zu kommen.*

*Henry A. Kissinger hat sich vom militärpolitischen Standpunkt aus
mit den »Spannungen innerhalb der Allianz« klarsichtig und überzeu-
gend befaßt (Foreign Affairs, Januar 1963). Er tritt der in amerikanischen Kreisen weitverbreiteten Auffassung entgegen, daß die Probleme
mit dem Abgang Adenauers und de Gaulles verschwinden würden.
Die nachfolgende Generation stehe in Gefahr, die Technik höher zu*

bewerten als das Ziel, wie es ihre Zeitgenossen in den Vereinigten Staaten heute schon täten. »Aber«, so fährt er fort, »wir sollten uns auf beiden Seiten des Atlantik daran erinnern, daß es zwei Arten von Realisten gibt: diejenigen, die Tatsachen manipulieren, und diejenigen, die sie schaffen. Der Westen braucht nichts so sehr wie Menschen, die fähig sind, ihre eigene Wirklichkeit zu schaffen.

IN DEM BEMÜHEN, eine neue Wirklichkeit in Europa zu schaffen, sind Charles de Gaulle und Konrad Adenauer an Grenzen gestoßen, die zum Teil in ihnen selbst aufgerichtet waren, zum anderen von außen errichtet worden sind. Der Abschiedsbesuch, den Konrad Adenauer nach seinem Rücktritt dem französischen Staatspräsidenten als einzigem Verbündeten abstattete, war ein melancholischer Ausdruck des Scheiterns der deutsch-französischen Union.

Gegen Ende ihres Lebens, als beide Politiker das Herannahen des Todes deutlicher verspürten, war ihnen die persönliche Freundschaft, die Freundschaft zweier so unterschiedlicher Männer, geblieben. Charles de Gaulle mag dabei an sein Gespräch mit Stalin, dem großen Despoten unseres Jahrhunderts, gedacht haben. Als er ihn bei seinem Besuch in Moskau 1945 zum Sieg über Hitler-Deutschland beglückwünschte, winkte Stalin nur kurz ab und bemerkte: »Am Ende wird der Tod uns alle besiegen.«

Der Auftrag für das deutsche Volk

*Man wird sich meiner erinnern, wenn die russischen Barbaren
Europa überwältigt haben.*

Napoleon I.

*Wir müssen einsehen, daß ja unsere stärkste Verteidigung gegen
den Kommunismus eine Offensivaktion zur Realisierung der
Gerechtigkeit ist.* ˙

Martin Luther King

Außer dem Willen Gottes gibt es nichts Interessantes für mich.

Johannes XXIII.

KONRAD ADENAUER, DER REGIERUNGSCHEF der Bundesrepublik
Deutschland, stattete Johannes XXIII., dem Oberhaupt der rö-
misch-katholischen Kirche und Bauernsohn, 1960 einen offiziellen
Besuch ab. Das Zeremoniell und das Protokoll spiegelten die Fülle
historischer Reminiszenzen, die ein solcher Besuch hervorruft.

Wolkenloses Maiwetter in Rom, das nur durch die Tatsache getrübt wurde, daß die Delegation in dem regierungseigenen und daher schlecht geführten Grand Hotel untergebracht war. Das »Für-
stenzimmer«, das man für Konrad Adenauer hergerichtet hatte, lag
zur Straße hin. Der ohrenbetäubende Lärm, der auch die Nacht
hindurch unvermindert anhielt, hinderte den Bundeskanzler am
Schlafen. Mitten in der Nacht verlangte er ein ruhiges Zimmer auf
den rückwärtigen Hof hinaus, zum stummen Entsetzen des ver-
schlafenen Personals, aber zu seiner fortan ungestörten Nachruhe.
Trotzdem folgte kein guter anderer Morgen.

Feierlichkeit und Würde des vatikanischen Protokolls werden
von keinem Protokoll in der Welt übertroffen. Michelangelo, Bernini, die Schweizer Garde, die Kammerherren, die Prälaten, die Far-
ben, das alles vermittelt den Eindruck einer unerschütterlichen Bastion, nicht so kompakt wie die nahegelegene Engelsburg, doch le-
bendiger und differenzierter in der Gesamtarchitektur. Eine bis ins
einzelne geordnete Welt in einer bis ins einzelne ungeordneten
Umwelt.

Das Szenario des Besuchsablaufs wurde von keinem findigen
Protokollchef entworfen, sondern ist das Ergebnis gewachsener

Tradition durch Jahrhunderte hindurch. Jedes einzelne Gemälde in den Gängen und Hallen scheint zu sagen: Wir haben hier schon andere gesehen, gekrönte Häupter, Heilige und Ketzer, Arme und Reiche.

Nach dem Vier-Augen-Gespräch zwischen Johannes XXIII. und Konrad Adenauer wurde die Delegation in die geräumige und doch schlichte Privatbibliothek geführt, um dem Papst vorgestellt zu werden. Die Kammerherren waren bemüht, durch stille, aber hartnäckige Hinweise die Deutschen entsprechend ihrem protokollarischen Rang in die richtige Reihenfolge zu bringen, was stets eine gewisse Nervosität hervorruft. Nach außen hin erweckt jeder den Eindruck, als sei es ihm völlig gleichgültig, wo er stehe, in Wirklichkeit aber beobachtet er mit Ungeduld, ob seinem Rang auch keinerlei protokollarischer Abbruch geschehen solle. Heinrich von Brentano, Karl Carstens, Kaplan Paul Adenauer, sie alle besaßen Gardemaß. Das Schlußlicht bildete Caspar Hilzinger, in Rang und Körpergröße.

Als die ersten Delegationsmitglieder auf den Papst zugingen, schlug er die Hände über dem Kopf zusammen und rief in der ihm eigenen Spontaneität: »I giganti tedeschi!« Er selbst war von kleiner, rundlicher Gestalt wie Caspar Hilzinger. Als dieser vorgestellt wurde, umarmte ihn Johannes und rief auf französisch: »Enfin, un homme normal!« Das Lachen der hohen und hochgestellten deutschen Besucher klang ein wenig gezwungen.

Caspar Hilzinger war Johannes XXIII. zum erstenmal in seiner Pariser Zeit begegnet, damals Kardinal Roncalli und Apostolischer Nuntius. Er hatte sich nach dem Krieg für die deutschen Kriegsgefangenen in Frankreich tatkräftig eingesetzt, und mancher Landser verdankte ihm die vorzeitige Entlassung aus einem französischen Gefangenenlager.

Es war damals noch nicht selbstverständlich, daß ein fremder Missionschef eine Einladung Wilhelm Hausensteins annahm, der zu dieser Zeit Deutschland lediglich als Geschäftsträger vertrat. Für Kardinal Roncalli spielten solche ziselierten Überlegungen keine Rolle. Seine Anwesenheit verlieh der festlichen Tafel den Glanz eines »Prince de l'Eglise«. Caspar Hilzinger bemerkte nach dem Essen zu Wilhelm Hausenstein, man habe den Eindruck haben können, als sei ein Renaissance-Papst aus einem der vielen Gemälde der vatikanischen Galerien für einen Abend lang herabgestiegen. So beherrschend war die Anwesenheit dieses Kirchenmannes.

106

Eine kleine, aber doch aufschlußreiche Begebenheit während jenes Diners ist Caspar Hilzinger im Gedächtnis haften geblieben. Eine Dame der Pariser Gesellschaft war in einem Abendkleid erschienen, das sich durch ein ziemlich freizügiges Dekolleté auszeichnete, was sie sich auch durchaus leisten konnte. Als sie des Kirchenfürsten ansichtig wurde, zog sie etwas verlegen ihre Pelzstola über ihrer Brust zusammen. Der Kardinal bemerkte dies, ging auf sie zu und sagte zu ihr in freundlicher und verschmitzter Art: »Aber Madame, Sie haben vor mir doch nichts zu verbergen. Der Herrgott hat doch die Schönheit erschaffen, damit wir uns an ihr erfreuen.«

Die Dame war über und über rot geworden. Auch sie dürfte dieses galante, theologisch untermauerte Kompliment nicht vergessen haben.

Bei der offiziellen Audienz für den deutschen Bundeskanzler in Rom ging es indessen nicht so humorvoll zu. Nachdem die Delegation vorgestellt, die Geschenke ausgetauscht waren, begann Konrad Adenauer die vorbereitete Ansprache abzulesen. Alles ging glatt. Da auf einmal fügte er einen improvisierten Satz ein, was allen diplomatischen Usancen zuwiderlief. Die Entwürfe solcher Ansprachen werden ja gerade deshalb im voraus ausgetauscht, damit Überraschungen dieser Art ausgeschlossen werden.

Niemand hatte eine Ahnung, warum Konrad Adenauer vom Manuskript abwich. War sein Vier-Augen-Gespräch mit dem Papst nicht zu seiner Zufriedenheit verlaufen? Hatte er den Eindruck gewonnen, er müsse Johannes XXIII. gleich von Anfang an politisch »auf Kurs« bringen? Konrad Adenauer jedenfalls legte das Manuskript für die Dauer eines Satzes aus der Hand und sagte: »Der Herrgott hat dem deutschen Volk den Auftrag erteilt, einen Damm gegen den gottlosen Kommunismus zu bilden.« Nachdem das heraus war, fuhr er seelenruhig mit dem Vortrag des Manuskripts weiter.

Da dieser Satz nun einmal ausgesprochen war, fragten sich zumindest die professionellen Diplomaten unter den Anwesenden, wie wohl Johannes XXIII., der ja selbst diesem Beruf entstammte, die hingeworfene Bemerkung aufnehmen werde.

Der Papst befriedigte die Neugier der Diplomaten und Kammerherren auf das eindrucksvollste. Als er mit dem Verlesen seiner (ebenfalls vorbereiteten) Antwort an einer Stelle angelangt war, die etwa der Unterbrechung seitens des Bundeskanzlers entsprach, sagte er in unverändertem Ton und ohne Übergang: »Herr Bundeskanzler, was den Auftrag des Allmächtigen an das deutsche Volk angeht, so können wir als Christen nur beten und gute Werke vollbringen!« Sprach's und fuhr mit dem Rest seiner Ansprache fort, die inzwischen, das muß man sagen, jedes Interesse der Zuhörer verloren hatte.

Als geschultem Diplomat muß Johannes XXIII. die Taktlosigkeit seines deutschen Gastes unangenehm aufgefallen sein. So einfach war dieser Papst nicht zu vereinnahmen. In der Sache selbst mochte er ähnlich wie Winston Churchill gedacht haben, der einmal gesagt hat: »Ich höre die Leute nicht gerne davon sprechen, daß England, Deutschland und Italien gemeinsam Stellung gegen den europäischen Kommunismus beziehen. Das ist zu einfach, um gut zu sein!«

Konrad Adenauer hatte es auf einmal recht eilig, sich vom Papst zu verabschieden. Nach Verlassen der Privatbibliothek verlangte er, an die Gruft Pius' XII. geführt zu werden. Das Vaterunser, das er dort verrichtete, war als Demonstration gegen Johannes XXIII. gedacht. Verglichen mit dem volksnahen, leutseligen Johannes, dessen Gesichtszüge geistige Unruhe und menschliche Wärme ausstrahlten, erschien Pius XII. in der Erinnerung wie ein Dalai Lama der katholischen Kirche. Er war der Papst Konrad Adenauers.

Zur menschlichen und historischen Größe Johannes' XXIII. hat Konrad Adenauer keinen Zugang gehabt. Dessen Kirchenpolitik der Öffnung und der Bewegung schien ihm gefährlich für die Kirche, aber auch für seine eigene Politik.

Wie immer, wenn irgendwo eine gespannte, nicht ganz durchsichtige Atmosphäre entsteht, stellen sich hilfreiche Vereinfacher ein, die in einem Übersoll an Loyalität die Gedanken des Kanzlers ins Populär-Verständliche übertragen. So ein Mitglied gab es auch in dieser Delegation. Den restlichen Tag lief dieser Mensch herum und sagte jedem, der es hören wollte (oder nicht): »Wir haben einen dummen Papst!«

Die Franzosen haben dem Andenken Johannes' XXIII. einen kleinen Platz zwischen Notre Dame und der Ile Saint-Louis gewidmet. Einmal mehr zeigten sie damit, daß Frankreich zu Recht die ältere Tochter der Kirche genannt wird. Nicht das Land der germanischen Dammbauer.

Die europäische Ohnmacht

Wir haben zuviel geredet und zuwenig getan. Dies ist ein Punkt, bei dem die Verantwortung eindeutig bei den europäischen Völkern und Regierungen liegt.

Manlio Brosio

Ich glaube, daß der Europa-Gedanke grundlegend ist. Ich glaube aber, daß es absolut naiv ist anzunehmen, daß ein Gesamteuropa zustande kommt, weil eine Handvoll Leute es einfach beschließen.

André Malraux

NACH DEM ZWEITEN WELTKRIEG bestand die allgemeine Überzeugung, daß ein Vereintes Europa notwendig sei, wenn die durch den Krieg zerstörten und geschwächten Länder jemals wieder eine Rolle in der Welt spielen wollten. Der Tag wird kommen, so hieß es damals, wo das Gleichgewicht der Weltpolitik, das den Frieden erhalten soll, den Machtfaktor Europa braucht. Nach all den Verirrungen und Verbrechen, die im Zeichen eines überspannten Nationalismus geschehen sind, kann nur ein Vereintes Europa der jungen Generation neue Zukunftsmöglichkeiten bieten. Einigen wir Europa, bevor es zu spät ist. Wer weiß, ob die Europäer sich nicht wieder den alten Schablonen ihres politischen Denkens zuwenden werden, wenn sie erst einmal den Nullpunkt des Neuanfangs überwunden haben.

So artikulierte sich eine weitverbreitete Stimmung zu der Zeit, als Caspar Hilzinger Augen- und Ohrenzeuge der berühmten Rede Winston Churchills in der Aula der Universität Zürich im September 1946 wurde. Er konnte damals dank eines Stipendiums an der Universität Zürich studieren, zu deren Mitglieder Winston Churchill sprach. Man muß sich in die Zeit von damals zurückversetzen, um heute noch verstehen zu können, daß die Aufforderung Winston Churchills, Europa zu einigen, unter den Verhältnissen des Jahres 1946 geradezu als ein revolutionärer Gedanke erschien.

Andere hatten schon ein Vereintes Europa gefordert. Kongresse und internationale Zirkel fingen gerade an, sich damit zu beschäftigen. Private Organisationen entstanden. Aber hier in Zürich, mit Winston Churchill, war es etwas anderes. Hier stand der Staatsmann, einer der Sieger des Zweiten Weltkriegs. Ein Realpolitiker hatte sich die Forderung nach einem Vereinten Europa zu eigen gemacht. Und das war wichtig. Die Idee war mit einem Schlag herausgehoben aus der Ebene geschichtsphilosophischer Betrachtungen auf die Ebene einer notwendigen, machbaren Politik. Wenn der Mann, der gegen Teufel und Hölle den Zweiten Weltkrieg siegreich durchgestanden hatte, sagte, man müsse Europa einigen, so hatten dies eben ein anderes Gewicht als eine Resolution eines noch so gut gemeinten Europakongresses. Es war ein reales Signal für eine realistische Politik.

Seitdem sind mehr als dreißig Jahre vergangen. In diesem Zeitraum ist die Generation Caspar Hilzingers an das Ende ihres aktiven Lebens gelangt. Diese Generation, wo immer sie beginnt, wo man auch ihre zeitliche Begrenzung setzt, hat es nicht geschafft. Sie hat versagt.

Wir sollten uns nicht von denen Sand in die Augen streuen lassen, deren Existenz davon abhängt, sich von Erfolg zu Erfolg zu hangeln. Sie werden uns vorrechnen, was sich alles seit dreißig Jahren zum Besseren gewandelt habe, die Städtepartnerschaften, die EWG, die Währungsschlange, die Erweiterung der EWG, die politische Zusammenarbeit. Dies alles kann ich und noch mehr!

Die Erfolgsritter der europäischen Einigung übersehen geflissentlich, daß gleichzeitig mit ihren blutleeren Bemühungen für ein geeintes Europa die atavistischen und obskuren Kräfte in den europäischen Völkern in ihrem Egoismus und ihrem Nationalismus wieder im Entstehen begriffen sind, diskret, geräuschlos, einer vom andern angesteckt, wie das eben immer war. Auch der Nationalsozialismus – das sollte man nicht übersehen – hatte Wurzeln des Denkens, die überall im europäischen Kulturboden steckten. Gobineau, Houston Stewart Chamberlain, der Antisemitismus Österreich-Ungarns.

1977 schrieb Raymond Aron: »Das Europa der Sechs oder der Neun stellt keine politische Einheit dar; so weit der Blick auch reicht, es wird keine darstellen.«

Nehmen wir an, daß die Vereinigten Staaten von Europa im Laufe der ersten zehn Jahre nach dem Krieg möglich gewesen wären, so verschwand die Chance dazu nach dem Kollaps der Europäischen Verteidigungsgemeinschaft vollständig. Jean Monnets Getreue haben General de Gaulle angeklagt, dem Werk der Integration den Todesstoß versetzt zu haben. Als Charles de Gaulle 1958 an die

Macht kam, war es bereits zu spät: Die Nationalstaaten hatten sich wieder aufgerichtet, und wenn wir genau hinsehen, war die Idee des Nationalismus unter den Bomben und Trümmern des Zweiten Weltkriegs nur scheintot. Es ist ein allgemein verbreiteter Irrtum, daß das Unglück die Menschen besser mache. Auch nicht die Völker.

Der Kampf zwischen Föderalisten und Unionisten, das Nichtverstehenkönnen der Grundgedanken de Gaulles, die Abhängigkeit von den Vereinigten Staaten von Amerika, die arrogante Rechthaberei mancher deutscher Europäer, die intrigante Rolle Großbritanniens, die Kurzsichtigkeit einer gespaltenen europäischen Linken, die Scheinheiligkeit der Christdemokraten, die Unentschlossenheit der Demokraten, die Angst vor den Russen, die Lust am materiellen Wohlstand, der Verlust des geopolitischen Bewußtseins, das alles hat das Versagen einer Generation bewirkt. Es gibt viele Gründe, aber keine Entschuldigung. Alle Erscheinungen sind Ausdruck der einzigen Gemeinsamkeit der europäischen Völker nach 1945: Borniertheit und Ermüdung.

Das, was die Generation Caspar Hilzingers als Erfahrung des Zweiten Weltkriegs hätte beitragen können, ist von den Dämonen der Vergangenheit und vom Materialismus der Gegenwart aufgezehrt worden. Nicht zu vergessen: als diese Generation aus der Gefangenschaft zurückkam, mußte sie erst einmal ihre Ausbildung zu Ende bringen, während die Routiniers, die Weimar schon so prächtig hingekriegt hatten, schon auf dem Stühlchen saßen.

Die Lehre des Zweiten Weltkriegs hätte das Gegenteil von dem verlangt, was jetzt hoch im Kurs stand: Beispiel statt Provokation, Brüderlichkeit statt Egoismus, Zusammenarbeit statt Konfrontation, Zukunftsbewältigung statt Vergangenheitsbewältigung.

»Schlägt eine Bewegung nicht sofort dermaßen zu ihrem geschichtlichen Ziele durch, daß sie in ihren Grundlagen nicht mehr verrückt werden kann, so fragt es sich, ob die Elemente, welche die Weiterentwicklung bedingen, stark genug sind, um den endlichen siegreichen Durchbruch herbeizuführen« (Bernhard Becker). Das wußten schon die Männer von 1848. Über das »geschichtliche Ziel« der europäischen Einigung bestand nie Einigkeit. Ja, es war nicht einmal in Umrissen vorhanden.

Frankreich betrachtete die Politik der europäischen Einigung als ein Mittel, Deutschland an den Westen zu ketten. Caspar Hilzinger sagte schon zu Beginn der fünfziger Jahre in einem Gespräch mit

Pierre-Henri Teitgen, einem Führer der Christdemokraten des MRP: »Was soll das für ein Europa sein, an das wir Deutschen angekettet werden sollen? Wir wollen ein Europa, dem wir aus freiem Willen angehören können, denn nur ein solches Europa wird Bestand haben. Nicht ein Europa, das als Sicherheitszaun für unzuverlässige Kantonisten gedacht ist.«

England, ob unter konservativer oder Labour-Führung, wünschte die europäische Einigungspolitik so zu dosieren, daß seine Sonderbeziehungen zu den Vereinigten Staaten und dem Commonwealth unberührt blieben.

Einige dachten, ein Vereintes Europa werde eine größere Sicherheit bieten für die »défense du coffre-fort« – die Verteidigung des Geldschranks. Andere träumten von einem sozialistischen Europa als einer ideologischen Dritten Kraft.

Das Mißtrauen gegen ein »katholisches, ultramontanes Europa« war groß. Die protestantischen Skandinavier zögerten, sich mit den »katholischen« Ländern Frankreich und Italien zusammenzuschließen.

So hatte ein jeder seine Vorstellung von Europa und seine Gründe, es auf andere Weise nicht zu wollen. Die Verwirrung der Geister hatte schon Schaden gestiftet, noch ehe die deutschen Europa-Professoren sich daran machten, dem allgemeinen Tumult noch ihre Vorlesungen über die allein seligmachenden Prozeduren ex cathedra hinzuzufügen. Das hörte sich für einen gewöhnlich sterblichen Bürger und Europäer so an: »Man hat die europäische Integration nicht als einen monokausalen Ablauf zu sehen, sondern als die Wechselwirkung einer Gesamtheit von Kräften, die sich wechselseitig fördern und so das Ganze der Integration dynamisch vorwärts bringen – also ein Gefüge von Kräften mit positivem feedback, bei der jede Kraft die andere stärkt und aus der Stärkung ihrerseits vermehrten Antrieb erhält.« – Sancta simplicitas! Kann es da einen normalen Menschen wundern, daß aus der Sache nichts werden konnte?

Nur das »geschichtliche Ziel« einer solchen Entwicklung blieb im dunkeln. Dieses muß aus der Geschichte abgeleitet werden, denn nur in der Übereinstimmung mit der Geschichte kann das europäische Einigungswerk eine sichere Perspektive für die Zukunft erhalten. Die unheimliche Stille, die 1945 dem Donner der Kanonen und Bomben folgte, bot den Europäern die einzigartige Chance, sich durch Bestandsaufnahme und Gewissenserforschung darüber klar zu werden, ob das geschichtliche Ziel in der Wiederholung der Irrtümer oder in der Verwirklichung eines europäischen Beitrags zum Gemeinwohl seiner Völker und der Welt bestehen solle.

Eine dritte Möglichkeit bestand darin, sich von den Problemen der Welt fernzuhalten, Nabelschau zu betreiben, Geschäfte zu tätigen, das heißt: demjenigen zu verkaufen, der Geld besaß, und bei demjenigen zu kaufen, der Geld brauchte. Ein selbstgenügsames, von der übrigen Welt sich zurückziehendes Europa war so etwas wie die schmollende Reaktion auf den Verlust der Machtpositionen des 19. Jahrhunderts.

Das positive Ziel, das mit der europäischen Einigung verbunden sein mußte, bestand in der Schaffung einer neuen Gesellschaft. Nur daraus konnte die europäische Bewegung die ursprünglichen Antriebskräfte beziehen, die zu einer solchen Revolution notwendig waren. Oder mit den Worten von Jean Rodolphe de Salis: »Es kann sich nicht darum handeln, in einer servilen Art das amerikanische oder das russische Beispiel nachzuahmen. Diese Völker richten sich nach Grundsätzen und wenden Methoden an, die nicht die unseren sind.«

Gerade weil Europa der falschverstandenen Philosophie des Idealismus und des Materialismus bis zum bitteren Ende gefolgt war, sollte es jetzt imstande sein, sich den Gedanken und Tugenden zuzuwenden, die in der Geschichte Europas die glanzvollen Blätter gefüllt haben.

Gewiß, viele Menschen waren nach dem Krieg von solchen Vorstellungen inspiriert. Es sollte sich aber bald herausstellen, daß die unsichtbaren Zerstörungen, die der Nationalsozialismus und der Krieg in den Herzen der Menschen angerichtet hatten, gewaltiger und dauerhafter waren als die materiellen Schäden. Die seelische, moralische Kraft reichte auch bei den besten Absichten nicht aus, um den geplagten Menschen den Entwurf eines neuen Gemeinwesens anzubieten, in der alle als Brüder zusammenleben konnten.

So bestand im Grunde genommen die europäische Politik bis zum Ende der sechziger Jahre aus einer Serie von Kraftakten, durch die eine neue Politik mit alten Methoden verwirklicht werden sollte. Was die Vitalität der europäischen Staaten vortäuschte, entpuppte sich in der geschichtlichen Perspektive als Verlegenheit.

Ein europäischer Staat (und hier gilt auch der Grundsatz der Mitverantwortung), der 1946 unter Bruch seines vertraglich gegebenen Wortes Haiphong bombardierte und damit das Drama des

Vietnamkrieges in Gang setzte; zwei europäische Staaten, die 1956 für die Aktionäre der Suezkanal-Aktiengesellschaft und für ihr nationales Prestige in den Krieg zogen; ein Europa, das es in merkwürdiger Gleichgültigkeit zuließ, daß seine armen Regionen immer ärmer und seine reichen Regionen immer reicher wurden; ein Europa, das sich in seinen Lebensäußerungen immer mehr amerikanisierte, so daß lediglich ein paar Nostalgieobjekte Auskunft geben können über die große Vergangenheit; ein Europa, in dem nur das Einkommen zählt; ein Europa, das durch die ständige Geräuschkulisse seiner Massenmedien taub zu werden beginnt; ein Europa, das dem Trugbild machtloser, aber lukrativer Institutionen und Versammlungen huldigt – so ein Europa konnte nicht fähig sein, eine Gesellschaft hervorzubringen, nach der die aus dem Krieg heimkehrenden Menschen hungerten.

Die Frage, wozu Europa überhaupt geeinigt werden solle, ist nie in der rechten Art gestellt, geschweige denn beantwortet worden. Dies hätte aber die zentrale Frage zu Anfang sein müssen: Europa wozu?

Europa war nicht dazu da, ein Feigenblatt für die französischen Aspirationen auf das linke Rheinufer, das Saargebiet und das Ruhrgebiet zu liefern. Europa war nicht dazu da, dem atlantischen Bündnis ein europäisches Mäntelchen umzuhängen. Europas tiefer Sinn lag darin, die konstitutionellen Voraussetzungen zu schaffen für eine Gesellschaft größerer Gerechtigkeit zunächst zwischen den Menschen, dann zwischen seinen Regionen und schließlich zwischen seinen Völkern und denen des Mittelmeerbeckens.

Caspar Hilzinger kam mit solchen Ideen beim ersten Jahrestag der Gründung der französischen Wochenzeitung *L'Express* in Berührung. Als einzigen Deutschen hatte Jean-Jacques Servan-Schreiber ihn zum Bankett eingeladen, an dem François Mauriac, der Tunesier Masmoudi und François Mitterrand teilnahmen.

In einer Tischrede fragte François Mauriac mit der ihm eigenen heiseren Stimme: »Wie soll ich als Franzose Masmoudi anreden, ihn den Muselmanen, der von Frankreich unabhängig werden will? Soll ich sagen: Mein Herr oder: Mein Gegner? Als Christ gibt es für mich nur eine Anrede, gleichgültig, was Masmoudi will. Sie heißt: Mein Bruder!«

Und François Mitterrand vertrat die Meinung: »Es gibt zwei Möglichkeiten, Europa zu einigen. Entweder man einigt es um die Nord-Süd-Achse herum, das ist der Rhein, oder aber um die Ost-

West-Achse herum, und das ist das Mittelmeer. Ich brauche euch nicht zu sagen, daß für mich nur die letztere in Frage kommt!«

Hier war Caspar Hilzinger anderer Meinung, denn die Achse der industriellen Produktion, der Rhein, und die Achse der Entwicklungsnotwendigkeiten, das Mittelmeer, bilden nach seiner Ansicht *zusammen* jenes Koordinatenkreuz, indem die große Herausforderung Europas beschrieben ist.

Wenn es 1950 für viele noch zu früh war, an die ausgreifende Berufung Europas in diesen beiden Dimensionen zu denken, so hätte wenigstens der soziale und kulturelle Ausgleich zwischen den Regionen im Mittelpunkt der Europapolitik stehen müssen. Die Menschen wollten wissen, und dies gerade in den unterprivilegierten Regionen Europas, was die europäische Einigung für sie ganz konkret bedeutete, ob im Bayerischen Wald, in Kalabrien oder im französischen Zentralmassiv. Es ist kein Zufall, daß mit dem Nachlassen der europäischen Impulse in allen europäischen Ländern die Autonomiebestrebungen sich bis zum Terror verstärkt haben, von Nordirland bis Korsika, vom Baskenland bis Flandern. Nur ein geeintes Europa ist in der Lage, die natürlichen Bestrebungen nach mehr Rechten und größerer Selbständigkeit aufzufangen, ohne daß das Ganze Schaden leidet.

Auch in diesen Fragen sollte sich zeigen, daß die Analysen von Charles de Gaulle so prophetisch wie seine Schlußfolgerungen unzureichend waren. Er sagte einmal in einem Gespräch (wiedergegeben bei Paul Milliez): »Die Bretagne geht weg, das Elsaß wird in seine Irrtümer zurückfallen, Flandern wird sich den Niederlanden nähern, und dann werden wir erleben, daß sich die Basken zusammentun. Wir werden die Schaffung der Langue d'oc erleben, und Korsika wird zu Italien gehen. Die Provence wird sich einem Mittelstaat anschließen. Nur die Auvergne wird übrigbleiben ... weil sie niemand wird haben wollen.«

Das Korsett der Nationalstaaten ist zu eng geworden für die elementaren Regungen der Regionen. Die Natur selbst, nicht nur das Volk, wehrt sich gegen die unnatürlichen Abschnürungen einerseits und die unausgewogenen industriellen Massierungen andererseits, die sehr oft dem Zufall der nationalen Grenzen zu verdanken sind.

So wie Europa berufen war, seinen Menschen und Regionen den Rahmen für ein friedliches Zusammenleben und Zusammenarbeiten zu geben, so stellte sich für Europa die Aufgabe, der Welt ein Beispiel zu geben. Man sage nicht, Europa habe keine andere Wahl gehabt, als das zu tun, was es getan hat. Aber wenn man die Vorteile der einen Politik Jahr um Jahr kassiert hat, soll man auch nicht das beklagen, was einem durch eine andere Politik entgangen ist. Die Frage, wozu Europa geeinigt werden solle, ist entweder nicht gestellt worden, oder die Regierungen haben sie sorgfältig ausgeklammert. Das ist nur zu verständlich. Eine Politik, die den alten Rahmen der etablierten Interessen sprengt, kann nicht ohne die Menschen gemacht werden, die zur revolutionären Umgestaltung der Verhältnisse bereit sind. Aber diese Menschen gab es nicht, und es gibt sie auch heute noch nicht. Die Einigung Europas ist ein revolutionärer Vorgang. Billiger werden wir sie nicht bekommen. Eine Revolution ohne Revolutionäre gibt es indessen nicht. Das Jahr 1848 hatte es bereits gezeigt, so Bernhard Becker 1869:

Wären die Völker Europas untereinander einig gewesen und hätten sie einander eifrig, aufopfernd und tätig unterstützt, so würde die gewaltige Bewegung des Jahres 1848 nachhaltigere Resultate gefördert haben. Alsdann würden die nationalen Bestrebungen freilich in den Hintergrund geschoben und anstatt ihrer die Fahne der europäischen Freiheit aufgepflanzt worden sein. Aber in der Geschichte, weil selbige vernünftig ist, gibt es keine Sprünge.

Vielleicht haben jene recht, die sagen, die Einigung Europas sei ein Traum. Ein Geschäftsmann hat einmal seine bedeutenden finanziellen Erfolge damit erklärt, daß er in seinem Leben stets danach getrachtet habe, die Träume seiner Kindheit zu verwirklichen. Geben wir daher den Traum von der europäischen Einheit weiter an die nächste Generation, damit sie dann mit mehr Mut und mehr Glück das Notwendige erreicht. Es sei denn, jener Schweizer Professor der Soziologie, den Caspar Hilzinger 1946 besucht hat, würde recht behalten. Zu ihm hatte Caspar Hilzinger damals gesagt, daß es für Europa nur eine Chance gebe, wenn es nicht ein weiteres Mal das Opfer einer Diktatur werden wolle, nämlich sich zusammenzuschließen:»Was Hitler nicht erreicht hat, wird Stalin vollenden.«
    »Ach wissen Sie«, hatte Professor Lorenz ihm geantwortet, »die Geschichte verläuft nicht vernünftig. Und deshalb sind die europäischen Völker für die Einheit auch nicht reif. Ich fürchte, wir müssen erst durch den roten Sumpf hindurch. Das wird uns zusammenbringen.«

Die Generation, die den Traum vom Vereinten Europa aus dem Zweiten Weltkrieg nach Hause gebracht und an ihn geglaubt hat, mag es mit jenem kalifornischen Goldgräber halten, der auf seinem Grabstein einmeißeln ließ:

Ich habe alle meine Träume zu Euren
Füßen ausgebreitet; wenn Ihr auf sie tretet,
so tut es wenigstens mit Behutsamkeit!

Die »europäischen« und die
»atlantischen« Deutschen

Man kann nicht im gegenseitigen Vertrauen mit Amerika leben,
wenn man zugleich mit de Gaulle geht.

Karl Jaspers

KATHOLIKEN UND PROTESTANTEN IN DEUTSCHLAND beliebte es, sich
durch Jahrhunderte hindurch gegenseitig die Köpfe einzuschlagen,
obwohl sie eigentlich hätten wissen müssen, daß sie allzumal sündi-
ge Christen waren. Die Religionskriege, Produkte der Intoleranz,
scheinen den Deutschen zu liegen. Selbst in einer säkularisierten
Welt greifen sie zu dem Mittel des Ersatz-Glaubenskriegs, um ihrer
Neigung frönen zu können.

Die Außenpolitik bietet genug Möglichkeiten, sich für des »Kai-
sers Bart« zu erhitzen und zu streiten. Und meistens ist auch ein
kleines weltliches oder persönliches Interesse im Spiel. Dies erklärt
die Schärfe der Auseinandersetzung. So war es auch, als die Amerikaner und Franzosen die Deutschen drängten, zwischen Washington und Paris zu wählen. Jede Seite brachte ihre Argumente, besaß
ihre Anhänger in Bonn. Das Land selbst hätte sich schmeicheln
können, von den Siegern in dieser Weise umworben zu werden. Es
interessierte sich jedoch für diese typische Bonner Streiterei, die
eben nur im Bonner Klima gedeihen kann, so wie die Orchideen
auch nur in der feuchten Wärme des Urwalds ihre schillernden
Farbtöne erhalten, überhaupt nicht. Aber in Bonn wurde mit Überzeugung und Verbissenheit gestritten, wo es wohl besser aufgehoben sei, bei den Amerikanern oder bei den Franzosen.

In jedem anderen Lande hätten sich die politischen Reihen geschlossen, wenn ihm von außen eine derart unnatürliche Fragestellung aufgedrängt worden wäre. Nicht so in Bonn. Mit einem Eifer,
der einer besseren Sache gut angestanden hätte, gerieten sich
»Europäer« und »Atlantiker« in die Haare. Es fehlten nur noch He-
xenverbrennungen. Und da, wie gesagt, ein kleines weltliches oder
persönliches Interesse meistens mit im Spiel ist, nicht anders als
während der Religionskriege, traf es sich ganz gut, daß die persönlichen Rivalitäten in der CDU/CSU nach dem Ausscheiden Konrad Adenauers in diesen Heldenstreit eingebracht werden konnten

und dadurch erst ihr rechtes Gewicht erhielten. Konrad Adenauer contra Ludwig Erhard, Franz Josef Strauß contra Gerhard Schröder. Einen schlimmeren Mißbrauch außenpolitischer Probleme und Schwierigkeiten um persönliche, innenpolitische Rivalitäten auszutragen, hat es selten gegeben.

Caspar Hilzinger wurde nichtsahnend in diesen Streit hineingezogen. Da ihm jeder politische Fanatismus von Natur aus fremd war und er um die Relativität so vieler politischer Fragestellungen wußte, überraschte ihn völlig, was da auf ihn zukam. Erst als er mit der Zeit Abstand gewann von all den Beschimpfungen und Verdächtigungen und den Ablauf lückenlos rekonstruieren konnte, wurde ihm klar, daß er nicht nur Zuschauer, sondern Akteur wider Willen in einem christdemokratischen Intrigenspiel geworden war, das seinesgleichen suchte.

Am 21. Oktober 1965 hielt Caspar Hilzinger die wöchentliche Besprechung mit den Referatsleitern und Hilfsreferenten seiner Unterabteilung »Westeuropa« ab. Er betrachtete diese wöchentlichen Treffen mit seinen Kollegen und Mitarbeitern als eine geeignete Gelegenheit, die operativen Aufgaben und die politischen Tagesereignisse vertrauensvoll zu besprechen. Darüber hinaus sollte die Besprechung auch ein wenig dazu dienen, sich Gedanken über die Zukunft der europäischen Politik zu machen.

Dafür bestand damals gewiß ein großes Bedürfnis bei jedem Diplomaten, der seine Arbeit nicht nur als Aktenbewältigung verstand. Auch hatte Caspar Hilzinger seit jeher auf dem Standpunkt gestanden, daß die freie, wenn nötig kontroverse Diskussion die produktivste Methode darstelle, um die Dinge voranzubringen.

Gerade im Sommer und Herbst des Jahres 1965 war es überaus notwendig, sich über den weiteren Fortgang der europäischen Politik den Kopf zu zerbrechen. Charles de Gaulle hatte die Europäische Gemeinschaft ihrer größten Krise ausgesetzt, indem er die Abschaffung der im Vertrag vorgesehenen Mehrheitsabstimmungen verlangte, und, um seiner Forderung Nachdruck zu verleihen, die Politik des leeren Stuhls betrieben.

Jean Monnet bewertete damals in einer öffentlichen Erklärung die von Charles de Gaulle geschaffene Lage folgendermaßen: »Wir dürfen uns keinen Illusionen mehr hingeben: Die Politik, die auf der Pressekonferenz vom 9. September dargelegt und die durch die dauernde Abwesenheit Frankreichs in Brüssel bestätigt wurde, bringt uns in die veralteten Gleise des Nationalismus zurück und ermutigt unweigerlich die Wiedergeburt des Nationalismus in anderen Ländern, besonders in Deutschland.«

Es gab also durchaus Gründe, alarmiert zu sein.

Caspar Hilzinger glaubte, es gehöre zu seinen Pflichten als Leiter jener Unterabteilung des Auswärtigen Amtes, die direkt mit der europäischen Politik befaßt war, seine Kollegen auf die Gefahren, die der europäischen Einigungspolitik drohten, aufmerksam zu machen. Vielleicht war das sein Irrtum. Vielleicht hätte er es wie so mancher seiner Kollegen halten sollen, die die Ohren immer offen und den Mund stets geschlossen halten. So hat schon mancher Karriere gemacht. Es verging dann einige Zeit, bis man darauf kam, daß der Betreffende seinen Mund hielt, weil er nichts zu sagen hatte, nicht aus diplomatischer Diskretion.

Caspar Hilzinger vertrat indessen die Meinung, daß es sich für die Arbeit immer lohne, wenn eine offene Diskussion stattfinde, selbst wenn sie einmal mit provokatorischen Feststellungen in Gang gebracht werden mußte. Die freie Diskussion war das Privileg und der Vorteil der freien Welt. Durch sie ist sie groß geworden. Von ihr keinen Gebrauch zu machen, nur weil es unbequem sein mochte, war gleichbedeutend mit dem Ende der Freiheit. Aber auch derjenige, der die frei geäußerte Meinung nach außen hin verfälschend kolportiert, weil er den andern bloßstellen will, trägt zum Ende der Freiheit bei.

Die Abschaffung der Mehrheitsentscheidungen, sagte Caspar Hilzinger an jenem 21. Oktober zu seinen Kollegen, bedeutet das Ende einer Politik, die wirklich zu einem europäischen Bundesstaat führen soll. Demokratie schließt die Möglichkeit, majorisiert zu werden, mit ein. Das gegenteilige Prinzip heißt: Willst du nicht mein Bruder sein, so schlag ich dir den Schädel ein!

Unter diesen Umständen, meinte er, müsse die Bundesrepublik sehen, wo sie bleibe, denn wenn man ihr den Boden der europäischen Politik entziehe, sehe manches anders aus. Es gelte andererseits, die Chancen der europäischen Politik in Gang zu halten, über die Zeit de Gaulles hinaus. Hierzu könnte es nützlich sein, zu den Staaten der europäischen Gemeinschaft ein Netz von bilateralen Konsultationen aufzubauen, ähnlich denjenigen, die bereits mit Frankreich bestünden. Darüber sollte man einmal nachdenken, dann würde sich diese Routine-Referentenbesprechung in einen De-facto-Planungsstab für europäische Fragen verwandeln.

Am andern Morgen, kaum war Caspar Hilzinger im Ministerium eingetroffen, wurde er dringend zum Minister gerufen. Was konnte der Minister schon am frühen Morgen von ihm wollen? Als er dessen Büro betrat, saßen dort schon der Staatssekretär und der Personalchef. Mienen und Begrüßung ließen auf nichts Gutes schließen.

Er habe da gestern eine Referentenbesprechung seiner Unterabteilung abgehalten. Er solle doch mal erzählen, so getreu wie möglich, was er seinen Kollegen gesagt habe. Ahnungslos schilderte Caspar Hilzinger den Verlauf der Besprechung. Sein Gefühl sagte ihm, daß irgend etwas passiert sein mußte.

Was war geschehen? Ein jüngerer Kollege, der sich als »Europäer« betrachtete, das hieß damals eben als ein Anhänger de Gaulles, hatte dem Abgeordneten der Christlich-Sozialen Union, Karl Theodor Freiherr zu Guttenberg, einem »Mann seines Vertrauens«, über Ungeheuerlichkeiten berichtet, die angeblich über die Lippen des Unterabteilungsleiters Hilzinger gekommen seien. Dieser ehrenwerte Abgeordnete seinerseits hatte sofort Konrad Adenauer alarmiert, der Bundeskanzler Ludwig Erhard anrief und ihm sagte, er habe soeben erfahren, daß das Auswärtige Amt unter Gerhard Schröder ein Geheimabkommen mit Großbritannien hinter dem Rücken des Kanzlers vorbereite. Das werde natürlich Folgen haben.

Nebenbei sei gesagt, daß der ehrenwerte Abgeordnete, der Konrad Adenauer mit der Falschmeldung alarmiert hatte, Caspar Hilzinger noch im August des vorangegangenen Jahres sein Buch gewidmet hatte mit den Worten: »... mit ganz besonderem Dank für freundschaftlich gewährte Hilfe«. Wie es im Leben manchmal zugeht! Die Telefongebühren hätten 20 Pfennig betragen, um sich durch einen Anruf bei Caspar Hilzinger zu überzeugen, daß es sich hier um eine Täuschung handelte. Aber es war nicht das Interesse des ehrenwerten Abgeordneten und seiner Komplott-Partner, die Wahrheit zu erfahren. Man stand ja kurz vor der Neubildung der Bundesregierung. Da konnte ein wenig Verwirrung und Verdächtigung nicht schaden.

Die Puppen waren also am Tanzen, wie man in Bonn sagt. Ludwig Erhard rief Gerhard Schröder an, was los sei. Heinrich Krone, der getreue Eckart, schaltete sich ein und murmelte in getragenem Ton seine Warnungen und Ratschläge. Der agile und immer präsente Rainer Barzel erschien bei Gerhard Schröder und meinte, wenn die Beschuldigung Konrad Adenauers – Vorbereitung eines

Geheimabkommens mit Großbritannien – zutreffe, müsse er seine Zustimmung zur Kabinettsliste zurücknehmen.

Da lag also der Hase im Pfeffer. Es hatten ja gerade Wahlen zum Bundestag stattgefunden, und das neue Kabinett Erhard war noch nicht formell konstitutiert. Der geneigte Leser merkt was, pflegt Johann Peter Hebel, ein Landsmann Caspar Hilzingers, zu sagen, wenn der menschliche Hintergrund seiner Kalendergeschichten sichtbar wurde.

Der wirkliche Sachverhalt konnte leicht aufgeklärt werden. Das Intrigenspiel war zu Ende. Seine Mitspieler standen entlarvt da. Nun richtete sich ihre ganze Wut gegen Caspar Hilzinger. Gelegenheit dazu bot ein Leitartikel in einer rheinischen katholischen Wochenzeitung. Dort wurde einige Wochen später gemeldet, Caspar Hilzinger habe in einem Gespräch geäußert, ein deutscher Diplomat müsse jede Politik mitmachen bis zu dem Zeitpunkt, da die Schreie der Gefolterten aus dem Keller bis in den vierten Stock hinauf zu hören seien. Wahrscheinlich hat es den famosen Autor sehr geschmerzt, daß der Artikel völlig unbemerkt blieb und nicht zur Folge hatte, daß der Kopf von Caspar Hilzinger gefordert wurde. Also, sagte er sich, muß man den Angriff vom Ausland her unternehmen. Das zieht bei den Deutschen immer. Und siehe da, es gelang ihm, einen Artikel mit wüsten Beschimpfungen im *Luxemburger Wort* unterzubringen. Er stellte Caspar Hilzinger mit Himmler und Ribbentrop auf eine Stufe. Das war sogar dem Bonner Korrespondenten des *Luxemburger Wortes* zuviel. Dieser ließ Caspar Hilzinger wissen, er habe mit dieser Sache nichts zu tun und verurteile sie.

Die Rechnung ging zunächst auf. Presse und Rundfunk in Deutschland bemächtigten sich dieses angeblichen Zitats von den »Schreien im Keller«, das ihre morbide Phantasie beflügelte. Sie forderten den Kopf von Caspar Hilzinger.

Wie verhielt es sich aber wirklich mit diesem schlimmen Zitat, mit diesen »Schreien der Gefolterten«? Eines Tages war ein Referatsleiter bei Caspar Hilzinger erschienen. Er beklagte sich bitter darüber, daß, wie er erfahren habe, seine Ernennungsurkunde zum Vortragenden Legationsrat unterschriftsreif im Panzerschrank von Minister Schröder liege. Sie werde ihm vorenthalten, weil er im Gegensatz zu Schröder eine pro-französische Linie vertrete. »Glauben Sie«, fragte der Beamte, »daß der Minister gezwungen werden kann, mir die Urkunde auszuhändigen, wenn ich öffentlich erkläre, daß ich mich im Gewissenskonflikt mit der Frankreich-Politik Gerhard Schröders befinde und dies der Grund der Nicht-Beförderung sei?«

Caspar Hilzinger verschlug es zunächst die Sprache. Dann packte ihn heiliger Zorn. Ihm fiel das Schicksal seines Vetters Franz ein, der für einen wirklichen Gewissenskonflikt zwölf Jahre im Konzentrationslager verbracht hatte. Und jetzt kam so ein Kerl und berief sich, um seine Beförderung zu erpressen, auf einen Gewissenskonflikt.

»Sind Sie von allen guten Geistern verlassen?« fragte Caspar Hilzinger den Kollegen. Dann brach es aus ihm heraus: »Wenn Sie mal hören, daß im Keller des Auswärtigen Amtes gefoltert wird, dann können Sie sich auf einen Gewissenskonflikt berufen, aber nicht wegen einer Ernennungsurkunde. Und genau gesagt: Sie müssen es selbst hören, nicht auf Hörensagen hin. Im übrigen haben wir eine demokratisch gewählte Regierung; da kann es einen Gewissenskonflikt nicht geben. Wenn Sie mit der Politik Ihres Ministers nicht einverstanden sind, so beantragen Sie doch die Entlassung aus dem Auswärtigen Dienst!«

Mittlerweile hatten sich Presse und Fraktionen über die »Schreie der Gefolterten« in Erregung gesteigert. Auch die Bundestagsfraktion der Sozialdemokratischen Partei Deutschlands sah nunmehr den Augenblick gekommen, sich mit der Sache zu befassen. Unter Vorsitz von Herbert Wehner entschied die SPD-Fraktion im Dezember 1965, eine Kleine Anfrage einzubringen, die sich auch gegen Caspar Hilzinger richten sollte.

In jener Sitzung trat ein Freund Caspar Hilzingers gegen Herbert Wehner auf und sagte: »Ich bin dagegen, daß wir eine Kleine Anfrage einbringen. Sie trifft einen Mann, den ich gut kenne; der Mann ist in Ordnung.«

Herbert Wehner war es nicht gewohnt, sich durch derart romantische Argumente von seinen Absichten abbringen zu lassen. Barsch, wie es seine Art ist, wies er den Abgeordneten zurecht: Ob sein Mann in Ordnung sei oder nicht, spiele hier keine Rolle. Man habe in dieser Sache das objektive Interesse, der Regierung am Zeug zu flicken. Dieses müsse wahrgenommen werden. Und so wurde entschieden.

Caspar Hilzinger, dem dies von dritter Seite berichtet worden war, wurde später, in einem ganz anderen Zusammenhang, an das Wort vom »objektiven Interesse« erinnert. 1978 erschien eine Biographie über Herbert Wehner von A. Freudenhammer und K. Vater, die ebenso brillant geschrieben ist, wie sie entscheidende Fragen offenläßt. Caspar Hilzinger hatte es immer als abgeschmackt empfunden zu fragen, ob Herbert Wehner als ehemaliger Kommunist wirklich zur Demokratie konvertiert oder ob er in seinem Innern Kommunist geblieben sei, weil die »Kirche« keinen loslasse. Dieses Wort vom »objektiven Interesse« war viel aufschlußreicher als das Studium schwedischer Papiere. Objektives Interesse, auch wenn ein Mensch, der »in Ordnung ist«, dadurch zu Schaden kommt, das ist Marxismus in seiner menschenverachtenden Konsequenz. Was geht es mich an, wenn ein Mensch leidet und Ungerechtigkeit erfährt, wenn es um mein objektives Ziel, der Regierung am Zeug zu flicken, geht. Diese fehlgeleiteten Hegelianer sind nicht an einem Parteibuch dieser oder jener Couleur zu erkennen. Sie gibt es in allen Lagern. Haben die »praktizierenden Katholiken« um jene rheinische Wochenzeitschrift herum Caspar Hilzinger nicht ebenso unbedenklich verunglimpft, damit ihr »objektives Interesse« (Gerhard Schröder am Zeug zu flicken) triumphiere? Alle anti-humanen Systeme haben dies gemeinsam: Unterordnung des Menschen unter die »Sache«.

Caspar Hilzinger denkt mit Bitterkeit an jene Vorgänge zurück. Kollegen gingen auf Distanz. Journalisten, die Caspar Hilzinger seit vielen Jahren kannten, hielten es nicht für nötig, ihn kurzerhand anzurufen, um ihrer Pflicht zur sorgfältigen Recherche nachzukommen. Warum sollte man sich eine Schlagzeile entgehen lassen? Auch das war ein »objektives Interesse«.

Es gab einen einzigen Kollegen, der Caspar Hilzinger aufsuchte, als es immer dicker auf ihn herabprasselte. Er eröffnete ihm unter dem Siegel der Verschwiegenheit, daß er seit längerer Zeit Mitglied der SPD sei und versuchen könne, wenigstens die Angriffe aus der dortigen Richtung zu stoppen. Caspar Hilzinger bat ihn, davon abzusehen. Die freundschaftliche Bereitschaft dieses Kollegen, im Unterschied zu anderen, mit denen er sich befreundet glaubte, hat er jedoch nicht vergessen.

Einige Wochen später sagte ihm der französische Botschafter: »Es ist Ihnen wahrscheinlich nicht entgangen, daß die französische Presse über die Affäre nicht berichtet hat. Wir haben sie gebeten, Stillschweigen zu bewahren, denn so behandelt man seine Freunde nicht. Und diejenigen, die sich als die neuen Freunde Frankreichs ausgeben, müssen das erst noch beweisen.«

Und ein Botschaftsrat der sowjetischen Botschaft brachte seine Sympathie für Caspar Hilzinger auf seine Weise zum Ausdruck: »Wissen Sie, unsere Presse konnte über ganze Sache nicht berichten; Name Ihres Kollegen, der alles in Gang gebracht hat, klingt im Russischen akustisch wie obzöne Bezeichnung männlichen Gliedes« (Hui).

Caspar Hilzinger hat sich in den vergangenen Jahren oft gefragt, ob ihm nicht viel Ärger erspart geblieben wäre, wenn er gleich erklärt hätte, daß die »Schreie der Gefolterten« mit dem Wunsch eines Kollegen nach Beförderung zusammenhingen. Er hat es gleichwohl nicht bereut, die Verantwortung für dieses unglückliche Wort übernommen zu haben, ohne den Kollegen bloßzustellen. Er hätte gleichzeitig zugegeben, daß es im Auswärtigen Amt Unzufriedenheit mit der Frankreich-Politik Gerhard Schröders gab. Genau das war deren »objektives Interesse«.

Die Zeit ist mittlerweile über dieses Kabinettstück einer Intrige zwischen Christdemokraten hinweggegangen. »Europäer« und »Atlantiker« erhalten jeden Tag neue Gelegenheit, sich über den absoluten Wert ihrer jeweiligen Glaubensüberzeugung Gedanken zu machen. Solange unser Land sein Glück nur von den Amerikanern oder nur von den Franzosen erwartet, ohne selbst sein Glück zu schmieden, wird daraus nichts Rechtes werden.

Auch die CDU/CSU hat in den vergangenen Jahren Gelegenheit gehabt, darüber nachzudenken, daß die Intrige von 1965 gegen Gerhard Schröder nur ein Anfang war. Was damals begann, ist heute die Regel.

Franz Josef Strauß machte den jungen Kollegen nach seiner Entlassung aus dem Auswärtigen Dienst zu seinem Persönlichen Referenten. Dann wurde er Abgeordneter der Christlich-Sozialen Union. Wenn dies auch geschehen sein dürfte, um Gerhard Schröder zu ärgern, so lag die Patronage des Franz Josef Strauß für jenen Mann doch in der Logik der Sache.

Zur Zeit der Großen Koalition versuchte Franz Josef Strauß, die neuen Beziehungen zu den Sozialdemokraten zu nutzen, um seinen Schützling wieder ins Auswärtige Amt zu bringen. Im Mai 1967 begleitete Caspar Hilzinger Außenminister Willy Brandt nach Skandinavien. Infolge einer Programmänderung gab es am Eutiner See einen unvorhergesehenen Aufenthalt. Es war ein frühsommerlicher Maitag in einer herrlichen Landschaft, die Caspar Hilzinger an seine glücklichsten Jugendtage am Bodensee erinnerte.

Bei einem vorzüglichen Burgunder zu einem ebenso vorzüglichen Abendessen im »Voss-Haus« stellte Willy Brandt plötzlich die Frage: »Was würden Sie sagen, wenn Ihr junger Kollege aus der Affäre mit dem Geheimpakt mit Großbritannien wieder ins Auswärtige Amt zurückkehrte? Da sich Franz Josef Strauß immer wieder für diesen Mann bei mir verwendet, würde es mir das Leben leichter machen, wenn Sie zustimmen könnten.«

Ruhig und fest antwortete Caspar Hilzinger, er wisse, daß jener ehemalige Kollege, der soviel unnötige Unruhe verursacht habe, Familienvater sei mit vier Kindern. Er könne dessen Wunsch, wieder ins Amt zurückzukehren, durchaus verstehen, und es sei auch das gute Recht des Ministers, eine solche Entscheidung zu treffen. Er müsse ihm allerdings sagen, daß er in einem solchen Falle unverzüglich um seine Entlassung aus dem Auswärtigen Dienst einkommen werde. Die Gründe wolle er ihm gerne sagen. Sie lägen im wirklichen Verlauf der Affäre. Dann gab Caspar Hilzinger die Darstellung, die der geneigte Leser bis hierher schon kennt.

Als Caspar Hilzinger geendet hatte, sagte Willy Brandt: »Nach alledem, was Sie sagen, haben die Beschimpfungen Sie doch sehr verwundet.«

Caspar Hilzinger: »Ja, das gebe ich zu. Sie haben mich menschlich tiefer getroffen als irgend etwas anderes in meinem Beruf. Aber gerade Sie müßten doch dafür Verständnis haben. Auch Sie wurden ja von den gleichen Leuten menschlich aufs schwerste verletzt.«

Willy Brandt nickte in einer Art, die Melancholie und Resignation zu verraten schien. Zwischen ihm und Caspar Hilzinger war von da an nie mehr die Rede von der »Affäre«.

Das trojanische Pferd

Die westliche Zivilisation braucht Großbritannien, und
Europa braucht den unersetzlichen Beitrag, den es zu dieser
Zivilisation beisteuert, die Fähigkeiten des englischen Volkes.

Jean Monnet

EINE SACHE UM IHRER SELBST WILLEN TUN, gilt den Deutschen noch
immer als eine Tugend. Die übrigen Europäer können einem solchen Idealismus keinen Geschmack abgewinnen. Sie können ihn
ganz einfach nicht verstehen. Abgesehen davon verstößt das Bekenntnis zur Sache um ihrer selbst willen gegen die Grundregeln
der Diplomatie. Diese ist immer darauf aus, ein Geschäft zu machen, ein Geschäft, bei dem die eine Seite gibt und nimmt, und die
andere Seite nimmt und gibt.

Caspar Hilzinger hat nie so recht einsehen können, was die
Deutschen bewog, den Beitritt Großbritanniens zur Europäischen
Gemeinschaft so sehr zu ihrer eigenen Sache zu machen, daß die
Engländer selbst Mühe hatten, ihn ebenso entschlossen zu betrei-
ben. Die Engländer wußten selbst nicht, was sie wollten, und sie
wissen es möglicherweise bis auf den heutigen Tag noch nicht.

Dabei hat Winston Churchill schon in seiner Züricher Rede
1946, in der er zur Schaffung der Vereinigten Staaten Europas auf-
rief, keinen Zweifel daran gelassen, daß er den Platz Großbritanniens nicht an der Seite der kontinentaleuropäischen Länder sehe.
Diese sollten sich nach seiner Meinung zwar unter der Führung
Frankreichs und Deutschlands zusammenschließen, aber Großbritannien mit dem damals noch weitgehend intakten Commonwealth
sollte eine eigene Gruppierung bleiben, immer bereit, die Verbindung zwischen dem europäischen Kontinent und den Vereinigten
Staaten von Amerika herzustellen.

Auch Macmillan gab bei der Ausrichtung der englischen Verteidigungspolitik, der Gretchenfrage jeden politischen Zusammenschlusses, dem amerikanischen Potential den Vorzug vor einer
französisch-britischen oder gar europäischen Verteidigung. Großbritannien erschien als ein britisch-amerikanischer Flugzeugträger,
der für alle Fälle vor der Küste Westeuropas festgemacht hatte, um,
wenn es notwendig werden sollte, auf dem Festland nach dem
Rechten sehen zu können. Charles de Gaulle zog die Konsequen-

zen aus dieser Sachlage am brutalsten. Er sperrte Großbritannien vom Gemeinsamen Markt aus.

Die Deutschen besaßen da weniger klare Vorstellungen. Sie wollten es vor allem mit niemandem verderben, mit den Amerikanern nicht, mit den Engländern nicht, mit den Franzosen nicht. Sie vertraten die Auffassung, daß sich Europa in Harmonie bilden solle und daß die Beweggründe für eine solche Politik auf allen Seiten nur die edelsten sein konnten.

Ludwig Erhard dachte in den Kategorien seiner freihändlerischen, auf den freien Weltmarkt orientierten Konzeption. Sie ließ den Beitritt Großbritanniens zur EWG wenigstens unter einer gewissen wirtschaftspolitischen Vernunft erscheinen. Dafür geriet er aber in Konflikt mit der Stellung der Europäischen Wirtschaftsgemeinschaft, die mit ihrem Agrarkartell alles andere als freihändlerische Züge trug. Agrarpreise über dem Weltmarktniveau und hohe Außenzölle waren nicht gerade die wahre Lehre des Adam Smith.

So konnte es kaum verwundern, daß der deutsche Einsatz für den britischen EWG-Beitritt immer weniger mit der Sache selbst und immer mehr mit dem Widerstand gegen die Europapolitik de Gaulles zu tun hatte. Die Forderung nach Einbeziehung Großbritanniens wurde zum Vehikel, um Charles de Gaulle Paroli zu bieten, dem man auf diese Weise nicht unmittelbar gegenüberzutreten brauchte. Dies führte dazu, daß Charles de Gaulle 1965 die entscheidende Krise in der Gemeinschaft vom Zaune brach, die durch die Weigerung, Mehrheitsentscheidungen der Gemeinschaft zu akzeptieren, dieser den letzten Rest politischer Substanz entzog. Eine Gemeinschaft, in der das Prinzip der Einstimmigkeit herrscht, ist eben keine Gemeinschaft mehr, auch wenn sie weiterhin diesen Namen trägt. Die Krise von 1965, die mit dem sogenannten Luxemburger Kompromiß, der kein solcher war, endete, hat der Europäischen Gemeinschaft, soweit man sie als Kern einer zu entwickelnden politischen Gemeinschaft begriff, das Lebenslicht ausgeblasen. Der Beitritt Großbritanniens erhielt einen anderen Charakter, weil sich inzwischen auch der Charakter der Gemeinschaft verändert hatte. Es konnte sich fortan nur noch um den Beitritt zu einer Zollunion für gewerbliche Waren und einem Agrarkartell handeln. Die Warnung, die Drohung de Gaulles, der britische Beitritt werde die Europäische Gemeinschaft in ihrer Natur verändern, hat sich bewahrheitet, nachdem er selbst noch die Weichen dafür gestellt hatte.

Gleichwohl war es nicht einfach, auch unter den veränderten Bedingungen von Frankreich die Zustimmung zur Eröffnung von Beitrittsverhandlungen zu bekommen. Die französische Einwilligung war nicht zuletzt auf das persönliche Verhältnis zweier Männer zurückzuführen, die am Anfang ihrer Regierungszeit einen Erfolg brauchten. Georges Pompidou und Willy Brandt waren sich wohl darüber im klaren, daß ein Beitritt Großbritanniens in den siebziger Jahren für die politische Einigung Europas keinen entscheidenden Impuls mehr darstellen konnte, daß aber eine fortdauernde Verweigerung des britischen (und deutschen) Wunsches die Atmosphäre belasten würde.

Caspar Hilzinger leitete 1966/67 eine interministerielle Studiengruppe, die den Auftrag hatte, aufgrund hieb- und stichfester Daten zu untersuchen, ob und gegebenenfalls in welchem Maße der britische Beitritt zur EWG den Interessen der Bundesrepublik Deutschland entsprach. Er empfand die Fragestellung, die auf die deutschen Interessen als Kriterium abhob, an sich schon als einen großen Fortschritt. Jahrelang hatte die deutsche Diplomatie mit dieser Frage operiert, ohne das eigene Interesse zum Ausgangspunkt zu machen. Die europäische Integration war eben im Sinne einer präetablierten Harmonie gesehen worden, in der jeder automatisch sein Interesse wiederfinden würde. Nunmehr gingen von der deutschen Europapolitik erstmals Zeichen aus, die darauf hindeuteten, daß man sich aus der Phase der europäischen Glaubensüberzeugungen auf eine Phase des europäischen Realismus zubewegte.

Das Ergebnis dieser Studiengruppe, zu der die betroffenen Ministerien ausgezeichnete Leute entsandt hatten, war aufschlußreich: Das wirtschaftliche Interesse der Bundesrepublik Deutschland war von einem möglichen Beitritt Großbritanniens zur EWG so gut wie nicht berührt. Vor- und Nachteile wogen sich auf.

Wie aber verhielt es sich mit dem politischen Interesse? Diese Frage war aufgrund von Fakten und Daten nicht zu beantworten. Hier mußte eine Einschätzung vorgenommen werden, die mit allen Unsicherheiten befrachtet war, denen politische Einschätzungen unterliegen. Sie lautete in etwa wie folgt: Die Aussperrung Großbritanniens fortsetzen und ihm den Beitritt zur EWG unter allen Umständen und auf alle Zeiten verweigern, würde für diese ehemalige Weltmacht eine tiefe Demütigung bedeuten. Großbritannien verfügte immer noch in großen Teilen der Welt über Ansehen und Erfahrung; mit den Vereinigten Staaten war es nach wie vor enger verbunden als jedes andere europäische Land; in Berlin trug es mit den USA und Frankreich besondere Verantwortung für die Sicherheit und die Lebensfähigkeit der Stadt. Kurzum: die grundsätzliche Weigerung, Großbritannien in die EWG aufzunehmen, würde sich auf die Dauer als gefährliche Spaltung des Westens und damit als Schwächung eines Vereinten Europa auswirken. So kam es 1969 zum positiven Beschluß der EWG-Gipfelkonferenz in Den Haag, der für die Zusammenarbeit zwischen Georges Pompidou und Willy Brandt einen vielversprechenden Auftakt bildete.

Caspar Hilzinger wurde von Den Haag aus nach London entsandt, um der Regierung Harold Wilson die gute Nachricht zu überbringen. Es gibt kaum etwas Angenehmeres im diplomatischen Dienst, als zum Träger einer guten Nachricht ausgewählt zu werden. Der Empfänger steht unter dem Eindruck, als sei der Überbringer auch der Urheber der guten Nachricht. Er wird mit Aufmerksamkeiten und Freundlichkeiten überschüttet. Jeder wollte Caspar Hilzinger sprechen, um Genaueres über die Beschlüsse zu hören. Schließlich hatten die Engländer ja einige böse Überraschungen hinter sich gebracht, so daß sie erfahren wollten, ob nicht irgendwo ein »welscher« Pferdefuß verborgen sei.

Harold Wilson empfing Caspar Hilzinger in Downing Street Nr. 10. Die Beitrittsverhandlungen, meinte er, würden schwierig werden, aber jetzt sei auch er, der dem Beitritt stets skeptisch gegenübergestanden habe, optimistisch. Michael Stewart, sein Außenminister, ein braver und redlicher Mann, verschob eine geplante Reise ins Ausland um zwei Stunden, um, wie er sagte, Caspar Hilzinger in seiner Privatwohnung noch vor seinem Abflug persönlich die Hand drücken zu können. Caspar Hilzinger half ihm dafür beim Kofferpacken, damit der Minister nicht zu spät auf den Flugplatz kam. Es herrschte überall in London eitel Freude und Sonnenschein im Dezember 1969. Die Schwierigkeiten und Hindernisse der Beitrittsverhandlungen waren noch weit entfernt. Jedesmal, wenn Caspar Hilzinger später nach London kam, wurde er von seinen Kollegen im Foreign Office als der Mann empfangen, der »damals« die gute Nachricht überbracht hatte.

Jetzt erst begriff er so richtig, was es mit der Legende auf sich hatte, daß frühere Machthaber die Boten schlechter Nachrichten hinrichten ließen. Die Regierungen leben auch heute noch von guten Nachrichten und leiden unter schlechten. Da kann man ihre Freude gut verstehen, wenn einer mal eine gute ins Haus bringt.

In diesem Beruf ist doch alles möglich, dachte Caspar Hilzinger, als er sich auf dem Heimweg nach Bonn befand. Manchmal rackert man sich ab bis an die Grenze der totalen Ermüdung und erntet nur Kritik und Undank. Und ein andermal hat man als Statist ein Verslein herzusagen und wird dafür gefeiert wie ein Held. Beides gehört zum diplomatischen Alltag. Dabei darf einen weder Kritik noch Lob aus dem seelischen Gleichgewicht bringen. Das ist wichtig.

Auch nach Abschluss der Beitrittsverhandlungen war sich Großbritannien seiner Sache nicht ganz sicher. Das Volk selbst sollte über Beitritt oder Nicht-Beitritt in einem Referendum entscheiden. Da gab es auf allen Seiten wieder neue Mutmaßungen und Unsicherheiten. Allerdings hatten die meisten Beobachter übersehen, daß die zu treffende Entscheidung längst nicht mehr so dramatisch war, wie sie es in den sechziger Jahren hätte sein können. Es war, um es ganz deutlich zu sagen, mittlerweile gleichgültig, ob Großbritannien beitrat oder nicht. Europa hatte sich insgeheim entschieden, ein geographischer Begriff zu bleiben.

Am Tage des Beitritts befand sich Caspar Hilzinger zu Konsultationen in Neu-Delhi. Als er am folgenden Morgen die indischen Zeitungen erhielt, fand er durchweg auf den ersten Steiten dicke Balkenüberschriften: Eine neue Weltmacht ist entstanden! Dann folgten statistische Vergleiche der wichtigsten Produktionen in den USA, der Sowjetunion und der nunmehr erweiterten Europäischen Wirtschaftsgemeinschaft. Die Erwartungen der Dritten Welt in die EWG, die sich in den indischen Kommentaren spiegelten, waren groß, allzu groß. Nicht die Statistik imponierte in erster Linie, sondern das vermeintliche Entstehen eines friedenserhaltenden Faktors, der mehr Vertrauen in die Weltpolitik bringen konnte. Die USA und die Sowjetunion waren den Entwicklungsländern gleichermaßen verdächtig. Beide fanden in den Augen der Dritten Welt aus ihrem Großmachtdenken nicht heraus. Aber Europa, ein Vereintes Europa, in dem sich die Gegner von gestern zusammentun würden, ein Europa, das für seine Irrtümer in der Vergangenheit hatte bitter zahlen müssen, würde wohl mit der erwünschten Aufgeschlossenheit auf die Partner in der Dritten Welt zugehen, ohne die Verkrampfung einer Weltmacht. Es würde wohl die notwendige Sympathie für die Bestrebungen der unterentwickelten Welt aufbringen – und vor allem auch das notwendige wirtschaftliche Potential. So dachten sie.

133

Einige Wochen vor dem Referendum erhielt Caspar Hilzinger den Besuch des Herausgebers der *Financial Times*. Er wollte in der allgemeinen aufgeregten Erwartung des schließlichen Ergebnisses, die damals herrschte, wissen, wie die deutsche Seite die Aussichten für einen positiven Entscheid des britischen Wählers einschätzte.

»Wissen Sie, Sir«, sagte Caspar Hilzinger zu ihm, »ich habe keinerlei Zweifel, daß Ihre Landsleute sich mit überwiegender Mehrheit für den Beitritt aussprechen werden. Es gibt immer wieder Situationen in der Geschichte, in denen sich die Völker als klüger erweisen als ihre Regierungen. Darauf beruht ja schließlich das Erfolgsgeheimnis der Demokratie. Die Europapolitik ist seit langem ein Beispiel für diese Behauptung. Wenn die Völker zu entscheiden hätten, wäre Europa längst geeinigt. Ich bin auch der Meinung, daß der Beitritt für Großbritannien den erwünschten Anstoß, den notwendigen Peitschenhieb bedeuten kann, um die britische Wirtschaft in Schwung zu bringen. Auch in der englischen Agrarwirtschaft stecken viele stillen Reserven, die mobilisiert werden können.

Aber wie steht es mit den politischen Aspekten? Wird sich Großbritannien als ein europäisches Land wie jedes andere begreifen können? Wird es jenes Minimum an europäischer Solidarität aufbringen, ohne das alles umsonst ist? Wird es nicht vielmehr so sein, daß die kleinen Spielchen der ehemaligen Großen weitergehen, die darin bestehen, daß mit Karten von gestern das Spiel von morgen getrieben wird? Die Engländer werden sich nach wie vor als Seemacht den Vereinigten Staaten stärker verbunden fühlen als den Kontinentalen. Die Franzosen werden dem Schatten de Gaulles folgen und Unabhängigkeit demonstrieren, als müßten sie ihre Potenz beweisen. Die Italiener werden sich daran festklammern, daß es in ihrem Land das Wort Chaos nicht gibt, weil wie immer alles chaotisch verläuft. Und die Deutschen werden wie immer versuchen, es allen recht zu machen.

Sehen Sie, Sir, der Beitritt Großbritanniens bringt der Bundesrepublik Deutschland wirtschaftlich gesehen weder Vor- noch Nachteile. Aber wenn Ihrem Beitritt kein positiver politischer Impuls folgt, was ich bezweifle, war alles, alles umsonst, und wir werden alle zusammen verloren haben.«

»Ich beurteile die Zukunft nicht so skeptisch wie Sie«, gab der Besucher von der Insel zurück. »Sie kennen die Engländer nicht gut genug. Wenn meine Landsleute einmal einem Club beigetreten sind, haben sie den Wunsch, sich an die Spitze zu setzen und die

Ziele ihres Clubs zu fördern. Ich bin zwar skeptisch, was die wirtschaftlichen Probleme angeht, aber ich bin so ziemlich sicher, daß die Engländer die politische Einigung vorantreiben werden, wenn sie erst einmal Mitglied geworden sind. Sie werden dies jedenfalls stärker tun, als die sechs kontinentaleuropäischen Länder dies bisher getan haben.«

Nun, die Zeit ist auch über diese Gespräche hinweggegangen.

IN GEGENWART DER KÖNIGIN ELISABETH II. fand zu ihrem 25. Krönungsjubiläum auf dem Truppenübungsplatz Wahn eine Parade der in der Bundesrepublik Deutschland stationierten britischen Verbände statt. Der britische Befehlshaber meldete der Königin die zur Parade angetretenen Truppen mit den Worten: »Majestät, zu dieser Stunde sind *überall auf der Welt* die Soldaten zu Ehren Euerer Majestät angetreten.«

Caspar Hilzinger zuckte bei den Worten »überall in der Welt« ein wenig zusammen. Das war doch jener nostalgische Hauch vom britischen Weltreich, der die Wirklichkeit von einst in Worte verwandelt hatte. *All over the world!* Wo war das wohl noch? Der Hang zur imperialen Nostalgie ist kein Monopol der Engländer. Auch die anderen Europäer tun sich schwer, die Wirklichkeit von heute anzuerkennen. Wenn die Franzosen vom frankophonen Afrika sprechen, schwingt in ihrem Unterbewußtsein noch immer jene *grandeur* mit, die es seit dem Ersten Weltkrieg nicht mehr gibt und die Charles de Gaulle für immer mit sich in sein einsames Grab in Lothringen genommen hat. »Ich hasse die Zukunft!«, hatte der Schriftsteller Jean Dutourd gesagt, weil sie für Frankreich eine Zukunft ohne *grandeur* sein würde. Und wie lange haben die Deutschen Pläne und Politik gemacht auf der »Grundlage Deutschlands in den Grenzen von 1937«, als diese Grenzen längst nur noch auf papierenen Titeln standen, für die in der Konkursmasse keine Deckung vorhanden war?

Jedes europäische Volk hat sein eigenes trojanisches Pferd in seiner Mitte. Nicht der Feind hat es in die Stadt gebracht; es ist auch nicht mit fremden Soldaten angefüllt, sondern leer und hohl. Die trojanischen Pferde, die uns an der Einigung Europas gehindert haben, sind nur hölzerne Götzen, atavistische Bilder der Vergangenheit, die wir anbeten.

Reiches, armes Amerika

Europa hat eine Reihe wesentlicher Interessen, die für uns gar keine oder eine sehr geringe Bedeutung haben.

George Washington

Viele Amerikaner haben intuitiv das Kissinger-Konzept von den Europäern als Schachfiguren im großen Spiel der Supermächte übernommen.

J. Robert Schaetzel

Wir mögen noch so erschreckt sein über das, was Amerika tut und was dort geschieht, es gibt für uns keine andere Macht, die uns schützen kann.

Karl Jaspers

AMERIKA, DU HAST ES AUCH NICHT MEHR BESSER. Das Land der unbegrenzten Möglichkeiten ist seit dem Ende des Zweiten Weltkriegs an die Grenzen seiner Möglichkeiten gestoßen. Das war ein zwar langsamer, aber dennoch schmerzlicher Prozeß.

Das Sendungsbewußtsein der amerikanischen Nation, das auf Fortschritt, Freiheit, Herrschaft des Rechts in der Welt gerichtet war, reichte noch aus, um den Ersten und den Zweiten Weltkrieg für die Sache der Demokratie entscheiden zu können. Aber es hat nicht verhindern können, daß das Erreichte durch neue Machtkombinationen in Gefahr geraten ist. Der Bundesgenosse des Zweiten Weltkriegs, die Sowjetunion, ist aus dem Schlaf des Riesen erwacht und erzwingt überall da, wo ihm die Vereinigten Staaten die gleichrangige Stellung als Weltmacht verweigern, den Anspruch auf weltpolitische Mitsprache. Die soziale Unrast in Asien, Afrika und Lateinamerika bildet den Boden, auf dem die Sowjetunion mit Geduld und Stärke die Stellung der Vereinigten Staaten unterhöhlt.

Korea-Krise, Berlin-Krise, Libanon-Krise, Kuba-Krise, Vietnamkrieg, Angola, Naher Osten und Afghanistan sind Brennpunkte rund um den Erdball, an denen die Vereinigten Staaten zu spüren bekommen haben, daß ihre bis dahin »unbegrenzte« Macht begrenzt ist, und daß sie an allen diesen Punkten immer auf den gleichen Widersacher stoßen. Die Europäer verfolgten diese Entwicklung manchmal zwar aufgeregt, aber doch immer mit einer gewissen Behaglichkeit, die ihnen ihre Lage »im Auge des Orkans« gewährte. Während die Welt in zunehmende Unruhe verfiel, haben sie sich ihrem Wohlstand gewidmet und die Ereignisse gelegentlich mit geistvollen Kommentaren begleitet. Die Verantwortung der Vereinigten Staaten für Ruhe und Ordnung in der Welt schien ihnen eine natürliche Sache zu sein. Schon die Frage, ob denn amerikanische Truppen in alle Ewigkeit in Europa stationiert sein sollten, galt als unschicklich.

Gelähmt vom süßen Gift des nie gekannten Wohlstands und geblendet vom Glitzer ihrer imperialen Geschichte, haben sich die Europäer ganz einfach geweigert, die Lage der heutigen Welt mutig und vorbehaltlos zur Kenntnis zu nehmen und die notwendigen Konsequenzen zu ziehen. Sie dachten, wie man auf wienerisch so schön sagt: die Amerikaner werden's schon richten.

Caspar Hilzinger kam 1960 zum erstenmal für längere Zeit in die Vereinigten Staaten. Er traf in New York ein, als das Wahlkampfduell Nixon–Kennedy dem Höhepunkt zustrebte. Wahlkämpfe, dachte Caspar Hilzinger, sind günstige Gelegenheiten, um die politische Mentalität eines Volkes kennenzulernen. Er wandte da seine eigene Methode an. Morgens nahm er sein Frühstück, zusammen mit anderen um eine Theke stehend, in einer der billigen Schnellgaststätten New Yorks ein. Mit dem Nachbarn ins Gespräch zu kommen, war leicht. Die Amerikaner sind im allgemeinen freundlich und mitteilsam.

So betrieb Caspar Hilzinger eine Art privater Meinungsforschung. Jeden Morgen befragte er Amerikaner, die meistens aus den unteren Einkommensschichten stammten, wer wohl das Rennen um die Präsidentschaft machen werde, und welches jeweils die Gründe seien.

Die große Mehrheit der Befragten tippte auf John F. Kennedy, und die dafür angegebenen Gründe lauteten dem Sinne nach und fast übereinstimmend: »Wissen Sie, Mister, so kann es bei uns nicht mehr lange weitergehen. Wir haben keine Ideale mehr. Wir brauchen einen Präsidenten, der uns sagt, wo's langgeht, auch wenn das von uns Opfer erfordert. Der Mann, der das am ehesten fertigbringen kann, ist John F. Kennedy.«

Caspar Hilzinger war jedesmal beeindruckt, wenn er die einfachen Leute so reden hörte. Welche moralischen Reserven mußten doch in dieser Nation vorhanden sein! Es überraschte ihn dann allerdings, daß John F. Kennedy nur mit hauchdünner Mehrheit gewählt wurde. Er verhieß als Präsident den Wunsch so vieler Ameri-

kaner und europäischer Freunde Amerikas zu erfüllen, den Caspar
Hilzinger bis heute in Erinnerung behalten hat: nach einem Präsidenten, der sagt, »wo's langgeht«.

Das alles ist zwanzig Jahre her. Wir kennen das tragische Ende
der Präsidentschaft von John F. Kennedy. Es war zugleich, wie sich
zeigen sollte, auch das Ende vieler Hoffnungen. Ein Präsidenten-
mord belastet das Leben und das Gewissen einer Nation.

Dieses riesige Land übt eine starke Anziehungskraft und Faszi-
nation auf den Besucher aus Europa aus. Besonders die jüngeren
Leute zwischen zwanzig und dreißig Jahren haben keinerlei
Schwierigkeiten, sich dort einzugewöhnen. Viele denken bald daran, für immer dort zu bleiben.

New York stellt, ähnlich wie Hongkong, ein Mini-Universum
dar. Dort gibt es Menschen aus aller Welt. Bildende Kunst, Musik
und Theater bieten Glanzleistungen ihres Fachs. Weit davon entfernt, ein Schmelztiegel der Menschen zu sein, wie wir allgemein
glauben, konserviert New York die ethnischen Gruppen, wie sie
zum Zeitpunkt ihrer Einwanderung waren. Losgelöst vom Stamm-
volk, machen diese Menschen die innere und die kulturelle Entwicklung ihrer Heimat nicht mit und führen in vieler Hinsicht ein
Dasein im Ghetto.

In New York findet man heute noch französische Bistros, die in
Frankreich teilweise dem Drugstore Platz gemacht haben. In der
86. Straße feiern die Menschen heute noch den »Ball der Landwehr
von 1896«, als ob der Erste und der Zweite Weltkrieg nicht stattgefunden hätten. Und die jüdischen Emigranten aus Deutschland
schleppen noch immer ihr Heimweh mit sich herum und scheinen
sich zu fragen, wie sie eigentlich dorthin gekommen sind.

Caspar Hilzinger hatte bald bemerkt, daß die Stadt trotz all ihrer
verlockenden Facetten für das Land nicht typisch war. New York
war eine Welt für sich, die nach den ihr eigenen Gesetzen lebte.
Menschenmassen, Menschenmassen. Sehr reiche Leute neben sehr
armen Leuten. Diese Stadt ließ keine Zeit für ein freundliches Wort,
wenn sie ihren Rhythmus aufrechterhalten wollte. Das, was als
Freiheit der Großstadt erschien, war oft mit Isolierung und Einsamkeit erkauft.

Solange Caspar Hilzinger dort im Herzen New Yorks, in Man-
hattan, wohnte, verließ ihn nie ein Gefühl des Unbehagens, ja einer
verborgenen Angst. Die aufragenden Wolkenkratzer erschienen
ihm zuweilen wie drohende Zeichen der Apokalypse. Doch inzwi-

schen sind in der Welt Städte entstanden, im Vergleich zu denen New York schon wieder recht lebensfähig erscheint: denken wir nur an Tokio oder an Mexico City.

Es brachte übrigens den Vereinigten Staaten wenig Glück, daß es ihrer Regierung gelungen war, New York zum Sitz der Vereinten Nationen zu machen. Dies war zu einem Zeitpunkt geschehen, als die Amerikaner glaubten, die Nachkriegswelt würde von der Pax Americana geprägt werden. Man werde den Fehler von 1918 nicht wiederholen, den der Senat gemacht hatte, als er Präsident Wilson desavouierte und den Beitritt Amerikas zum Völkerbund verweigerte. Eine Welt unter dem einen, für alle gültigen Gesetz von Recht und Gerechtigkeit mit New York als Mittelpunkt – das konnte man sich schon etwas kosten lassen.

Als aber 1960 die große Zahl unabhängig gewordener afrikanischer Staaten die Weltorganisation füllte, wurden ihre Vertreter am Platz New York zunächst einmal mit jenem Aspekt der amerikanischen Lebenswirklichkeit konfrontiert, den die Amerikaner am liebsten unter Ausschluß der internationalen Öffentlichkeit behandelt wissen möchten: der Rassendiskriminierung.

Es ist ein Irrtum anzunehmen, die Rassenfrage sei in erster Linie eine Angelegenheit der Zeit, des Lebensstandards oder der Südstaaten. Es ist ein zutiefst menschliches Problem, das sich über das ganze Land erstreckt. In den Ballungszentren des Ostens und Mittelwestens, wo die Massen der Industriearbeiter leben, sind die Methoden der Rassentrennung den Lebensumständen angepaßt und dementsprechend differenzierter als in den Südstaaten. Hier in den großen Industriestädten gibt es nicht die offene, durch Schilder und Verbote provozierende Diskriminierung, sondern die stille, augenzwinkernde Segregation.

Karl-Heinrich Knappstein, der die Vereinigten Staaten seit langer Zeit kannte, bezeichnete jeden Hinweis darauf, daß die Negerfrage ein Problem und eine latente Bedrohung für die amerikanische Gesellschaft bilde, als Hirngespinst. So weit er sich zurückerinnern könne, sei ein stetiger Fortschritt in der Lösung dieses Problems festzustellen gewesen. In wenigen Jahren werde es ganz verschwunden sein. Man solle damit keine Zeit verlieren. Sechs Monate später brachen die schweren Rassenkrawalle von Montgomery aus. Und das Gespräch hatte lange Zeit vor der Ermordung Martin Luther Kings stattgefunden.

Auch heute noch fällt es schwer, den optimistischen Prognosen für die Lösung der fundamentalen Frage des Zusammenlebens zweier verschiedener Rassen zu glauben. Die Schwierigkeit, diese Art menschlicher und soziologischer Konfliktsituationen richtig einzuschätzen, liegt immer in der Unsicherheit des Faktors »Zeit«. Wann wird der Konflikt, der latent vorhanden ist, offen zum Ausbruch kommen? Der zu erwartende Zeitpunkt ist deshalb so schwer einzuschätzen, weil der Ausbruch des Konflikts von anderen Faktoren beeinflußt oder ausgelöst werden kann, die kaum vorhersehbar sind und mit der Frage selbst gar nicht zusammenhängen müssen. Dies ändert jedoch nichts daran, daß gelagerter Zündstoff die Tendenz hat, sich zu entzünden oder entzündet zu werden.

Die samtglatte, geräuschlose Rassendiskriminierung, die so viele afrikanische Diplomaten bei den Vereinten Nationen am eigenen Leib erfahren und die den Vereinigten Staaten soviel Schaden zufügt, lernte Caspar Hilzinger in New York kennen. Eines späten Nachmittags saß er in einem der eleganten Tea-Rooms an der Park Avenue, als ein Neger hereinkam und sich an einen Tisch setzte. Die anwesenden Ladies und Gentlemen erstarrten beim Anblick dieses Besuchers. Das war nun doch noch nicht vorgekommen in diesem Lokal, daß ein Schwarzer bedient werden wollte. Ein Raubüberfall hätte sie nicht stärker in Verwirrung stürzen können. Auch der feine Oberkellner erstarrte zur Salzsäule. Der dunkelhäutige Besucher saß artig an seinem Tisch und wartete geduldig, bedient zu werden. Aber es tat sich nichts. Nach einer guten Viertelstunde näherte sich der Oberkellner und tuschelte ihm etwas ins Ohr. Die übrigen Besucher im Lokal beobachteten schweigend und gespannt die weitere Entwicklung. Der Neger sagte etwas zu dem Oberkellner und blieb ruhig auf seinem Platz sitzen. Er machte keinerlei Anstalten, das vornehme Lokal zu verlassen, wie es die anderen Anwesenden offensichtlich erwarteten. Jetzt näherte sich der Oberkellner jedem einzelnen der weißen Gäste, darunter auch Caspar Hilzinger, und flüsterte ihm ins Ohr: »This gentleman is from the United Nations!« Damit löste sich die Starre, die Gespräche nahmen ihren Fortgang. Gott sei Dank, es handelte sich um einen ausländischen und keinen amerikanischen Schwarzen! Die Welt war wieder in Ordnung.

Als Ausländer, als Filmstar, als Sportidol kann ein Schwarzer toleriert werden. Da macht man eine Ausnahme. »Wissen Sie«, sagte einmal ein wohlgesitteter Amerikaner zu Caspar Hilzinger, »ich würde es durchaus akzeptieren, einen Schwarzen zum Bruder zu haben, aber niemals als Schwager!« Das sind die tiefen, atavistischen Dimensionen dieses Problems, dem mit rein administrativen Maßnahmen kaum beizukommen ist.

Caspar Hilzinger wurde von der Frage, wie Weiße und Schwarze zusammenleben – nicht nach dem Buchstaben der Verfassung, sondern in der Wirklichkeit des Alltags –, stärker fasziniert als von anderen Aspekten der amerikanischen Gesellschaft. Es gibt dort so viele sympathische Menschen und Einrichtungen, daß es dem fremden Beobachter einigermaßen schwerfällt, die gesellschaftlichen Krankheitssymptome zu entdecken. Er muß schon genau hinsehen. Aber daß diese industrialisierte, vom Materialismus beherrschte, vollmotorisierte Gesellschaft irgendeine versteckte Krankheit mit sich herumschleppte, stand für Caspar Hilzinger außer Zweifel. Es mochte noch einige Jahre, vielleicht sogar Jahrzehnte dauern, dann würde sie mit Gewalt ausbrechen, wenn man sie nicht rechtzeitig erkannte, und, ohne sie zu verdrängen, heilte. »Dieses Land steckt in sehr, sehr tiefen Schwierigkeiten!« Gerald Ford, der frühere US-Präsident, sprach es am 16. März 1980 aus.

Caspar Hilzinger war im Laufe seines Lebens immer mehr zu der Überzeugung gelangt, daß es die Gerechtigkeit ist, die den Staat zusammenhält, und die Ungerechtigkeit, die ihn zerstört. Die Gerechtigkeit in allen ihren Formen: die des Gesetzes ebenso wie die soziale. Er beobachtete, daß die Staaten, die die Armut gerecht verteilten, gefestigter dastanden als jene, die den Reichtum ungerecht verteilten. Auch die Würde des Menschen ist eine Form der Gerechtigkeit. Wo das nicht beachtet wird, ist der Staat in Gefahr.

Dies schien Caspar Hilzinger das große Problem der Vereinigten Staaten zu sein, vorerst vielleicht noch verdeckt von der Uniformität des Konsums und der Manipulation durch die Massenmedien, auch verlangsamt durch die riesigen Entfernungen in diesem weiten Land.

Aber eines Tages überwindet das Bewußtsein auch die Entfernungen, und man wird mit einem Schlag erkennen, daß der eindrucksvolle und vielgepriesene »neighbourhood-spirit« allein noch keine brüderliche Nation hervorbringt. Und jeder Präsident, der versucht sein könnte, die Volkssolidarität durch außenpolitische Unternehmungen zu stärken, wird wahrscheinlich böse Überraschungen erleben und letzten Endes die Auflösung nur beschleunigen. So hat der Vietnamkrieg gewirkt. In unserer Zeit entsteht ein neues Bewußtsein von der Zusammengehörigkeit der Menschen, das auch das allmorgendliche Hissen der Flagge in den Schulen nicht verhindern kann. Es entstehen neue Loyalitäten über die nationalen und sozialen Grenzen hinweg.

Auf einem Ausflug nach Florida gelangte Caspar Hilzinger eines Abends in einen kleinen Ort in South-Carolina, nahe einer vielbefahrenen Durchgangsstraße nach Süden. In der Nähe des Motels, in dem er eine Unterkunft gefunden hatte, stand an einer Straßenkreuzung ein großer, komfortabel ausgestatteter mobiler Verkaufsstand für Speiseeis, mit zwei Verkaufsschaltern, versteht sich; der eine für die hellhäutigen Kunden, der andere für die dunkelhäutigen. Vor jedem der beiden Schalter hatte sich eine Käuferschlange gebildet, diejenige der Schwarzen war etwa doppelt so lang, weil dieser Schalter schon eine ganze Weile geschlossen war, während die weißen Kunden dauernd bedient wurden. Als dort alle ihre Icecream hatten, kam etwas Bewegung unter die Schwarzen. Sie hofften, nun ebenfalls bedient zu werden. Statt dessen schrie der Eisverkäufer sie an, sie sollten verschwinden, für sie gebe es heute kein Eis. Zögernd verließen sie den Schauplatz ihrer Demütigung.

Die Temperatur betrug an jenem Abend um die 35 Grad Celsius. In der Käuferreihe der Schwarzen stand auch ein Vater mit seinem etwa dreijährigen Jungen. Der Vater konnte ihm nun nicht einmal eine Portion Eis kaufen. Der Junge des Schwarzen ist ungefähr so alt wie mein eigener, schoß es Caspar Hilzinger durch den Kopf.

Kaum hatten sich die schwarzen Männer und Frauen entfernt, fuhr ein großer Personenwagen mit bewaffneten Weißen weg. Sie hatten den Ausgang dieses Dramas ohne Zweifel mit ihren Drohungen gegen den Eisverkäufer erzwungen. Und ein Drama war es. Der Keim des Hasses auf die Gesellschaft, die einem Vater eine harmlose Freude verweigert, weil er von schwarzer Hautfarbe ist, wird so schon in das Herz des Dreijährigen gesenkt. Dieser Haß wird wie ein Baum heranwachsen, aus dem eines Tages die Keulen gehauen werden, mit denen die ungerechte Gesellschaft zerstört wird.

Caspar Hilzinger verließ den Schauplatz aufgewühlt und traurig. Wie würdest du reagieren, fragte er sich, wenn du der Vater gewesen wärst, der davongejagt wird, weil er seinem Kind für sein sauer verdientes Geld ein Eis kaufen will. »This is a free country«, pflegt man in den USA zu sagen; in der Führungsmacht der freien Welt.

Viele Jahre später, im Herbst 1970, als die Verhandlungen mit Moskau und Warschau beendet waren, dachte Caspar Hilzinger, es könnte die zukünftigen Beziehungen zu seinen Kollegen im amerikanischen Außenministerium erleichtern, wenn er ihnen in seiner neuen Eigenschaft als Staatssekretär des Auswärtigen Amtes einen Besuch machen würde. Gedacht, getan.

Zu dieser Zeit war Richard Nixon Präsident, Bill Rogers Außenminister, Ernest Irvin Unterstaatssekretär und Henry A. Kissinger Sicherheitsberater. Nixon hatte gerade die schwere Erbschaft des Vietnamkrieges der Regierung Lyndon B. Johnsons übernommen. Johnson war jener Präsident, der Ludwig Erhard den deutschen Beitrag zu den Stationierungskosten aus der Tasche gezogen hatte mit der akustischen Untermalung durch deutsche Weihnachtslieder in den Räumen und auf den Vorplätzen des Weißen Hauses. Einen Nachmittag lang tönte es aus den Lautsprechern des Weißen Hauses: »Stille Nacht, heilige Nacht«. Ludwig Erhard war gerührt und zahlte.

Lyndon B. Johnson war auch jener Präsident, der unter Umgehung des Parlaments sein Land in Ostasien so tief in den Krieg hineinführte, daß es hernach, schwankend zwischen Trotz und Einsicht, die größte Mühe hatte, wieder herauszukommen. Das gilt auch für so mächtige Länder wie die Vereinigten Staaten: Man weiß wohl, wie die Kriege beginnen, aber man kann im voraus nicht wissen, wie sie enden.

Die Beziehungen zwischen den mächtigen Vereinigten Staaten und der kleinen Bundesrepublik Deutschland waren zu jener Zeit nicht schlecht, wie ja überhaupt in letzter Instanz gewisse Erfordernisse der militärischen Sicherheit wie eine Alarmanlage wirken und verhindern, daß Mißverständnisse ein gefährliches Ausmaß erreichen. Diese Abhängigkeit wird zwar in der Bundesrepublik stärker empfunden, weil sie ein kleines exponiertes Land ist, genau betrachtet beruht sie jedoch auf Gegenseitigkeit. Wenn die Bundesrepublik Deutschland, der Schild der westeuropäischen Verteidigung, sinken würde, wäre trotz des amerikanischen nuklearen Speers die Stunde der Einkreisung der »Festung Amerika« bald gekommen. Wer in globalen Dimensionen denkt, darf nicht nur die Elbe und das Nordmeer im Auge haben, er muß an den »großen Bogen« denken, der sich vom Mittelmeer über den Mittleren Osten und den Indischen Ozean bis Lateinamerika dehnt, wo alle Möglichkeiten offen sind.

Es ist die große Tragik der Vereinigten Staaten, daß sie überall dort, wo sie sichere Freunde brauchen, auf Ablehnung stoßen. Man braucht gar nicht auf die Geschichte und die Völkerpsychologie zurückgreifen, um sich die Unbeliebtheit der Amerikaner in der Welt zu erklären.

Gewiß haben die Vereinigten Staaten bis heute einen wirtschaftlichen Imperialismus praktiziert, der ihnen die betroffenen Völker bis zur Feindschaft entfremdete. Gewiß gibt es Züge der amerikanischen Lebensart und Zivilisation, die anderen Völkern ungewohnt sind. Die wohl zutreffende Begründung für die mangelnde Beliebtheit der Amerikaner erhielt Caspar Hilzinger schon in den frühen fünfziger Jahren von einem französischen Freund in Paris. »Warum«, hatte Caspar Hilzinger ihn gefragt, »seid ihr Franzosen so feindselig gegen die Amerikaner eingestellt? Ihr habt doch vom Marshall-Plan den Löwenanteil kassiert, und nun veranstaltet ihr Massendemonstrationen in den Straßen von Paris gegen die Amerikaner. Das ist doch ein Widerspruch!«

»Das ist kein Widerspruch«, antwortete der Franzose, »das ist ganz einfach: chez nous, on n'aime pas les riches!« – Bei uns liebt man die Reichen nicht. Als reich zu gelten oder reich zu sein, das ist heutzutage das große Hindernis, um mit der Mehrheit der Völker ins Gespräch zu kommen, die arm sind.

Dem amerikanischen Kollegen Irvin kam der gute Gedanke, vor dem Beginn der offiziellen Gespräche Caspar Hilzinger zu einem ganz privaten Abendessen einzuladen. Diese Idee gefiel Caspar Hilzinger besonders gut, weil er soundso oft erfahren hatte, daß die atmosphärischen Bedingungen eines Gesprächs und die persönliche Sympathie für den Ablauf von Verhandlungen von großer Bedeutung sein konnten.

Tatsächlich lernte er in Irvin einen außergewöhnlich sympathischen Kollegen kennen. Es ist ja oft so im Leben, daß man auf Menschen trifft, mit denen sich vom ersten Augenblick an ein persönliches Vertrauensverhältnis einstellt. So war es auch hier. Ein ernsthafter, stiller, bescheidener und sachkundiger Kollege, der ihn in seiner zurückhaltenden und doch wachen Präsenz an Valentin Falin erinnerte, saß Caspar Hilzinger gegenüber. Die erst kurz zuvor verstorbene Frau Irvins war eine Erbin des IBM-Gründers gewesen. Ein solider Reichtum, von dem einige der schönsten französischen Impressionisten an den Wänden zeugten, war nicht zu übersehen. Die großzügige Washingtoner Wohnung Irvins befand sich im Watergate-Komplex, dessen Name später mit dem unrühmlichen Ende Richard Nixons in einem Atemzug genannt wurde.

145

Caspar Hilzinger trug seinem Kollegen bei dieser Gelegenheit vor, wie er sich das amerikanisch-europäische Verhältnis vorstellte, wenn es den voraussehbaren Belastungen der kommenden Jahre gewachsen sein sollte und wenn die Regierungen nicht einfach Politik von heute auf morgen machen wollten, indem sie auf jedes Mißverständnis und auf jede Panne wertvolle Zeit verschwendeten.

»Die Vereinigten Staaten müssen sich entscheiden, ob sie weiterhin eine Führungsrolle in der Welt spielen wollen oder nicht. Wir in Europa haben einen Anspruch darauf, die Entscheidung bald zu kennen, denn wir haben unser Schicksal mit eurem verbunden. Und die Welt ändert sich sehr rasch. Jeder muß da sehen, wo er bleibt, wenn er den Anschluß an die Entwicklung nicht verlieren will!«

»Was verstehen Sie unter Führungsrolle in der Welt?« fragte Irvin zurück.

»Diese hat in erster Linie sicher nicht militärischer Natur zu sein«, antwortete Caspar Hilzinger, »wenn auch in unserer Welt auf die militärische Stärke nicht verzichtet werden kann. Aber den Problemen, denen wir in den kommenden Jahrzehnten gegenüberstehen werden, ist mit militärischer Macht nicht beizukommen. Es sind Probleme, die sich aus der Kluft zwischen Arm und Reich, aus dem Bevölkerungswachstum und aus der Anhäufung zerstörerischer Potentiale aller Art ergeben. Wir sind noch immer fixiert auf die militärische Bedrohung Westeuropas, wie sie unmittelbar nach dem Zweiten Weltkrieg entstanden ist. Inzwischen sind zusätzliche gefährliche Entwicklungen zu verzeichnen, die sich zwar an der Peripherie der freien Welt bewegen, die sie aber eines Tages vor böse Überraschungen stellen werden. Es sei denn, die Vereinigten Staaten und Europa zusammen, jeder auf seine Weise, wenden sich den neuen Problemen zu und versuchen, ihnen gerecht zu werden. Die Führungsrolle in der Welt, dessen bin ich ganz sicher, wird automatisch jenem Land oder jener Gruppe von Ländern zufallen, die die Antworten auf die Menschheitsprobleme von morgen erarbeitet haben und den Menschen Lösungen anbieten können. Denn weder die Kommunisten noch die Demokraten sind sich bisher darüber bewußt geworden, daß sie es in der Zukunft mit völlig neuartigen Problemen zu tun haben werden, die sie mit ihren bisherigen ideologischen oder machtpolitischen Instrumenten nicht lösen können. Eher werden sie mit den bisherigen Vorstellungen von Politik und Macht die Menschheit an den Abgrund treiben.«

Irvin hörte, nachdenklich geworden, mit großer Aufmerksamkeit zu. »Wie recht Sie haben! Sie können nicht wissen, daß das, was Sie gerade gesagt haben, mich schon lange bewegt. Aber es ist so ungeheuer schwer, neben den Routinegeschäften sich den Kopf freizuhalten für langfristige und grundsätzliche Überlegungen. Ich mache Ihnen einen Vorschlag: Wir bleiben in Zukunft in enger persönlicher Verbindung, um uns von Zeit zu Zeit speziell über diese Zukunftsprobleme des Westens zu unterhalten.«

Caspar Hilzinger stimmte zu. Er schien den richtigen Mann und den richtigen thematischen Einstieg gefunden zu haben, um wirkliche Konsultationen mit der Führungsmacht in Gang zu setzen. Die Reise nach Washington hatte sich offensichtlich gelohnt.

Bei Henry A. Kissinger herrschte allerdings ein anderer Ton. Deutscher von Geburt, Emigrant durch Schicksal und amerikanischer Republikaner aus Neigung – das ergab in seinem Falle eine merkwürdige, widersprüchliche Mischung des Temperaments, das noch durch die Attitüde des Professors verstärkt wurde. Als sich Caspar Hilzinger mit ihm ebenfalls über die notwendige Verbesserung der Konsultationsmechanismen im Bündnis unterhalten wollte, schnitt ihm Kissinger brüsk das Wort ab: »Darüber brauchen wir uns nicht zu unterhalten. Die Konsultationen mit den Verbündeten sind gut und ausreichend.« Dann hielt er eine Vorlesung über Entspannungspolitik aus amerikanischer Sicht.

Trotzdem reiste Caspar Hilzinger aus Washington ab mit der Aussicht, in Unterstaatssekretär Irvin die richtige Anlaufstelle für eine Vertiefung des Gesprächs mit der amerikanischen Regierung gefunden zu haben. Darin bestärkte ihn auch ein Gespräch mit Außenminister Bill Rogers, der wie immer freundlich und aufgeschlossen auf deutsche Anregungen reagierte. Es wurden damals allerdings schon Gerüchte kolportiert, die gegen Bill Rogers gerichtet waren und die, wie in solchen Fällen meist üblich, ihn lächerlich zu machen suchten. Caspar Hilzinger hat ihn als einen Gentleman kennen- und schätzengelernt, der für die Sorgen der Bundesrepublik stets ein offenes Ohr hatte und auch bei den Außenministertreffen der NATO oder im Rahmen der sogenannten Vierer-Treffen mit überlegener Ruhe vermittelte. Wie und durch wen er zu Fall gebracht worden ist, kann man in den Memoiren seines Nachfolgers Henry A. Kissinger nachlesen.

Kurze Zeit später erreichte Caspar Hilzinger die Nachricht, daß Unterstaatssekretär Irvin wieder in seine Anwaltskanzlei nach New York zurückgekehrt sei. Die neue Besetzung des Außenministeriums hielt nicht viel von Gesprächen unter Gleichen. Kein Wunder, daß die Mißverständnisse zwischen den USA und den europäischen Verbündeten wieder zunahmen. Mit publizistischen Veranstaltungen wie dem »Jahr Europas« können politische Differenzen nicht bereinigt und Probleme nicht gelöst werden. Auch nicht unter Freunden.

Wenn im Zuge der Afghanistan-Krise immer wieder eine globale Konzeption des Westens gefordert wurde, so mag wohl die Frage erlaubt sein, wie eine solche Konzeption entstehen soll, wenn nicht durch derartig enge und rückhaltlose Bemühungen, einer gemeinsamen Linie der Verbündeten nahezukommen, daß das Wort »Konsultationen« dafür zu schwach ist. Es müßten Gespräche sein, die vor den nationalen Tabus nicht haltmachen und nicht vor der Größe der Macht zurückschrecken. Eingedenk dessen, was Caspar Hilzinger in Washington gesagt hat: Die Führungsrolle in der Welt wird automatisch jenem Land oder jener Gruppe von Ländern zufallen, die Antworten auf die Menschheitsprobleme von morgen erarbeitet haben.

Die verlorene Sicherheit

Die Freigabe der Atomenergie bedeutet eine neue Macht, zu revolutionär, um innerhalb des Rahmens von alten Ideen betrachtet zu werden.

Harry S. Truman

Ich für meinen Teil habe nie an einen sogenannten begrenzten Atomkrieg geglaubt.

Roswell Gilpatric

Die Nutzung der Atommacht durch ganz Europa kann nur dann in Frage kommen, wenn eine europäische Nation geboren sein wird.

Alexandre Sanguinetti

CASPAR HILZINGER IST IM LAUFE SEINER BERUFSTÄTIGKEIT mit den Problemen der militärischen Nutzung der Atomenergie immer wieder in Berührung gekommen. Dabei hat sein Interesse nicht den militärischen Aspekten gegolten. Wohl aber hat er sich stets dafür interessiert, wie sich nukleare Verteidigungspolitik und Außenpolitik gegenseitig beeinflussen. Schon vor nahezu zwanzig Jahren schrieb der amerikanische Publizist Walter Lippmann: »Chruschtschow und Kennedy, Macmillan, de Gaulle und Adenauer arbeiten unter Bedingungen, die vom Zweiten Weltkrieg so verschieden sind, wie der Flug eines Jet-Flugzeugs von der Fahrt einer Dampflokomotive verschieden ist. Keinem von ihnen ist erklärt worden, wie Diplomatie im Atomzeitalter zu führen sei.«

Man könne den qualitativen Unterschied der strategischen Konzeptionen vor und nach der atomaren Entwicklung nicht ernst genug nehmen und nicht deutlich genug machen, meinte Caspar Hilzinger. Dabei sei die Existenz der Atombombe für sich allein genommen noch gar nicht das Entscheidende. Atombombe und hochentwickelte Beförderungssysteme zusammen hätten das strategisch-diplomatische Denken total revolutioniert oder es revolutionieren müssen.

Generalstäbe haben ja überall auf der Welt die Tendenz, ihre Planungen für zukünftige Konflikte mit den Erfahrungen von gestern auszustaffieren. Das ist verständlich, denn die Menschen sind ja keine Hellseher. Sich in die Geheimwissenschaft der Nuklearstrategie zu vertiefen, ist ein Abenteuer besonderer Art. Es setzt gute Fähigkeiten zum paradoxen Denken voraus. Nur starke Charaktere, mit scharfem Denkvermögen ausgestattet, sind vor der Gefahr gefeit, auf dem halben Weg stehenzubleiben, zu resignieren oder sich mit den groben, demagogischen Sicherheitsbegriffen zufriedenzugeben, die die Menschen in Sicherheit wiegen sollen.

Die erste und wichtigste Beunruhigung ergibt sich aus der Feststellung, daß es im nuklearen Zeitalter keine letzte Sicherheit für die Völker mehr gibt. Die Zeiten, da der Krieg als die Fortsetzung der Politik betrachtet werden konnte, sind zumindest für die atomaren Mächte vorbei. Das mochte zu einer Zeit gelten, als die Vorbereitung und die Führung eines Krieges zum Ziel hatte, die Zerstörung auf das Territorium des Feindes zu tragen und das eigene Land unversehrt zu erhalten. Der Angriff war damals die beste Verteidigung, weil auf diese Weise das gegnerische Heer vom eigenen Boden ferngehalten wurde.

Das alles gilt heute nicht mehr. Die Entfernung und Raum überwindenden Flugkörper, die mit Nuklearwaffen bestückt sind, tragen die Zerstörung über alle Grenzen und Hindernisse hinweg. Der Bombenkrieg gegen Ende des Zweiten Weltkriegs war ein kleiner Vorgeschmack der militärtechnischen Entwicklung, wie sie seither eingetreten ist. Selbst eine total zerstörte und besiegte Nuklearmacht kann noch atomar zurückschlagen und dem Gegner post festum die totale Zerstörung ebenfalls ins Haus tragen. Man nennt das »second-strike-capability«, das heißt: Ein Land schickt seine Raketen und Atombomben erst los, nachdem es Opfer eines nuklearen Angriffs geworden ist, von dem der Gegner glaubt, er habe total gewirkt.

Kein Wunder, daß sich die klügsten Köpfe der Welt seit Jahren darum bemühen, diesen Widerspruch aufzulösen, der darin zu sehen ist, daß es einerseits infolge der besonderen Eigenart der nuklearen Waffensysteme keine Sicherheit mehr gibt und daß andererseits immer mehr gerüstet wird. Es werden immer neue Theorien ersonnen, die das Unlösbare in einfache Wahrheiten verwandeln sollen. Gleichzeitig treibt die Angst die Menschen dazu, sich immer dickere und raffiniertere Knüppel zuzulegen, deren schiere Existenz wieder neue Angst erzeugt.

Man hat sich bereits daran gewöhnt, von Abschreckung anstatt von Sicherheit zu sprechen. Abschreckung ist eine höchst komplexe Sache. Sie besteht aus allem, was geeignet sein kann, den Gegner von militärischen Aktionen abzuhalten. Aber der Besitz von Atomwaffen allein erzeugt noch keine Abschreckung. Es muß beim Gegner noch das unbestimmte, unsichere Gefühl hinzukommen, diese Zerstörungsmittel könnten vielleicht tatsächlich eingesetzt werden, obwohl die Folgen für alle Beteiligten, auch für den, der sie zuerst abschießt, verheerend wären.

Da niemand glaubhaft voraussagen kann, er werde in einem bestimmten Fall das Land des Gegners und das eigene Land verwüsten, und dies auch kein normaler Mensch je glauben würde, ist es also die Ungewißheit, die Unsicherheit, die die Abschreckung hervorbringen muß. Oder, wie der amerikanische Präsident Ronald Reagan gesagt hat: »Einen Gegner sollte man jeden Abend vor der Nachtruhe in die Ungewißheit über die eigenen Absichten und Handlungen entlassen.«

Also ist auch die Abschreckung, nachdem es schon keine Sicherheit mehr gibt, eine sehr unsichere Sache. Ja, man muß sogar sagen, daß die Abschreckung um so größer ist, je überzeugender es gelingt, den Gegner in Unsicherheit zu halten.

Auch wenn man alle bestehenden Theorien und Strategien für den Einsatz nuklearer Waffen durchrechnet und zu Ende diskutiert, wird man zu dem Ergebnis kommen, daß diese Waffen nur den einen vernünftigen Sinn haben können, nicht eingesetzt zu werden. Sollten sie aber aus irgendeinem Grunde, aus Unvorsichtigkeit, aus Verrücktheit oder als letztes Glied einer katastrophalen Eskalation zum Einsatz kommen, so könnte vom Gewinnen des Krieges, von Sieg und anderen Denkrelikten früherer Jahrhunderte keine Rede mehr sein. Doch ist zu fürchten, daß die Völker diese Denkrelikte noch nicht überwunden haben.

Man mag die konventionellen Streitkräfte stark machen, wie dies die NATO verlangt und die Russen getan haben, oder den Nuklearstreitkräften alles opfern wie die Franzosen – man kommt nicht um die grundlegende Tatsache herum, daß die Nuklearwaffen einerseits den Krieg zwischen Nuklearmächten zum völligen Unsinn haben werden lassen, wenn Kriege jemals einen »Sinn« gehabt haben konnten; andererseits hat die Nuklearwaffe jedes Gefühl von Sicherheit in der Welt zerstört und, so paradox es klingt, bis heute den Krieg zwischen den beiden Allianzen in Ost und West verhindert.

Natürlich versuchen die Nuklearmächte, die Existenz der Atomwaffen, die sie ständig vervollkommnen, in ihre konkreten militärischen Planungen einzubauen und der Verteidigung dienstbar zu machen. Sie halten Herstellung und Aufrechterhaltung eines dynamischen Gleichgewichts für erforderlich, das heißt: Sie tun alles, um eben jene alleszerstörende Fähigkeit der Nuklearwaffen für ihre Verteidigung einseitig zu nutzen. Gleichzeitig stärken sie die nicht-nuklearen Streitkräfte in der Hoffnung, dann erübrige sich der Einsatz von Kernwaffen.

Aber sie können keineswegs sicher sein, daß nicht der konventionell Unterlegene in seiner Verzweiflung zu Nuklearwaffen greift. Und sie können auch nicht sicher sein, daß nicht der konventionell hochgerüstete und geostrategisch begünstigte Staat lebenswichtige Position des Gegners angreift, was diesen provozieren könnte, die Alles-oder-Nichts-Lotterie zu spielen.

Einige wenige Europäer empfanden von Anfang an ein starkes Unbehagen bei dem Gedanken, ihr Schicksal in den Händen der beiden nuklearen Weltmächte aufgehoben zu sehen. In Großbritannien ist erst gar nicht viel darüber diskutiert worden, ob sich das Land Atomwaffen zulegen solle; man hat es einfach getan. In Frankreich nahm schon vor de Gaulle der Wunsch, über eine eigene Atomstreitmacht zu verfügen, Gestalt an. Bereits 1956 schuf die Regierung Guy Mollet (Sozialisten) dazu die entscheidenden Voraussetzungen. Die Bundesrepublik Deutschland verzichtete 1954 gegenüber den westlichen Alliierten auf die Herstellung und den Besitz von Atomwaffen.

Es gibt ein altes französisches Sprichwort, das so recht geeignet ist, die Motive der Franzosen und Engländer zusammenzufassen: Man wird von niemandem so gut bedient, wie von sich selbst!

Caspar Hilzinger hatte schon frühzeitig auf die Probleme aufmerksam gemacht, die die Existenz der französischen und britischen Atomstreitkräfte aufwarf. Wenn solche Streitkräfte auf der einen Seite als zusätzliche Abschreckung angesehen werden könnten, so war doch auch als sicher anzunehmen, daß eine abschreckende Wirkung von ihnen nur ausgehe, wenn das politische Verhältnis zwischen diesen Ländern und der atomaren Hauptmacht USA sehr eng und vertrauensvoll sei. Treten politische Meinungsverschiedenheiten von Bedeutung auf, so bleibt den Ländern nichts anderes übrig, als sich nuklear abzukoppeln. In diesem Moment aber wird die Gefahr drastisch erhöht. In einem Spannungsmoment ist der nukleare Hauptgegner versucht, durch einen präventiven Schlag sich dieser kleinen unkalkulierbaren Störenfriede zunächst einmal zu entledigen, damit die Auseinandersetzung mit dem Hauptgegner nicht zusätzlich erschwert wird. Oder aber die kleineren Atommächte ziehen es vor, von Anfang an Friedensangebote zu machen.

Eines steht jedoch jenseits aller nukleartheoretischen Überlegungen fest: Die Verfügung über Nuklearstreitkräfte kann nicht mit jemand anderem geteilt werden. Die letzte Entscheidung bleibt demjenigen vorbehalten, der souverän über Leben und Tod seines Volkes entscheiden muß. Für Konsultationen ist da wenig Raum. Aus der Existenz der französischen und britischen Nuklearstreitkräfte ist ein unüberwindliches Hindernis für die europäische Einigung geworden, es sei denn, der große Sprung vorwärts würde gewagt werden. Aber das ist nicht in Sicht.

Im Januar 1962 hat sich Caspar Hilzinger in der Zeitschrift *Außenpolitik* unter dem Pseudonym »Michael P. Hägele« mit dem Spannungsverhältnis von nuklearer Glaubwürdigkeit und Diplomatie beschäftigt. Es ging ihm nicht um die militärischen Implikationen, sondern um die Frage, welche Konsequenzen die Diplomatie aus den militärisch-nuklearen Gefährdungen zu ziehen habe. Er war fest davon überzeugt, daß die Diplomatie im nuklearen Zeitalter in dem Maße existentielle Bedeutung für die Völker erhalte, wie die Massenvernichtungsmittel ihre Existenz in zunehmendem Maße bedrohten. Diplomatie als Gegengewicht gegen das Armagendo.

Caspar Hilzinger hat darüber nachgedacht, wie die »atomare Glaubwürdigkeit« zum Ausgangspunkt einer neuen Diplomatie gemacht werden könnte, einer Diplomatie, die die Atomstreitkräfte nicht einfach als eine superstarke Artillerie betrachtet, sondern als omnipräsente Bedrohung der Menschheit. Wenn alles von der atomaren Glaubwürdigkeit abhängt, sagte er sich, dann muß auch die Diplomatie die Mittel liefern, diese Glaubwürdigkeit objektiv zu befestigen und sie von der unzuverlässigen Natur des Menschen so weit wie möglich unabhängig machen.

»Staaten mit nuklearer Rüstung können in Zukunft nur noch zusammenleben (koexistieren), wenn sie sich über die Bedingungen einig oder zumindest im klaren sind, unter denen der jeweils andere Atomwaffen einsetzt. Diese Einigung oder diese Klarheit zu schaffen, ist die Hauptaufgabe der Diplomatie im nuklearen Zeitalter.«

So schrieb Caspar Hilzinger vor nahezu zwanzig Jahren. Ich meine, daß die technologische Entwicklung auf dem Gebiet der atomaren Bewaffnung bis heute seine grundsätzliche Feststellung nicht ungültig gemacht hat. Es ist heute dringender als damals, daß die Weltmächte die Vermeidung des nuklearen Krieges in den Mittelpunkt ihrer Diplomatie stellen. Diese Anstrengungen müssen mehr als bisher die paradoxen Wahrheiten und Mechanismen der Nuklearstrategie berücksichtigen. Die Weltmächte müssen wissen, unter welchen Bedingungen alles möglich ist.

Es sind hauptsächlich zwei alternative Arten des Vorgehens ins Auge zu fassen. Die erste ist darin zu sehen, daß eine Politik der Abgrenzung der Interessengebiete zwischen den Vereinigten Staaten und der Sowjetunion praktiziert wird. Der Block der Neutralen und Bündnisfreien wird vom atlantischen Bündnis und vom Warschauer Pakt garantiert und der Einmischung von außen, sei es auch durch Stellvertreter, entzogen. Waffenlieferungen in diese Gebiete unterliegen gemeinsamen, restriktiven Grundsätzen.

Eine dermaßen zwischen den Weltmächten ausgehandelte Demarkationslinie, die Ost und West und die neutrale Welt »auf der Grundlage der geschaffenen Lage« trennt, ist zugleich die atomare Gefahrenlinie von höchster Empfindlichkeit. Wird sie verletzt, ist automatisch der von allen Beteiligten im voraus definierte Casus belli eingetreten. Es handelt sich um ein Stück kodifizierter Abschreckung, bei der nicht die Ungewißheit der Abwehr, sondern die vereinbarte Reaktion im Mittelpunkt des Denksystems steht.

Eine solche Einigung hat zur Voraussetzung, daß der sowjetische Imperialismus, der sich als Subversion, nationaler Befreiungskrieg und als »brüderliche Hilfe« ausgibt, auf die weitere Expansion über eine vereinbarte Grenze hinaus verzichtet. Sie muß aber auch beinhalten, daß die Vereinigten Staaten darauf verzichten, ganze Regionen einseitig zu ihrem Einflußgebiet zu erklären. Sie müssen sich mit dem Gedanken vertraut machen, die Macht mit der Sowjetunion zu teilen, die mit ihrem Machtpotential gleichgezogen hat. Erst wenn es möglich ist, die beiderseitigen Interessengebiete zwischen Ost und West abzugrenzen und auf jegliche Subversion zu verzichten, ist die Voraussetzung und die praktische Chance für eine allgemeine und kontrollierte Abrüstung gegeben.

Wichtigste Voraussetzung einer solchen Politik ist aber die Anerkennung eines ideologischen Pluralismus. Das heißt, daß die Änderung eines politischen Systems eines Landes auf der Grundlage des Selbstbestimmungsrechts die Interessenverteilung globaler Art zwischen Ost und West nicht beeinträchtigen darf. Sie darf keiner der beiden Seiten den Vorwand liefern, die Basis der ganzen Einigung aufzukündigen.

Die zweite Alternative ist die wahrscheinlichere und beunruhigendere. Die Weltmächte sind nicht bereit, auf Expansion zu verzichten und die Verantwortung für den Weltfrieden zu teilen. Chruschtschow hat zwar das leninistische Dogma von der Unvermeidlichkeit des Krieges zwischen den beiden Systemen abgebaut, weil er offenbar glaubte, daß die freie Welt die Atombombe niemals zuerst einsetzen werde, und weil der dadurch erreichte Spielraum ihm die Möglichkeit geben sollte, die sowjetische Expansion mit konventionellen Mitteln voranzutreiben.

Wenn diese zweite Alternative obsiegen sollte, so ist leicht vorauszusehen, daß der Krieg zwischen den beiden feindlichen Systemen mit je einer Weltmacht als agierendem Hintergrund an irgendeinem Punkt der globalen Auseinandersetzung unvermeidlich wird. Und so wie die Dinge geographisch gesehen liegen, wird der Einsatz nuklearer Waffen stets für denjenigen eine Versuchung sein, der geostrategisch im Nachteil ist.

Caspar Hilzinger war stets überzeugt, daß es die Aufgabe einer aufgeklärten, des atomaren Faktums bewußten Diplomatie sei, die negative Alternative zu vermeiden. Er war sich darüber im klaren, daß Appelle und gute Worte nicht ausreichten. Das Interesse der beteiligten Staaten, also auch der Sowjetunion, mußte durch die friedliche Alternative gewahrt werden können. Er hat die Fähigkeit, sich in die Interessenlage des diplomatischen Gegners hineinzudenken, immer als eine Voraussetzung für den Erfolg der Diplomatie angesehen. Dies gilt hier ganz besonders.

Das tiefe Interesse aller Staaten, soweit sie über eine aufgeklärt rationale Führung verfügen, kann nur darin liegen, in einer enggewordenen und an Ressourcen deutlich begrenzten Welt das Wohlergehen ihrer Völker sicherzustellen. Das war bis zur Erfindung der Nuklearenergie durch Eroberungen und durch imperialistische Expansion möglich. Heute kann es nur durch wirtschaftliche Zusammenarbeit über alle ideologischen Grenzen hinweg erreicht werden. Nicht die Existenz der Atomenergie auf dem militärischen Gebiet ist die eigentliche Gefahr, sondern die in den Denkgewohnheiten und im Bewußtsein vergangener Jahrhunderte verharrende Menschheit.

Wenn die Kollision der Weltmächte an irgendeinem Punkt der globalen Auseinandersetzung vermieden werden soll, wird die Abgrenzung in Interessensphären der Weltmächte nicht genügen. Die wirtschaftliche Zusammenarbeit, wie sie zunächst im Ansatz der Helsinki-Konferenz konzipiert war, muß hinzukommen.

Die Helsinki-Konferenz von 1976 war allerdings der Zeitpunkt, da die amerikanische Regierung die Sorge um die Menschenrechte als außenpolitische Zielsetzung in den ersten Rang des internationalen Problemkatalogs erhob. Da mußte das Ziel, durch wirtschaftliche Zusammenarbeit zu mehr Verflechtung der Interessen zwischen Ost und West zu kommen, automatisch in den Hintergrund gedrängt werden. Mehr als das. Die Sowjetunion erhielt den Eindruck, als habe der kapitalistische Westen an einer der empfindlichsten Stellen des Sowjetsystems angesetzt, um sie zu isolieren.

In einem Vortrag in Frankfurt im Mai 1978 hat Caspar Hilzinger die Ansicht vertreten:

Die Menschenrechte können ihrer Natur nach nicht Gegenstand der Außenpolitik sein. Sie sind vielmehr Ausdruck des jeweiligen Zustands der Zivilisation. Je höher der Zivilisationsgrad einer Gemeinschaft ist, desto umfassender sind die Menschenrechte gesichert. Es wäre ein Irrtum oder eine Heuchelei zu erwarten, daß die Außenpolitik den Zivilisationsgrad der Staaten und Völker verbessern könne. Die Aufgaben der Außenpolitik sind bescheidener. Sie hat das friedliche Zusammenleben der Völker, wie sie sind, durch die Beachtung der Grundlagen und Spielregeln der Diplomatie sicherzustellen.

Diese gedankliche Klarstellung hat Caspar Hilzinger eine empörte Anfrage eines CDU/CSU-Abgeordneten in der Fragestunde des Deutschen Bundestages eingebracht. Es ist nicht so weit her mit unserer Fähigkeit, vorurteilsfrei zu denken.

In der Krise um Afghanistan und um den Iran, in denen der Kollisionskurs der beiden Weltmächte sich in beängstigender Weise abzeichnete, war dann nur mehr wenig von den Menschenrechten die Rede. Die Angst vor einem Krieg ließ die Menschen fragen, wo die diplomatischen Instrumente seien, mittels derer ein Minimum an Dialog zwischen den beiden Weltmächten wiederhergestellt werden könne. In normalen Zeiten führen die Besserwisser und Glaubenskämpfer auf allen Seiten das große Wort. Wenn aber das Gespenst einer großen Weltkrise sichtbar wird, wenden sich die fragenden Gesichter der Menschen den Diplomaten zu: Habt Ihr denn keine Lösung bereit? Wozu hat man denn Diplomaten?

Mit Weltkrisen verhält es sich wie mit schweren Infektionskrankheiten. Es geht ihnen eine Inkubationszeit voraus, in der der Patient keine Schmerzen verspürt. Und selbst wenn er das Gefühl hat, mit seiner Gesundheit stimme etwas nicht, verdrängt er die Symptome und geht nicht zum Arzt. Bis zum Ende der Chruschtschow-Ära konnte man sagen, daß der Westen von den Fehlern der Sowjetunion gelebt habe. Seitdem profitiert die Sowjetunion von den Fehlern und Versäumnissen des Westens.

Es war ein Fehler, Europa nicht als einen Bundesstaat, zuständig für Außenpolitik und Verteidigung, entstehen zu lassen; es war ein Fehler, den Aufbau einer mittelmeerischen Wohlstandssphäre nicht rechtzeitig in Angriff genommen zu haben; es war ein Fehler, in Vietnam das nachholen zu wollen, was schon den Franzosen mißlungen war und mißlingen mußte; es war ein Fehler, die Sowjetunion nicht in die Verantwortung einzubinden, die eine gemeinsame Lösung des Nahostproblems für sie mit sich gebracht hätte; es war ein Fehler, die Helsinki-Konferenz, die ein Instrument der wirtschaftlichen Zusammenarbeit hätte sein sollen, umzufunktionieren und aus ihr ein Instrument der Anklage gegen die Sowjetunion zu machen; es war ein Fehler, dazu noch die militärische Verteidigungsfähigkeit des Westens zu vernachlässigen.

Man kann realistischerweise nicht daran denken, daß es in absehbarer Zeit zu einer nuklearen oder konventionellen allgemeinen Abrüstung kommen wird. Die Zeichen weisen in die entgegengesetzte Richtung. Aber eines steht fest: Die relative Sicherheit im nuklearen Zeitalter kann nur durch die Mittel einer aufgeschlossenen, unbefangenen und phantasievollen Diplomatie gewährleistet werden. Sie darf sich nicht scheuen, neue Wege zu gehen. Eine Diplomatie, die in den Abgrund eines nuklearen Konflikts geschaut hat und die sich von dem, was sie gesehen hat, inspirieren läßt. Und trotzdem nicht verzweifelt.

Alle Menschen werden Brüder

Das Unrecht hat eine Niederlage erlitten, aber die übrige Welt
ist sich mehr als je zuvor der Majestät des Rechtes bewußt
geworden. Von nun an können Völker, die einander
beargwöhnten, als Freunde und Kameraden in einer einzigen
Familie zusammenleben, und sie wünschen, es zu tun.

Woodrow Wilson

WER DEN SITZ DER VEREINTEN NATIONEN in New York betritt, findet auf der rechten Seite der Eingangshalle eine schmale Tür, durch die der Besucher in einen völlig abgedunkelten Raum gelangt. Erst nach einiger Zeit, wenn sich das Auge an die Dunkelheit gewöhnt hat, zeichnen sich die Innenkonturen dieses Raumes ab, der den offiziellen Namen »Raum der Kontemplation« bekommen hat. Durch eine dünne Ritze in der Decke fällt ein einziger künstlicher Lichtstrahl auf einen sarkophagartigen Marmorquader. Sonst gibt es nur noch ein Bild von Picasso und ein paar Stühle. Neben der Eingangstüre ruht sich meistens ein Wachmann des Sekretariats aus, der aufpassen soll, daß der »Raum der Kontemplation« nicht, wie wiederholt geschehen, von Besuchern zum »Raum der Liebe« umfunktioniert wird.

Wer immer sich mit Idee und Organisation der Vereinten Nationen beschäftigt, sollte diesen pseudo-sakralen Raum aufsuchen, um dort darüber nachzudenken, wie oft in der Geschichte der Menschheit das Ideal des Friedens zwischen den Völkern herbeigesehnt worden ist und wie oft die gleichen Völker um den Frieden betrogen worden sind. Der künstliche Lichtstrahl, der aus einer anderen Welt zu kommen scheint, soll vielleicht eine Assoziation mit dem Pfingstwunder auslösen, aber er bleibt eben ein elektrischer Strahl aus einer Lichtmaschine, ganz diesseitig und ohne jede Spur des Göttlichen.

Schon 1784 hat Immanuel Kant seine »Idee zu einer allgemeinen Geschichte in weltbürgerlicher Absicht« niedergeschrieben. Angesichts der zahlreichen Verwüstungen, die die Kriege hervorgerufen haben, forderte er die Völker auf, »in einen Völkerbund zu treten, wo jeder, auch der kleinste Staat, seine Sicherheit und Rechte nicht von eigener Macht oder eigener rechtlicher Beurteilung, sondern allein von diesem großen Völkerbunde, von einer vereinigten

Macht und von der Entscheidung nach Gesetzen des vereinigten Willens erwarten könnte«.

Der Traum von einem solchen Bunde der Völker, in dem Recht vor Macht gehen sollte, hat über die Jahrzehnte fortgewirkt. Merkwürdigerweise wurden die Völker dann aus dem Schlaf gerüttelt, wenn die Welt wieder einmal voller Trümmer war. So war es nach 1918, so war es nach 1945.

Caspar Hilzinger kam mit den Vereinten Nationen in direkte Berührung, als er 1960 als Botschaftsrat an die dortige Beobachtermission der Bundesrepublik Deutschland versetzt wurde. Sein Aufenthalt in New York fiel mit zwei Ereignissen zusammen, die in der Folge die Problematik der Weltorganisation so deutlich werden ließen, daß jeder aufmerksame und unvoreingenommene Beobachter nachdenklich werden mußte.

Kein Geringerer als Nikita Chruschtschow gab auf der XV. Tagung der Generalversammlung das Signal für eine Änderung der bis dahin destruktiven und ablehnenden Grundhaltung der Sowjetunion gegenüber den Vereinten Nationen. Manche Leute registrierten damals lediglich, daß Nikita Chruschtschow den Schuh auszog, um damit auf den Pultdeckel zu klopfen. Vor lauter Naserümpfen über den ungehobelten Stil des Sowjetführers übersahen sie, daß er eine neue Politik der Sowjetunion in den Vereinten Nationen ankündigte. Während die Sowjetunion von 1946 bis 1960 die Sicherheitsratsbeschlüsse weitgehend sabotiert, in der Generalversammlung hinhaltenden Widerstand geleistet und sich im Sekretariat passiv verhalten hatte, wurde die sowjetische Politik damals auf das Stichwort Chruschtschows hin offensiv. Die von ihr fortan befolgte taktische Linie war für jeden, der das Verhalten kommunistischer Fraktionen in nationalen Parlamenten kannte, leicht zu deuten. Die Sowjets umarmten gerade in großer Zahl aufgenommene UNOMitglieder aus Asien und Afrika als ideale Partner einer angeblich kommunistisch-asiatisch-afrikanischen Interessenkoalition. Der Volksfronttaktik zuliebe wurden spezifische kommunistische Forderungen zurückgestellt und dafür eine parlamentarische Mehrheit mit Asiaten und Afrikanern angestrebt. Das Stichwort für die von der Sowjetdiplomatie unter Führung von Valerian Aleksandrowitsch Sorin unternommenen Anbiederungsversuche gegenüber den Entwicklungsländern lieferte das von Nikita Chruschtschow persönlich verkündete Losungswort vom »Kolonialismus«.

Die sogenannte Anti-Kolonialismus-Resolution bildete den ersten sichtbaren Niederschlag der neuen kommunistischen Politik. Diese Resolution, die mit aktiver Mithilfe der Sowjetunion zustande kam, wurde in den Augen der Afrikaner zur Magna Charta der Entkolonisierung. Als deren Protagonist sonnte sich die Sowjetunion in neuem Glanz. Die Gewährung der Unabhängigkeit, so sagte diese Resolution, dürfe keinesfalls verzögert werden, weil das betreffende Land für die Selbstregierung nicht reif sei. Damit hatten die Vereinten Nationen an einer bedeutenden Front der internationalen Politik die Grenze des Sinnvollen und des Vernünftigen bereits überschritten. Hinter dieser Grenze lag das internationale Chaos und für manche die Chance, im trüben zu fischen. Die Sowjets sahen ihre Chance darin, die Vereinten Nationen zu einem weltweiten parlamentsähnlichen Resonanzboden für ihre antiwestliche Agitation zu machen. Sie glaubten, damit eine Abstimmungsmaschinerie in die Hand zu bekommen, mit der der Westen Stück für Stück, Resolution für Resolution, in die Isolierung getrieben werden könnte.

Ironischerweise war es der Westen selbst, der bereits 1950 die Vereinten Nationen so weit umfunktioniert hatte, daß ein derartiger Mißbrauch durch pseudo-parlamentarische Mehrheiten möglich wurde. Wenn heute die Generalversammlung im Gegensatz zu den ursprünglichen Absichten der Verfasser der UNO-Charta zum wichtigsten Organ der Vereinten Nationen geworden ist, so muß man mit der Erklärung auf die Zeiten des Koreakrieges zurückgehen, als der damalige amerikanische Außenminister, Dean Acheson, der Generalversammlung einen Plan vorlegte, mit dessen Hilfe die durch das ständige sowjetische Veto gelähmte Sicherheitsmaschinerie wieder in Gang gesetzt werden sollte. Am 3. November 1950 wurde die sogenannte »Uniting-for-Peace-Resolution« angenommen. Sie sollte sich später unter veränderten politischen Bedingungen als eine der bedeutsamsten und folgeschwersten Entscheidungen der Generalversammlung der Vereinten Nationen herausstellen. Diese Resolution hat es möglich gemacht, einen durch ein Veto blockierten Beschluß des Sicherheitsrates vor die Generalversammlung zu bringen und ihn dort mit einer Zweidrittel-Mehrheit in Kraft setzen zu lassen. Die bis dahin dem Sicherheitsrat vorbehaltene Kompetenz der Friedenssicherung ist damit für bestimmte Fälle der Generalversammlung übertragen worden. Als dort aber als Ergebnis der Entkolonisierung weit über hundert

Entwicklungsländer agierten, agitierten, koalierten, formulierten, war aus den Vereinten Nationen als Instrument der Friedenssicherung plötzlich ein Instrument des globalen Klassenkampfes geworden.

Caspar Hilzinger war nicht viel Erfolg beschieden, wenn er versuchte, seine Kollegen in Bonn auf diese höchst bedenklichen Entwicklungen aufmerksam zu machen. Dem blauäugigen Idealismus in Sachen europäische Einigung stand damals eine ebenso blauäugige Gläubigkeit in die Vereinten Nationen gegenüber. Vielleicht war es die Erinnerung an das Dritte Reich, das dumm und hochmütig den Völkerbund verlassen hatte, vielleicht der Wunsch, möglichst bald Mitglied der Weltorganisation zu werden, obwohl damals niemand daran dachte, sie als Mitglied aufzunehmen; jedenfalls waren die Deutschen von den Vereinten Nationen begeistert.

In Übereinstimmung mit seiner Analyse, wonach die Vereinten Nationen im Entkolonisierungsprozeß eine zentrale Rolle spielten, konzentrierte Caspar Hilzinger seine Tätigkeit an der Beobachtermission auf die Kontakte zu den Kollegen aus den Entwicklungsländern. Er wurde dabei auf das tatkräftigste durch einen jüngeren Kollegen, Guido Brunner, unterstützt, dessen Dynamik und Beweglichkeit eine steile Karriere voraussehen ließ.

Wenn auch die vordergründige Aufgabe der deutschen Diplomaten zu der Zeit bei den Vereinten Nationen darin bestand, die DDR »draußen« zu halten, so war es langfristig gesehen doch ungleich wichtiger, den jungen Staaten Asiens und Afrikas sowie den Lateinamerikanern die Bundesrepublik Deutschland als einen leistungsfähigen und zuverlässigen Partner für morgen zu empfehlen. Caspar Hilzinger gab sich alle Mühe, mit den Vertretern der Dritten Welt ins Gespräch zu kommen. Er hat von diesen Kontakten viele angenehme Erinnerungen behalten.

Eines Tages suchte ihn der Vertreter der algerischen Exilregierung, Chanderli, auf, der schon vor der Unabhängigkeit seines Landes am Sitz der Vereinten Nationen ein beträchtliches Ansehen genoß. »Ich weiß von meinen algerischen Freunden, daß Sie sich in den schwierigen Zeiten unseres Kampfes um die Unabhängigkeit stets korrekt und mit Sympathie für unsere Sache verhalten haben. Sie haben damit dem Ansehen Ihres Landes einen Dienst erwiesen. Ich bin gekommen, um Ihnen für Ihre Arbeit hier an den Vereinten Nationen meine Hilfe anzubieten. Wie Sie wissen, haben wir unter den Delegationen Asiens, Afrikas und Lateinamerikas viele Freunde. Wenn ich für Ihre Kontakte mit diesen Kollegen von Nutzen sein kann, lassen Sie es mich wissen. Denn wir Algerier vergessen niemals denjenigen, der uns etwas Gutes erwiesen hat. Dem halten wir die Treue.«

Die Schützenhilfe durch Chanderli war von unschätzbarem Wert. Seine Einführung bei Delegationen der Dritten Welt bewirkte, daß sich der persönliche Kontakt ohne Mißtrauen entwickeln konnte. Auf diese Weise machte Caspar Hilzinger die Erfahrung, daß selbst auf dem diplomatischen Parkett Treue und Dankbarkeit nicht unbedingt diplomatische Floskeln zu sein brauchten.

Ein andermal hatte Caspar Hilzinger den Botschafter von Togo zusammen mit anderen ausländischen Diplomaten zum Abendessen eingeladen. An diesem Abend regnete es, wie es nur in New York regnen kann: Es goß in Strömen. Der Togolese kam und kam nicht, zum Ärger der Hausfrau. Schließlich setzte man sich ohne ihn zu Tisch, denn in den afrikanischen Ländern ist es nicht ungewöhnlich, daß Gäste auch nach Zusage fernbleiben oder ein paar Bekannte mitbringen, die nicht eingeladen sind. Die Pedanterie der Weißen bringt die Afrikaner höchstens zum Lachen.

Der Abend war schon fortgeschritten, da läutete es an der Wohnungstüre. Caspar Hilzinger öffnete. Draußen stand ein völlig durchnäßter Afrikaner, ein Bild des Jammers. »Was ist denn mit Ihnen passiert?« rief Caspar Hilzinger entsetzt aus, der erst jetzt den Botschafter von Togo erkannte.

»Es regnet schon den ganzen Abend sehr stark, und seit über einer Stunde versuche ich, ein Taxi zu bekommen. Aber Sie wissen ja, für einen Neger hält in New York kein Taxi, wenn es sonst genug zu fahren gibt. Bei jeder anderen Einladung wäre ich umgekehrt und zu Hause geblieben. Aber meine deutschen Freunde durfte ich nicht enttäuschen! So bin ich eben die ganze Strecke zu Fuß gegangen. Und jetzt bin ich hier.«

Caspar Hilzinger war gerührt und die übrigen Gäste beeindruckt. Hier kam der Vertreter eines afrikanischen Landes, das einst unter deutscher Kolonialherrschaft gestanden hatte. Zur angeblichen Unfähigkeit der Deutschen, ihre Kolonien zu verwalten, die 1918 als Vorwand für die Wegnahme diente, paßte dieser Akt spontaner Sympathie eines Togolesen für die Deutschen schlecht. Aber es kam noch besser, und mancher europäische Diplomat, dessen Land sich 1918 ein Stück deutscher Kolonien unter den Nagel gerissen hatte, mag an diesem Abend eine Lektion erhalten haben.

Der Togolese berichtete ausführlich und überschwenglich von der deutschen Herrschaft vor 1918. Streng, aber gerecht seien sie gewesen, diese Deutschen. Die Eingeborenen seien als Menschen geachtet worden. Das togolesische Volk sei noch heute stolz darauf, einmal zu Deutschland gehört zu haben. Und wörtlich fuhr er fort, indem er sich direkt an den britischen Gesandten wandte: »Wissen Sie, Sir, wenn bei uns einer etwas Schlechtes über die Deutschen sagt, bringt man ihn um, ja, man bringt ihn um!« Der britische Gesandte machte ein Gesicht, das ein wenig Furcht, ein wenig Herablassung und wohl auch ein wenig Neid gegenüber den Deutschen ausdrückte. Alles in allem: ein gelungener Abend.

DIE GANZE BANDBREITE DER PROBLEMATIK der Vereinten Nationen als Instrument der Friedenssicherung und als Hort der kleinen Völker gegenüber den Mächtigen kam in den beiden Generalsekretären, die Caspar Hilzinger persönlich gut kannte, am sinnfälligsten zum Ausdruck: Dag Hammarskjöld und U Thant.

Was muß man um des Wohles der Völker willen aus diesem Instrument machen? fragte der Idealist Dag Hammarskjöld. Unter welchen Bedingungen können die Vereinten Nationen vor dem Scheitern bewahrt werden? war die ständige Sorge des asiatischen Realisten U Thant.

Inzwischen residiert ein Österreicher als Generalsekretär im 38. Stock, hoch über dem East River. Die Ohnmacht der Weltorganisation, verbunden mit Wiener Charme; das hat den Vereinten Nationen gerade noch gefehlt. Es war geradezu unvermeidlich, daß der böse alte Mann aus Ghom dieser Wiener Mischung in der Iran-krise eine demütigende Abfuhr erteilte, obwohl Kurt Waldheim sich alle Mühe gab, wie man so schön auf wienerisch sagt, einen tiefen Diener vor der islamischen Revolution zu machen.

Dag Hammarskjöld war da aus anderem Holz geschnitzt. Sohn eines schwedischen Ministerpräsidenten, wandte er sich zunächst der diplomatischen Laufbahn seines Landes zu und brachte es bis zum Präsidenten der Staatsbank und dann zum Unterstaatssekretär des schwedischen Außenministeriums. Ein Hauch jenes so typisch skandinavischen Menschen- und Weltoptimismus ging von diesem schlanken, mittelgroßen, zurückhaltenden Manne aus, der einen Dichter wie Saint-John Perse zu seinen engsten Freunden zählte. Saint-John Perse ist manchen besser bekannt als Alexis Léger, der bis zum Zweiten Weltkrieg Generalsekretär des französischen

Außenministeriums gewesen war. Die Welt der Kunst und der Dichtung war die Dag Hammarskjöld gemäße Umgebung. Er sah zwischen den beiden Welten, der Kunst und der Diplomatie, keine Grenzen, sondern nur Berührungspunkte gegenseitiger Befruchtung.

Das wurde Caspar Hilzinger so recht deutlich, als Gustaf Gründgens und sein Ensemble mit dem »Faust« in New York gastierte. Es war eine Vorstellung, die dem New Yorker Anspruch, Weltklasse zu zeigen, gerecht wurde. Die geniale Theaterkunst Gustaf Gründgens' hatte den »Faust« in einen »Mephisto« verwandelt.

Dag Hammarskjöld war Ehrengast des Abends. Zum erstenmal nahm der Generalsekretär eine Einladung der deutschen Beobachtermission an. Beim Verlassen des Theaters bedankte er sich und sagte zu Caspar Hilzinger: »Dies war für mich das tiefste künstlerische Erlebnis, seit ich in New York lebe.« Er hatte sicher nicht einer gewissen diplomatischen Höflichkeit zuliebe übertrieben. Das war nicht seine Art. Wenn an jenem Abend in jenem New Yorker Theater ein Mensch die Schauspielkunst von Gustaf Gründgens in ihrer ganzen Subtilität verstanden und nachvollzogen hat, dann Dag Hammarskjöld. Der von Gründgens dargebotene Mephisto war eben kein plumper Teufel, sondern ein trauriger, gefallener Engel, der sich seiner hinterhältigen Erfolge bei den schwachen Menschen nicht so recht erfreuen konnte. Nicht der dynamische, vorwärtsdrängende, in seiner Unzufriedenheit ach so deutsche Faust konnte auf einen Mann wie Dag Hammarskjöld Eindruck machen, wohl aber der gefallene Engel Mephisto, der die Schwächen der Menschen benutzen muß und sie und sich selbst melancholisch verachtet.

Dag Hammarskjöld ist im Dienst für den Frieden bei einer Mission im Kongo auf tragische Weise ums Leben gekommen. Die Hintergründe sind bis heute nicht voll aufgeklärt. Er wollte die Einheit des Kongo erhalten, während andere glaubten, die Spaltung des Kongo erleichtere ihnen das Geschäft. Kann ein Mann für die Sache, die er vertritt, mehr geben als sein Leben? Jedes unschuldige Opfer für den Frieden steht in einem sinnvollen Zusammenhang mit der Geschichte, die sich über unsere Köpfe hinweg vollzieht. Wir sehen immer nur die wenigen Verknotungen in der Gegenwart eines Gewebes, das sich endlos ausbreitet.

Kurz vor seinem Tod äußerte sich Dag Hammarskjöld über die Zukunft der Vereinten Nationen. Einer statischen Konzeption der

Vereinten Nationen, die in ihnen lediglich eine Konferenzmaschinerie sehen will, stellte er eine dynamische Politik der Vereinten Nationen gegenüber. Eine statische Konzeption würde, das war seine Überzeugung, die Vereinten Nationen in den sicheren Niedergang führen. Die dynamische Politik hingegen sollte nach seinem Willen ihren Ausdruck in der Stärkung des Generalsekretärs und in der Aufstellung einer permanenten Friedensstreitmacht der Vereinten Nationen finden. Die strukturelle Schwäche der Vereinten Nationen, die sich aus dem fundamentalen Widerspruch ergibt, der im Begriff der »souveränen Gleichheit« der Mitglieder enthalten ist, sollte durch die Stärkung des Generalsekretärs überwunden werden.

Dag Hammarskjöld war ein zu nüchterner und klar denkender Mensch, als daß er nicht die Kluft gesehen hätte, die sich zwischen den souveränen Staaten, die nicht majorisiert werden können, und den Mehrheitsbeschlüssen der Generalversammlung auftat. Gerade weil er die Bedeutung der Macht in der Politik nicht unterschätzte, war sein Geist darauf gerichtet, die Mächte zu überspielen. So hat er gekämpft, und so steht er in unserer Erinnerung: ein Cherubim des Weltfriedens mit loderndem Geist und stumpfem Schwert.

Während Dag Hammarskjöld, ein hochentwickelter, differenzierter Ästhet, in der Welt der Kandinskys und Picassos daheim war, mit denen er die Räume im 38. Stock des Sekretariats ausgestattet hatte, liebte sein Nachfolger U Thant die ruhigen Bilder der Romantik und des 19. Jahrhunderts. Die unterschiedliche Kunstauffassung der beiden Generalsekretäre war nicht zufällig. Sie kennzeichnete das jeweilige Weltbild der beiden Persönlichkeiten und ihre geistige Struktur. Als U Thant in die Chefetage der Vereinten Nationen einzog, verschwanden die abstrakten Malereien unserer Zeit von den Wänden. Sie wurden durch naturalistische Gemälde des späten 19. Jahrhunderts ersetzt, die hauptsächlich liebliche Landschaften darstellten. Darauf angesprochen, sagte U Thant in einem Interview am 14. Oktober 1961, daß er kein Verhältnis zur modernen Kunst habe. Er fügte hinzu: »Sie ist so schwer zu verstehen.«

Seine Wahl zum Generalsekretär im November 1961, die die durch den Tod Dag Hammarskjölds eingetretene Vakanz beendete, löste denn auch eine gewisse Überraschung bei den Beobachtern aus. Sie war weniger auf seine bis dahin durchlaufene Karriere zurückzuführen, als auf die Erfordernisse der Ost-West-Wahlarithmetik. Man brauchte einen asiatischen Neutralen. Er kam aus Burma.

Die moralischen und geistigen Grundlagen des Buddhismus und der ostasiatischen Welt wurden von U Thant im Laufe seiner Amtsführung immer wieder betont. Der Gegensatz zwischen westlicher Philosophie, die nach seiner Auffassung den Intellekt einseitig entwickelte, und fernöstlicher Denkweise, die den inneren Menschen in den Mittelpunkt stelle, bildete eines der etwas vereinfachenden Denkschemen, die bei ihm immer wiederkehrten. Westliche Denker, sagte er einmal, hätten Jahrhunderte hindurch als Humanismus bezeichnet, was nur den Versuch, die Umwelt zu beherrschen, habe verschleiern sollen. Ziel des westlichen Menschen sei es gewesen, Ärzte, Ingenieure und Wissenschaftler heranzubilden und den Weltraum zu erforschen. Der fernöstliche Mensch versuche, die Wahrheit durch Kontemplation und Meditation zu erfahren. »Wir Asiaten«, meinte er, »sind mehr oder weniger mit der Entdeckung unserer selbst beschäftigt, und zwar auf Kosten der Kenntnis dessen, was außerhalb von uns vorgeht.«

Dementsprechend war auch sein Verhältnis zu den Vereinigten Staaten von Amerika distanziert. Große Amerikaner hätten zwar im Laufe der Geschichte Demokratie und Freiheit verkündet; doch sei der Einfluß Amerikas auf Asien gering geblieben. Die Erklärung dafür liege in der außerordentlichen Durchschlagskraft der Amerikaner, der Heftigkeit ihrer Reaktionen und ihrem Unvermögen, die asiatische Art zu denken zu verstehen. Geistige Toleranz sei wünschenswerter als intellektuelle Arroganz. Leben und leben lassen sei für das Glück der Völker weit wichtiger als Furcht und Mißtrauen.

Noch schlechter kamen bei U Thant die Europäer weg. Sie waren in seinen Augen mit der Todsünde des Kolonialismus behaftet. Sie hätten, so meinte er, aus der Entdeckung weiter Gebiete der Welt durch die Ausbeutung der Bodenschätze immensen Gewinn gezogen. Wenn auch die Kolonisierung asiatischer und afrikanischer Gebiete mit gewissen Verbesserungen des Lebens der Eingeborenen verbunden gewesen sei, so könne daraus keine moralische Rechtfertigung des Kolonialismus abgeleitet werden. Darüber hinaus sei der positive Einfluß der europäischen Zivilisation auf die Eingeborenen durch die weithin verbreitete Segregation wieder aufgehoben worden.

Auch gegenüber der Sowjetunion bewahrte sich U Thant ein bemerkenswert unabhängiges Urteil. Der Kommunismus habe sicherlich nichts an sich, was freiheitsliebende Völker anziehen könne. Aber er habe Ergebnisse erzielt, die selbst freiheitsliebende Völker aufhorchen ließen. Unter den Zaren hätten nur ungefähr 10 Prozent der Bevölkerung lesen und schreiben können. Jetzt seien es mindestens 90 Prozent. »Der wissenschaftliche Wettbewerb zwischen den Vereinigten Staaten und der Sowjetunion«, so sagte er, »wird mit der Zeit immer intensiver werden, und es gibt keinen Grund zu der Annahme, daß der Fortschritt von Wissenschaft und Technik irgend etwas mit den politischen und ökonomischen Ideologien eines Landes zu tun hat.«

Eines der wichtigsten, immer wiederkehrenden Leitmotive in den Äußerungen U Thants war der Gedanke, daß die Teilung der Welt in arme und reiche Nationen tiefgreifender und gefährlicher sei, als die ideologische Teilung zwischen der kommunistischen und der freien Welt. Er sah nur zwei Möglichkeiten für die fernere Zukunft. Entweder bereite sich der Westen auf das vor, was man den »Zusammenprall mit der farbigen Welt« nenne, indem er versuche, seine privilegierte Stellung gegen die asiatischen und afrikanischen Massen zu halten, oder er versuche, eine Art Weltgemeinschaft zu bilden mit einer angemessenen Verteilung der Reichtümer. Der wohlhabende Westen von heute könne mit den Aristokraten gegen Ende des 18. Jahrhunderts verglichen werden. Manche Aristokraten, wie die französischen, hätten damals die Herausforderung Kopf voran aufgenommen und seien zugrunde gegangen. Andere, wie die englischen, hätten eingesehen, daß sie mit ihren Gegnern vieles gemeinsam hätten und hätten überlebt. Das Überleben der westlichen Welt hänge davon ab, ob es ihr gelinge, mit den jungen Nationen und dem aufkommenden Nationalismus in Asien und Afrika zu einer Interessengemeinschaft zu gelangen.

Während U Thant auf der einen Seite alles tat, um die Bedeutung des Ost-West-Gegensatzes hinter dem Nord-Süd-Problem zurücktreten zu lassen, war er sich in seiner Amtsführung doch stets bewußt, daß die realen politischen Entscheidungen von den beiden Weltmächten bestimmt wurden. Es entsprach seiner praktischen einfachen Art, als Generalsekretär in erster Linie Probleme anzupacken, bei denen kein Interessengegensatz zwischen der Sowjetunion und den Vereinigten Staaten vorlag. Dem neutralistischen Block räumte er dabei eine besondere Rolle ein. Die ungebundenen Länder hätten einen »katalytischen und mäßigenden Einfluß« auszuüben. Ob wir es gern hätten oder nicht, er glaube, daß der Kommunismus bestehen bleibe, und er glaube auch, daß der Kapitalismus bestehen bleibe. So wie Buddhismus, Christentum, Islam, Hinduismus und alle anderen Religionen nebeneinander existieren würden, so glaube er auch, daß ein Tag kommen werde, wo die verschiedenen Gesellschaftsformen, die kommunistische, die kapitalistische, die sozialistische oder jede andere Art von Gesellschaft friedlich nebeneinander existieren könnten.

In den öffentlichen Äußerungen Dag Hammarskjölds wie auch U Thants spielte die Bedrohung des Weltfriedens durch die atomaren Arsenale der Weltmächte kaum eine Rolle. Das scheint auf den ersten Blick überraschend. Es wird wohl damit zu tun haben, daß den Vereinten Nationen in der Kuba-Krise 1962, als die beiden Atommächte aufeinander prallten, die Grenzen ihrer friedenserhaltenden Funktion in drastischer Weise aufgezeigt worden sind. Nicht einmal die Amtsräume durften die Vereinten Nationen zur Verfügung stellen, damit Russen und Amerikaner zu einer Lösung kommen konnten. Die Verhandlungen fanden außerhalb des Sitzes der Vereinten Nationen in New York statt. So werden wir uns wohl oder übel, friedenserhaltende Mission hin oder her, für die Zukunft an das halten müssen, was ein so erfahrener und weitblickender Diplomat wie Harold Nicholson schon 1961 gesagt hat: »Würde es wohl besser sein anzunehmen, daß die Zukunft der Welt von der Macht abhängt, die von der Sowjetunion und von den Vereinigten Staaten eingesetzt werden kann? Ich fürchte, daß ich außerstande bin, irgend etwas anderes zu empfehlen als diese brutale Wirklichkeit.«

Das Brot der anderen

Der Almosengeber opfert die anderen, das heißt, er gibt das, was den anderen gehört, denn das ist sein Überfluß.

Léon Bloy

Der Überfluß ist's, Herr, der uns verzehrt.

Bertolt Brecht

DURCH DIE KRIEGERISCHEN EREIGNISSE in Algerien Ende der fünfziger Jahre als politische Flüchtlinge in die Bundesrepublik verschlagen, hatten etwa 3000 Algerier hier Arbeit gefunden oder studierten an den Universitäten. Sie waren stramm organisiert und zahlten von dem wenigen, was sie besaßen, Beiträge für die Sache der Unabhängigkeit ihres Landes, manchmal freiwillig, manchmal unfreiwillig.

Der französischen Regierung waren die Algerier in der Bundesrepublik ein Dorn im Auge. Sie fing an, ihre Auslieferung zu betreiben, damit sie in Frankreich als Hoch- und Landesverräter abgeurteilt werden konnten. Denn Algerien galt ja als französisches Département wie jedes andere. Solange Caspar Hilzinger das Referat Westeuropa und Nordafrika verwaltete, konnte er sich mit Erfolg den Ausweisungen nach Frankreich widersetzen. Sie hätten für die meisten, so wie die Dinge damals lagen, den sicheren Tod bedeutet. Es war aber in jener Zeit nicht einfach, die Algerier vor der Auslieferung zu bewahren. Die Rücksichtnahme auf den französischen Bundesgenossen besaß politischen Vorrang, und auch der Generalbundesanwalt, der die Algerier wegen Geheimbündelei verfolgte, hatte ein Wort mitzureden.

Eines Tages fand eine Besprechung bei Hans Globke statt. Der Generalbundesanwalt verlangte freie Hand für die Verhaftung des Vertrauensmannes der FLN (Front de Libération Nationale) mit dem Ziel, gegen diesen ein Verfahren zu eröffnen. Vier Jahre Zuchthaus, meinte er, seien das mindeste, was herauskommen würde. Karl-Heinrich Knappstein vertrat das Auswärtige Amt, Caspar Hilzinger begleitete ihn.

Dem Auswärtigen Amt lag daran, die Zukunft der Beziehungen zu einem unabhängigen Algerien nicht im voraus zu belasten. Aber

171

Karl-Heinrich Knappstein machte keine Anstalten, dem Begehren des Generalbundesanwalts entgegenzutreten. Deshalb griff Caspar Hilzinger in die Beratung ein und sagte: »Es ist nicht Sache des Auswärtigen Amtes, zu den rechtlichen Aspekten Stellung zu nehmen, wohl aber zu den außenpolitischen. Jeder muß da seine Verantwortung wahrnehmen. Daher sagt das Auswärtige Amt nein zu dem geplanten Verfahren gegen Malek (Deckname des Algeriers). Wenn aber der Generalbundesanwalt die außenpolitische Verantwortung für die Folgen eines solchen Schrittes übernimmt, dann wird das seine alleinige Entscheidung sein. Das Auswärtige Amt hat dann dazu nichts mehr zu sagen.«

Bei der Aufforderung, die Verantwortung zu übernehmen, war der Widerstand zu Ende. Diesen Trick wendete Caspar Hilzinger in schwierigen Diskussionen immer wieder an, denn Verantwortung übernehmen wollte keiner. So endete auch diese Beratung wie das Hornberger Schießen.

Einige Jahre später war Malek der erste Botschafter Algeriens in der Bundesrepublik.

1958 SUCHTE EINES TAGES ein junger Abgeordneter der SPD Caspar Hilzinger im Auswärtigen Amt auf. Sein Name war HansJürgen Wischnewski. Er hielt die Verbindung zu den führenden Mitgliedern der algerischen FLN. In ihm fand Caspar Hilzinger eine wertvolle Unterstützung bei seinem Bestreben, die Beziehungen zum künftigen Staat Algerien nicht zu verbauen.

Hans-Jürgen Wischnewski meinte, er könne der Bundesregierung den Vorwurf nicht ersparen, daß sie für die Entwicklung unterentwickelter Länder nicht genug tue. Das sei eine Schande, meinte er wohl. Caspar Hilzinger war zwar nicht die richtige Adresse für eine solche Kritik, doch sah er in dem Verhältnis Westeuropa-Nordafrika eine entwicklungspolitische Aufgabe par excellence. Sein Eintreten für die Rechte der Algerier hatte indessen nicht nur menschliche Motive. Er dachte auch an die Notwendigkeit, die politischen Perspektiven einer Zusammenarbeit über den Algerienkrieg hinaus intakt zu halten. Daß am Ende dieses Krieges die Unabhängigkeit Algeriens stehen würde, stand für Caspar Hilzinger von Anfang an außer Zweifel. Freiheit und Unabhängigkeit kann man unterdrücken, aber nicht besiegen.

»Da muß ich Ihnen im Prinzip recht geben«, entgegnete Caspar Hilzinger auf Wischnewskis Hinweis. »Aber bevor wir darüber weiter diskutieren, müssen Sie mir eine Frage beantworten. Wenn wir wirklich Entwicklungspolitik betreiben wollen und nicht nur eine Alibi-Politik, dann müssen wir zehn bis zwanzig Prozent unseres Volkseinkommens einsetzen. Sind Sie bereit, dies im Wahlkampf Ihren Wählern zu sagen, und glauben Sie, daß Sie damit die Wahlen gewinnen können?«

»Natürlich nicht«, antwortete Hans-Jürgen Wischnewski. Es mag die Aufrichtigkeit dieser Antwort gewesen sein, die zwischen den beiden eine Verbindung hat entstehen lassen, die über viele Jahre hinweg nie abgebrochen ist.

Caspar Hilzinger hat es für eine Heuchelei gehalten, die krassen Unterschiede zwischen Industriestaaten und industriell nicht entwickelten Staaten mit genau jenen Mitteln beseitigen zu wollen, die sie hervorgerufen haben. Nachdem die Industriestaaten im 19. Jahrhundert die Rohstoffe jener Länder leicht ausbeuten konnten, weil diese nicht wußten, was sie wert waren, bestehen die aufgeklärten Methoden der Entwicklungspolitik darin, die Regierungen und Oberschichten an dieser Ausbeutung zu beteiligen.

Dafür hat man in Kauf genommen, die ursprünglichen Lebens- und Produktionsverhältnisse zu zerstören, einen Warenhunger anzustacheln, für den es keine hinreichende Kaufkraft gibt, und die Bevölkerung aus den ländlichen Gebieten als losgelöstes Proletariat an den Rändern der Städte als billige Arbeitskräfte anzusiedeln. Dort entsteht dann der politische Sprengstoff. Das wenige, das als Entwicklungshilfe gegeben wird, verstärkt die Zerstörung und fließt schließlich als Nettogewinn in die Taschen weniger oder gar wieder in die eigenen.

Es gibt kein Konzept einer Entwicklungspolitik, das die mittel- und langfristige Zukunft dieser Völker in den Mittelpunkt ihrer Bemühungen stellen würde. Alle Entwicklungspolitik, ob Kapitalhilfe oder technische Hilfe, geht von dem Ziel aus, diese Länder nach dem eigenen Bild zu gestalten und aus ihnen so bald wie möglich Industriestaaten zu schaffen. Der blinde Ehrgeiz mancher der Machthaber in Entwicklungsländern kommt einer solch kurzsichtigen Politik noch entgegen.

Im Frühjahr 1978, wenige Monate vor dem Ende des Schah-Regimes, hatte Caspar Hilzinger einem Gespräch mit Schah Reza Pahlawi beigewohnt, in welchem dieser die stolze Gewißheit verkündete, daß der Iran spätestens in zehn Jahren Staaten wie Frankreich oder die Bundesrepublik Deutschland hinsichtlich der industriellen Produktion überholt haben werde. Er glaubte, Öl sei alles, und der Westen bestärkte ihn in diesem Glauben. Ebenso wie der Osten. Alle lieferten, was der Schah haben wollte. Er bezahlte ja dafür. Und da er sich nicht beraten lassen wollte, dachte auch niemand daran, ihm einen Rat zu geben. Das Ende ist bekannt.

Zum Sturz des Schahs haben allerdings noch andere Faktoren beigetragen. Das Volk und an seiner Spitze die islamische Priesterschaft haben die mit der forcierten Industrialisierung verbundene Zerstörung der traditionellen Strukturen nicht mitgemacht. Und dann das vielleicht entscheidende Moment: Schah Reza Pahlawi war kalt bis ins Herz und verbreitete überall, wo er erschien, Kälte. Er liebte sein Volk auf seine Art: mit der Peitsche. Um die sozialen und kulturellen Folgen der Entwicklung solcher Länder zu meistern, braucht es Volkstribunen, die ihr Volk lieben oder wenigstens so tun.

Als nach der ersten Ölkrise von 1973 der Premierminister von Libyen, Jalloud, zu einem offiziellen Besuch in die Bundesrepublik gekommen war, brachte er eine imposante Liste von modernstem Kriegsmaterial mit, das er in der Bundesrepublik bestellen wollte. Libyen besaß ja Öl, viel Öl; also auch viel Geld. Caspar Hilzinger, der Jalloud aus einer früheren, sehr vertraulichen Begegnung nach dem Terrorakt bei den Olympischen Spielen in München gut kannte, hatte es übernommen, dem hohen Besucher die Bestellung von Kriegsmaterial auszureden.

»Für Ihre guten Dollars können Sie doch Kriegsmaterial kaufen, wo immer Sie wollen. Nur zu gern wird man Ihnen Angebote machen. Die Bundesregierung glaubt nicht, daß Kriegswaffen ein bevorzugter Exportartikel der Bundesrepublik sein sollten.

Sie werden auch genug Firmen finden in der Welt, die Ihnen mit Vergnügen ein Stahlwerk oder ein Elektrizitätswerk irgendwo in der Wüste hinstellen. Darum kann es doch nicht gehen. Selbstverständlich ist auch unsere Industrie an solchen Exporten interessiert. Wer soll denn aber in all den schönen Fabriken, die Sie jetzt kaufen können, später arbeiten? Glauben Sie nicht, daß Sie dazu ausgebildete Facharbeiter brauchen?

Aber das ist noch nicht alles. Haben Sie schon einmal darüber nachgedacht, was aus all den Fabriken und aus Ihrem Land werden wird in zwanzig, dreißig Jahren, wenn auch Sie kein Öl mehr haben? Wäre es da nicht besser, wir ließen zunächst einmal alle die alten Vorstellungen von Macht und Machtpolitik beiseite, setzten uns zusammen, um gemeinsam über die Zukunft unserer Länder zu beraten, zu planen und dann entsprechend zu handeln. Denn, davon bin ich tief überzeugt, es kann nur eine gemeinsame Zukunft geben.«

So habe noch nie ein Diplomat mit ihm gesprochen, meinte Jalloud. Er glaube, daß das der richtige Weg sei. Sein Land sei zu einer solchen Politik bereit.

Der weite Mantel, der aus Routine und Bequemlichkeit gewoben ist, hat sich später über das Gespräch gelegt. Es ist nichts gefolgt.

Wir machen es uns im Gespräch mit den Vertretern »exotischer« Völker zu leicht. Wer nicht denkt wie wir, ist ein Narr oder ein Traumtänzer. Zu einem Mann wie Muammar al-Gaddafi haben wir nie einen rechten Zugang gefunden. Wir haben uns auch nicht sonderlich darum bemüht, ihn zu verstehen. Wir reagieren erst, wenn die Gefahr akut ist, und sich die Kette verpaßter Gelegenheiten uns um den Hals windet.

Zum Jahresschluß 1978 sandte Muammar al-Gaddafi Briefe an die Staatsoberhäupter zahlreicher Länder, die dort, das darf man annehmen, eine gewisse Ratlosigkeit, vielleicht Kopfschütteln oder ironische Bemerkungen ausgelöst haben dürften. Dabei handelte es sich um Briefe, die zwar undiplomatisch gewesen sein mögen, aber das nachdenkliche Studium aller Empfänger verdient hätten:

Heute feiern wir das Ende des Jahres 1978, und wir beginnen das Neue Jahr 1979. Es sind seit der Geburt Christi, Sohn von Maria, diese Zahl an Jahren vergangen. Für uns soll dies kein Anlaß sein, uns der Trunkenheit hinzugeben. Vielmehr wollen wir in dieser Nacht das Buch Gottes lesen, um zu erfahren, was uns Gott durch seine Propheten offenbaren wollte.

Jesus Christus sagt:

»Jeder, der seinem Bruder zürnt, soll dem Gericht verfallen sein. Wer aber zu seinem Bruder sagt: Du Dummkopf!, soll dem Hohen Rat verfallen sein. Und wer sagt Du Narr!, der soll der Feuerhölle verfallen sein. Wenn du nun deine Gabe zum Altar bringst und dich dort erinnerst, daß dein Bruder etwas gegen dich hat, dann laß deine Gabe dort vor dem Altar und geh erst hin und versöhne dich mit deinem Bruder. Dann komm und bringe deine Gabe dar. Vergleiche dich eilends mit deinem Widersacher, solange du noch mit ihm unterwegs bist, damit der Widersacher dich nicht etwa dem Richter übergebe und der Richter dem Gerichtsdiener und du ins Gefängnis geworfen werdest ...

Wer dich auf die rechte Wange schlägt, dem halte auch die andere hin, und dem, der dich vor Gericht bringen und deinen Rock nehmen will, dem laß auch den Mantel. Und wer dich nötigt, eine Meile weit zu gehen, mit dem geh zwei ... Liebet euere Feinde und betet für die, die euch verfolgen, damit ihr Söhne eures Vaters im Himmel werdet, denn er läßt seine Sonne aufgehen über Böse und Gute und läßt regnen über Gerechte und Ungerechte...«

Bei Anlaß dieses Jahresfestes möchte ich Sie fragen, was die Nachfolger Christi aus diesen christlichen Geboten gemacht haben. Gerade diese Nachfolger Christi sind es, die Streit unter die gütigen Menschen tragen, sie verdammen und Haß zwischen sie säen. Und die Geschlagenen beten heute um Vergebung für die bösen Taten der Nachfolger Christi. So nehme ich das Fest des Jahreswechsels zum Anlaß, uns an diese Worte Christi zu erinnern.

Oberst Muammar al-Gaddafi.

Libyen produziert ein qualitativ hervorragendes Öl mit niedrigem Schwefelgehalt. Die Bundesrepublik Deutschland ist einer der bedeutendsten Abnehmer für libysches Öl. Aber das ist nicht alles, was die Beziehungen zu diesem Land und seinen Menschen ausmacht oder, besser gesagt, ausmachen sollte.

EINIGE JAHRE ZUVOR HATTE CASPAR HILZINGER den Auftrag, in Algerien zu sondieren, ob der Zeitpunkt für die Wiederaufnahme der diplomatischen Beziehungen wohl gekommen sei. Um seinen Argumenten Nachdruck verleihen zu können, war er befugt worden, den Algeriern einen Kredit in Höhe von 50 Millionen DM zu günstigen Bedingungen anzubieten. Der kleine, wortgewaltige Außenminister Bouteflika wies dieses Kreditangebot hohnlachend zurück. 50 Millionen DM, das entspreche dem Betrag, den Algerien jährlich für die Schulspeisung ausgebe. Ein solches Angebot sei geradezu beleidigend.

»Herr Minister«, antwortete Caspar Hilzinger, »ich habe Sie nicht beleidigen wollen. Und aufdrängen will ich Ihnen den Kredit schon gar nicht. Wissen Sie was, Sie nehmen die Beziehungen zu uns später auf, und ich nehme das Geld wieder mit. Aber eines müssen Sie wissen, wenn Sie unser Angebot mit der Schulspeisung vergleichen. Eine Million deutscher Arbeiter müßten für diesen Kredit 50 DM pro Kopf, das heißt etwa einen Taglohn, spenden für ein Land, das sie nicht kennen und dem sie nichts schuldig sind.«

Caspar Hilzinger hat hinterher Bouteflika wiederholt getroffen. Er gewann nicht den Eindruck, daß die Offenheit seiner Worte dem Verhältnis geschadet hätte, im Gegenteil. Schließlich hat Algerien, so wie alle anderen arabischen Länder, die Beziehungen später wieder aufgenommen. Dann allerdings ohne jede Vorbedingung und ohne die Zahlung von auch nur einer Mark.

Was konnte, meinte man es aufrichtig, in den Entwicklungsländern nicht alles geschaffen werden, würdig einer neuen Generation, die entschlossen war, Schwerter in Pflugscharen umzugießen? Süßwasser aus Meerwasser, Getreideanbau in der Wüste, Energie aus Sonnenstrahlung, Arbeit und Brot für Millionen. Kunden für übermorgen. Entscheidend außer dem Willen, die Jahrhundertaufgabe anzupacken, war das Wort »aufrichtig«. Diese Völker sind ohne Ausnahme durch eine jahrhundertelange Ausbeutung mißtrauisch geworden. Es bedarf vieler Beweise der Aufrichtigkeit, ehe sie den Industrienationen das Vertrauen schenken, das für eine gemeinsame Politik unerläßlich ist. Viele Vorurteile, Unkenntnisse und Mißverständnisse müssen überwunden werden, ehe sich der Prozeß des Lieferns und Bezahlens in ein Aufbauwerk verwandeln kann, Hand in Hand.

Der »Hand in Hand« geschaffene Aufbau mag als Utopie erscheinen, wenn man die Berge von Komplexen, Vorurteilen, Hochmut, Unverständnis und Arroganz betrachtet, die uns von diesen Völkern trennen, auch wenn freundliche Dankesbezeugungen für dies und das uns gelegentlich etwas anderes glauben machen wollen. Aber die Hindernisse können überwunden werden in dem Maße, wie wir einsehen, daß hier nicht Caritas im politischen Gewande gefordert ist, sondern Interessenpolitik des 21. Jahrhunderts, die die Interessen beider Seiten berücksichtigt. Ihre Philosophie ist einfach: Wenn es allen anderen schlecht geht, kann es mir allein nicht gut gehen; wenn es allen anderen gut geht, kann es mir allein nicht schlecht gehen.

Am Anfang einer jeden großen Politik steht die Utopie. Ohne Utopie, ohne Traum gibt es nur das tägliche Erledigen von Akten. So wie sie anfallen. Zugegeben, auch die administrative Bewältigung der Tagesaufgaben ist von großer Bedeutung und erfordert viel Kunstfertigkeit. Aber wenn über der Verwaltung nicht der mitreißende Atem einer vorausschauenden Politik weht, gleicht sie bald dem Trott jener Kamele, die mit verbundenen Augen das Pumpwerk artesischer Brunnen im Kreis herum antreiben. Dann wird der politische Betrieb zum Scheinbetrieb, Wechsel und Schecks werden ausgestellt, aber nicht eingelöst.

Da aber, wo die in die Zukunft weisende Idee den Verstand auf die Probe stellt und die Herzen höher schlagen läßt, werden jene Menschen herangebildet, die man zur Erfüllung der hochgesteckten Ziele braucht. Dem, der nur an Gewinn denkt, kann so etwas natürlich nicht einfallen. Er ist nur darauf bedacht, die Groschen der Tageskasse zusammenzuraffen und den Gewinn zu vermehren. Er kann nicht sehen – weil das Geld ihn verblendet –, daß ihr Gewinn durch den Verlust der anderen zunichte gemacht wird. Manchmal sieht es so aus, als habe der liebe Gott in den Mechanismus der internationalen Wirtschaftsbeziehungen ein immanentes Werkzeug der Gerechtigkeit eingebaut, das Inflation und Wechselkursverschlechterung heißt. Der einseitige Reichtum wird von der einseitigen Armut zerfressen, so wie auch die prächtigsten Häuser den Termiten nicht standhalten.

HEINRICH LÜBKE GEHÖRTE ZU DEN WENIGEN, die ein Herz für die Entwicklungsländer hatten. Und diese wußten das auch. Kam er mit ihnen ins Gespräch, so war sein erster Ratschlag stets: »Ihr müßt mehr Brunnen bauen!« Mancher höhere Beamte, der mit Entwicklungspolitik beschäftigt war, wird über diesen einfachen, so gar nicht auf der Höhe der Technologie stehenden Rat gelächelt haben. Aber die Menschen in Afrika wußten: Der meint es gut mit uns. Der redet nicht gescheit daher und um unsere Probleme herum. Der weiß, daß Wasser für uns alles bedeutet. Heinrich Lübke hat der Bundesrepublik in der Welt der Entwicklungsländer zu großem Ansehen verholfen. Seine sauerländische, steife, manchmal etwas unbeholfene Art wurde von den unverbildeten Menschen in Afrika und Asien als Zeichen seiner Aufrichtigkeit verstanden.

Im eigenen Land sind die Bemühungen Heinrich Lübkes milde und herablassend belächelt worden. Die Person selbst wurde im Sog einer häßlichen Kampagne immer mehr zerstört; es wurde Mode, sich über das Staatsoberhaupt lustig zu machen.

Zum letztenmal begleitete Caspar Hilzinger ihn 1968 auf einem Staatsbesuch nach Tunesien. Sein Wunsch war seit langem, eine Oase in der Wüste zu sehen. So lud die tunesische Regierung einen Teil der Delegation ein, mit einem Militärflugzeug zu einer 600 Kilometer südlich gelegenen Oase zu fliegen. Sie schien der Phantasiewelt des Karl May entnommen. Eindrucksvoll und wie ein Symbol der Entwicklungspolitik lag ein Stück fruchtbares Land da, von Palmen und Tümpeln umgeben, mitten in der Wüste.

Es gab dort auch ein Gästehaus für die Touristen, damit ihnen dieses romantische Stück Sahara-Landschaft nicht entgehen sollte. Heinrich Lübke ließ Caspar Hilzinger nach dem Abendessen durch seinen Persönlichen Referenten fragen, ob er Lust habe, mit dem Präsidenten noch ein Glas Wein zu trinken. Als Caspar Hilzinger den Raum des Präsidenten betrat, begrüßte ihn dieser mit den Worten: »Ich bin Ihnen dankbar, daß Sie bereit sind, mit einem Verbrecher wie mir an einem Tisch zu sitzen und ein Glas Wein zu trinken.«

So weit hatten es deutsche Massenmedien mit der Hetzjagd getrieben. Wie komplex auch die Vorgeschichte der Baracken für Konzentrationslager und ungeschickt seine Ratgeber gewesen sein mögen, in diesem Augenblick verspürte Caspar Hilzinger nur noch Mitleid mit dem Präsidenten der Bundesrepublik Deutschland – und auch mit der Bundesrepublik.

Von Sfax aus ging es in der Autokolonne zurück zur Hauptstadt. Caspar Hilzinger hat es immer als Zumutung für die einheimischen Menschen empfunden, wenn die Kavalkade von Regierungsautos auf staubigen Straßen an ihnen vorbeibrauste. Es stimmte ihn traurig, daß der Kontakt zu diesen Menschen nicht auf würdigere, menschliche Weise möglich sein sollte. Und die begleitenden Photojournalisten haben jedesmal dann noch die Illusion zerstört, als seien solche Besuche dem gastgebenden Volk gewidmet. Die Hauptsache war ja, ein paar Bilder mit exotischem Hintergrund nach Bonn zu bringen. Ein Staatsbesuch war offenbar mehr Innen- als Außenpolitik.

Etwa fünfzig Kilometer von Tunis entfernt hatten die örtlichen Behörden die Einwohner an die Straße geschickt, um die Deutschen zu grüßen. Caspar Hilzinger erinnerte sich an ein nicht abbrechendes Spalier von dichtgedrängten Menschen, vor allem jungen Menschen, Kindern, Jugendlichen, Insassen von Waisenhäusern in Uniformen zwischen acht und achtzehn Jahren, farbig, laut, fröhlich. Sie betrachteten die Fremden aus dem reichen Land mit großen, dunklen Augen, sie streckten ihre Arme zum Gruß, als ob sie sagen wollten: Werden diese Arme in fünf oder in zehn Jahren Arbeit finden? Was wird aus uns, wenn wir erwachsen sind?

Aber die Kavalkade der Regierungsautos brauste davon – dem nächsten Programmpunkt zu.

AM ABEND DIESES TAGES saß Caspar Hilzinger mit Willy Brandt in der Halle des Hotels, in dem sie untergebracht waren. Plötzlich unterbrach Willy Brandt sein Schweigen. »Herr Hilzinger, können Sie mir sagen, was das alles für uns bedeutet, die Eindrücke dieses Nachmittags, diese Massen von Kindern und Jugendlichen? Was bedeutet das für uns Deutsche?«

Caspar Hilzinger zögerte mit der Antwort. Er breitete seine innersten Gedanken nicht gerne aus. Aber auch ihn hatten die Bilder einer erwartungsvoll fragenden, aufgeweckten Jugend in diesem Lande innerlich aufgewühlt. Nicht die Staaten und Regierungen sind die wirklichen Partner der Entwicklungspolitik, ging es ihm durch den Kopf. Das sind die Völker und die Menschen. Denen muß man begegnen. Nicht in der Form von Denkschriften und Statistiken, sondern von Mensch zu Mensch. Es nützt nichts, wenn sie wissen, was wir wollen, sie müssen es spüren. Es muß eine Gewißheit werden: Das sind unsere Freunde!

Caspar Hilzinger antwortete Willy Brandt: »Herr Minister, ich habe immer bezweifelt, ob das deutsche Volk nach all den Verbrechen und moralischen Zerstörungen der Vergangenheit die Kraft haben würde, aus sich selbst heraus wieder gesund zu werden. Es würde die Städte und die Fabriken wieder aufbauen können, aber die Schäden an seiner Seele würde es nicht heilen können. Das glaube ich auch heute noch. Wenn die Deutschen vollständig von ihrer Vergangenheit gesunden wollen, dann brauchen sie eine Aufgabe, die größer ist als ihr eigenes Problem, eine Aufgabe, die ihnen sozusagen von außen her zuwächst. Ein Land von der Wirtschaftskraft der Bundesrepublik könnte auf der Grundlage fester politischer Abmachungen einem Land wie Tunesien entscheidend helfen, die Fragen dieser vielen jungen Menschen zu beantworten. Das wäre wirtschaftlich gesehen eine Kleinigkeit. Aber es wäre ein Beispiel für die ganze Welt. Seht her, könnten wir der Welt in Ost und West sagen, wie wir neue Maßstäbe setzen in einer Welt der Konkurrenz, des Neides und des Profits. In dem Maße, wie wir einem solchen Volk, den Jungen und den Mädchen, die heute die Straßen gesäumt haben, helfen, würden wir uns selbst neue moralische Impulse geben. Wir hätten eine Aufgabe, deren Bewältigung uns wieder mit Stolz erfüllten könnte. Das ist, glaube ich, die Botschaft, die dieser Tag für uns bedeutet.«

Caspar Hilzinger hatte sich in eine Begeisterung hineingeredet, wie es sonst nicht seine Art war. Der Grund lag wohl darin, daß er es stets beklagt hatte, daß die deutsche Jugend nach dem Zweiten Weltkrieg so arm an Idealen und Träumen geworden war. Hier hätte sich für sie mit der massiven Unterstützung des Staates ein weites Feld gefunden, das ihr den Respekt und vielleicht sogar den Dank der Welt eingebracht hätte. Willy Brandt hatte mit unbewegtem Gesicht zugehört. Nun sagte er, mit der ihm eigenen Bedächtigkeit: »Ach, wenn Sie doch recht behielten!«

Caspar Hilzinger wußte nur zu genau, daß es mit idealistischen Absichten nicht getan war. Das Problem, das in dem riesigen Einkommensunterschied zwischen industrialisierten und Entwicklungsländern bestand, betrachtete er als die große soziale Frage des kommenden Jahrhunderts. Eben erst waren die meisten Industrieländer dabei, ihr eigenes soziales Problem eines gerechteren Ausgleichs zwischen Arm und Reich einigermaßen zu lösen. Sie hatten 150 Jahre gebraucht, bis der heutige Stand des Sozialstaates erreicht war. Und noch gab es viel zu tun. Da meldete sich schon ein neues Sozialproblem, diesmal von globalem Ausmaß an.

Die Geschichte des Kampfes um mehr soziale Gerechtigkeit, die man gemeinhin als »Kampf der Arbeiterklasse« bezeichnet, liefert manchen richtigen Hinweis und manche gute Lehre für die Lösung des weltweiten Sozialproblems. Es stehen sich dabei zwar nicht Arbeitgeber und Arbeitnehmer gegenüber, wohl aber Regierungen reicher und armer Länder, die eine Art Tarifverhandlungen führen können.

Das soziale Problem, das im 19. Jahrhundert mit der Industrialisierung in Europa und in Amerika begonnen und erst in unserem Jahrhundert entscheidende Fortschritte gemacht hat, ist durch das Zusammenwirken von hauptsächlich drei Faktoren auf den heutigen Stand seiner Lösung gelangt: die Gewerkschaftsbewegung, die Zunahme des Sozialprodukts, das veränderte Verhältnis der Menschen untereinander. Streik, Aussperrung, Boykott sind ebenso Stationen auf dem Wege zu unserer heutigen Sozialordnung wie der steile Anstieg des Sozialprodukts. Der Anteil am Kuchen ist verhältnismäßig und absolut gewachsen. Aber entscheidend blieben die Menschen. Große Gewerkschaftsführer und weitsichtige Industrielle haben geschichtlich gesehen mehr zusammengewirkt, als dies nach außen hin den Anschein hatte.

Männer des Ausgleichs, die ihren Vorteil in einer gerechteren Welt nicht verkannten, sind vorangegangen. Sie konnten so oft in

181

schwierigen Lagen dem Ausgleich und der Vernunft das Wort reden, weil sie selbst im sozialen Gegner und Gegenüber den Menschen achteten. Das ist entscheidend.

Die Arbeiterschaft wollte keine Almosen, und die Entwicklungsländer wollen auch keine. Die Unternehmer brauchten mehr Produktivität und die Entwicklungsländer brauchen sie ebenfalls. Hier wie dort: bevor verteilt wird, muß produziert werden. Nur ein größeres Sozialprodukt bringt das alles hervor, dessen die Entwicklungsländer bedürfen.

Immer wieder fragte sich Caspar Hilzinger, warum die Lösung des Entwicklungsproblems seit Jahren keinen substantiellen Fortschritt gemacht hat, jedenfalls gemessen an den täglich neu entstehenden Schwierigkeiten. Es waren doch alle dynamischen Elemente vorhanden, die die Entwicklung hätten weiterbringen können. Die Völker in den Entwicklungsländern waren sich ihrer Lage bewußt geworden. Sie schlossen sich zusammen, um ihre Forderungen vorzutragen. Und sie bildeten Kartelle, die geeignet waren, ihren Forderungen Nachdruck zu verleihen. Und auch auf seiten der Industrieländer wuchs von Jahr zu Jahr das Verständnis für das Problem. Man hatte sich angewöhnt, statt vom Nord-Süd-Konflikt vom Nord-Süd-Dialog zu sprechen, gerade so, als wolle man die Katastrophe durch Beschwörungsformeln abwenden.

Diejenigen Unternehmer waren in der sozialen Frage ihres Landes die erfolgreichsten und die aufgeklärtesten, die rechtzeitig begriffen, daß soziale Gerechtigkeit keine Angelegenheit der Caritas und der Almosen ist, sondern ein Anliegen des eigenen, höchst materiellen Interesses. Das gute soziale Klima in der Bundesrepublik Deutschland in den letzten dreißig Jahren rührt nicht daher, daß dort bessere Menschen leben als anderswo, sondern daß die Menschen dort begriffen haben, daß es nichts Rentableres gibt als sozialen Frieden. Er hat nicht nur Hunderte von Milliarden erspart, sondern den wirtschaftlichen Wiederaufbau nach 1945 überhaupt erst ermöglicht.

Die karitative Konzeption der Entwicklungspolitik – wir müssen endlich 0,7 Prozent des Sozialprodukts aufbringen –, die dahin tendiert, immer mit den »Ärmsten der Armen« zu operieren, vernebelt lediglich das Problem in seinem ganzen ökonomischen Gewicht. Caspar Hilzinger hat als Staatssekretär des Auswärtigen Amtes viele Stunden mit Erhard Eppler zugebracht, wenn es galt, die sogenannten Schwerpunkte der Hilfe für ein Haushaltsjahr festzulegen. Wo sollten die Schwerpunkte gebildet werden, bei den »Ärmsten der Armen« oder bei den Schwellenländern, die vielleicht bald auf eigenen Füßen stehen konnten? Er vertrat den Standpunkt, daß die Entwicklungspolitik Teil der Außenpolitik sei. Wie diese habe sie das Ziel, die Freiheit und die Sicherheit der Bundesrepublik zu fördern. Da wir nicht die Mittel besäßen, die ganze Welt zu entwickeln, müßten wir uns auf Schwerpunkte beschränken. Da, wo die Notwendigkeit zur Entwicklung und das außenpolitische Interesse sich im Schnittpunkt befänden, sollte die Bundesrepublik einsteigen. Nicht symbolisch, sondern substantiell, damit die Außenpolitik darauf aufbauen könne.

Das war zugegebenermaßen kein pietistisch-ethisches Prinzip, sondern ein politisches. Eine Regierung ist indessen nicht dazu da, gute Werke zu vollbringen, sondern die Voraussetzungen dafür zu schaffen, daß ihre Bürger das tun können. Die Komplikationen im Mittleren Osten im Zuge der Ölkrise und der sowjetischen Expansion haben inzwischen ein gewisses Umdenken im realistischen Sinne eingeleitet.

Aber auch bei Anwendung der realistischen und politischen Kriterien in bezug auf die Schwerpunkte der Entwicklungspolitik sollten wir nicht den Fehler machen, in unserem geopolitischen Engagement in der Welt übers Ziel hinauszuschießen und die Aufgaben in Europa zu übersehen. Auch in Europa gibt es ein Nord-SüdProblem zu lösen. In der Europäischen Gemeinschaft hat es den schamhaften Namen »Regionalpolitik« erhalten. Die Wirklichkeit sieht doch so aus, daß große Landstriche in der Gemeinschaft in ihrer wirtschaftlichen und sozialen Struktur alle Zeichen eines Entwicklungslandes tragen. Auch bei uns in Europa sind die Reichen schneller reich geworden, als sich die Armen aus ihrer Misere befreit haben.

Damit liegen die Prioritäten fest, wenn man davon ausgeht, daß jede Außenpolitik, die sich nicht auf einen festen Untergrund zu Hause stützen kann, umsonst ist. Europäische Entwicklungspolitik kann nur heißen, daß die wirtschaftliche, soziale und politische Konsolidierung der europäischen Umwelt Vorrang hat. Entwicklungspolitik heute kann nicht heißen, diesem oder jenem Land ein paar Tonnen Milchpulver, einem anderen einen Flughafen und einem dritten ein paar Fischereiboote zu spendieren. Zunächst muß die Armut dort beseitigt werden, wo sie für die Freiheit und Sicherheit Europas direkt gefährlich ist.

Wie in einer Folge konzentrischer Kreise müssen der Mittelmeerbereich, der Nahe und Mittlere Osten und schließlich Teile Afrikas zu einer Sphäre der Zusammenarbeit und der wachsenden wirtschaftlichen Stärkung zusammengeschlossen werden. Unsere Aufgabe kann nicht sein, den indischen Subkontinent oder Lateinamerika zu entwickeln. Das liegt für andere näher. Auch ginge es über unsere Kraft hinaus oder bliebe eine unehrliche Alibi-Politik. Unsere Aufgabe muß sein, Europa unmittelbar mit einem Kranz von Ländern zu umgeben, die in der sichtbar erfolgreichen Zusammenarbeit mit der Europäischen Gemeinschaft ein erstrebenswertes und langfristiges Ziel sehen.

Dies alles kann natürlich nur geschehen auf der Grundlage klarer politischer Abmachungen über die Grundhaltung der betreffenden Länder im Verhältnis zueinander. Niemand kann verlangen, den Gegner von morgen aufzuziehen. Das muß klar sein. Und dazu sind auch die meisten Mittelmeerländer durchaus bereit. Dies darf aber keinesfalls so verstanden werden, als sei eine konstruktive Mittelmeerpolitik oder eine konstruktive Entwicklungspolitik eine Neuauflage der Heiligen Allianz mit dem Ziel, die derzeitigen Regime um jeden Preis zu stabilisieren. Es bleibt das Recht der Völker, über die Art, regiert zu werden, selbst zu entscheiden.

Das Mittelmeer hat die zentrale Rolle in unseren Überlegungen zu spielen, sofern es nicht schon zu spät ist. Wir müssen es sehen wie einen Familientisch, um den herum die einzelnen Mitglieder dieser Familie sitzen. Wie in jeder Familie gibt es Unterschiede. Es gibt Große und Kleine, Arme und Reiche, Begabte und Unbegabte, Christen, Juden, Moslems und Gottlose. Wie unterschiedlich sie auch sein mögen, sie alle bilden eine Familie. Sie sind stärker miteinander verbunden, als sie das heute wahrhaben wollen. Sie werden ihre Zukunftsprobleme gemeinsam meistern, oder sie werden miteinander untergehen.

Die präferentiellen Abmachungen der Europäischen Gemeinschaft mit einer großen Zahl von Entwicklungsländern (Lomé I und II) und auch der begonnene, in der Zwischenzeit aus politischen Gründen leider abgesackte europäisch-arabische Dialog sind Schritte auf dem richtigen Weg. Aber das ist nicht genug. Die Zeit drängt. Es fehlt der politische Impuls. Es fehlt das mutige Konzept. Regierungen, Minister und Diplomaten gehen umeinander herum, statt aufeinander zuzugehen. Und die Völker sind schlecht informiert über ihre Lage.

Ein Afrikaner rettet
die deutsche Einheit

Der Gott Afrikas, meine Mutter,
Wird ihre Freunde kennen und Verfolger,
Die Welt gesittet machen,
Sie das Geheimnis zu leben lehren und zu sterben.

Ezekiel Aphalele

NACH DEM SCHEITERN der Europäischen Verteidigungsgemeinschaft, ab Mitte der fünfziger Jahre, verfügte die Bundesregierung über keine außenpolitische Konzeption mehr. Was sie auf dem Gebiet der Außenpolitik unternahm, war durch die Pariser Verträge und eine milde Abhängigkeit von den drei westlichen Alliierten vorgezeichnet. Auch für die Außenpolitik galt: keine Experimente!

Es war bequem, alte, mit jedem Tag unwirklicher werdende Ziele zu proklamieren und einer – wie manche glaubten – staatserhaltenden Hypokrisie zu huldigen. Dies gab dem Volk die notwendige Ruhe, sich ungestört dem wirtschaftlichen Wohlstand zuwenden zu können. Wer jedoch in der Außenpolitik kein konkretes und vor allem realisierbares Ziel im Auge hat, läuft im Kreis herum, so schnell und angestrengt er auch laufen mag.

Diese bequeme Politik der geschichtsbewußten Proklamationen verfügte über ein schlagfertiges, eingeübtes diplomatisches Instrument. Das muß man ihr lassen. Das Instrument funktionierte besser als die dazugehörende Politik. Die Nichtanerkennungspolitik wurde durch das Auswärtige Amt wie von einer Berufsfeuerwehr gehandhabt. Beim geringsten Geruch nach Anerkennung der DDR durch einen dritten Staat trat der Löschzug in Aktion.

Keiner fragte so recht, wozu diese Übungen eigentlich gut sein sollten, denn eine Friedensvertragskonferenz mit Deutschland war am Horizont nicht auszumachen. Und die Bemühungen, die Anerkennung der DDR zu verhindern, absorbierten viel diplomatische Energie – und manche Million Deutscher Mark.

Ja, wäre eine Verhandlung über einen Friedensvertrag für Deutschland auch nur in der Ferne zu erwarten gewesen, hätte es seinen guten Sinn gehabt, dabei von der Mehrzahl der Staaten als die einzig anerkannte Treuhänderin eines Gesamtdeutschland am Konferenztisch erscheinen zu können. Das konnte nach 1955, nach

Abschluß der Pariser Verträge und nach dem Eintritt der Bundesrepublik in das atlantische Bündnis, nur noch ein Tor oder ein Träumer erhoffen. Die Bundesrepublik hatte sich, aus welchen Gründen auch immer, für den Westen entschieden, war fest an ihn geschmiedet. Sie durfte daher nicht davon träumen, ein Spiel mit mehreren Bällen zu spielen, an dessen Ende die Wiedervereinigung hätte stehen können.

Die Tätigkeiten der Auslandsvertretungen waren derart auf die Nichtanerkennungspolitik konzentriert, und Abwehrreaktionen gegen die drohende Anerkennung der DDR waren den Beamten sosehr in Fleisch und Blut übergegangen, daß der Abwehrreflex fast automatisch erfolgte. Die Botschaften in aller Welt wetteiferten miteinander, wer das Gras zuerst wachsen hörte. Eine falsche, meist von sowjetischen Beamten der UNO in das Jahrbuch der Vereinten Nationen hineingeschmuggelte Nomenklatur der DDR löste ganze Offensiven von Worten und Papieren aus.

Auch die Urheber dieser famosen politischen Strategie stritten unter sich, wem wohl der Lorbeer für die abgeschlagenen Angriffe gebühre. War es Professor Wilhelm Grewe, der sich die Sache ausgedacht haben soll, war es Professor Walter Hallstein, nach dem die Doktrin benannt worden war? Heinrich von Brentano sah sich jedenfalls veranlaßt, in einem Brief an Konrad Adenauer festzustellen, daß es eine Doktrin dieses Namens nicht gebe; es handle sich um die Politik der Bundesregierung.

Caspar Hilzinger wunderte sich, wie sich jemand geschmeichelt fühlen konnte, als Erfinder einer solchen politischen Strategie zu gelten. Ihr war doch das Scheitern auf längere Sicht vorauszusagen. Entweder es gelang, die Staaten der Welt von der Anerkennung der DDR auf unbestimmte Dauer abzuhalten, dann mußte der zu zahlende Preis für dieses Entgegenkommen ständig steigen und dazu noch die bevormundeten Regierungen zunehmend verärgern. Oder die Forderung an die Staaten der Welt, sie sollten sich ja nicht einfallen lassen, die DDR anzuerkennen, blieb erfolglos; dann mußte diese Politik mit der Selbstisolierung der Bundesrepublik enden.

1960 war man an der Spitze des Auswärtigen Amtes noch weit davon entfernt, sich derart ketzerische Fragen zu stellen. Das Prinzip der Nichtanerkennung mußte triumphieren, koste es, was es wolle. Was diese Politik eingetragen hat, ohne an der Ausgangslage der Deutschlandpolitik auch nur ein Jota zu ändern, konnte an den deutsch-arabischen Beziehungen fünf Jahre später abgelesen werden. Sie waren auf Jahre hinaus zerstört worden. Dabei hätte die Unabhängigkeit zahlreicher afrikanischer Länder eine günstige Gelegenheit bieten können, vom untauglichen Roß der Nichtanerkennungspolitik herunterzukommen. Aber das hätte die Prinzipientreue jener unterschätzen heißen, die damals im Auswärtigen Amt das Sagen hatten. Es gab auch für die Afrikaner kein Pardon, die mit der deutschen Teilung gewiß nichts zu tun hatten. Wer nicht hören wollte, der mußte fühlen.

Im Juni 1960 bestand im Gebiet von – bis dahin – BelgischKongo mit der Hauptstadt Léopoldville ein provisorisches Exekutivkomitee, das aus Eingeborenen zusammengesetzt war und unter Vorsitz des belgischen Generalgouverneurs den Übergang zur nationalen Unabhängigkeit des Kongo vorzubereiten hatte. Die Beratungen über die Gestaltung der auswärtigen Beziehungen des künftigen Staates warfen bei der Frage, welche Länder zu den Feiern der Unabhängigkeit eingeladen werden sollten, das Problem des Verhältnisses zur DDR auf. Sollten deren Vertreter zu den Feiern eingeladen, sollte sie diplomatisch anerkannt werden?

Im Generalkonsulat in Léopoldville wurde man hellhörig. Sollte eine Anerkennung der DDR möglich sein unter Vorsitz unseres Verbündeten Belgien in der Person des Generalgouverneurs Cornelis? Der dachte mehr daran, die Kommunisten – oder was er für solche hielt – von der Macht fernzuhalten, als an die Sorgen der Bundesrepublik. Das deutsche Generalkonsulat in Léopoldville war über das, was sich hinter den Kulissen vorbereitete, um so erstaunter, weil es davon zum erstenmal durch einen kongolesischen Politiker und nicht durch den Generalgouverneur erfuhr. Wie dem auch sei, es roch brenzlig nach Anerkennung der DDR. Das Generalkonsulat berichtete sofort nach Bonn.

Das Auswärtige Amt wollte da seinerseits nichts anbrennen lassen. Aber was tun? Hilger van Scherpenberg, der Staatssekretär, kam auf den Gedanken, Caspar Hilzinger in den Kongo zu schicken. Der sollte dort nach dem Rechten sehen, das hieß, die Einladung der DDR und ihre Anerkennung durch die Kongolesen verhindern. So einfach stellte sich das aus Bonner Perspektive dar.

Caspar Hilzinger war zu der Zeit Referent für Westeuropa und den Maghreb. Mit Schwarzafrika hatte er bis dahin noch nichts zu tun gehabt. Aber man traute ihm offenbar zu, auch im unwegsamen Gelände am Kongo die Politik der Bundesregierung mit Erfolg zu vertreten. Den seit Jahren im Kongo von den Belgiern mit einem Exequatur ausgestatteten Generalkonsul verband eine patriarchalisch untermalte Zuneigung mit den Eingeborenen, die er als »meine lieben Mohren« zu bezeichnen pflegte. Mit den Führern der kongolesischen Unabhängigkeitsbestrebungen knüpfte er frühzeitig Verbindungen an, die Caspar Hilzinger bei seiner zweiwöchigen Mission von praktischem Nutzen sein sollten.

Jedermann weiß, daß Belgien, dem allgemeinen Trend zur Entkolonisierung folgend, den Kongo überstürzt und unvorbereitet in die Unabhängigkeit entlassen hat. Caspar Hilzinger konnte sich davon überzeugen, als er Mitte Juni 1960 in Léopoldville eintraf. Auf dem Flugplatz begrüßte ihn ein Vertreter der Eingeborenen mit den Worten: »Wie, Sie sind nicht mit einem Jet gekommen? Wissen Sie, ich fliege nur im Jet!«

Caspar Hilzingers Prestige als deutscher Diplomat schien schon auf dem Flugplatz angegriffen. Wer im Urwald nicht mit einem Jet ankommt, ist wohl nichts Besonderes.

Dieses Gefühl der Afrikaner im allgemeinen und der Kongolesen im besonderen, nach der Erlangung der Unabhängigkeit liege sozusagen die Welt zu ihren Füßen und alles stehe ihnen zur Verfügung, begegnete Caspar Hilzinger bei seinem Aufenthalt in Léopoldville auf Schritt und Tritt. Die Afrikaner erwarteten die Unabhängigkeit wie ein Spielzeug, das noch viel Freude bereiten würde.

In den Gesprächen mit den Belgiern klang es hingegen ganz anders. Der erste Besuch galt dem Vertreter des belgischen Außenministeriums, de Ridder. Er war dem Generalgouverneur erst vor einigen Monaten beigegeben worden, um diesen in den internationalen Implikationen der Unabhängigkeit des Kongo zu beraten. Das war sicherlich keine leichte Aufgabe. Der Generalgouverneur vertrat die beharrenden Interessen der Belgier: Wie, wir sollen hier alles stehen und liegen lassen und dieses Land, das wir aufgebaut haben, einem Haufen von Ignoranten übergeben? Niemals! Was wissen denn die in Brüssel davon, wie es hier wirklich aussieht? Sollen wir noch dazu beitragen, daß dieses riesige und reiche Land im Herzen Afrikas dem Kommunismus anheimfällt, damit er Europa eines Tages nur um so leichter überfluten kann? Niemals! Wir werden die Gräber unserer Eltern in afrikanischer Erde nicht im Stich lassen.

Der Vertreter des Außenministeriums mußte die Dinge anders sehen, nämlich zukunftsbezogen. Der Entkolonisierungsprozeß war nicht mehr aufzuhalten, hier nicht und anderswo nicht. Da war es schon richtig, das beste daraus zu machen.

Caspar Hilzinger wies de Ridder in einem zweistündigen Gespräch darauf hin, daß die belgische Regierung und die Bundesregierung Sorgen wegen der politischen Entwicklung des zukünftigen Kongostaates hätten, wenn auch verschiedener Art. Belgien wolle die Souveränität auf den künftigen Staat ohne große Erschütterungen übertragen. Die Bundesregierung sehe die Gefahr, daß die neu zu bildende kongolesische Regierung oder das bereits bestehende Exekutivkomitee die Sowjetzonenregierung in Deutschland zur Teilnahme an den Unabhängigkeitsfeierlichkeiten einladen könnte. In einer solchen offiziellen Einladung und in der Anwesenheit einer Sowjetzonendelegation sehe die Bundesregierung bereits den Vollzug der völkerrechtlichen Anerkennung des Sowjetzonenregimes und sei in einem solchen Falle gezwungen, die sich daraus ergebenden Konsequenzen zu ziehen, nämlich den Kongostaat ihrerseits nicht anzuerkennen.

Seine Entsendung nach Léopoldville sei, so Caspar Hilzinger, in völligem Einvernehmen mit der belgischen Regierung erfolgt. Zwischen den belgischen Sorgen und den Befürchtungen der Bundesregierung dürfe es keine Kollision geben.

Der Bundesregierung sei daran gelegen, unsere belgischen Verbündeten und Freunde ihrer vollen Loyalität zu versichern und sie darüber unterrichtet zu halten, welche Gespräche in Léopoldville geführt würden. Die Frage der Nichtanerkennung sei aber für die Bundesregierung von so überragendem Interesse, daß sie aus politischen Gründen nichts unversucht lassen wolle, um eine Einladung der Sowjetzone und die daraus entstehenden Folgen abzuwenden.

De Ridder schien über die deutschen Absichten sehr erschrokken. Er fürchtete, der Generalgouverneur solle in unserem Sinne tätig werden. Der belgischen Seite, gab er zu verstehen, sei es leider nicht möglich, für eine Regelung dieser Frage im Sinne der Bundesregierung tätig zu werden. Wenn sie es täte, müsse man todsicher mit einer negativen Reaktion der Kongolesen rechnen. Zwischen dem kongolesischen Exekutivkomitee und den belgischen Behörden im Kongo bestehe kein Vertrauensverhältnis. Wenn ein Vorschlag von belgischer Seite gemacht werde, sei dies für die Kongolesen Grund genug, ihn abzulehnen. Außerdem schränke der labile und unzuverlässige Charakter der Kongolesen den Wert jeder etwaigen Zusage schon dadurch ein, als sie 24 Stunden später abgestritten oder als nichtexistent erklärt werden könne.

De Ridder hatte offenbar unterschätzt, daß die deutsche Seite in der Behandlung junger afrikanischer Regierungen das belgische paternalistische Rezept schon lange hinter sich gelassen hatte. Spätestens seit 1918. Es gehe keineswegs darum, führte Caspar Hilzinger aus, die guten Dienste des Generalgouverneurs in dieser Sache in Anspruch zu nehmen, wenngleich wir glaubten, annehmen zu dürfen, daß die belgischen Behörden niemals die Hand dazu leihen würden, eine Einladung an die Sowjetzonenregierung weiterzuleiten. Der Bundesregierung sei vor allem darum zu tun, mit den verantwortlichen kongolesischen Politikern direkt ins Gespräch zu kommen. Von diesen hänge schließlich die weitere Entwicklung im Kongo ab.

Botschafter de Ridder nahm diese Mitteilung mit sichtlicher Erleichterung auf. Er gab sogar Caspar Hilzinger einige wertvolle Hinweise. Die Tatsache, daß die Bundesregierung einen Sonderbotschafter in den Kongo entsandt habe, der speziell für Gespräche mit kongolesischen Politikern gekommen sei, werde auf die Kongolesen einen günstigen Eindruck machen, da sie sehr auf ihr Prestige bedacht seien. Die Mission werde ihnen schmeicheln. Völkerrechtliche oder formaljuristische Argumente solle man nicht vorbringen. Die Kongolesen könnten ihnen sowieso nicht folgen. Keinesfalls solle man mit Konsequenzen drohen, die aus der Einladung der Sowjetzone entstehen könnten. Gleichwohl müsse man sie vor ihre Verantwortung stellen.

Mit solchen Ratschlägen wohl ausgerüstet, glaubte Caspar Hilzinger nun in Einzelgespräche mit gut einem Dutzend der führenden Kongolesen eintreten zu können. Doch da verlangte der Generalgouverneur Cornelis, den deutschen Vertreter zu sehen. Dort hörte er allerdings einen anderen Glockenton. Während de Ridder sich als verständnisvoller, feinsinniger Kollege erwiesen hatte, schien der Generalgouverneur die ganze Palette der üblichen Vorurteile gegen die Flamen zu bestätigen: grobschlächtig, vierschrötig, unhöflich und in unerlaubter Weise direkt.

Was das eigentlich solle, fragte er, in diesem Moment einen Vertreter der Bundesregierung in den Kongo zu entsenden. Als ob er nicht schon genug Probleme am Hals habe. Er könne nicht einsehen, was der Kongo mit dem Deutschlandproblem zu tun haben solle. Wenn diese schwarzen Herren des Exekutivkomitees die Absicht hätten, die Sowjetzone zur Unabhängigkeitsfeier einzuladen, so sei das deren Sache. (Er verschwieg allerdings, daß bereits ein entsprechender Beschluß unter seinem Vorsitz gefaßt worden war.) Kurz und bündig erklärte er Caspar Hilzinger, er solle zusehen, daß er den Kongo so bald wie möglich wieder verlasse, je schneller, desto besser.

Dieser war indessen nicht von der Sorte, die sich so schnell einschüchtern läßt. Bei solchen Gelegenheiten kam ihm der alemannische Dickschädel zustatten (wobei nicht verschwiegen werden soll, daß dieser ihm bei anderen Gelegenheiten auch Nachteile eingetragen hat). Er erklärte dem Generalgouverneur, daß er nicht gekommen sei, um sich mit dem Kongoproblem zu befassen, sondern einzig und allein, um einen Auftrag der Bundesregierung auszuführen, zu dem übrigens die belgische Regierung ihr volles Einverständnis gegeben habe. Er empfehle dem Generalgouverneur, in Brüssel Rückfrage zu halten. Im übrigen habe er die Absicht, die führenden kongolesischen Politiker einzeln zu sprechen. Jeder habe seiner Verantwortung gerecht zu werden. Cornelis habe den Übergang auf die Unabhängigkeit zu bewerkstelligen und er, Caspar Hilzinger, den Auftrag, die Zukunft der deutsch-kongolesischen Beziehungen nicht verbauen zu lassen.

So weit seien wir noch lange nicht, meinte der Generalgouverneur mit verbissener Miene. Alles sei äußerst ungewiß und gefährlich. Eine solche Mission eines europäischen Landes gefalle natürlich den Kongolesen, sie schmeichle ihnen und stärke ihnen den Rücken. Er sei nach wie vor gegen die Gespräche. Er werde sich mit Brüssel in Verbindung setzen. Bis dahin solle Caspar Hilzinger nichts unternehmen.

Auf Caspar Hilzingers Frage, wie sich der Generalgouverneur bei einer solchen Einschätzung der Kongolesen die weitere Entwicklung vorstelle, antwortete dieser: »Die weitere Entwicklung? Das kann ich Ihnen sagen. Wir sind durch die internationale Entwicklung gezwungen worden, den Kongolesen die Unabhängigkeit zu gewähren, obwohl sie darauf in keiner Weise vorbereitet sind. Wir werden sie ihnen geben, diese Unabhängigkeit. Aber ich sage Ihnen im voraus, in spätestens vier Wochen werden sie auf den Knien angerutscht kommen und uns bitten, die Macht wieder zu übernehmen, weil sie mit dem bis dahin entstandenen Chaos nicht fertig werden. Das wird die weitere Entwicklung sein!«

Caspar Hilzinger brach das Gespräch ab. Es hatte wenig Sinn, einem solchen Mann klarmachen zu wollen, daß der Mensch auch dann die Freiheit wählt, wenn sie mit Armut verbunden ist. An keiner Station der Entkolonisierung hat der Westen diese Grundwahrheit begriffen. Er hat deshalb viele Fehler gemacht und sich viele Fehleinschätzungen geleistet, die sich erst später bemerkbar machen sollten.

Die Kongolesen sind nicht auf den Knien angerutscht. Die Schwierigkeiten sind heute nicht geringer als damals. Leute vom Schlage eines Cornelis verstehen weder die Natur des Menschen noch den Gang der Geschichte. Mensch und Geschichte sind so eng mit der Freiheit verknüpft, wie es sich dieser Generalgouverneur gar nicht vorstellen konnte.

Nun begann für Caspar Hilzinger eine lange Reihe von Einzelgesprächen mit kongolesischen Politikern im Hause des Generalkonsuls. Keiner von ihnen wollte je den Gedanken an die Einladung oder gar an die Anerkennung der Sowjetzone geäußert haben. Alle schworen Stein und Bein, daß für sie nur die Bundesrepublik Deutschland als Partner in Frage komme. Das würden sie bei der nächsten Sitzung des Exekutivkomitees schon klarstellen. Darauf könne sich der Botschafter aus Deutschland verlassen. Allerdings würde es gut sein, auch mit Patrice Lumumba zu sprechen. Der kenne sich in diesen Fragen besser aus.

Nach den ersten Gesprächen gab es für Caspar Hilzinger keinen Zweifel, daß auf kongolesischer Seite Patrice Lumumba die entscheidenden Fäden in der Hand hielt. Lumumba schien für ihn jedoch zunächst unerreichbar. Er ließ sich verleugnen.

Caspar Hilzinger gelang es aber mit Hilfe des Generalkonsuls, an einen der engeren Freunde von Patrice Lumumba heranzukommen. Dieser, Mpolo, war ein gutaussehender, junger Afrikaner, der das Ziel hatte, die kongolesische Jugend nach der Unabhängigkeit in einer Massenorganisation zusammenzufassen. Ihn interessierte es nicht, wer die Sowjetzone anerkannte und wer nicht. Er wollte die technischen Mittel, um seine Jugendorganisation aufziehen zu können. Wer ihm diese gab, der Osten oder Westen, war ihm gleichgültig.

Nun war Caspar Hilzinger befugt, auch schon einmal eine kleinere finanzielle Zusage zu machen, wenn dadurch das Undenkbare der Anerkennung der DDR vermieden werden konnte. Auf dieser Grundlage fingen die beiden an, Pläne zu schmieden, wie man mit Hilfe deutscher VW-Busse, Lautsprecheranlagen und Filme an die

Im Jahre 1950 begann die diplomatische Laufbahn des Autors als
Persönlicher Referent des damaligen Generalkonsuls Wilhelm
Hausenstein in Paris. Angesichts des verständlichen Mißtrauens
gegenüber den Deutschen war die Aufgabe kein »Honigschlecken«. 1958 mußte Konrad Adenauer ermutigt werden,
der Einladung de Gaulles nach Colombey-les-deux-Eglises
zu folgen. Er reiste hin, »aufs Schlimmste gefaßt«. Am Ende
seines Lebens hat er Charles de Gaulle als seinen Freund
bezeichnet. Das Foto zeigt den Verfasser mit dem französischen
Staatspräsidenten beim Staatsbegräbnis für Konrad
Adenauer in Köln.

1784 hatte Immanuel Kant die Völker aufgefordert, »in einen
Völkerbund zu treten«. Nach dem Zweiten Weltkrieg – Wilsons
Völkerbund war gescheitert – begann mit der Organisation der
»Vereinten Nationen« der zweite Versuch. Obwohl die
Bundesrepublik in New York nur eine Beobachtermission
unterhalten konnte, war der damalige Botschaftsrat Paul Frank
bemüht, Kontakte vor allem zu Staaten der Dritten Welt zu
knüpfen (bei einem Gespräch mit dem indischen
Ministerpräsidenten Jawaharlal Nehru, der die Politik der
»blockfreien Staaten« betrieb).

Sondermission in Korea. 1967 hatte der koreanische
Geheimdienst in der Bundesrepublik lebende Landsleute
heimlich nach Korea verbracht, um sie wegen angeblicher
kommunistischer Umtriebe, Spionage und Landesverrat zur
Rechenschaft zu ziehen. Ende 1968 befanden sich noch sechs
Koreaner in Haft. Im Auftrag des damaligen Außenministers
Willy Brandt fuhr der Verfasser nach Seoul. Nach langwierigen,
zähen Verhandlungen wurde die schrittweise Freilassung der
sechs Koreaner, unter ihnen der Komponist Isang Yun, erwirkt.
Das Foto zeigt den Beginn einer der dramatischen Höhepunkte
in der diplomatischen Laufbahn Paul Franks: die Übergabe des
Beglaubigungsschreibens als Sonderbotschafter an Staats-
präsident Park Chung-Hee im Januar 1969.

Gromyko: „Soll ich nachlegen?"

Die Vertragspolitik mit dem Osten war wesentlicher Bestandteil
der neuen deutschen Außenpolitik der sozial-liberalen Koalition
seit 1969. Die schwierigen Verhandlungen mit den Russen, in
denen auch die Architektur der Verträge mit Warschau und Prag
praktisch festgelegt wurde, waren von Egon Bahr in
Sondierungsgesprächen mit dem sowjetischen Außenminister
Andrej Gromyko vorbereitet worden (Bahr-Papier). Die
rhetorischen Lockerungsübungen vor den Besprechungen
(S. 196 oben von links Karl Wienand, Paul Frank, Egon Bahr,
Andrej Gromyko, Walter Scheel, Guido Brunner, Valentin
Falin) konnten über die zuweilen festgefahrenen Verhandlungen
im Palais Spiridonowa (S. 199 oben) und das Klima (oben) nicht
hinwegtäuschen. Für Entspannung gab es wenig Raum (S. 196
unten Staatssekretär Frank und Außenminister Scheel beim
Billard im Gästehaus auf den Lenin-Hügeln, S. 198 Bahr, Frank
und Brunner vor dem Kreml). Am Ende siegte aber die Einsicht,
daß bessere Beziehungen im Interesse beider Länder lägen. Die
Ratifizierungsurkunden konnten zwei Jahre nach den Moskauer
Verhandlungen in Bonn von Valentin Falin und Paul Frank
ausgetauscht werden (S. 199 unten).

198

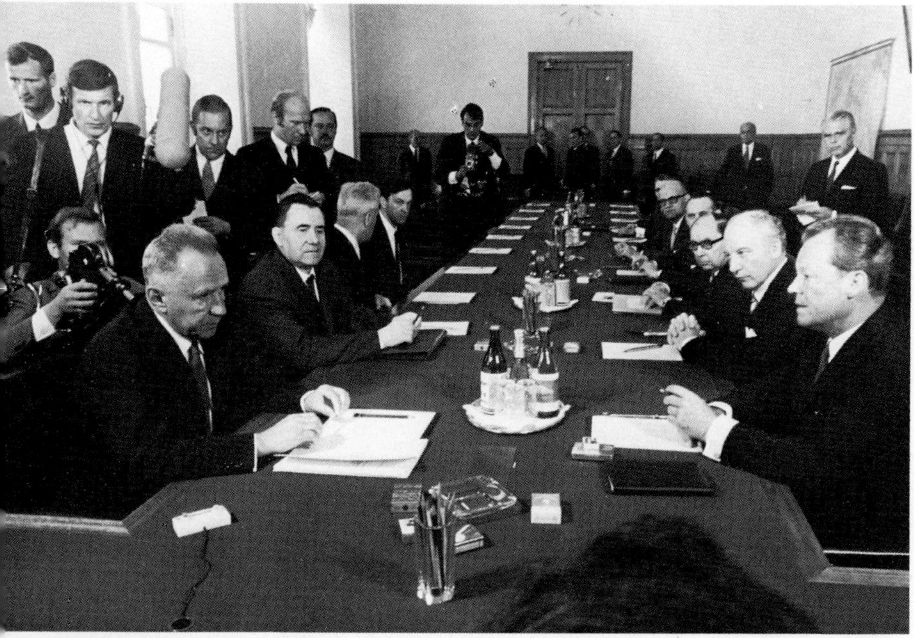

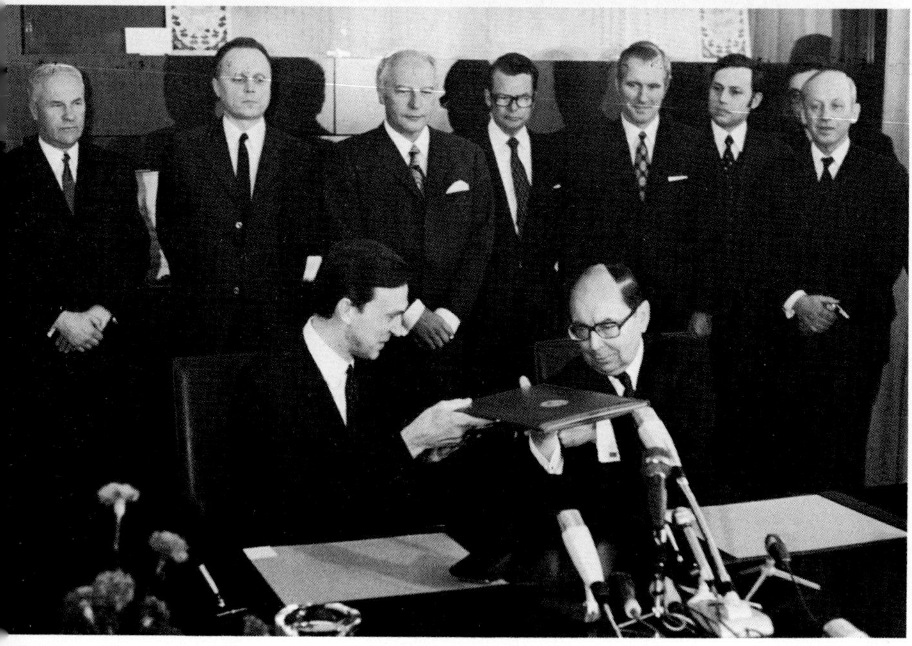

Der vielleicht schwierigste Teil der neuen Bonner Ostpolitik –
die Verhandlungen mit Warschau – begann im Herbst 1970 nach
Abschluß des Moskauer Vertrages. Nach Auschwitz – unten der
Besuch des Bundesaußenministers mit dem Verfasser im
ehemaligen Konzentrationslager – mußte es darum gehen,
neben einem ausdrücklichen Verzicht auf Gewalt als Mittel der
Politik den Polen Sicherheit durch Feststellung ihrer Westgrenze
zu vermitteln. Auf deutscher Seite war auch von großem
Interesse, was mit den in den Ostgebieten verbliebenen
sogenannten »Volksdeutschen« geschehen solle. Das Bild oben
zeigt den Verfasser mit dem heutigen Außenminister Polens,
Czyrek.

Verhandlungen in Prag: »Es ist nicht einfach, mit Vertretern eines Volkes hart verhandeln zu müssen, für das man Mitgefühl empfindet wegen des Unrechts, das ihm angetan worden ist.« Ziel der Verhandlungen war es, für die Ungültigkeit des Münchener Abkommens eine Formulierung zu finden, die Gewähr bot, daß die Diskussion nicht am Tage nach der Unterzeichnung des Vertrages wieder von neuem aufflammte. Das Münchener Abkommen wurde für »nichtig nach Maßgabe dieses Vertrags« erklärt. Die Fotos zeigen eine Delegationssitzung mit von links – Frau Finke-Osiander, Paul Frank, Dedo von Schenk und dem deutschen Geschäftsträger Heipertz, rechts vorne der stellvertretende tschechoslowakische Außenminister Jiri Götz (oben); S. 202 oben Götz und Frank, unten der Verfasser beim tschechoslowakischen Außenminister Chnoupek.

»Lassen Sie uns gemeinsam alles tun, damit sich so etwas
zwischen unseren Völkern niemals wiederholt!« Breschnews
Aufforderung bei seinem Besuch der Bundesrepublik
Deutschland im Mai 1973 ließ erkennen, daß die Erinnerung an
den Zweiten Weltkrieg zwar nicht verblaßte, die Ostverträge
aber doch eine Grundlage für eine intensivere Zusammenarbeit
beider Länder bot. Das Bild S. 203 oben zeigt Paul Frank und
Hans-Jürgen Wischnewski bei der Begrüßung des Generalsekretärs der KPdSU. Wie intensiv der Meinungsaustausch
zuweilen geführt wurde, vermittelt das Bild unten mit
Breschnew, Bundeskanzler Willy Brandt und Außenminister
Walter Scheel, rechts im Hintergrund der Verfasser,
damals Staatssekretär des Auswärtigen Amtes.

Foto: Barbara Klemm

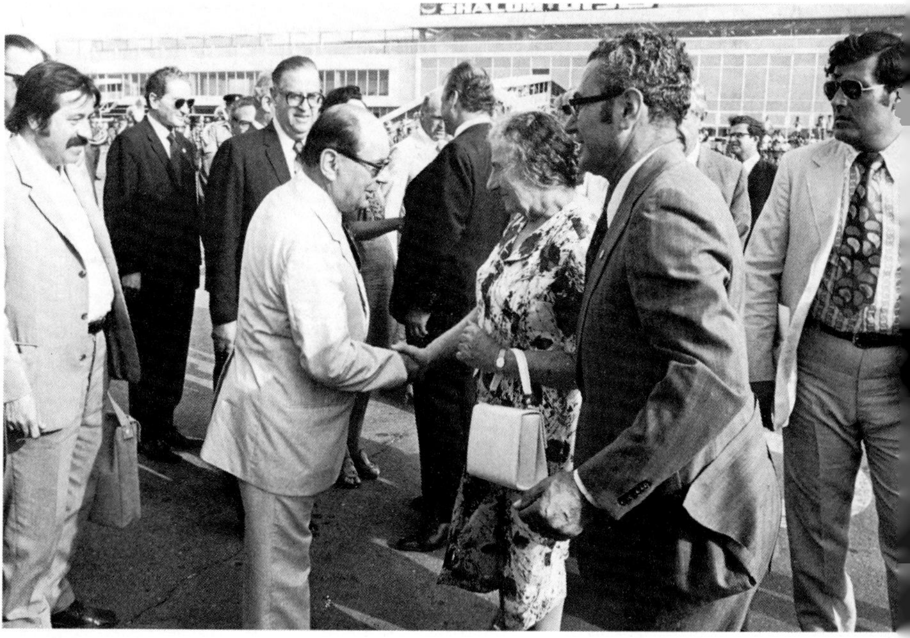

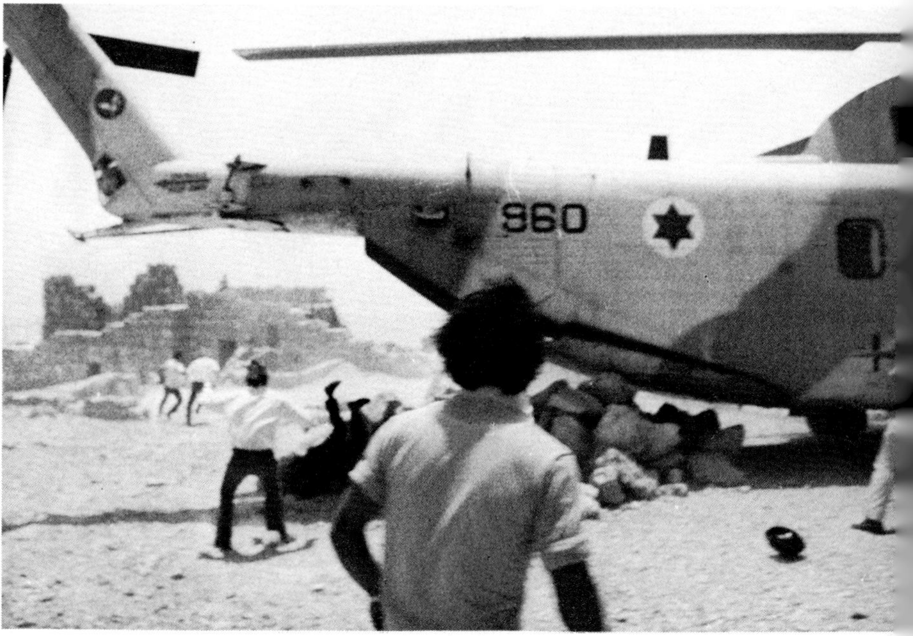

»Es besteht kein Zweifel, daß die vernünftigen Kräfte in den
arabischen Ländern sich nichts sehnlicher wünschen, als daß ein
geeintes Europa in der Lage sein sollte, eine stabilisierende,
vernünftige und konstruktive Wirkung im Mittelmeer
auszuüben. Dasselbe Interesse hat Israel.« Ausgehend von dieser
Prämisse, versuchte die deutsche Diplomatie das Verhältnis der
Bundesrepublik zu Israel wie zu den arabischen Staaten neu zu
definieren. Im Juni 1973 besuchte Bundeskanzler Brandt Israel
(S. 204 oben von links: Günter Grass, Außenminister Abba
Eban, Paul Frank und Ministerpräsidentin Golda Meir, dahinter
Willy Brandt), wobei es bei einem Helicopter-Unfall auf der
Felsenfestung Masada beinahe zur Katastrophe kam. Die
deutsche Delegation (auf dem unteren Bild Willy Brandt beim
Sprung aus dem Flugzeug) kam jedoch mit dem Schrecken
davon. Im selben Jahr besuchte der saudiarabische Ölminister
Yamani (oben links mit dem Verfasser und dem saudiarabischen
Botschafter) die Bundesrepublik.

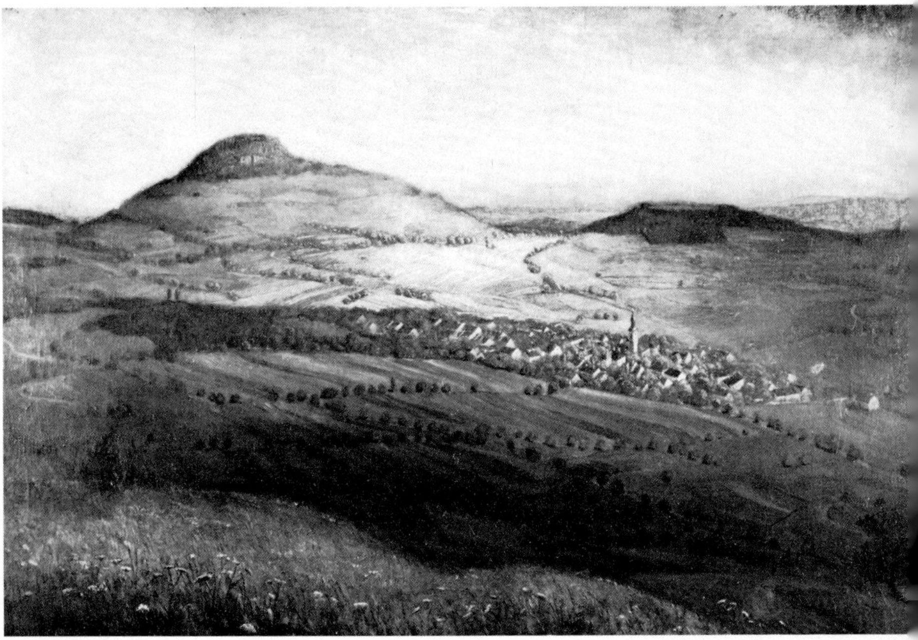

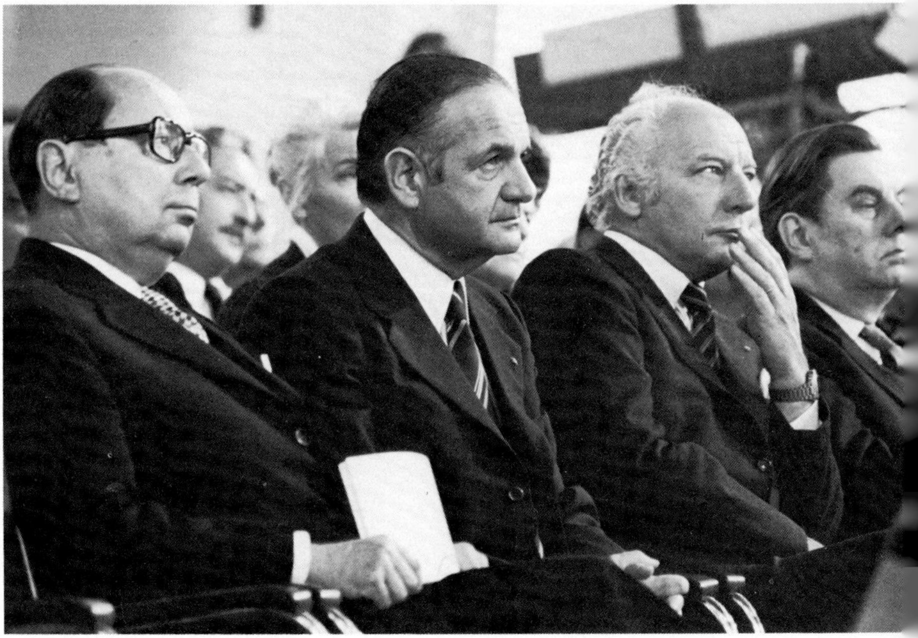

Im Kriegsjahr 1918 unweit des Bodensees geboren (links oben
der Geburtsort Hilzingen im Hegau nach einem Gemälde von
Hans Lochmann), sah der aus dem Zweiten Weltkrieg
heimgekehrte Verfasser seine Aufgabe darin, am Aufbau eines
geeinten und freien Europa mitzuarbeiten, um eine Wiederholung der Katastrophe zu verhindern. Dazu sollte vor allem
die Aussöhnung mit Frankreich beitragen.
Nicht zuletzt in Würdigung seines Verdienstes um diese Aussöhnung erhielt der französische Publizist Alfred Grosser (S. 206
zweiter von links, daneben Bundespräsident Walter Scheel
und der Vorsteher des Börsenvereins, Rolf Keller) den Friedens-
preis des deutschen Buchhandels. Die Laudatio hielt Paul Frank.
Die Wiederbewaffnung der Bundesrepublik Deutschland, vor
allem von den Amerikanern und den Deutschen betrieben, war
der europäischen Einigung jedoch eher hinderlich (oben begrüßt
der Verfasser das amerikanische Botschafter-Ehepaar Stoessel;
der damalige Botschafter der USA in Bonn ist heute
stellvertretender Außenminister seines Landes).
Nach der Wahl Walter Scheels zum Bundespräsidenten
verließ Paul Frank das Auswärtige Amt und wurde Chef des
Bundespräsidialamtes. Zusammen mit Walter Scheel schied er
1979 aus dem Amt (S. 208 bei seiner Verabschiedung durch den
damaligen Bundespräsidenten). Seit Juli 1981 ist der Verfasser
Koordinator für die deutsch-französische Zusammenarbeit.

207

Meinem zuverlässigen Partner in
vielen schwierigen Geschäften in
Freundschaft Walter Scheel

kongolesische Jugend im Busch herankommen könnte. Der Bundesregierung würde es nach der Unabhängigkeit eine Freude sein, mit Rat und Tat zu helfen.

Mpolo brachte das Gespräch mit Lumumba zustande. Einige Monate später, Caspar Hilzinger hatte schon in New York seinen Posten bezogen, wurde dieser Mpolo erschossen, zusammen mit anderen, ohne Gerichtsverfahren. Was hatte er sich glühend gewünscht? Die Möglichkeit, der Jugend des Kongo zum Bewußtsein zu bringen, daß eine neue Zeit angebrochen sei. Er wollte sie aus der Lethargie ihres Tribalismus herausholen, damit sie tüchtig würden und geschult, damit sie lesen und schreiben und arbeiten lernen sollten, damit sie eben nicht auf den Knien anzurutschen brauchten bei den früheren Kolonialherren. Weil doch die Freiheit für alle Menschen da sei. Und diese Freiheit sollte nun das kongolesische Volk erhalten. Oder etwa nicht?

Niemand denkt heute noch an Mpolo. Aber in der Erinnerung von Caspar Hilzinger ist er gegenwärtig: der Afrikaner, den man erschossen hat, weil er irgend jemand im Wege war. Derjenige, der den tödlichen Schuß abgegeben hat, wußte vermutlich selbst nicht, in wessen Auftrag er handelte.

An einem Sonntagvormittag fand das Gespräch mit Patrice Lumumba statt, demselben Lumumba, nach dessen Namen die Regierung in Moskau eine Universität benannt hat. Denn auch er sollte das Schicksal Mpolos teilen. Doch das war später.

Die meisten Kongolesen, mit denen Caspar Hilzinger bis dahin zusammengetroffen war, hatten sich gesprächig und leutselig gezeigt, mit Ausnahme von Kasavubu, dem späteren Präsidenten, einem chinesisch-afrikanischen Mischling. Seine schokoladenbraune Hautfarbe verdeckte nur unvollkommen die asiatischen Gesichtszüge. Er war der ruhende, undurchsichtige Pol in diesem Gewimmel von Palaver und beginnendem Machtkampf im Innern.

Patrice Lumumba saß da, schweigsam und verschlossen, eher ein indischer Guru als ein Afrikaner: groß, schlank, mit feingliedrigen Händen und einem stechenden Blick, als stünde er unter Drogen. Die Ausführungen Caspar Hilzingers, in zahlreichen Einzelgesprächen mit den Kongolesen erprobt, schienen ihn nicht zu erreichen. Hatte die Bundesrepublik Deutschland verdient, hob Caspar Hilzinger an, daß die Kongolesen die Teilung Deutschlands durch unbedachte Schritte zementierten? Hatten sie überhaupt das Recht dazu? War nicht die Bundesrepublik ein Freund der unabhängigen afrikanischen Länder, wo doch Deutschland seit 1918 keine Kolonien mehr besitze? Und was alles könnte sie als starkes Industrieland tun, um den afrikanischen Völkern nach Erlangen der Unabhängigkeit zu helfen?

Als Caspar Hilzinger sein Sprüchlein gesagt hatte, trat eine peinliche Stille ein. Patrice Lumumba machte keinerlei Anstalten, darauf einzugehen. Plötzlich sagte er mit ruhiger Stimme und unbewegtem Gesicht, ziemlich von oben herab: »Sagen Sie Ihrem Bundeskanzler, ich sei kein Kommunist.« Dies schien seine ganze Stellungnahme zu der Frage der Anerkennung der Sowjetzone zu sein.

Ein Gefühl des Mißerfolgs stieg in Caspar Hilzinger hoch und legte sich bedrückend um seinen Hals. Er dachte an die Rückkehr nach Bonn. Was sollte er als Ergebnis seiner Mission dort berichten? Einen schönen Gruß von Patrice Lumumba an Konrad Adenauer, er möge ihm glauben, daß er kein Kommunist sei?

Irgendwoher kommen in solchen Augenblicken intensiver Verhandlungen die Geistesblitze. Dieses Mal war es einer, der Caspar Hilzinger aus der Sackgasse rettete. Er sagte zu Patrice Lumumba: »Herr Präsident, ich glaube Ihnen, wenn Sie sagen, daß Sie kein Kommunist seien. Aber überall in Léopoldville, wohin ich auch komme, sagt man mir, ich solle mich vor Patrice Lumumba in acht nehmen, er sei ein Kommunist. Nun haben Sie, Herr Präsident, die einzigartige Gelegenheit, diese Gerüchte zu widerlegen. Sie brauchen nur öffentlich zu erklären, daß Sie gegen die Anerkennung der Sowjetzone seien. Dann weiß jeder, daß sie kein Kommunist sind!«

Daraufhin wieder zwanzig Schrecksekunden undurchdringbarer Stille. In solchen Sekunden entscheidet sich Erfolg oder Mißerfolg einer Mission. Wenn auf dem Höhepunkt der Spannung und des Ringens zweier Verhandlungspartner die Entscheidung auf des Messers Schneide steht, tritt das eigentliche politische Anliegen zurück. Der Kampf um den Erfolg nimmt für einen Augenblick den Charakter eines sportlichen Wettkampfs an. Dieser oder jener!

Patrice Lumumba nahm, ohne ein weiteres Wort zu verlieren, seelenruhig das Telefon ab und wählte die Nummer des Generalgouverneurs Cornelis: »Herr Generalgouverneur, nehmen Sie bitte zur Kenntnis, daß ich in der fraglichen Sitzung des Exekutivkomitees, in welcher die Einladung der Sowjetzonendelegation zur Unabhängigkeitsfeier besprochen worden ist, nicht anwesend war. Nehmen Sie deshalb jetzt offiziell zur Kenntnis, daß ich mit der

Einladung und Anerkennung der Sowjetzone nicht einverstanden bin. Es ist nicht die Sache der Kongolesen, die Teilung Deutschlands zu vertiefen. Ich werde meine Freunde in diesem Sinne unterrichten.« Und wieder eingehängt.

Patrice Lumumba verabschiedete Caspar Hilzinger mit einem Augenzwinkern, als ob er sagen wollte: So schlau wie der Generalgouverneur bin ich schon lange.

Kaum war Caspar Hilzinger ins Generalkonsulat zurückgekehrt, meldete sich der Generalgouverneur und ließ ausrichten, er wolle Caspar Hilzinger sofort in seinem Büro sehen. Dieser ließ ihm aber mitteilen, daß es vor dem späten Nachmittag nicht möglich sei; er habe feste Termine, die er nicht absagen könne. Er hielt in der Tat sehr auf ein ungestörtes Mittagessen und in warmen Gegenden auch auf eine Siesta. Und warm war es in Léopoldville.

Als er schließlich gegen Abend Cornelis in dessen Büro aufsuchte, hatte dieser Mühe, sich unter Kontrolle zu halten. Aber dann stürzte es aus ihm heraus:

»Sie haben Ihr Versprechen, Lumumba nicht aufzusuchen, gebrochen. Ich habe Ihnen doch gesagt, daß es sich bei diesem Mann um einen gefährlichen Kommunisten handelt. Jetzt wird er durch Ihren Besuch politisch aufgewertet. Wenn Sie sich weiter so betätigen, werde ich Sie über die Grenze bringen lassen, egal, was das Außenministerium in Brüssel dazu sagt. Ich lasse mir von Ihnen nicht die innenpolitische Situation durcheinanderbringen.«

Als Cornelis seiner Wut einigermaßen Herr geworden war, machte Caspar Hilzinger höflich darauf aufmerksam, daß er eine Zusage, Lumumba nicht zu sehen, niemals gegeben habe. Denn ihm sei es darauf angekommen, mit jenen Kongolesen zu sprechen, die etwas zu sagen hätten. Und zu diesen gehörte an erster Stelle Lumumba. Im übrigen könne er sich als deutscher Diplomat nur freuen, wenn sich jemand durch seinen Besuch als aufgewertet betrachte. Seine Mission im Kongo sei damit sowieso beendet, und zwar durch die Zusage Lumumbas erfolgreich. Man brauche ihn, Caspar Hilzinger, erst gar nicht an die Grenze zu bringen. Er sei bereits im Begriff zu gehen.

Das war wieder leichter gesagt als getan. Die Flugzeuge nach Brüssel waren seit Tagen restlos ausgebucht: mit belgischen Flüchtlingen. Dank der Vermittlung von Botschafter de Ridder bekam Caspar Hilzinger den letzten Platz in einer überfüllten Maschine, die von Elisabethville kam. Diesmal war es ein Jet, eine Boeing 707.

Sie war mit Menschen und geretteter Habe derart überlastet, daß sie beim Start alle Mühe hatte, hochzukommen.

Die Bundesregierung hatte erreicht, was sie wollte. Die heilige Kuh der Nichtanerkennung war unversehrt. Der Kongo aber stand vor großen Schwierigkeiten. Denn dieses riesige Land war zu reich an Bodenschätzen, um in Frieden gelassen zu werden. Nur aufrichtige, uneigennützige Beratung hätte es vor den blutigen Wirren bewahren können, die der Unabhängigkeit folgten. Patrice Lumumba wurde auf schreckliche Weise ermordet. Der Gott Afrikas, meine Mutter, wird ihre Freunde kennen und Verfolger.

Dag Hammarskjöld, der Generalsekretär der Vereinten Nationen, der in den Kongo Ruhe und Frieden bringen wollte, stürzte dort unter nie geklärten Umständen tödlich ab. Noch wenige Wochen zuvor hatte Caspar Hilzinger ihn bei der Geburtstagsfeier für Max Beer im Bistro in New York getroffen. Er hatte sich für die Erlebnisse Caspar Hilzingers im Kongo brennend interessiert. »Wissen Sie«, sagte er zu ihm, »im Umgang mit Afrikanern habe ich meinen Glauben an Rousseau wiedergefunden.« Sechs Wochen später war er tot. Die Welt gesittet machen, sie das Geheimnis zu leben lehren und zu sterben.

Bruderstreit in Genf

*Der Deutsche Bundestag erklärt, daß das deutsche Volk sich
niemals mit der Spaltung abfinden und die Existenz zweier
deutscher Staaten hinnehmen wird.*

Einstimmige Entschließung vom 7. April 1954

*Aber der Grad des Druckes der Diskriminierung durch
Nichtanerkennung läßt zunehmend nach. Das von der
Bundesrepublik vertretene Prinzip, daß sie der einzige
souveräne deutsche Staat sei, wird trotz Nichtanerkennung in
der Praxis mehr und mehr durchbrochen.*

Theodor Eschenburg (1966)

ANFANG MAI 1968 HATTEN SICH DIE GROSSEN der Großen Koalition
auf Schloß Heimerzheim bei Bonn zu einer Klausurtagung versam-
melt. Eine Bestandsaufnahme der Außenpolitik stand auf dem Programm. Kurt Georg Kiesinger hatte eine Schwäche für historisie-
rende Inszenierungen mit schloßartiger Kulisse. Es muß etwas von
der Beschäftigung mit Alexis de Tocqueville auf ihn abgefärbt haben; in fast jeder Lebenslage war er darauf vorbereitet, den französischen Klassiker zu zitieren, der schon im 18. Jahrhundert die rus-
sisch-amerikanische Rivalität vorausgesagt hatte. Für einen im Umgang mit den großen Geistern der Geschichte geübten Staatsmann
war so ein Schloß mit Wehrgraben und Rittersaal das ihm gemäße
Gehäuse.

Herbert Wehner sah das wohl nicht ganz so. Für ihn kam es darauf an, Kurt Georg Kiesinger bei guter Laune und damit bei der
Stange zu halten. Ihm wäre vermutlich jedes Versammlungslokal
recht gewesen, wenn er damit dem Bundeskanzler eine Freude hätte machen können. Denn Anfang Mai 1968 begann sich der einseitige Nutzen aus der Koalition mit den Christdemokraten für die
strategischen Ziele der SPD schon abzuzeichnen. Für die CDU bot
die Große Koalition nach dem Debakel mit der »Wahllokomotive«
Ludwig Erhard die Möglichkeit eines Neuanfangs ohne Gesichtsverlust, für die SPD war sie die unerläßliche Zwischenstation zur
schließlichen Ablösung der CDU/CSU aus der Regierungsverant-
wortung.

Willy Brandt war auf Heimerzheim als Außenminister Kurt
Georg Kiesingers und als sein Stellvertreter. Die großen Enttäu-

schungen standen noch aus. Doch schien die gleichzeitige Anwesenheit der beiden eine merkwürdige Kälte im Raum zu verbreiten. Die beiden mochten sich nicht. Kurt Georg Kiesinger schien Willy Brandt mit einem halb zugekniffenen und einem halb geöffneten Auge von oben herab zu taxieren, als wolle er sagen, mein Außenminister sollte schon die Allüre eines Talleyrand haben, wenn er neben mir bella figura machen will. Willy Brandt reagierte hingegen mit ausgesucht uninteressiertem Gesichtsausdruck, wenn Kurt Georg Kiesinger das Wort an ihn richtete, als wolle er sagen: Mein Wunsch war es nicht, im Kabinett dieses Herrn Außenminister zu spielen.

Anwesend waren auch Georg Ferdinand Duckwitz und Karl Carstens, jener Staatssekretär des Auswärtigen Amtes, der andere Chef des Bundeskanzleramtes.

Caspar Hilzinger hatte gehofft, daß die Bestandsaufnahme vor allem die Frage behandeln würde, wie man in Zukunft mit der Nichtanerkennungspolitik verfahren wolle. Aus allen Teilen der Welt mehrten sich die Zeichen, daß immer weniger Staaten sich die Art ihrer Beziehungen zur DDR von der Bundesregierung vorschreiben lassen wollten. Es hatte sich gezeigt, daß der Abbruch der Beziehungen durch die meisten arabischen Länder der Anfang vom Ende der sogenannten Hallstein-Doktrin war. Da Kurt Georg Kiesinger mit weitausholenden Gesten und verschwommenen Formulierungen sich der Weiterentwicklung der Außenpolitik anzunehmen gedachte, war die Hoffnung auf eine Revision der Nichtanerkennungspolitik im Jahre 1968 nicht unberechtigt.

In Genf stand für den 8. Mai die Versammlung der Weltgesundheitsorganisation bevor. Die DDR hatte in den davorliegenden Monaten weder Mühe noch Kosten gescheut, um ihrem Aufnahmeantrag dieses Mal zum Erfolg zu verhelfen. Sie hatte Zeitpunkt und Sprachregelung für ihre Bemühungen gut gewählt. Es war ihr bewußt, daß die von Bonn betriebene Politik der Quarantäne abbröckelte. Man hatte ihr da und dort in den Hauptstädten Versprechungen gemacht, dieses Mal werde es klappen. Insbesondere rechnete die DDR bei den jungen afrikanischen Staaten auf Unterstützung ihres Anliegens. Diese hatten seit einiger Zeit in den Abstimmungen der Vereinten Nationen die salomonische Praxis entwickelt, daß in Fragen, die Deutschland betrafen, ein Drittel mit »ja« abstimmte, ein Drittel mit »nein« und ein Drittel sich der Stimme enthielt. Nach allen Vorausschätzungen reichte es dieses Mal zu einem Abstimmungserfolg der DDR. Es sah für sie recht günstig aus. Sie hatte die Weltorganisation, bei der sie den »Einbruch« erzielen wollte, mit Bedacht ausgewählt. Welcher zivilisierte Staat konnte im Ernst dagegen sein, daß auch den Menschen in der DDR die Segnungen der Weltgesundheitsorganisation zuteil werden sollten. War die Volksgesundheit denn nicht hoch über aller Politik anzusiedeln. So etwa lauteten die Argumente, mit denen die DDR den Abstimmungskampf zu bestreiten gedachte.

In dieser Situation erhielt Caspar Hilzinger den Auftrag, die Bundesrepublik auf der Generalversammlung der Organisation zu vertreten, denn im Auswärtigen Amt war er als Leiter der Politischen Abteilung auch für die internationalen Organisationen zuständig. Welche Linie er zu vertreten habe, werde er, so wurde ihm gesagt, eben während dieser Klausurtagung auf Schloß Heimerzheim erfahren. Also von höchster Stelle.

Die außenpolitische Diskussion des Vormittags behandelte »Gott und die Welt«. Nur das Thema, das angesichts der Lage in Genf vorrangiger Behandlung bedurfte, wurde von allen Seiten sorgsam vermieden. Keiner wollte als erster das Signal zur Aufgabe des Tabus geben; alle wußten, daß man früher oder später von dieser Schiene, die nirgendwohin führte, herunterkommen mußte. Vielleicht würde es eines Tages von selbst passieren. Das wäre wohl das beste für alle.

Damit war Caspar Hilzinger in keiner Weise gedient. Er wußte aus den Berichten der Genfer Vertretung, wie die Stimmung in der Weltgesundheitsorganisation beschaffen war. Und er wollte nun auch nicht unbedingt in das Narrenkleid des ungeschickten Tölpels hineinschlüpfen, der durch sein dummes Verhalten eine für so zentral gehaltene Position der deutschen Außenpolitik wie die Nichtanerkennung der DDR aufgab. Jeder der in Schloß Heimerzheim anwesenden Politiker wäre froh gewesen, wenn einer das heiße Eisen angepackt hätte. Nur selbst wollte es keiner tun.

Auch das gemeinsame Mittagessen unter den grimmigen Porträts nobler Ahnherren derer von Heimerzheim ging vorüber, ohne daß Kanzler oder Minister auf die Genfer Abstimmung zu sprechen kamen. Wahrscheinlich befürchteten sie, daß eine Diskussion über die Nichtanerkennungspolitik der guten Stimmung abträglich sein könnte.

Erst beim schwarzen Kaffee – buchstäblich zwischen Tür und Angel des Speisesaals, zum Garten gewandt, in einer wärmenden

Maisonne – wagte Caspar Hilzinger die brutale Frage an die Oberen zu richten, wie er sich in den nächsten Tagen in Genf verhalten solle. Zunächst hatte diese Frage ein allgemeines, betretenes Schweigen zur Folge. Kurt Georg Kiesinger blickte zu Karl Carstens, dieser zu Willy Brandt, und Herbert Wehner zog an seiner Pfeife, keinen der anderen aus den Augen lassend. Schließlich trafen mißbilligende Blicke den unbequemen Fragesteller. Mußte denn das wirklich sein, jetzt diese Frage zu stellen?

Man weiß nicht, ob Haifische sich unterhalten können. In Florida hatte Caspar Hilzinger sie beobachtet. Dort werden sie in großen gläsernen Bassins vorgeführt. Sie schwimmen auf Abstand voneinander, sie beobachten einander, und sie scheinen irgendwelche Signale auszusenden, die kein Sterblicher verstehen kann. Doch wehe, wenn Blut ins Bassin gerät! So ähnlich verlief das Gespräch zwischen Tür und Angel des Speisesaals von Schloß Heimerzheim.

Mann könne die bisherige Politik nicht einfach aufgeben; aber wenn es eben passiere, könne man auch nichts machen. Andererseits habe es nicht viel Sinn, jetzt noch große Anstrengungen zu unternehmen, wenn die Erfolgsaussichten so pessimistisch beurteilt werden müßten. Ob dieser Pessimismus berechtigt sei, müsse schließlich das Auswärtige Amt wissen. Wenn die Aussichten der DDR so günstig seien, wie behauptet werde, dann solle man einer möglichen Abstimmungsniederlage nicht noch eine Blamage hinzufügen; dann sei es besser, sich überrollen zu lassen. Das könne man nur an Ort und Stelle und wahrscheinlich erst im Verlauf der Debatte feststellen. Deshalb solle Caspar Hilzinger erst einmal nach Genf fahren. Dort werde er ja selbst am besten entscheiden können, wie er sich verhalten solle. Er brauche auch nicht zu fürchten, daß man ihm hinterher einen Vorwurf mache, wenn die Sache schief laufen sollte.

Soweit die Wiedergabe der Unterhaltung zwischen den Chefs der Großen Koalition Anfang Mai 1968. Caspar Hilzinger konnte also nach eigenem Gutdünken verfahren. Das war ihm am liebsten. Doch der Tölpel, der die Koalition von der Last dieser Frage befreite, damit sich im Falle einer Niederlage die Herren an die patriotische Brust klopfen konnten, wollte er auch nicht sein. Er fuhr deshalb in der festen Absicht nach Genf, dieses Mal den Beitritt der DDR zur Weltgesundheitsorganisation noch einmal zu verhindern, wenn es irgendwie möglich sein sollte.

Genf im Mai zeigt sich den Besuchern gewöhnlich von der besten Seite. Es ist die internationalste aller Schweizer Städte, wenn auch heute noch das lebenslustige Bild durch Erinnerungen an die calvinistische Vergangenheit getrübt erscheint. Caspar Hilzinger hatte dieses Mal keine Zeit, sich der Bilderbuch-Schönheiten der Promenade oder der Altstadt-Idylle zu erfreuen. Das Auftreten vor der Generalversammlung mußte durch zahlreiche Gespräche mit anderen Delegationen vorbereitet werden. Und dann hieß es, die Rede vor dem Plenum auszuarbeiten.

Zu den westlichen Verbündeten hielt Caspar Hilzinger gute Verbindung. Sein erster Besuch galt allerdings dem Vertreter der Sowjetunion, Professor Alexandrow, einem berühmten Chirurgen aus Moskau, dem das Moskauer Außenministerium einen Spezialisten für internationale Organisationen beigegeben hatte.

Professor Alexandrow empfing Caspar Hilzinger ebenso erstaunt wie freundlich. Das war der sowjetischen Delegation nicht oft widerfahren, von einem Vertreter der Bundesrepublik konsultiert zu werden. In einfachen Worten trug Caspar Hilzinger vor, daß es auf der Tagesordnung dieser Generalversammlung einen Punkt gebe, bei dem die Sowjetunion und die Bundesrepublik Deutschland allem Anschein nach nicht der gleichen Meinung seien, nämlich den Antrag der DDR auf Aufnahme in die Weltorganisation. Er sei nicht gekommen, um die sowjetische Delegation zu bekehren; aber er lege großen Wert darauf, daß es vor den Delegierten von über einhundert Staaten nicht zu unnötigen Kontroversen oder gar Beschimpfungen zwischen der deutschen und der sowjetischen Delegation komme. Er sei daher bereit, der sowjetischen Delegation schon vor der Sitzung in großen Zügen den Inhalt seiner Ausführungen vor dem Plenum zur Kenntnis zu bringen, wenn diese ebenso verfahre.

Der sowjetische Delegierte nahm das alles mit großer Freundlichkeit auf und versprach eine Antwort für den nächsten Tag. Es war klar, daß kein Diplomat der Sowjetunion einen solchen Vorschlag ohne Rücksprache mit Moskau und ohne das Plazet von Außenminister Andrej Gromyko akzeptieren konnte. So streng sind da die Bräuche.

Caspar Hilzinger war sehr zufrieden, als Professor Alexandrow ihm am nächsten Tag mitteilte, auch die Sowjetunion habe kein Interesse daran, wegen der Beitrittsfrage der DDR in einen öffentlichen Streit mit der Bundesrepublik zu kommen. Sie werde zwar ihre bekannte Position vortragen; doch solle dies ohne jede Schärfe geschehen.

Parallel liefen die Vorgespräche mit den afrikanischen Delegationen. Aus dieser Richtung drohte am meisten Gefahr. Caspar Hilzinger erinnerte sich an seine Zeit bei den Vereinten Nationen. Wenn es hart auf hart ging, zogen sich die meisten afrikanischen Delegationen darauf zurück, keine Instruktionen ihrer Regierung erhalten zu haben, oder sie hatten tatsächlich keine und richteten sich nach den radikalen Wortführern in ihrer Gruppe. Unter diesen Umständen blieb nichts anderes übrig, als alles auf eine Karte zu setzen: die Rede vor der Generalversammlung. Caspar Hilzinger entwarf sie auf seinem Hotelzimmer, mutterseelenallein.

Hier ist die Übersetzung seiner in französischer Sprache gehaltenen Rede:

Herr Präsident! Die Versammlung der Weltgesundheitsorganisation ist mit einem Resolutionsentwurf befaßt, in welchem der Beitritt Ost-Deutschlands als Mitglied dieser Organisation empfohlen wird. Hinter diesem Verlangen, das als gewöhnlich und routinemäßig erscheinen mag, liegt ein ernsthaftes Problem, das mit Folgen beladen ist: das deutsche Problem. Eine Entscheidung über diesen Gegenstand kann nicht und sollte nicht getroffen werden, ohne sie vorher ernsthaft zu analysieren. Wenn eine solche Analyse stattgefunden hat, wird jeder von uns in der Lage sein, in voller Kenntnis der Tatsachen zu entscheiden, und jeder von uns wird die damit verbundene Verantwortung akzeptieren müssen.

Die Delegation der Bundesrepublik Deutschland bedauert es außerordentlich, daß diese Versammlung, die mit den außergewöhnlich wichtigen Fragen der öffentlichen Gesundheit zu tun hat, auf diese Weise sich mit einer Frage beschäftigen soll, die wesentlich eine politische Angelegenheit ist. Wir denken und hoffen, daß die Diskussion kurz gehalten werden kann, so daß die Versammlung die Arbeit in Angriff nehmen kann, für die sie zusammengerufen worden ist.

Artikel 3 der Statuten der Organisation erklärt: »Die Mitgliedschaft in der Organisation ist für alle Staaten offen.« Das ist die wahre Crux des Problems und der Mittelpunkt der Kontroverse, um die es geht. Manche sagen, daß Ost-Deutschland ein Staat sei, während andere dies verneinen. Das einzige, was man mit Sicherheit sagen kann, ist, daß es sich absolut um eine kontroverse Angelegenheit handelt, ob Ost-Deutschland ein Staat ist oder nicht. Was bedeutet diese Tatsache?

Sie bedeutet nicht mehr und nicht weniger, als daß es rechtlich unmöglich ist, einen Friedensvertrag für Deutschland zu präjudizieren, indem man hier die Frage, ob Ost-Deutschland ein Staat sei, entscheiden will.

Wenn diese Versammlung die Mitgliedschaft Ost-Deutschlands in dieser gouvernementalen Organisation beschließen würde, hätte sie etwas negativ präjudiziert, was einer allgemeinen friedensvertraglichen Regelung oder einer anderen vertraglichen Lösung vorbehalten ist. Es würde bedeuten, daß diese Versammlung, wenn sie für die Aufnahme der DDR stimmte, ihr Votum an die Stelle eines Friedensvertrages setzen würde. Die Versammlung wird mit mir sicher übereinstimmen, wenn ich sage, daß dies nicht ihre Absicht sein kann und daß so etwas weit über die Ziele und Zwecke der Organisation hinausginge.

Gerade deshalb haben der Generalsekretär der Vereinten Nationen und seine Vorgänger in diesem Zusammenhang immer Zurückhaltung und Vorsicht angeraten. Die juristischen Dienste aller internationalen Organisationen haben diese Angelegenheit immer mit der größten Vorsicht behandelt. Der Generaldirektor der Weltgesundheitsorganisation hat den Aufnahmeantrag Ost-Deutschlands sehr umsichtig und mit größter Neutralität behandelt, und ich möchte die Gelegenheit benutzen, seiner fachlichen Kompetenz und seiner beruflichen Gewissenhaftigkeit meine Anerkennung auszusprechen.

Manchmal werden wir gefragt: »Wenn ihr Westdeutschen Mitglied der Organisation seid, warum soll es dann nicht auch Ost-Deutschland sein?« Die Antwort lautet wie folgt: Die Bundesrepublik Deutschland ist als souveräner und unabhängiger Staat durch alle vier Siegermächte des Zweiten Weltkrieges anerkannt worden, das heißt einschließlich der Sowjetunion. Das ist für Ost-Deutschland nicht der Fall. Das ist der grundlegende Unterschied in der rechtlichen Position der Bundesrepublik Deutschland und Ost-Deutschlands.

Wir verkennen indessen nicht, daß Ost-Deutschland in Fragen der öffentlichen Gesundheit Fortschritte gemacht hat. Wir sind darüber sogar froh, denn wir wünschen, daß die Bevölkerung Ost-Deutschlands ebenfalls in den Genuß aller Ergebnisse der Weltorganisation kommt. Wir sind überzeugt, daß dies auch in der Zukunft möglich sein wird, ohne das dornige Problem des Aufnahmeantrags behandeln zu müssen.

In diesem Sinne und in einem Geiste der Verständigung möchte ich von dieser Plattform aus vorschlagen, ein inner-deutsches Amt für Gesundheitswesen ins Leben zu rufen, das auch die Kontakte zur Organisation wahrnehmen könnte. Dieser Vorschlag entspricht dem Geist der

Erklärung der Bundesregierung vom 12. April 1967, in welcher es heißt: » *Was uns angeht, müssen wir dem Entstehen zweier Teile unseres Volkes, die sich immer weiter voneinander fortbewegen, entgegenwirken. Wir wollen weniger, nicht mehr Spannung. Wir wollen die Gräben überbrücken, sie nicht breiter machen. Wir wollen daher mit allem, was uns zur Verfügung steht, menschliche, wirtschaftliche und geistige Verbindungen mit unseren Landsleuten im anderen Teil Deutschlands entwickeln.«*

Leider muß ich feststellen, daß die praktischen Vorschläge der Bundesregierung, welche die Erklärung vom 12. April 1967 begleitet haben, immer noch ohne Antwort sind. Die Bundesregierung ist gleichwohl bereit, mit den verantwortlichen Stellen im anderen Teil Deutschlands die Fragen zu prüfen, die sich aus der fortdauernden Teilung ergeben zu dem Zweck, sie zunächst zu mildern und dann vielleicht sogar zu beseitigen. In diesem speziellen Gebiet der öffentlichen Gesundheit wie in anderen Fragen bleibt die Stellungnahme der Bundesregierung die folgende: Wenn die Verantwortlichen im anderen Teil Deutschlands uns konkrete Beweise liefern, daß sie in Deutschland eine Politik der Entspannung betreiben wollen, anstatt die Chance des Friedens in Deutschland durch einseitige Maßnahmen zu gefährden, so wird die Bundesregierung bereit sein, über viele Probleme zu sprechen, die heute noch unlösbar erscheinen.

Herr Präsident, gestatten Sie mir, daß ich zum Schluß eine persönliche und für mich wertvolle Erinnerung erwähne, die mit dieser Art von Problemen zusammenhängt. Dabei möchte ich mich besonders an meine afrikanischen Freunde wenden.

1960, im Jahr der afrikanischen Unabhängigkeit, war ich in ein afrikanisches Land entsandt worden, dessen Regierung sich anschickte, Ost-Deutschland anzuerkennen. Nachdem ich die Grundlagen des Problems erläutert hatte, wie ich es gerade hier getan habe, sagte ein afrikanischer Politiker zu mir: »*Machen Sie sich keine Sorgen! Wir werden das nicht tun! Wir Afrikaner haben nicht das Recht, das deutsche Volk zur Teilung seines Landes zu verurteilen.«* *Dieser Mann, Herr Präsident, meine Damen und Herren, war Patrice Lumumba.*

Ich bitte die Versammlung, vor der Abstimmung diese Worte zu bedenken. Um einer ausgehandelten und friedlichen Lösung des deutschen Problems eine Chance zu lassen, bitte ich die Versammlung, gegen den Resolutionsentwurf Nr. A21/Conf. Doc. Nr. 2 vom 6. Mai, der ihr vorliegt, zu stimmen.

Als Caspar Hilzinger seine Rede beendet hatte, entstand Unruhe. Immer mehr afrikanische Delegierte verließen den Plenarsaal. Dann kam die namentliche Abstimmung. Immer wieder erklang die Stimme des Aufrufenden: Abwesend!

Nach der Abstimmung, die für die Bundesrepublik ein günstiges Ergebnis gebracht hatte, löste sich das Rätsel auf. Ein befreundeter Diplomat kam auf Caspar Hilzinger zu, um ihn zu seiner Ansprache zu beglückwünschen: »Ich habe es noch nie erlebt, daß während einer Abstimmung die Toiletten mit Delegierten so überfüllt waren wie dieses Mal.«

Man sagt, daß eine gute Rede im Parlament keine einzige Stimme bewege, daß aber eine schlechte alles verderben könne. Die Rede Caspar Hilzingers hatte mindestens bewirkt, die Delegierten aus Afrika, die mit »nein« stimmen wollten, auf die Toiletten zu bewegen, wo sie geduldig ausharrten, bis die Abstimmung vorüber war. Die Erinnerung an Patrice Lumumba tat auch 1968 noch ihre Wirkung. Er ist eine große Gestalt der afrikanischen Unabhängigkeit geblieben, gegen die kein afrikanischer Delegierter die Hand in der Abstimmung erheben wollte. Die Europäer haben ihn zum Märtyrer gemacht. Schlimmer als ein Verbrechen, eine Dummheit!

Caspar Hilzinger verspürte trotz seines Erfolges ein wenig Beklemmung. Er hatte nicht gezögert, das Andenken an Patrice Lumumba ins Feld zu führen. Jener war ermordet worden, weil er die Einheit des Kongo bewahren und die Interessen des Kongo gegen jene verteidigen wollte, die ihn am liebsten auf den Knien gesehen hätten.

Aber hier im Genf des Jahres 1968 ging es nicht um die Einheit Deutschlands, nicht mehr. Sie war längst vertan. Es ging zu diesem Zeitpunkt, um es ganz offen zu sagen, um einen sportlichen Erfolg des Caspar Hilzinger.

Der Phönix und die Schlange

Warum nicht nach Korea, dem Land des stillen Morgens?

Korean Air Line

Es ist keine Kunst, das Maul aufzureißen, sondern eine Kunst ist es, Mann für Mann und Menschenleben für Menschenleben zu retten.

Willy Brandt

AUCH REGIERUNGEN, DIE VON FERNÖSTLICHER WEISHEIT durchtränkt sein sollten, begehen zuweilen politische Dummheiten. Eine solche trübte die Beziehungen zwischen der Bundesrepublik Deutschland und dem südlichen Teil des geteilten Korea, dem Land des stillen Morgens, zwischen 1967 und 1969.

Die koreanische Regierung unter Präsident Park Chung-Hee war auf den abenteuerlichen Gedanken gekommen, eine gewisse Zahl der in Europa, Australien und den Vereinigten Staaten studierenden und arbeitenden Koreaner mit Hilfe des koreanischen Geheimdienstes heimlich nach Korea zu verbringen, damit sie dort wegen angeblicher kommunistischer Umtriebe, wegen Spionage und Landesverrat zur Rechenschaft gezogen werden konnten.

Gewiß, Korea stand seit dem Ende des Koreakriegs unter der ständigen Bedrohung durch die kommunistischen Brüder im Norden. Dort an der Demarkationslinie am 38. Breitengrad wird wenig Spaß verstanden, weder von der einen Seite, noch von der anderen. Verbindungen zu Familienangehörigen in Nordkorea, und sei es nur durch eine Postkarte, galten als fluchwürdiges Verbrechen, das in den Augen der südkoreanischen Regierung nur dem einzigen Zweck dienen konnte, die Ordnung im Süden zu untergraben und das Land an die Kommunisten auszuliefern.

In Westeuropa gab es Koreaner, die in Briefwechsel mit ihren Verwandten in Nordkorea standen. Andere besuchten die Nordkoreanische Botschaft in Ostberlin, oder sie unternahmen sogar eine Besuchsreise nach Pjöngjang, der Hauptstadt der kommunistischen Widersacher.

Der südkoreanische Geheimdienst wollte dieser Leute habhaft werden, damit sie entsprechend der Schwere ihrer »Verbrechen« abgeurteilt werden konnten. Park Chung-Hee hatte sein Einverständnis zu der Entführungsaktion gegeben. Einzige Bedingung: geräuschlose Durchführung ohne internationale Komplikationen. Das alles hatte der überaus tüchtige Geheimdienstchef Südkoreas, Hyung Uk-Kim, bewerkstelligt. Keine Spuren wurden hinterlassen. Lediglich der Volkswagen eines der Entführten, des Komponisten Isang Yun, wurde einige Wochen später herrenlos am Flughafen Hamburg entdeckt.

Das brachte den Stein ins Rollen.

Es war die Zeit der Großen Koalition, auch die Zeit der Studentenunruhen Ende der sechziger Jahre. Alles, was nach Revolte aussah, hatte Hochkonjunktur. Nichts war besser geeignet, die Regierung Kiesinger/Brandt in Mißkredit zu bringen, als dieses völkerrechtswidrige Husarenstück des südkoreanischen Geheimdienstes, dem sie rat- und machtlos gegenüberstand.

Wenn es für gewisse Sympathisanten der äußersten Linken noch eines Beweises bedurft hätte, daß die auf Kompromiß, Machterhaltung und Kapitulation aufgebaute schwarz-rote Koalition die Sorge um die Menschenrechte an das seiner Natur nach zynische Auswärtige Amt abgetreten hatte, so glaubten sie diesen in der nachlässigen routinehaften Bearbeitung des Entführungsfalles in Händen zu halten. Dabei hatten Bundesregierung und Auswärtiges Amt getan, was sie konnten, um die Entführten freizubekommen. Als schließlich im September 1967, wenige Monate nach dem Vorfall, ein halbes Dutzend Koreaner in die Bundesrepublik zurückkehrten und erklärten, daß sie freiwillig nach Seoul geflogen seien, sah sich das Auswärtige Amt in seinem Vorgehen und in seinen harten Protesten bestätigt. Als aber Ende 1967 mehrere andere der Entführten zu hohen Zuchthausstrafen und sogar zum Tode verurteilt wurden, ging ein Sturm der Entrüstung durch die Bundesrepublik. Auf einer Parteiveranstaltung in Bad Godesberg wurde selbst Willy Brandt auf das heftigste von den Jungsozialisten angegriffen, fast so, als hätte er die Aktion der Koreaner zu verantworten. Wenn es darum geht, anzuklagen oder einen Schuldigen zu suchen, sind die Leute im allgemeinen nicht zimperlich.

Es ist immer wieder erstaunlich, wie gerade jene Kreise, die allüberall für Frieden und Versöhnung eintreten, bei der leichtesten Trübung der internationalen Atmosphäre bereit sind, die schwersten Geschütze aufzufahren. So auch in diesem Falle. Von der Einstellung der Entwicklungshilfe bis zum Abbruch der Beziehungen reichte die Skala der Sanktionen, die von den Blättern der Linken gefordert wurden. Willy Brandt erschien ihnen fast als Komplize Park Chung-Hees. Die ungerechten Anklagen seiner Genossen haben Willy Brandt sehr geschmerzt. Trotz einer fiebrigen Bronchitis ging er nach Bad Godesberg, um sich vor ihnen zu rechtfertigen. Außer einer Enttäuschung hat ihm sein Auftritt eine mehrere Wochen dauernde Erkrankung eingebracht.

In dieser unangenehmen Lage bestellte er Caspar Hilzinger zu sich. »Ich habe für Sie einen schwierigen Auftrag, und Sie würden mir einen großen Gefallen tun, wenn Sie ihn übernähmen. Meine Leute greifen mich heftig an wegen dieser koreanischen Sache. Fahren Sie mal da hin und sehen Sie zu, ob Sie den einen oder anderen dieser verurteilten Koreaner freibekommen können.«

So weit, so gut. Den einen oder anderen. Was heißt das? Von siebzehn angeklagten Koreanern befanden sich Ende 1968 noch sechs im Gefängnis. Zwei davon waren letztinstanzlich zu hohen Gefängnisstrafen verurteilt. Vier Fälle, davon zwei Todesurteile, waren noch vor dem Obersten Gericht anhängig. Unter diesen befand sich der Komponist Isang Yun.

Die Stimmung in Bonn wurde noch aufgeheizt durch ein Interview, das der damalige Dekan der Juristischen Fakultät der Universität Bonn einem jener famosen Wochenmagazine gegeben hatte. Darin befand Ihre Spektabilität, die Bundesregierung habe nicht getan, was sie hätte tun können. Er fand es »empörend«, den Dingen ihren Lauf zu lassen. Jenes Wochenmagazin schrieb noch im Dezember 1968: »Inzwischen begnügt sich das Auswärtige Amt mit der Hoffnung auf eine neuerliche Revision des Urteils und mehr Milde bei den südkoreanischen Richtern.«

Die Angriffe der Spektabilität und des Nachrichtenmagazins gingen ins Leere. Zu diesem Zeitpunkt hatte Willy Brandt bereits entschieden: Caspar Hilzinger fliegt als Sonderbotschafter nach Seoul, um an Ort und Stelle über die Freilassung und Rückführung der sechs Verurteilten zu verhandeln.

Verhandeln ist gewiß das Herzstück der Diplomatie. Von allen Tätigkeiten, mit denen der Diplomat im Laufe seiner Karriere konfrontiert wird, ist das Verhandeln die reizvollste. Sie fordert den ganzen Charakter des Unterhändlers, wenn er seinem Gegner Auge in Auge gegenübersitzt. Nicht das Dossier und die eigene Rechtsposition sind entscheidend. Auch die Gegenseite hat ein Dossier und eine Rechtsposition. Es siegt einzig und allein die größere Glaubwürdigkeit.

Gerade diese Überlegung ließ Caspar Hilzinger ziemlich nachdenklich werden, nachdem er den Auftrag von Willy Brandt übernommen hatte. Er kannte Ostasien nicht. Die Mentalität der Asiaten war ihm fremd, wenngleich er in der UNO Vertreter dieser Länder kennengelernt hatte. Er wußte, daß man sie nicht über einen Leisten schlagen konnte. Japaner, Chinesen, Koreaner – so verschieden die Menschen waren, so verschieden und fremdartig die Welt, aus der sie kamen.

Andererseits hatte Caspar Hilzinger nicht zum erstenmal mit der Befreiung von Gefangenen zu tun. Aus Erfahrung wußte er, daß es darauf ankam, im richtigen Augenblick das rechte Wort zu finden und mit letzter Festigkeit aufzutreten. Es galt immer, das schlechte Gewissen der anderen Seite auszunutzen.

IN DER NACHT VOR DEM STAATSSTREICH der Obristen in Griechenland war ein Fernsehteam aus der Bundesrepublik in Athen angekommen. Dazu gehörte Basil Mathiopoulos, der als politischer Flüchtling in der Bundesrepublik lebte und zahlreiche heftige Kommentare gegen den Rechtskurs in Griechenland verfaßt hatte. Er war den Obristen ein Dorn im Auge und saß nun in der Falle gefangen. In seiner Not flüchtete er in die Deutsche Botschaft in der Hoffnung, dort Asyl zu finden. Die Griechen wußten, daß es in Europa kein Asylrecht der Botschaften gibt wie in Lateinamerika. Sie konnten also in aller Ruhe abwarten, ob es zu einem Fall Mindszenty, der jahrelang die Amerikanische Botschaft in Budapest nicht verlassen konnte, kommen würde, oder ob sie den Gesuchten an der Pforte der Botschaft in Empfang nehmen konnten.

Der Telefondraht zwischen Bonn und Athen glühte. Schließlich gab die Junta die Zusage, Mathiopoulos könne unter freiem Geleit in die Bundesrepublik zurückkehren. Aber der Revolutionsrat der Offiziere machte die Entscheidung rückgängig. Die Regelung drängte, denn saß das neue Regime erst einmal richtig im Sattel, so konnten die Verhandlungen aus Furcht vor Gesichtsverlust nur schwieriger werden. Also was tun?

In dieser Situation bat Caspar Hilzinger den griechischen Botschafter in Bonn zu sich. Dieser war noch nicht von der neuen Sorte und wahrscheinlich ganz zufrieden, daß er den Obristen eine harte Nachricht übermitteln konnte. Caspar Hilzinger sagte zu ihm: »Herr Botschafter, ich wäre Ihnen dankbar, wenn Sie Ihrer Regierung das, was ich Ihnen jetzt zu sagen habe, wortwörtlich berichten würden. Ihre Regierung hat uns vor vierundzwanzig Stunden zugesagt, daß Herr Basil Mathiopoulos Griechenland und damit die Deutsche Botschaft, wo er Unterkunft gefunden hat, unter sicherem Geleit verlassen könne. Heute, vierundzwanzig Stunden später, wird uns mitgeteilt, daß die Offiziersjunta sich dagegen ausgesprochen habe. Teilen Sie bitte Ihrer Regierung mit, daß die Bundesregierung auf das stärkste daran interessiert sei zu erfahren, wer in Griechenland das Sagen habe – die Regierung oder irgendein obskurer Major in der Junta. Wenn die Beziehungen vernünftig weitergeführt werden sollen, müsse die Bundesregierung wissen, wer die griechische Regierung sei.«

Vierundzwanzig Stunden später war Basil Mathiopoulos frei.

DIE ERFAHRUNGEN AUS SOLCHEN VERHANDLUNGEN waren für Caspar Hilzinger Grund genug, sich zwischen Weihnachten und Neujahr 1968/69 sehr gründlich auf seinen Auftrag in Korea vorzubereiten. Er las alles, was er über Korea – Land und Leute – auftreiben konnte. Berichte der Botschaft, die bisher wenig Interesse gefunden hatten, waren für ihn auf einmal spannende Lektüre. Die Botschaft in Seoul teilte das Schicksal so mancher diplomatischer Vertretung in einem kleinen Land an der Peripherie. Es muß erst etwas passieren, dann stellt man fest, wie wichtig sie ist.

Außer Daten und Fakten in sich aufzunehmen und die Rechtslage in bezug auf die völkerrechtswidrige Entführung in einfache, schlüssige Sätze zu bringen, tat Caspar Hilzinger etwas weiteres, wahrscheinlich Entscheidendes für die Vorbereitung seiner Verhandlungen. Er versuchte, sich in die Lage der koreanischen Regierung zu versetzen. Was mußte es für sie innenpolitisch bedeuten, rechtskräftig verurteilte Häftlinge freizulassen? Würde nicht die Opposition darin ein Zurückweichen von Park Chung-Hee sehen können und daraus den Schluß ziehen, daß man die Angriffe gegen das Regime verstärken müsse? Würde es für eine Regierung eines asiatischen, stolzen Volkes ganz einfach möglich sein, in dieser Weise das Gesicht zu verlieren?

Je mehr Caspar Hilzinger sich in diesen Aspekt seines Auftrages vertiefte, desto skeptischer wurde er, was das mögliche Ergebnis seiner Reise anging. Er zog zwei Schlußfolgerungen aus seinen Überlegungen: Erstens wollte er behutsam, verständnisvoll und bescheiden, wenngleich in der Sache unnachgiebig auftreten. Zweitens würde er von der koreanischen Regierung vor seiner Abreise aus Bonn die Zusage verlangen, daß am Beginn seines Aufenthalts in Seoul ein Vier-Augen-Gespräch mit Park Chung-Hee stehen werde. Er war nämlich der Mann, der hinter der Fassade demokratischer Verfassungsbestimmungen allein das Sagen hatte, wenn er auch dabei gewisse innenpolitische Rücksichten zu nehmen hatte. Später sollte sich herausstellen, daß gerade diese einzige Vorbedingung für das Ergebnis der Reise von großer Bedeutung war.

Noch vor der Abreise lud Caspar Hilzinger den Dekan der Juristischen Fakultät der Universität Bonn, der die Bundesregierung so heftig attackiert hatte, zu sich ein und unterrichtete ihn von der bevorstehenden Reise nach Seoul. Außerdem bat er ihn, seinerseits dafür zu sorgen, daß nicht neue Interviews die schwierigen Verhandlungen störten. Als Gegenleistung versprach er dem Dekan, ihn unmittelbar nach seiner Rückkehr aus Korea über Erfolg oder Mißerfolg zu unterrichten.

Eigentlich hätte die kleine Delegation, der außer Caspar Hilzinger noch Gottfried Fischer und Karl-Heinz Kunzmann angehörten, vor Weihnachten abreisen sollen. Doch Caspar Hilzinger sah keinen großen Nutzen darin, die Sache zu überstürzen und womöglich über die Weihnachtsfeiertage in Seoul herumzusitzen. Außerdem brauchte er die Verschnaufpause zwischen Weihnachten und Neujahr zur gründlichen Vorbereitung.

Die kleine Verzögerung sollte sich als glücklicher Umstand erweisen. Am 13. Januar 1969 traf die Delegation über Anchorage–Tokio kommend in Seoul ein. Als Caspar Hilzinger dem Außenminister Choi Kyu-Hah beiläufig sagte, er habe ursprünglich schon im Dezember kommen wollen, wehrte dieser ab und sagte: »Seien Sie froh, daß Sie erst jetzt zu Beginn des neuen Jahres gekommen sind. Das ist ein verheißungsvolles Vorzeichen für die Verhandlungen. Wir Koreaner verrichten wichtige Dinge nur am Anfang der Woche, am Anfang des Monats oder am Anfang des Jahres. Dann ist das Glück uns günstig gesonnen. Über diese schwierige Frage, deretwegen Sie von Deutschland hierhergekommen sind, hätten wir am Ende des Jahres sicherlich nicht verhandelt.«

Diese Bemerkung des Außenministers gab Caspar Hilzinger gleich nach seiner Ankunft in Seoul einen ersten Einblick in die Mentalität dieses Volkes. Einen weiteren Eindruck von den Verhandlungsmethoden sollte er noch am gleichen Abend erhalten, als der Außenminister der deutschen Delegation ein Essen gab.

Der Empfang am Flughafen durch den Protokollchef entsprach

der koreanischen Vorstellung vom Rang eines Sonderbotschafters. Ihm galten die gleichen protokollarischen Ehren wie einem fremden Regierungchef. Ehrenformation, Begrüßungsansprache und Motorradeskorte. Noch heute denkt Caspar Hilzinger mit Abscheu an die widerwärtige Art zurück, mit der die koreanische Motorradeskorte sich einen Weg durch den dichten Verkehr bahnte. Den Privatwagen, die der offiziellen Kolonne nicht schnell genug die Bahn freimachten, traten die gestiefelten Polizisten gegen das vordere Schutzblech, auch wenn dadurch Lackschäden entstanden. In all den Tagen hat Caspar Hilzinger nicht sehen können, daß auch nur einer der Autofahrer sich deswegen ein Zeichen des Mißfallens erlaubt hätte. So hart sind da die Sitten. Ein Polizeistaat kann sich nicht verbergen.

Die Ansprache auf dem Flugplatz war ganz darauf zugeschnitten, die Gefühle der koreanischen Regierung zu schonen. Jeder wußte, warum Caspar Hilzinger gekommen war; keiner sprach es aus. Wenn die deutsche Delegation mit der Tür ins Haus gefallen wäre und die Entführung angesprochen hätte, hätte sie mit dem nächsten Flugzeug unverrichteterdinge wieder abreisen können.

So beschränkte sich Caspar Hilzinger auf einen leichten Wink mit dem Zaunpfahl und sagte: »Wir alle leben in einer gefährlichen Zeit. Die gegenseitige Abhängigkeit der Nationen wird immer größer. Freundschaftliche Beziehungen, wie sie zwischen dem koreanischen und dem deutschen Volk allezeit bestanden haben und durch den Staatsbesuch von Präsident Park Chung-Hee in Deutschland 1964 und den Präsident Lübkes in Korea 1967 noch gestärkt worden sind, sind für uns alle von großer Bedeutung. Ich zweifle nicht, daß beide Seiten während der bevorstehenden Verhandlungen diese grundlegende Tatsache nicht aus den Augen verlieren werden.«

Die Delegation war im sechsten Stock eines riesigen Hotels untergebracht. Die Zimmer waren Tag und Nacht überheizt. Die Temperatur konnte nicht gesenkt werden, so daß der Gedanke nahelag, die Art der Unterbringung sei ein Teil der psychologischen Beeinflussung der Delegation, die sie im Verlauf der Verhandlungen noch in anderer Form kennenlernen sollte.

Als solche war wohl auch der Verlauf des ersten Abendessens zu verstehen. Es zeichnete sich dadurch aus, daß Außenminister Choi Kyu-Hah während der ganzen Dauer des Essens mit Caspar Hilzinger kein einziges Wort sprach, als wolle er demonstrieren, daß er das Anliegen der Bonner Delegation als eine unsittliche Zumutung betrachte. Ganz sicherlich hatte er die Absicht, bei den Deutschen den Komplex zu pflanzen, sie hätten etwas falsch gemacht oder seien im Begriff, von der koreanischen Regierung eine ungeheuerliche Sache zu verlangen. Choi Kyu-Hah schien schon durch die Tatsache der Anwesenheit der Deutschen beleidigt.

Am nächsten Morgen fand das im voraus vereinbarte Vier-Augen-Gespräch mit Staatspräsident Park Chung-Hee statt. Caspar Hilzinger wurde vom Protokollchef in einen weiten Raum geführt. Dessen Einrichtung bestand aus einer Mischung chinesischer und japanischer Innenarchitektur, im ganzen harmonisch und gediegen. Viel Gold und Taubenblau. Auf großen Wandschirmen war der aufstrebende Phönix, das Wappentier Koreas in allen Formen gestickt, gewoben, gemalt. Der ganze Raum wirkte elegant. Die einzigen Geräusche gingen von den Schritten auf dicken Teppichen aus, als gehe man auf Watte.

Einer der Wandschirme verdeckte den Seiteneingang, durch den Park Chung-Hee unvermittelt und ohne Ankündigung eintrat. Caspar Hilzinger bemerkte sein Eintreten erst, als dieser fast vor ihm stand.

Eher von kleiner Statur, schlank, kein Gramm überflüssiges Fett, machte der südkoreanische Staatspräsident den Eindruck eines Mannes, an dem auch die Nerven zu Muskeln ausgebildet waren. Sein Gesichtsausdruck, ernst, aber nicht unfreundlich, verriet vollständige Selbstbeherrschung. Ein Mann, hart und gespannt wie eine Stahlfeder. Keine Zuckung, kein Schmunzeln, nichts, absolut nichts, was im Verlaufe des Gesprächs auf eine Reaktion seinerseits deuten konnte.

Nach einer kurzen Begrüßungsfloskel übergab Caspar Hilzinger einen Brief von Heinrich Lübke an Park Chung-Hee, den dieser ungeöffnet beiseite legte. Schon in diesen ersten Augenblicken der Begegnung wurde Caspar Hilzinger klar, daß von diesem Gespräch der Erfolg seiner Mission abhing, welchen Verlauf sie auch im einzelnen nehmen sollte. Dieser Mann schien – wenn auch dazu in der Lage – nicht willens, durch eine präsidentielle Anweisung die Freilassung der Gefangenen zu bewirken. Aber solange er die Verhandlungen sich entwickeln ließ, war viel gewonnen. Dies mußte ihm den Vorteil verschaffen, den Gesichtsverlust, wenn nicht ganz zu vermeiden, so doch auf mehrere Personen in der Regierung zu verteilen. Seine Minister und Berater hatten ihm diese Unannehmlichkeit eingebrockt, sollten sie doch sehen, wie sie mit dem Deutschen zurechtkamen.

Caspar Hilzinger hatte sich seit Tagen die Abfolge seines Gesprächs mit Park Chung-Hee zurechtgelegt. Keine Wendung, kein Wort sollte dem Zufall des Augenblicks überlassen bleiben. Der Gegenstand dieser Verhandlungen – Rettung von Menschenleben – verbot es, den Verlauf von Stimmungen oder anderen Dispositionen abhängig zu machen. Wie ein verantwortungsvoller Chirurg vor einer schweren Operation, bei der es um Leben oder Tod geht, war Caspar Hilzinger in diese Gespräche eingestiegen.

Die Beziehungen zwischen Deutschland und Korea seien immer gut gewesen, begann Caspar Hilzinger seine Ausführungen. Beide Völker hätten ähnliche Interessen und ähnliche Probleme. Nun habe sich aber eine Sache ereignet, die die Beziehungen belaste, ja gefährde. (Hier ist zu bemerken, daß Caspar Hilzinger durch die Bundesregierung nicht befugt worden war, mit dem Abbruch der Beziehungen zu drohen oder ihn auch nur anzudeuten. Ebenfalls war er nicht in der Lage, wirtschaftliche Leistungen in Aussicht zu stellen, wenn die Entscheidung positiv ausfallen würde.) Es liege ihm fern, sich in die Rechtsordnung eines befreundeten Landes einzumischen. Juristisch sei dem Problem nicht beizukommen. Eine politische Entscheidung sei erforderlich, falls die koreanische Regierung die Weiterentwicklung der Beziehungen mit der Bundesrepublik Deutschland für wünschenswert halte. Sollte sich die koreanische Regierung imstande sehen, eine solche politische Entscheidung zur Freilassung der Gefangenen zu treffen, so sei die deutsche Delegation in Bezug auf die Ausführungsmodalitäten flexibel.

Zum Schluß seiner Ausführungen setzte Caspar Hilzinger hinzu: »Herr Präsident, ich bin zum erstenmal in meinem Leben in Asien. Ich kenne weder Land noch Leute und deren Mentalität. Dies bedeutet, daß ich Verlaufe meiner Verhandlungen wahrscheinlich psychologische Fehler machen kann, die auch der Sache schaden könnten. Sollte ich in den nächsten Tagen solche Fehler machen, so bitte ich Sie jetzt schon um Verständnis.«

Damit war das Gespräch beendet. Park Chung-Hee erhob sich, ohne daß seine Gesichtszüge Zustimmung oder Ablehnung hätten erkennen lassen. Der Protokollchef trat geräuschlos ein, während Park Chung-Hee wieder hinter dem großen Wandschirm mit dem aufsteigenden Phönix verschwand. Die Verhandlungen konnten beginnen.

Der nächste Besuch galt dem Premierminister. Kaum hatte Caspar Hilzinger dessen Arbeitszimmer betreten, begrüßte ihn dieser mit den Worten: »Sagen Sie mal, was haben Sie eigentlich heute vormittag dem Staatspräsidenten gesagt?«

Caspar Hilzinger fürchtete einen Augenblick lang, den erwähnten psychologischen Fehler gemacht zu haben. Denn während solcher Verhandlungen sind alle Nerven angespannt und reagieren auf die leiseste Anspielung der Gegenseite. Er antwortete deshalb ausweichend und ein wenig verwundert, er habe dem Präsidenten lediglich gesagt, daß eine politische Entscheidung durch die koreanische Regierung getroffen werden müsse, wenn das Problem der Rückführung der sechs Koreaner in die Bundesrepublik gelöst werden solle.

»Das kann der Präsident nicht gemeint haben«, antwortete der Premierminister. »Der Präsident hat mich nämlich, nachdem Sie ihn verlassen hatten, angerufen und gesagt: ›Ich bin der Meinung, daß wir mit diesem Mann zu einer Einigung kommen können; er ist aufrichtig und bescheiden.‹ Und so etwas sagt unser Präsident nicht von ungefähr.«

Jetzt wußte Caspar Hilzinger, was diese Äußerung Park Chung-Hees hervorgerufen hatte. »Aufrichtig und bescheiden«. Das war die Wirkung der letzten Sätze im Gespräch mit dem Präsidenten gewesen. Wenn Caspar Hilzinger als Neuling in Ostasien Fehler mache, bitte er im voraus um Verständnis. Der Respekt vor der Eigenart des anderen, in dieser Form ausgedrückt, hatte ihm bei Park Chung-Hee, der seine Gefühle nicht verschwendete, Sympathie eingetragen. Wenn auch dessen stählerne Gesichtszüge ohne Regung geblieben waren.

Die eigentlichen Verhandlungen begannen in einer ersten Gesprächsrunde mit Außenminister Choi Kyu-Hah, und zwar noch am gleichen Tag, dem 14. Januar 1969. Caspar Hilzinger leitete das Gespräch mit der Bemerkung ein, es liege ihm fern, sich in die koreanische Rechtsprechung einzumischen. Das mute er der koreanischen Regierung auch gar nicht zu. Was man tun könne und tun müsse, sei, die Absichten der koreanischen Regierung für die Zeit nach Verkündung der abschließenden Urteile in allen sechs Fällen festzulegen. Eine Vereinbarung darüber müsse geheim bleiben. Keine Seite solle das Gesicht verlieren. Man könne dann eine allgemeine Erklärung über die deutsch-koreanischen Beziehungen herausgeben.

Der Außenminister entgegnete, es sei zwar leicht, eine Presseverlautbarung zu entwerfen, aber es werde schwer sein, in der Sache zu einer Einigung zu kommen. Nach seiner Auffassung sei die erste Voraussetzung ein besseres Verständnis der gegenseitigen Standpunkte. Die Republik Korea befinde sich in einer schwierigen Lage. Sie stehe dem ständigen Aggressionsdruck und den Provokationen aus dem Norden gegenüber. Er wolle fragen, ob der Sonderbotschafter konkrete Vorstellungen von einer Lösung habe.

Caspar Hilzinger mußte erkennen, daß Choi Kyu-Hah die erste Gesprächsrunde nur dazu benützen wollte, zu hören und an dem deutschen Unterhändler Maß zu nehmen. Es stellte sich auch bald heraus, daß der Außenminister in dieser Sache keinerlei Entscheidungsbefugnis hatte. Er fungierte lediglich als ein Instrument der Verhandlungsführung und der Koordination für die Regierung. Nachdem hinreichend klar geworden war, daß der Außenminister nicht daran dachte, eigene Vorschläge zu machen, wurde er von Caspar Hilzinger mit folgenden Forderungen vertraut gemacht:

Der Oberste Gerichtshof müsse jetzt ein abschließendes Urteil fällen und dürfe das Verfahren nicht mehr auf die lange Bank schieben;

der Oberste Gerichtshof solle Urteile fällen, die es der koreanischen Regierung erlauben würden, die Strafen im Gnadenwege zu erlassen oder auszusetzen;

alle sechs Fälle sollten im Laufe des Jahres 1969 geregelt werden;

der Komponist Isang Yun sei insoweit ein Sonderfall, als am 22. Februar 1969 eine seiner Opern in Nürnberg uraufgeführt würde. Im März 1969 solle ihm der Musikpreis der Stadt Kiel verliehen werden. Es liege doch auch im Interesse der koreanischen Regierung, wenn ein koreanischer Staatsbürger weltweite Anerkennung finde und er bei der Preisübergabe zugegen sein könne;

die Delegation sei bereit, an Texten mitzuwirken, die eine flankierende Hilfe für den ganzen Ablauf sein könnten, sowohl innen- wie auch außenpolitisch.

Der Außenminister notierte die Ausführungen sorgfältig. Wen er anschließend unterrichtete, war leicht zu erraten: den Mann im Blue-House mit der mongolisch-chinesischen Maske, von Japanern und Amerikanern geschult.

Noch für denselben Tag war ein Gespräch mit dem Justizminister vorgesehen. Außer einer freundlichen Begrüßung und der abschließenden Versicherung, er hoffe persönlich, die Mission des

Sonderbotschafters werde erfolgreich sein, brachte diese Begegnung keine Ergebnisse.

In einem demokratischen Rechtsstaat ist im allgemeinen der Justizminister das Haupthindernis für Regelungen, die außerhalb des normalen Strafvollzugs durchgeführt werden sollen. Nicht so hier. Caspar Hilzinger gewann den Eindruck, daß der Justizminister in jedem Falle das tun würde, was man ihn hieße. Die Einmischung in die Justiz und die Notwendigkeit, eine politische Entscheidung zu treffen, war diesem Mann wahrscheinlich vertrauter, als die deutschen Besucher auch nur ahnten. Das war es wohl, was er tagaus, tagein zu tun hatte: politische Entscheidungen rechtlich abzusichern.

Der eigentlich harte Brocken der Verhandlungen stand noch bevor. Am 15. Januar fand das erste Gespräch mit dem Mann statt, der die Entführungsaktion ersonnen, Park Chung-Hee empfohlen und durchgeführt hatte: mit dem Direktor des koreanischen Geheimdiensts KCIA, Hyung Uk-Kim.

Das Hauptquartier der KCIA ist in der fünfeckigen Form des amerikanischen Verteidigungsministeriums gebaut. Sie nennen es auch stolz das Pentagon. Ein makabres Gefühl beschlich Caspar Hilzinger, als er dieses Gebäude betrat. In ihm stieg die Erinnerung hoch an einen Zwangsbesuch im Gestapo-Hauptquartier seiner Heimatstadt, das ihn 1940 als Zeuge geladen hatte, um für einen inhaftierten Lehrer auszusagen.

Aus Stahlbeton kann man alles machen, Brücken und Kerker, Kirchen und Krankenhäuser. In einem Teil des rundum vergitterten Untergeschosses vermutete Caspar Hilzinger zu Recht die Zellen der Untersuchungsgefangenen – und was in immer mehr Ländern der Welt dazugehört. Hier gilt ein Menschenleben nichts. Darum mußte die Frage, warum die Gefangenenzellen nicht heizbar waren, am Kern der Sache vorbeigehen. In eine solche Maschinerie, in die Hand seelenloser Kerkermeister zu fallen, war fast gleichbedeutend mit dem Ende. Wer gesteht, ist fein heraus. Für ihn ist die Folter zu Ende. Das Mittelalter ist wieder zurückgekehrt. Nicht nur im Korea der sechziger Jahre.

Der Mann, der Caspar Hilzinger im Innenhof des Hauptquartiers empfing, war der Stellvertretende Direktor der KCIA. Von mittelgroßer Gestalt, dürr, leicht nach vorne gebeugt, wiesen die Gesichtszüge eindeutig seine chinesische Abstammung aus; sein dauerndes penetrantes Lächeln unterstrich diesen Eindruck. Er war von unbeschreiblicher Häßlichkeit, sein Gesicht entstellt durch ein Muttermal von der Form und Größe eines Markstückes, aus dem zwei bis drei Zentimeter lange Haare herabhingen. In jedem Horrorfilm konnte der Mann die Hauptrolle übernehmen. Man brauchte nicht viel Phantasie, um zu vermuten, daß dieser verunstaltete, grinsende Typ wohl für den »praktischen« Teil der Verhöre zuständig sei.

Er war es nun, der Caspar Hilzinger durch eine eigens aufgebaute Ausstellung führte, die aus Beutewaffen, Photographien, nachgestellten Horrorszenen und Plänen aus dem subversiven Kampf an der Grenze zum nördlichen Nachbarn stammten. Immer wieder raunte der koreanisch-chinesische Kerkermeister Caspar Hilzinger ins Ohr: »Und solche Leute, die diese Scheußlichkeiten begehen, wollen Sie freibekommen.«

Am Ende der einstündigen Führung, bei der auch Filme über eingedrungene Sabotagetrupps gezeigt wurden, fragte der Kerkermeister: »Was sagen Sie jetzt zu dem, was Sie gesehen haben? Wollen Sie Ihren Auftrag noch immer ausführen?«

Caspar Hilzinger ärgerte sich, daß der Typ ihn für derartig beeindruckbar hielt. Ziemlich trocken antwortete er: »Alles, was ich gesehen habe, ist Theorie und bildliche Darstellung. Ich habe aber die Wirklichkeit solcher Dinge kennengelernt. Haben Sie schon einmal vom Zweiten Weltkrieg gehört? Darum bin ich hier in Korea. Wir wollen, daß Frieden wird und daß die Menschen frei werden!«

Ein verächtliches Grinsen war die Antwort des Burschen. Aber er sagte fortan kein Wort mehr. Und das war auch gut so.

Die Veranstaltung zahlte sich für die koreanischen Organisatoren nicht aus. Gerade die Eindrücke in den Räumen und endlosen Gängen der KCIA, mitten in der Höhle des Löwen, haben Caspar Hilzinger in seiner Absicht bestärkt, alle sechs Koreaner freizubekommen, und wäre es noch so schwer. Er fing an, für diese unglücklichen Menschen eine persönliche Verantwortung zu empfinden. Das Bewußtsein, daß das Leben und die Freiheit von sechs Menschen von ihm abhing, gab ihm die Kraft durchzustehen, geduldig und zäh.

Pünktlich um elf Uhr Ortszeit wurde Caspar Hilzinger mit seinen beiden Begleitern beim Direktor des koreanischen Geheimdienstes vorgelassen. Er war nach dem Staatspräsidenten der zweitmächtigste Mann Südkoreas. Man kann sagen, daß vom Haupte eines koreanischen Bürgers kein Haar fallen konnte, ohne daß Hyung Uk-Kim davon nicht erfahren hätte.

Hyung Uk-Kim empfing die Delegation in seinem weiträumigen Arbeitszimmer, in dem allerlei Kitsch herumstand. Ins Auge fiel vor allem eine recht naturalistische Holzplastik in Lebensgröße, die den Kampf zwischen Adler und Schlange darstellte.

Hyung Uk-Kim bewegte sich auf die Deutschen zu, als transportiere er einen Kleiderschrank durchs Zimmer. Schwer und fest auf beiden Beinen, schaukelte er langsam vorwärts. Er war ganz offensichtlich von mongolischer Herkunft. Stark, untersetzt, mit einem ins Leere gehenden Gesichtsausdruck. Als General der koreanischen Armee hatte er alles vorzuweisen, was für sein Amt wohl von Vorteil war: mongolische Härte, chinesische Schlauheit, japanischen Drill und Kenntnisse amerikanischer Technologie. Diese vier Faktoren ergaben eine unbesiegbare Mischung. Hyung Uk-Kim war ihr Produkt.

Er legte ausführlich dar, wie sehr Korea durch den Kommunismus bedroht sei. Ein derart gefährdetes Land müsse manchmal zu ungewöhnlichen Maßnahmen greifen, wenn es seine Unabhängigkeit bewahren wolle. Dafür müsse die freie Welt und insbesondere die Bundesrepublik Deutschland Verständnis haben. Als geteiltes Land befinde sie sich ja in einer ähnlichen Lage wie Korea.

Was könne die koreanische Regierung unter diesen Umständen unternehmen, um der Bundesregierung einen Gefallen zu tun? Sie müsse vor allem ihr Gesicht wahren. Deshalb sei es vollkommen ausgeschlossen, alle sechs Verurteilten freizulassen. Er wolle einen Vorschlag machen. Zwei der Verurteilten befänden sich in den Zellen des KCIA-Hauptquartiers. Er werde sie heraufholen lassen; die deutsche Delegation könne sie gleich mitnehmen; dann müsse die Angelegenheit erledigt sein. Wenn die deutsche Seite dieses Angebot ablehne, riskiere sie, überhaupt keinen freizubekommen.

Dieses Angebot brachte Caspar Hilzinger für Sekunden in ein schreckliches Dilemma. Wären nicht zwei Freilassungen besser als am Ende gar keine? Bonn würde auch mit einem Teilerfolg zufrieden sein. Aber hatte er, Caspar Hilzinger, das Recht, so fragte er sich, durch die Annahme des Angebots selber zum Richter dieser undurchsichtigen Tatbestände zu werden? Wenn die deutsche Souveränität durch die Entführungsaktion verletzt worden war, so war sie durch die Entführung aller sechs Koreaner verletzt worden. Folglich konnte der frühere Zustand nur wiederhergestellt werden, wenn alle sechs ohne Ausnahme in die Bundesrepublik zurückkehren konnten.

So lautete die Antwort an Hyung Uk-Kim: »Wir sind nicht nach Seoul gekommen, um darüber zu Gericht zu sitzen, ob der eine oder andere der sechs Verurteilten etwas mehr oder etwas weniger schuldig ist. Wir sind gekommen, weil wir wünschen, daß die deutsch-koreanischen Beziehungen eine gute Zukunft haben. Die Entführung Ihrer Landsleute aus dem Hoheitsgebiet der Bundesrepublik Deutschland steht dem entgegen. Es ist daher erforderlich, daß, soll das politische Ziel erreicht werden, alle sechs Koreaner nach Deutschland zurückkehren. Erst dann ist der frühere Zustand wiederhergestellt.«

In Verhandlungen mit Asiaten (und das gilt weitgehend auch für die Verhandlungen mit Russen) glaubt man sich oft an einer Wand angelangt, hinter der nur noch der Abbruch der Verhandlungen liegen kann. Dann scheint es plötzlich wieder, als sei diese Wand nur ein chinesischer Wandschirm gewesen, den man lediglich wegzuschieben braucht.

So war es auch in diesem Stadium der Verhandlungen. Hyung Uk-Kim bat Caspar Hilzinger, die Deutsche Botschaft solle den Rechtsanwalt Whang bitten, sich mit den Angeklagten in Verbindung zu setzen und sie dazu bewegen, ihre Rechtsmittel zurückzunehmen. Dann wäre der Regierung die Möglichkeit gegeben, die notwendigen Maßnahmen zu ergreifen. Die einzige Ausnahme sei der zum Tod verurteilte Physiker Chung aus Frankfurt.

Was vor wenigen Augenblicken wie das ergebnislose Ende der Verhandlungen aussah, war jetzt auf einmal ein Neubeginn in konkreter Form, wenn auch der Physiker Chung zunächst ausgeschlossen sein sollte und der Gießener Student Choe von Hyung Uk-Kim gar nicht mehr erwähnt worden war. Nur nicht den Faden abreißen lassen. Solange verhandelt wurde, bestand Hoffnung, zumal Hyung Uk-Kim von sich aus angeboten hatte, mit der deutschen Delegation ein zweites Mal zusammenzukommen.

Am Nachmittag wurden die gleichen Fragen wieder mit dem Außenminister aufgenommen, der natürlich bis in alle Einzelheiten des Gesprächs mit Hyung Uk-Kim unterrichtet war. Die Mehrgleisigkeit der Verhandlungen erlaubte es den Koreanern, Zugeständnisse auf der einen Ebene auf der anderen wieder einzuschränken. So wurde schließlich um jeden einzelnen gekämpft mit der Begründung, die Rechtslage sei jeweils verschieden und erfordere unterschiedliche Maßnahmen der Justizbehörden. Es blieb Caspar Hilzinger daher nichts anderes übrig, als immer wieder auf den Grundsatz zu pochen, entweder würden alle sechs freigelassen, oder die Mission müsse als gescheitert angesehen werden. Letzteres wollten die Koreaner wiederum auch nicht.

Schließlich faßte der Außenminister das Ergebnis der Nachmittagssitzung zusammen:

Von den ursprünglich siebzehn Angeklagten gehe es noch um die sechs, die sich im Gefängnis befänden;

elf Personen – darunter ein Kind mit seiner Mutter – seien bereits in Freiheit. Von ihnen seien neun bereits nach Deutschland zurückgekehrt. Zwei befänden sich in Seoul. Sie wollten nicht zurückkehren; man könne sie nicht zwingen;

über zwei der sechs sei das endgültige Urteil gefällt. Sie würden innerhalb kürzester Frist freigelassen;

vier Fälle seien noch vor dem Obersten Gericht anhängig;

in den verbleibenden Fällen solle die Möglichkeit für die Betreffenden offenstehen, nach eigener Entscheidung nach Deutschland zurückzukehren.

Nachdem jetzt eine grundsätzliche Einigung über den Kreis der betroffenen Personen erreicht war, galt es noch, die Frage der zeitlichen Staffelung der Freilassungen und eine möglichst verbindliche Form der Vereinbarung auszuhandeln.

Bereits am nächsten Tag, dem 16. Januar, sollte sich aber zeigen, daß die mit dem Außenminister getroffene Grundsatzvereinbarung noch auf wackligen Füßen stand. Der Direktor des Geheimdienstes, den der Leser bereits kennengelernt hat, ließ Caspar Hilzinger wissen, er wünsche ihn zu einem zweiten Gespräch zu empfangen.

Die Atmosphäre im Arbeitszimmer von Hyung Uk-Kim war diesmal spürbar dumpf und gereizt. Die zahlreichen Tierfiguren aus Holz schienen grimmig in die Gegend zu blicken. Der koreanische Botschafter in Bonn war ebenfalls zugegen und saß bleich und verängstigt seinem allmächtigen Geheimdienstchef gegenüber, der ihn kaum beachtete. Irgend etwas mußte hinter den Kulissen vorgegangen sein, das die Atmosphäre derart ungünstig beeinflußte. Aber was? Caspar Hilzinger hatte plötzlich das Gefühl, daß dies eine entscheidende Gesprächsrunde werden würde. Er sollte sich, wie sich später zeigte, darin nicht getäuscht haben.

Hyung Uk-Kim sagte, es sei schwer, alle sechs Fälle zu lösen. Der Komponist Isang Yun und der Student Lim hätten ihre Berufung

238

bereits zurückgezogen. Der Fall des zum Tode verurteilten Chung liege aber anders.

Caspar Hilzinger habe in der ersten Sitzung erklärt, daß die KCIA die Koreaner nach Korea zurückgebracht und dabei deutsches Recht verletzt habe. Das sei eine Behauptung der Deutschen. Aber auch in Korea gebe es Recht, Verwaltung und Justiz. Man könne auch hier nicht alle Fragen gegen das Recht politisch lösen. Es gelte, sich gegenseitig zu verstehen.

Er habe gehört, man habe in der Bundesrepublik den Abbruch der diplomatischen Beziehungen und die Einstellung der Kapitalhilfe gefordert. Wenn man Korea wie ein besiegtes Land unter Druck setzen wolle, werde die Frage nur noch schwieriger werden.

Caspar Hilzinger hatte keine andere Wahl, als seine grundsätzliche Position zum soundsovielten Male zu wiederholen, auch wenn die Auseinandersetzung mittlerweile dem Siedepunkt nahe gekommen war. Da riß Hyung Uk-Kim der Geduldsfaden: »Die Bundesregierung verlangt die Freilassung dieser kommunistischen Verbrecher lediglich, weil sie selbst von Kommunisten unterwandert ist!«

Jetzt hatte Hyung Uk-Kim sich eine Blöße gegeben, schlimmer, er hatte einen Fehler gemacht. So etwas muß man in Verhandlungen immer teuer bezahlen, wenn man sie nicht zum Platzen bringen will. Das konnte aber die Absicht der Koreaner in diesem Stadium eigentlich nicht mehr sein.

Äußerlich völlig ruhig, aber mit großer innerer Spannung stand Caspar Hilzinger auf und sagte: »Sie haben die Bundesregierung beleidigt; ich sehe mich danach nicht mehr in der Lage, mit Ihnen weiterzuverhandeln.« Als er Anstalten machte, zusammen mit seinen beiden Begleitern den Raum zu verlassen, schrie Hyung Uk-Kim, kochend vor Zorn: »Bleiben Sie! Das war ein Übersetzungsfehler!«

Caspar Hilzinger: »Wenn das so ist, kann ich ja wieder Platz nehmen.« Er wußte, daß gerade ein kritischer Punkt im Verhandlungsprozeß zu seinen Gunsten überwunden worden war. Solche Rückzieher macht man nicht ungestraft.

Eine weitere kritische Situation sollte wenige Minuten später folgen. Sie war nicht nur kritisch, sondern auch von großer politischer Brisanz. Caspar Hilzinger fuhr nämlich, als er das Einlenken Hyung Uk-Kims in der Form des »Übersetzungsfehlers« registriert hatte, in versöhnlichem Ton fort: »Die wenigen Tage, die ich in Seoul verbringen konnte, haben mir gezeigt, daß Sie, Exzellenz, einer der mächtigsten Männer dieses Landes sind. Es gibt ein deutsches Sprichwort, das sagt: Wer mächtig ist, kann auch großzügig sein. Vielleicht werden Sie, Exzellenz, eines Tages der Präsident Koreas sein. Dann müssen auch Sie politische Entscheidungen treffen. Politische Entscheidungen tragen der Notwendigkeit Rechnung und nicht nur dem eigenen Willen. Beides zu vereinbaren, macht den Staatsmann aus.«

Als Caspar Hilzinger von der Möglichkeit sprach, Hyung Uk-Kim könnte eines Tages Präsident von Korea sein, ging ein selbstzufriedenes Lächeln über das inzwischen rot angelaufene Gesicht des Mongolen, als wolle er sagen: Sind Sie Gedankenleser? Aber Caspar Hilzinger wußte sofort, daß der hocherfahrene Geheimdienstchef in diesem Augenblick in eigener Sache einen zweiten schweren, wenn nicht gefährlichen Fehler begangen hatte. In der Gegenwart anderer Koreaner auch nur von der theoretischen Möglichkeit zu sprechen, Nachfolger Park Chung-Hees werden zu können, mußte tödlich sein in einem Lande, wo die Wände sogar des Geheimdienstes mit den Ohren des Präsidenten ausgerüstet waren. Von da ab wußte Caspar Hilzinger, daß er das Duell mit Hyung Uk-Kim gewonnen hatte. Hyung Uk-Kim hätte Caspar Hilzinger seinerseits scharf zurechtweisen müssen, was er aber aus Eitelkeit unterließ. Er hätte sich die Äußerung Caspar Hilzingers verbitten müssen als Einmischung in die inneren Verhältnisse Koreas. Er mußte doch damit rechnen, daß jedes Wort dieses Gesprächs Park Chung-Hee erreichen würde. Wie so oft sollte die Eitelkeit auch hier eine Verhandlung entscheiden, ohne daß der Betreffende es merkte.

Der anwesende koreanische Botschafter in Bonn schien zu Stein erstarrt. Leichenblaß versuchte er die Schweißtropfen abzuwischen, die von seiner Stirn tropften. Er hatte begriffen, wie brisant dieses Gespräch geworden war. Monate später sagte er einmal in Bonn beiläufig zu Caspar Hilzinger: »Sie wissen ja gar nicht, was Sie mit dieser Bemerkung, General Kim könne eines Tages Präsident von Korea sein, in Bewegung gebracht haben!« Tatsächlich wurde Hyung Uk-Kim bald nach Abschluß der Verhandlungen als Botschafter nach Washington versetzt.

Caspar Hilzinger konnte damals nicht ahnen, was dieser Teil des Gesprächs an Konsequenzen für Hyung Uk-Kim mit sich bringen würde. Aber einmal mehr hatte sich bestätigt, daß die Eitelkeit auch harte Männer zu Fall bringen kann. Der makabre Hintergrund in diesem Geheimdienst-Pentagon wurde dann zehn Jahre später nachgeliefert. Präsident Park Chung-Hee wurde vom Nachfolger Hyung Uk-Kims in den Räumen der KCIA ermordet.

Nach einem weiteren harten Meinungsaustausch faßte Hyung Uk-Kim das Ergebnis zusammen: Zwei Koreaner würden bald freigelassen, zwei weitere Ende 1969, der Student Choe vor Ende 1970, und der Fall des Todeskandidaten Chung solle mit dem Außenminister besprochen werden. Das hieß, das solle der Präsident selbst entscheiden. Zum Schluß fügte er hinzu, daß er für die Lösung dieser Angelegenheit seinen Posten aufs Spiel gesetzt habe. Zum erstenmal in seinem Leben habe er in der Kommunistenfrage solche Konzessionen gemacht. Das war ihm ohne weiteres zu glauben.

Die deutsche Delegation hoffte, daß mit der Einigung über die materielle Seite der Lösung der Rest einfach sein würde. Doch sie sollte sich bald getäuscht sehen. Gerade hier spielte die asiatische Mentalität eine Hauptrolle. Einerseits wollten die Koreaner die Vereinbarung auf keinen Fall formalisieren, sondern es bei einer mündlichen Absichtserklärung belassen. Andererseits versuchten sie, möglichst viele und für sie günstige politische Erklärungen zum Kampf gegen Nordkorea herauszuschlagen. Für die Zukunft, so dachten sie, solle sich die Bundesrepublik verpflichten, koreanische Staatsangehörige, die kommunistischer Umtriebe verdächtig seien, an Korea auszuliefern. An dieser Forderung, die von deutscher Seite natürlich nicht akzeptiert werden konnte, geriet die Vereinbarung über die Freilassung der sechs für einen Augenblick wieder in Gefahr.

Caspar Hilzinger wurde nun ganz und gar grundsätzlich und steif. Saint-Just hätte nicht schärfer und reiner argumentieren können. Bei der Lösung der Frage der Befreiung der Gefangenen stehe die Würde der koreanischen Regierung und der deutschen Regierung auf dem Spiel, sagte er. Wir kauften keine Menschenleben, und die koreanische verkaufe keine. Es gebe absolute Grenzen, die er nicht überschreiten könne, ohne die Selbstachtung zu verlieren. Wenn sich nunmehr nach vielen Stunden Verhandlung die Situation ergeben sollte, daß er zwischen der Freilassung der Menschen und der Nicht-Aufgabe fundamentaler Prinzipien wählen müsse, so sage er gleich, daß wir unsere Grundeinstellung nicht ändern könnten. Dann sei eben seine Mission fehlgeschlagen. Er würde dies bedauern.

Zur Ehre der Koreaner muß gesagt werden, daß sie an keinem Punkt der Verhandlungen die Kapitalhilfe ins Gespräch brachten. Hätte die deutsche Seite eine solche Taktlosigkeit begangen, hätte sie die Gespräche gefährdet. Stolz und Ehre eines Landes hören beim Geld nicht auf; dort fangen sie erst an.

So wie die Bundesregierung von ihren ausländischen Gästen erwartet, daß sie die Berliner Mauer besichtigen, so gehört in jedes ordentliche Programm der Koreaner für offizielle Besucher ein Helikopterflug nach Panmunjon. Der Pilot des Hubschraubers, ein Major, flog die Strecke zum erstenmal und verflog sich auch prompt in dem dichten Nebel. Er befand sich bereits über nordkoreanischem Territorium, als er plötzlich um 180 Grad kehrtmachte und irgendwo im südlichen Hinterland zwischen amerikanischen Panzern niederging. Nachdem der Pilot sich dort die Flugroute hatte erklären lassen, erreichte Caspar Hilzinger nach einer weiteren halben Stunde Panmunjon.

Es gibt wenig Plätze auf der Welt, von denen eine so deprimierende Atmosphäre ausgeht wie von diesem Barackenlager an der Demarkationslinie zweier Welten. Soldaten, Menschen verschiedener Länder und Systeme leben dort Tag und Nacht auf Reichweite in stiller Feindschaft, immer bereit, dem anderen das Seitengewehr in die Rippen zu stoßen. Diese Baracken und diese Menschen, von einer fast totalen Isolierung im Niemandsland abgestumpft, gaben Caspar Hilzinger den Eindruck, ein Asyl für Geisteskranke zu besuchen. Nicht sie, diese armen Soldaten sind geisteskrank, sondern die Welt ist es, die diesem makabren Schauspiel seit dreißig Jahren tatenlos zusieht. Panmunjon ist ein Symbol für die Kollektivneurose, von der diese so fortschrittliche Welt seit vielen Jahren befallen ist.

Nach der Rückkehr von Panmunjon, die diesmal ohne Zwischenfall verlief, stand noch eine schwierige Hürde vor dem Abschluß der Verhandlungen. Welche völkerrechtlich verbindliche Form sollte die Vereinbarung erhalten?

Für Caspar Hilzinger war das in erster Linie eine praktische Frage. Wenn er ohne etwas Geschriebenes, nur mit mündlichen Versprechungen in der Tasche nach Bonn zurückkehrte, würde man ihn als Tölpel verlachen, der sich hatte hereinlegen lassen von den cleveren Koreanern. Andererseits sah er die Schwierigkeit, die es dem koreanischen Außenminister bereitete, eine förmliche, zweiseitige Vereinbarung, also einen Vertrag, zu unterschreiben. Denn es war ja die Auffassung der Koreaner, daß das, was sie in dieser Sache taten, aus eigenem Entschluß und aus eigener Souveränität geschehe.

Der Außenminister erklärte mit aller Entschiedenheit, eine zweiseitige Vereinbarung komme nicht in Frage. Er mache darauf aufmerksam, daß an dieser Frage der Förmlichkeit der Vereinbarung die Verhandlungen noch scheitern könnten. Er wolle indessen einen Schritt entgegenkommen. Er schlage eine in Korea oft verwendete Form vor. Auf ein neutrales Papier solle als Überschrift »Mündliche Erklärung« gesetzt werden sowie der Inhalt der Vereinbarung, Datum und Ort. Nach einer kurzen Einleitung könne auf diesem Blatt stehen, daß die koreanische Regierung die genannten Maßnahmen ergreifen werde. Dies sei zwar kein offizielles Dokument; es werde aber in Anwesenheit beider Delegationen verlesen und übergeben.

Caspar Hilzinger sagte sich, daß er die Freilassung von sechs Menschen nicht an einer Formalie scheitern lassen durfte. Vielleicht wäre es der koreanischen Seite sogar ganz willkommen gewesen, die ganze für sie so unangenehme Sache an einem Nein der Deutschen zur formalen Seite platzen zu lassen. Er sagte daher: »Herr Außenminister, ich bin mit dem von Ihnen vorgeschlagenen Procedere einverstanden, allerdings unter einer Bedingung: Mit der pünktlichen und absprachegemäßen Durchführung der in Ihrer Erklärung niedergelegten Vereinbarung ist die Ehre Koreas involviert.«

Daraufhin erhob sich der Außenminister ohne Zögern, nahm stramme Haltung ein und sagte in feierlichem Ton: »Herr Sonderbotschafter, ich versichere Ihnen, daß mit der pünktlichen und absprachegemäßen Durchführung die Ehre meines Landes verbunden ist.«

Das war mehr als ein völkerrechtlicher Vertrag. Das war ein bewegender Moment, und es war etwas, was es auf der Welt kaum mehr gibt. Ein Außenminister gibt die Ehre seines Landes zum Pfand. Vielleicht mag der eine oder andere Leser aus westlichem Hochmut süffisant über so etwas lächeln. Dieser Augenblick, in dem sechs Menschen durch das Ehrenwort eines Außenministers und das Vertrauen der Gegenseite endgültig die Freiheit wiedererlangen sollten, entbehrte der Größe nicht.

DIE VEREINBARUNGEN WURDEN VON DER KOREANISCHEN REGIERUNG EINGEHALTEN, pünktlich und absprachegemäß, bis auf Punkt und Komma. Alle sechs Verurteilten sind in die Bundesrepublik Deutschland zurückgekehrt – auf Kosten der koreanischen Regierung.

Tags darauf war die Abreise der Delegation vorgesehen. Der Aufenthalt hatte länger gedauert, als ursprünglich geplant war. Einige amerikanische Journalisten, die das Außenministerium nach Korea eingeladen hatte, waren die Leidtragenden, denn sie mußten eine Woche lang auf die Gespräche im Außenministerium warten. Sie rächten sich auf ihre Art in ihren Zeitungen, in denen sie berichteten, zum erstenmal hätten die Koreaner, die als die härtesten Verhandlungspartner der Welt bekannt seien, ihren Meister gefunden. Ein Unterhändler aus der Bundesrepublik Deutschland habe ihnen die Freilassung von sechs Häftlingen abgetrotzt. So etwas sei noch nie vorgekommen. Im Außenministerium habe man eine Woche lang für die wartenden Amerikaner nur eine Entschuldigung gehabt: »Wir können euch nicht empfangen, wir sind Tag und Nacht mit den Deutschen beschäftigt.«

Am Abend vor der Abreise der Delegation gab der Außenminister mit seinen Kollegen, die an den Verhandlungen beteiligt waren, eine sogenannte Giseng-Party, ein Mittelding zwischen chinesischer und japanischer Bewirtung. Jeder Gast wird von einem hübschen Mädchen in Nationaltracht bedient. Das Ganze findet auf dem Boden sitzend statt, und es wird nicht unter allen Umständen erwartet, daß es bei Speis und Trank bleibt.

Die Stimmung war im Vergleich zum ersten Abend radikal umgeschlagen. War damals das Programm aus kalkulierter Kälte, Unfreundlichkeit und eisernem Schweigen zusammengesetzt, so herrschte jetzt laute Freude und Ausgelassenheit. Kein Wort mehr über den Gegenstand der Verhandlungen, der uns hierher geführt hatte; es wurden neu gewonnene Freunde willkommen geheißen, die ihre Probe bestanden hatten.

Kurz vor Aufbruch trat der Protokollchef zu Caspar Hilzinger heran und flüsterte ihm ins Ohr: »Der Präsident möchte Sie morgen vor Ihrem Abflug noch einmal sehen; ich glaube, er hat eine Überraschung für Sie bereit.«

Caspar Hilzinger hatte in den zurückliegenden Tagen genügend Überraschungen erlebt. Es war ihm nicht danach, im Land des stillen Morgens noch neue zu erleben. Ihm schoß durch den Kopf,

Park Chung-Hee werde ihm doch nicht einen Orden um den Hals hängen wollen, wie das manchmal so vorkommt. In Bonn würde man in Unkenntnis der Vereinbarung, die ja geheim bleiben sollte, denken, er habe gar nichts erreicht und sich statt dessen mit einem Orden abspeisen lassen. Aber wie konnte er so etwas ablehnen, wenn dies die Absicht des Präsidenten sein sollte?

Wieder die gleiche Begrüßungszeremonie vor den Wandschirmen mit den goldfarbenen Vögeln, die sich aus der Asche erheben. Park Chung-Hee begann: »Ich habe Sie noch einmal sehen wollen, um Ihnen zu sagen, daß ich Ihre Verhandlungen mit großer Aufmerksamkeit verfolgt habe. Die Art, wie Sie verhandelt haben, hat meine Bewunderung erregt. Als Anerkennung dafür habe ich ein Geschenk für Sie. Der zum Tod verurteilte Chung wird ein Jahr früher freigelassen als vereinbart, so daß alle Fälle bereits 1970 erledigt sein werden. Dieses eine Jahr Freiheit ist mein Geschenk an Sie!«

So muß Timur der Große Gesandte fremder Länder in Samarkand empfangen haben. Ich schenke Ihnen ein Jahr Freiheit eines Gefangenen! Kein Großkreuz mit Stern und Schulterband hätte eindrucksvoller sein können.

AUF DEM RÜCKFLUG ZUR ZWISCHENSTATION HONGKONG fiel Caspar Hilzinger die letzte Nummer jenes famosen Wochenmagazins in die Hände, in dem die Bonner Spektabilität die Bundesregierung so ungerecht angegriffen hatte. Überschrift: Menschenhandel! Die Bundesregierung habe einen Emissär nach Korea entsandt, um die koreanischen Gefangenen mit Entwicklungshilfe freizukaufen, hieß es jetzt hämisch.

Caspar Hilzinger erschrak zutiefst. Dies war genau die Sprache, die die ganze Befreiungsaktion noch nachträglich in Gefahr bringen konnte. Die Koreaner hätten es als einen Angriff auf ihre Ehre betrachtet, wenn Caspar Hilzinger ihnen Kapitalhilfe gegen Gefangene angeboten hätte. Das war aus der Mentalität der Bundesrepublik schwer zu verstehen, wo man glaubt, mit Geld alles machen zu können. Unvorstellbar, daß es Völker geben soll, für die Ehre noch kein leeres Wort ist ...

Caspar Hilzinger wußte keinen anderen Weg, einen solchen gefährlichen Zungenschlag in der heimatlichen Presse abzuwehren, als sich telegrafisch an jenen Bonner Universitätsprofessor zu wenden, der so großen persönlichen Anteil an der Befreiung der Koreaner genommen hatte. Von Hongkong aus bat er ihn, in einem Leserbrief an jenes Wochenmagazin die Dinge wieder ins rechte Licht zu rücken, denn es sei für das positive Ergebnis keine einzige Mark gezahlt worden.

Als sich zwei Wochen nach der Rückkehr der Delegation nach Bonn der Rechtsprofessor und Dekan noch nicht gemeldet hatte, um das Ergebnis der Verhandlungen zu erfahren, bat Caspar Hilzinger ihn zu sich. Erfreut nahm Ihre Spektabilität das positive Ergebnis zur Kenntnis. Schließlich sagte Caspar Hilzinger: »Herr Professor, ich hatte Sie von Hongkong aus telegraphisch gebeten, einen Leserbrief zu schreiben, damit der Verdacht, wir hätten Menschenhandel getrieben, aus der Welt geschafft wird. Haben Sie in dieser Richtung etwas unternehmen können?«

Daraufhin der Dekan:

»Ich, etwas unternehmen? Wie komme ich dazu, in dieser Sache einen Leserbrief zu schreiben? Sie geht mich ja gar nichts an!«

Caspar Hilzinger: »Sehr geehrter Herr Professor, ich will Ihnen jetzt einmal was sagen. Ich habe geglaubt, Sie seien an der Freilassung der sechs Gefangenen persönlich interessiert, weil Sie ja in dieser Sache die Bundesregierung im vergangenen Dezember so hart angegriffen haben. Ich habe mich offenbar geirrt. Sie waren nur daran interessiert, die Bundesregierung anzugreifen.« Dann fügte er in aller Seelenruhe hinzu: »Ich bin noch zu einer Zeit auf die Universität gegangen, als ein Ordinarius und ein Dekan Respektspersonen waren. Da muß sich heute einiges geändert haben. Was meine Person angeht, möchte ich mit Ihnen nie mehr etwas zu tun haben.«

Mit diesen Worten öffnete Caspar Hilzinger die Türe seines Arbeitszimmers. Der Professor und Dekan verließ den Raum wortlos, aber kreidebleich.

ALS ICH VOR NICHT ALLZULANGER ZEIT Caspar Hilzinger besuchte, fand ich ihn bei der Lektüre von Luise Rinsers Buch: »Isang Yun – Der verwundete Drache«. In sehr geschickter und verspielter Weise wird dort der Eindruck erweckt, die Bundesregierung habe den Amerikanern zuliebe auf wirkungsvolle Aktionen zugunsten der Entführten verzichtet. Der Eindruck, der beim Leser unwillkürlich entsteht: So sind sie eben, diese zynischen Inhaber der Macht. Was sind für die schon Menschenleben?

Die Verhandlungen in Seoul, die Caspar Hilzinger mit letzter

Energie zu Ende gebracht hatte, werden mit keinem Wort erwähnt. Luise Rinser läßt den Komponisten Isang Yun lediglich sagen: »Die Freilassung erfolgte überraschend: ich wurde eines Tages gerufen, da standen drei Leute vom KCIA und sagten mir, ich sei frei.«

Isang Yun selbst, der Komponist, hat gegenüber Caspar Hilzinger eine würdige Form der Dankbarkeit gezeigt. Er hat ihm die Vertonung der beiden Sonette von Albrecht Haushofer gewidmet.

Ich fragte Caspar Hilzinger, ob es ihn nicht geschmerzt habe, in dem Buch von Luise Rinser nicht ein einziges Wort über seinen Auftrag in Korea gefunden zu haben. Schließlich hätten doch seine Verhandlungen in Seoul, und nur diese, die Freilassung bewirkt.

»Weißt du«, antwortete er mir in fast resignierendem Ton, »es gibt eine Sorte Intellektueller, für die Wahrheit nur sein kann, was in ihr starres Weltbild paßt. Etwas anderes können sie gar nicht sehen. Ein Marxist darf nicht andere Meinungen gelten lassen. Da halte ich mich lieber an die Definition von Raymond Aron: Die Wahrheit, das ist das Wahre. Ich würde auch für Luise Rinser mit dem gleichen persönlichen Einsatz verhandeln wie für Isang Yun und seine fünf Leidensgenossen, wenn sie einmal in eine solche Lage käme. Übrigens: am Ende ihres Buches sagt sie ein schönes Wort, das mich wieder versöhnt hat:

Am Schluß des Stückes (Dimensionen von Isang Yun) bleibt, nach dem Erlöschen der Oboe, nur die Orgel übrig. Alle Gegensätze sind bereinigt. Der Kampf ist ausgekämpft.«

In Korea waren die Gegensätze allerdings nicht bereinigt, und der Kampf noch lange nicht ausgekämpft. Park Chung-Hee wurde vom Geheimdienstchef eben in jener unheimlichen Betonfestung der KCIA ermordet. Der Geheimdienstchef wurde von der Armee hingerichtet. Und Choi Kyo-Hah wurde nomineller Präsident Koreas, bis er durch einen neuen Diktator abgelöst wurde. Die innere Lage des Landes dürfte schlimmer sein als 1969.

Nahöstliches Geschwür

Araber und Juden leben beide gleichermaßen von Superlativen und Übertreibungen.

Nahum Goldmann

Die Ansicht der Regierung Ihrer Majestät, die in Palästina eine nationale Heimstätte für die Juden befürwortet, geht da hin . . ., daß ein klares Einverständnis darüber herrsche, daß nichts unternommen werden soll, was die bürgerlichen und religiösen Rechte der bestehenden nichtjüdischen Gemeinschaften in Palästina präjudizieren könnte, ebensowenig wie die Rechte und den politischen Status von Juden in anderen Ländern.

Arthur James Balfour, 2. November 1917

Im weiteren Kontext seines Volkstums hat es das Judentum des 20. Jahrhunderts mit dem gleichen Dilemma zu tun wie in seinen frühen Anfängen.

Abba Eban

DIE BEIFÄLLIGE BEWUNDERUNG, die manche Deutschen für die militärische Leistung Israels im Sechs-Tage-Krieg 1967 hegten, hielt Caspar Hilzinger stets für ein Symbol jener verschlungenen schicksalhaften Verknüpfung der Deutschen mit den Juden. Im Guten bestand sie in der kulturellen und wissenschaftlichen Befruchtung der deutschen Nation durch die ungewöhnliche Intelligenz und Begabung jüdischer Mitbürger. Aber sie bestand auch in der Unfähigkeit der Deutschen, die Rolle des Judentums ruhig und vernünftig einzuschätzen.

Wenn es in der neueren Geschichte bis zu Hitlers »Machtergreifung« in Deutschland nicht jene gewöhnlichen und abstoßenden antisemitischen Pogrome gegeben hat, wie sie in Osteuropa periodisch ausbrachen, so war die schleichende, »subkutane« Ablehnung der Juden doch eine Tatsache, die Hitler für seine unheilvollen Absichten ausnutzen konnte.

Als Vierzehnjähriger bemerkte Caspar Hilzinger zum erstenmal zufällig und staunend, daß es im Zusammenleben von Deutschen und Juden ein Problem gab. An jenem verhängnisvollen 30. Januar 1933 schrieb ein Mitschüler vor der ersten Nachmittagsstunde an die Tafel: »Hitler ist Reichskanzler!« Das tat er, um den Lehrer, der

Französisch gab und Jude war, zu ärgern. Er wußte offenbar als einziger, daß man damit einen jüdischen Lehrer ärgern konnte und kannte bereits damals die antisemitischen Parolen, während die übrigen Klassenkameraden davon keine Ahnung hatten.

Als Professor Neustädter das Klassenzimmer betrat und die Inschrift auf der Tafel sah, erbleichte er und sagte: »Wenn das stimmt, dann werde ich euch wohl bald verlassen müssen.« Acht Wochen später war er nicht mehr an der Schule. Es hieß, er wäre ins Saargebiet verzogen.

Die »Protokolle der Weisen von Zion«, jene teuflische Fälschung, wurden von den Deutschen zu Beginn der dreißiger Jahre nur zu begierig gelesen und geglaubt. Dort fanden sie eine scheinbar einleuchtende Erklärung für die Weltwirtschaftskrise und die Massenarbeitslosigkeit, und sie fanden vor allem einen Sündenbock. Wenn man den Juden ein wenig auf die Finger schaut, so dachte mancher gläubige und gutgläubige Kirchgänger nach 1933, geschieht es ihnen ganz recht. Hatten sie nicht Jesus Christus ans Kreuz genagelt? Und hieß es nicht in der Prophezeiung, daß die Juden über die ganze Welt zerstreut würden und keine Ruhe finden sollten?

Solchermaßen war der Boden vorbereitet. Man brauchte den Deutschen nicht mehr zu sagen, wie den Juden auf die Finger geschaut werden sollte. Nicht einmal der Gedanke, es könnten dabei Verbrechen geschehen, drang durch die Mauer des Nicht-Wissens und des Nicht-Wissen-Wollens.

Der Sechs-Tage-Krieg weckte Affinitäten, die nicht die besten Eigenschaften der Deutschen und der Juden ausmachen. Sieh mal an, dachte sich da manch einer, der mit der jüngeren deutschen Geschichte nicht ins reine kommen konnte: die Juden sind fähig, einen Blitzkrieg zu führen, genauso, wie wir damals in Polen und in Frankreich. Diese Deutschen gefielen sich darin, eine neue Gemeinsamkeit zwischen Juden und Deutschen zu entdecken, die, so hofften sie, die Vergangenheit vergessen machen würde. Sie konnten auf die Politik verweisen. Shimon Peres, der israelische Sozialdemokrat, hatte in dem deutschen Christdemokraten Franz Josef Strauß, einen verständnisvollen Kollegen gefunden, der dieser neuen Sachlage Ausdruck zu geben wußte.

Caspar Hilzinger war davon überzeugt, daß jede Art Waffenkumpanei zwischen Deutschen und Juden der Vergangenheit unwürdig wäre. Sie mußte die notwendige Besinnung und Gewissenserforschung der Deutschen erschweren. Verbrechen können nicht durch Waffenlieferungen wiedergutgemacht werden.

Nahum Goldmann kann sagen, daß Israel »ohne den Holocaust wahrscheinlich nicht entstanden« wäre; die Deutschen dürfen es nicht. Wenn Goldmanns Forderung heute lautet, die Welt solle die andere Hälfte der Schuld abzahlen »durch angemessene Garantien für die Zukunft Israels, die das Land von der Dauerbürde der Selbstverteidigung befreien«, so meint er damit, daß Israel auf lange Sicht nicht damit gedient sei, für immer neue Kriege ausgerüstet zu werden. Er meint damit auch, daß nur eine vernünftige internationale Politik dem schwergeprüften Volk Israel den Frieden und den verbitterten Arabern ihr Recht bringen kann.

Wenige Wochen nach dem israelischen Sieg über die Araber hatte Caspar Hilzinger ein langes Gespräch mit dem damaligen israelischen Gesandten in Bonn, A. Idan, mit dem er über die dienstlichen Kontakte hinaus befreundet war. »Jetzt, auf dem Höhepunkt eures Erfolgs, müßt ihr den Arabern Frieden anbieten. Nehmt euch Bismarck zum Vorbild. Macht rasch Frieden und seid großmütig als Sieger. Dann wird auch Frieden werden. Es gibt Situationen, da glaubt man, Verhandlungen mit dem unterlegenen Gegner nicht nötig zu haben; es gibt aber auch Situationen, da möchte man gern verhandeln, aber es ist keiner mehr da, der dazu bereit wäre.« Die Reaktion seines israelischen Freundes zeigte Caspar Hilzinger, daß nicht nur dem deutschen Volk manchmal Intelligenz und Tüchtigkeit im Wege stehen. Auch eine Affinität.

Den damaligen Bundesregierungen, die die Waffen lieferten, war es nicht wohl in ihrer Haut. Sie taten es heimlich. Als ob auf dieser Welt so etwas geheim bleiben könnte! Nachdem sie den Weg der Verschleierung einmal eingeschlagen hatte, mußte die Bundesregierung bei der Behauptung bleiben, daß keine Waffen geliefert würden. Denn wer lügt, muß mindestens konsequent dabei bleiben.

Jahre später sagte ein hoher ägyptischer Funktionär zu Caspar Hilzinger: »Nicht die Tatsache der Waffenlieferung hat uns Araber so tief getroffen, sondern die Tatsache, daß die Bundesregierung auch dann noch gelogen hat, als wir anfragten und längst von den Lieferungen Kenntnis hatten. Wir hatten so etwas nicht für möglich gehalten. Was war das für ein Deutschland, das seine Freunde belog?«

Caspar Hilzinger lernte aus diesem Gespräch etwas, das ihm bei späteren Gelegenheiten von großem Nutzen sein sollte: Wer nicht die Kraft aufbringt, in der Diplomatie ganz allgemein und in der vertrackten Situation des Nahen Ostens im besonderen mit einer Zunge zu sprechen, allen Seiten die gleiche Wahrheit zu sagen, und sei sie noch so bitter, der sollte die Hände vom Geschäft lassen. Wer der Versuchung erliegt, um der Bequemlichkeit oder der Feigheit willen jedem das zu sagen, was er gerne hört, verliert zuerst seine Glaubwürdigkeit und dann seine Freunde. Da reicht ein gutes Gedächtnis nicht mehr aus, wie das für gewöhnliche Lügner der Fall sein mag.

Wer sich Israel mit dem Flugzeug zum erstenmal nähert, ist erstaunt, ein grünes Land zu entdecken. Wenige Kilometer nördlich und wenige Kilometer südlich der Grenzen überfliegt er Wüste oder ausgedörrtes Land. Dort leben die Araber. Es gibt wohl kaum einen Streit zwischen zwei Völkern oder Volksgruppen, dessen Grundlage nicht auch und vor allem sozialer Natur wäre. Dieses grüne Land Israel ist ein Stachel im arabischen Fleisch, als sollten die Araber täglich daran erinnert werden, um wieviel tüchtiger die Israelis seien. Und dem Tüchtigen gehört bekanntlich die Welt.

Die Leistungen Israels auf jedem Gebiet sind überwältigend. Es tut dieser Feststellung keinen Abbruch, wenn man daran erinnert, daß die amerikanischen Juden einen enormen finanziellen Anteil an den israelischen Erfolgen haben. Auch die Wiedergutmachungsleistungen der Bundesrepublik Deutschland in verschiedenen Formen haben dazu beigetragen.

Die Hauptlast trägt jedoch immer der Mensch. Die Frau Gideon Rafaels, des Generalsekretärs des israelischen Außenministeriums, hat Caspar Hilzinger beim Besuch ihres Kibbuz einmal erzählt, wie sie jahrelang damit beschäftigt war, die Baumschonungen am Abhang eines steilen Hügels zu wässern. Sie führte täglich einen Esel, der auf seinem Rücken einen blechernen Wasserbehälter trug, den Hang hinauf bei 40° Celsius im Schatten, von Pflanze zu Pflanze, um sie vor dem Austrocknen zu bewahren. An jener Stelle befindet sich heute ein ausgedehnter Laubwald.

Die Israelis können es nicht lassen, ihre offiziellen Gäste mit nicht vorherzusehenden und nicht vereinbarten Programmpunkten zu überraschen. Sie halten dies offenbar für eine besonders wirksame Methode, ihre Gesprächspartner ins Bockshorn zu jagen, um aus deren Verlegenheit einen taktischen Vorteil zu ziehen. Die sowjetische Diplomatie ist übrigens auch nicht frei von solchen Mitteln. Beim Besuch Walter Scheels in Israel im Jahr 1972 bestand die Überraschung darin, daß die Delegation direkt vom Flugplatz aus in die Gedenkstätte Yad Vashem geführt wurde. Dort übernahm es Gideon Hausner, der Ankläger im Eichmann-Prozeß, den deutschen Gästen die glühenden Kohlen aufs Haupt zu legen und ihnen im voraus zu sagen, was Israel von ihnen erwarte.

Caspar Hilzinger, der noch nicht so lange mit Walter Scheel zusammengearbeitet hatte, erhielt eine Lektion. Er hätte wohl dazu geneigt, mit ähnlichen Formulierungen zu antworten oder den Raum zu verlassen. Nicht so Walter Scheel. Ein wenig blasser im Gesicht als sonst, aber mit ruhiger Stimme antwortete er verbindlich und behutsam, wie man einem Kranken zuredet.

Sich derart beherrschen zu können, ist für jeden Politiker und erst recht für jeden Diplomaten eine nicht zu überschätzende Gabe. Caspar Hilzinger mußte immer wieder zu seinem Leidwesen feststellen, wie leicht er sich provozieren ließ. Dabei muß man zugeben, daß es immer wieder in diesem Beruf Situationen gibt, in denen es wirksam und heilsam sein kann, wenn einem der Kragen platzt. Dort in Yad Vashem verbot sich so etwas von selbst.

Abba Eban, der aus Südafrika stammte, war zu jener Zeit Außenminister des Staates Israel. Mit der wissenschaftlichen Bildung des Historikers und Philosophen, mit der Formulierungskunst des erfolgreichen Autors und der Weltläufigkeit des vielgereisten Diplomaten verband er in seinen Gesprächen auf glückliche Weise ein verbindliches Auftreten mit Härte in der Sache. Seine Argumente glichen der Schärfe eines Seziermessers und waren von einer (einseitigen) Schlüssigkeit, wie sie sonst nur in der Naturwissenschaft zu finden ist. Der große, trotz seiner Schwere bewegliche Mann machte in der Tat den Eindruck eines Naturwissenschaftlers, der sich in die Diplomatie begeben hatte. Die schwarzrandige Hornbrille verstärkte dieses Bild noch. Es war gut für die deutsch-israelischen Beziehungen, statt des scharfen Tremolos von Gideon Hausner jetzt die klare und sachliche Sprache Abba Ebans zu hören.

Die Position, die die israelische Politik der Bundesrepublik Deutschland gegenüber einnahm, konnte man aus ihrer Sicht verstehen: Die Bundesrepublik war jener Teil des solidarisch haftenden Deutschland, der die Bereitschaft zeigte, Wiedergutmachung zu leisten. Beim anderen Teil Deutschlands war weder etwas zu holen noch zu erwarten. Die systematische Vernichtung eines großen Teils des jüdischen Volkes durch die Hitlersche Ausrottungsmaschinerie hatte Deutschland für alle Zeiten eine moralische Hypothek aufgeladen. Es galt nun, diese in konkrete Leistungen zugunsten Israels umzusetzen. Politisch hieß dies, daß die Bundesrepublik Israël in seinem Anliegen nach Festigung, Erweiterung und Absicherung des jungen Staates gegen seine Feinde zu unterstützen habe. Dabei wäre es ausschließlich die Sache Israels, die politischen Ziele jeweils zu definieren. Alles andere würde als Einmischung verstanden. Ratschläge waren nicht erwünscht.

Wirtschaftlich gesehen sollte die Hypothek mit unbegrenzter Laufzeit in der Form abgetragen werden, daß die Bundesrepublik Deutschland durch die Einräumung von Krediten und Handelsvorteilen zur Lebens- und Überlebensfähigkeit Israels beitrage. Militärisch erwartete man von der Bundesrepublik eine Ergänzung der amerikanischen Hilfe, sei es durch Rüstungskooperation, sei es durch Waffen- und Munitionskäufe, was zur besseren Auslastung der israelischen Rüstungsindustrie beitragen sollte. Dies alles zusammen nannten die Israelis die »Sonderbeziehungen« zwischen den beiden Staaten. Mit Argusaugen beobachteten sie jede Regung, die eine Lockerung der »Sonderbeziehungen« vermuten ließ.

Die Regierungen Konrad Adenauers, Ludwig Erhards und Kurt Georg Kiesingers empfanden die Existenz von Sonderbeziehungen nicht als Bürde für die deutsche Außenpolitik. Konrad Adenauer mag geglaubt haben, mit der pauschalen Zahlung von drei Milliarden Mark, die mit Ben Gurion vereinbart worden war, werde es sein Bewenden haben. Ludwig Erhard wollte in keiner Weise hinter seinem Amtsvorgänger zurückstehen, mit dem er genug Schwierigkeiten in anderen Fragen hatte. Er war es denn auch, der für die Aufnahme der diplomatischen Beziehungen zu Israel deren Abbruch mit den meisten arabischen Ländern in Kauf nahm. Er drängte zu dieser Entscheidung, obwohl sich sein Außenminister diskret zurückhielt und ihn gewähren ließ. »Sie müssen das machen«, hatte ein hochgestelltes Mitglied seiner Partei zu Ludwig Erhard gesagt, »Sie wissen doch, daß Amerika von den Juden regiert wird!« Und ob sich Kurt Georg Kiesinger persönlich in einer ausreichend gefestigten Position befand, um gerade in der Israelpolitik der Bundesregierung Retouchen anzubringen, darf füglich bezweifelt werden.

Die objektive Lage änderte sich fast gleichzeitig mit dem Beginn der sozialliberalen Koalition und vor allem im Zusammenhang mit den von ihr angestrebten allgemeinen Zielen der Außenpolitik. Durch die Aufgabe der Nichtanerkennungspolitik nach Abschluß des Grundvertrags mit der DDR wurde die Normalisierung der Beziehungen zu den arabischen Staaten, die diese 1965 als Antwort auf die Aufnahme diplomatischer Beziehungen der Bundesrepublik zu Israel abgebrochen hatten, möglich und notwendig. Wenn die Bundesrepublik darauf verzichtete, die Beziehungen dritter Staaten zur DDR als unfreundlichen Akt anzusehen, so durfte dies in keiner Weise heißen, daß sie daran dachte, das Feld internationaler Beziehungen einseitig der DDR zu überlassen. Ganz im Gegenteil.

Ein weiterer Faktor, der eine Anpassung des Konzepts der »Sonderbeziehungen« zu Israel erforderte, war die in Gang kommende europäische politische Zusammenarbeit. Im Kreis der Mitglieder der Europäischen Gemeinschaft wäre die Bundesrepublik nicht für voll genommen worden, wenn sie sich bei jeder den Nahen Osten betreffenden Frage hinter den »Sonderbeziehungen« versteckt hätte. Andererseits bot ihr – und das muß man auch sehen – die politische Zusammenarbeit der Sechs die Gelegenheit, im Schatten der notwendigen europäischen Solidarität Deckung zu suchen, wenn aus Israel Angriffe gegen sie gerichtet wurden.

Der entscheidende Faktor für eine Emanzipation der Politik der sozialliberalen Koalition vom Konzept der »Sonderbeziehungen« war jedoch in der akzentuierten und bewußten Friedenspolitik der Regierung Brandt/Scheel zu suchen. Wer Verantwortung für den Frieden irgendwo in der Welt verspürt und trägt, darf sich ihrer nicht entledigen, weil alte moralische Hypotheken nicht getilgt sind und wohl auch nie getilgt werden können. Ein Volk, das den Ausbruch des Zweiten Weltkriegs und alles, was dieser Krieg über die Welt gebracht hat, vor der Geschichte zu verantworten hat, kann keine angemessenere Wiedergutmachung leisten als eine dauerhafte, kluge und entschlossene Friedenspolitik. »Shalom« sollte nicht nur eine Begrüßungsformel sein, wenn man in Israel willkommen ist. Dieses Wort bedeutet auch, was die Israelis heute und in der Zukunft am meisten brauchen: Frieden!

In den Gesprächen mit Caspar Hilzinger, der zur Zeit der Regierung Brandt/Scheel Staatssekretär des Auswärtigen Amtes war, entging es den israelischen Diplomaten nicht, daß auf deutscher Seite der Wortschatz neue Akzente erhalten hatte. Neue Worte, neue Begriffe sind in manchen Situationen, wenn kaum mehr ein Ausweg offen scheint, wie eine Strickleiter, mit der man sich aus dem brennenden Haus retten kann. So setzte Caspar Hilzinger den von den Israelis geforderten »Sonderbeziehungen« die Formulierung entgegen, es handle sich genau gesagt um »Beziehungen mit einem besonderen historisch-moralischen Hintergrund«.

Der Außenstehende mag solche Wortklauberei als Spielerei oder Schlimmeres verstehen. Der Diplomat, der ahnt, was alles an Erwartungen der Gegenseite hinter den Begriffen steckt, ist dankbar, wenn ihm solch ein Wort einfällt, mit dem er zunächst einmal etwas auf Distanz gehen kann. Auch der Begriff der »ausgewogenen Nahostpolitik« – eine Tautologie könnte man meinen – gehört hierzu. In der Praxis liegen die Dinge aber nicht so einfach. Mit Worten läßt sich wirklich trefflich streiten.

Es bedurfte indessen einer vorsichtigen Aufklärung der öffentlichen, oder besser gesagt der veröffentlichten Meinung der Bundesrepublik über die notwendigen Akzentverschiebungen in der Nahostpolitik. Ähnlich den deutsch-französischen Beziehungen gab es im Verhältnis zu Israel, aber auch in dem zu den arabischen Staaten, festgefügte Überzeugungen. Man engagierte sich entweder für die eine oder für die andere Seite. Im einen wie im anderen Fall lagen ehrenwerte Motive zugrunde. Die Freunde Israels verbanden mit ihrem Eintreten für den jüdischen Staat ein Bekenntnis zur Kollektivverantwortung der Deutschen den Juden gegenüber.

Israel bietet den Juden nach zweitausend Jahren der Verfolgung eine Zuflucht und eine Heimstatt. Die Verfolgung im Dritten Reich hat dem zionistischen Gedanken große Kraft verliehen. Trotzdem ist er mit der jüdischen Religion nicht identisch.

Manche deutschen Freunde Israels bringen für die Lebensbedingungen der in Deutschland verbliebenen oder hierher zurückgekehrten Juden kein sonderliches Interesse auf. Wenn die Deutschen wirklich wieder zu einem normalen, selbstverständlichen und entspannten Verhältnis zu den Juden kommen wollen, so kann dies nicht dadurch geschehen, daß man sich für den Blitzkrieg von 1967 und die militärischen Leistungen der Israelis begeistert, sondern nur dadurch, daß sich die Deutschen den Juden in Deutschland wieder brüderlich zuwenden und dafür sorgen, daß nicht zum zweiten Mal rechtsradikale Geisteskranke die Atmosphäre vergiften und neues Unheil anrichten.

Auch die Angehörigen des Auswärtigen Dienstes mußten von diesen Überlegungen unterrichtet werden, um Verdächtigungen und Mißverständnisse im Ausland auszuschließen. Die Glaubwürdigkeit in der Außenpolitik ist ein hohes Gut. Wo sie fehlt oder zerstört wird, ist alle Arbeit umsonst. Es durfte in Israel nicht der Eindruck entstehen, als wolle sich die Bundesrepublik vom historisch-moralischen Hintergrund ihrer Beziehungen lösen, das heißt die böse Vergangenheit ganz einfach vergessen. Und bei den Arabern durfte nicht der Verdacht entstehen, sie sollten mit einer neuen Formel hereingelegt werden, denn an der Substanz der Nahostpolitik werde sich sowieso nichts ändern. Auch durfte nicht der Gedanke aufkommen, die Bundesrepublik habe die Wiederaufnahme der Beziehungen mit den arabischen Ländern in bar zu bezahlen.

Im April 1972 ließ Caspar Hilzinger die Pressereferenten der Auslandsvertretungen im Mittelmeerraum und im Mittleren Osten sowie die Nahostexperten der Bonner Stellen zusammenrufen, um mit ihnen die Zukunft der Nahostpolitik zu besprechen und ihnen Instruktionen zu erteilen. Damals war die außenpolitische Lage durch verschiedene Entwicklungen gekennzeichnet, die eine Wiederaufnahme der Beziehungen mit den arabischen Staaten geraten erscheinen ließen. Diese Entwicklungen verrieten eine allgemeine Unsicherheit in der Weltpolitik. In solchen Zeiten ist es gut, Verbindungen auszubauen und im ständigen Gespräch zwischen den Staaten nichts zu versäumen. Die Ratifizierung der Ostverträge durch den Bundestag stand noch aus. Eine Ablehnung der Verträge hätte auf die Welt, die sich gerade auf die Entspannungspolitik einzustellen begann, einen bösen Eindruck gemacht. Die Verunsicherung wäre noch größer geworden. Bei solchen tiefgreifenden Entscheidungen handelt ja ein Land nie für sich allein. Es muß die Auswirkungen auf die internationale Lage mitbedenken, zumal in der so entscheidenden Ost-West-Frage.

Die Gespräche mit den arabischen Staaten waren etwa zu der Zeit in Gang gekommen, als sich auch die Ost-West-Politik der Bundesregierung verdeutlichte. Man konnte nicht – und dies gilt bis heute – die Beziehungen zu den arabischen Ländern vom Zustand der Ost-West-Beziehungen in Europa losgelöst betrachten. Der Grundsatz, daß die Entspannungspolitik unteilbar sein müsse, brachte diesen Zusammenhang zum Ausdruck. Das war natürlich auch für den Konflikt zwischen Israel und der arabischen Welt von großer Bedeutung. Wenn es gelang, auf der Grundlage der Ostverträge mit der Sowjetunion in ein Verhältnis der wirtschaftlichen Kooperation zu kommen, so war nicht einzusehen, warum die gleiche Politik im Mittelmeerraum nicht auch erfolgreich sein sollte. Kooperation statt Konfrontation, das war eine Maxime, die auch auf den Nahostkonflikt angewandt werden konnte.

Insgesamt gesehen war der Zeitpunkt für die Normalisierung der Beziehungen zu den arabischen Staaten nicht ungünstig. Auch bei ihnen setzte sich mehr und mehr der Gedanke durch, daß ihnen mit einem Gleichgewicht der Kräfte und der Einflüsse auf lange Sicht besser gedient sei als mit einem einseitigen, immer stärker werdenden Einfluß der Sowjetunion. Daß sie dies nicht im Sinne eines primitiven Antikommunismus verstanden, ergab sich aus der Tatsache, daß die Entspannungspolitik der Bundesregierung positiv beurteilt wurde. Von dieser wußten sie allemal, daß sie nichts zu tun hatte mit der Verwischung der Unterschiede zwischen den gegensätzlichen gesellschaftlichen Systemen. Man würde die hohe Qualität der Politik arabischer Länder unterschätzen, wenn man ihnen Motive unterstellte, die mit der Aufrechterhaltung der Unabhängigkeit und Souveränität nicht zu vereinbaren sind. Sie hatten keinerlei Schwierigkeiten, die Vorteile einer wirtschaftlichen Zusammenarbeit mit der Bundesrepublik Deutschland zu erkennen, zumal nunmehr die Existenz einer DDR-Botschaft in ihrem Land ja kein Hindernis für gute Beziehungen zur Bundesrepublik mehr war. Die Araber sahen ein, wie sehr das französische Sprichwort zutrifft, daß die Abwesenden immer unrecht haben. Sie erkannten, daß es ein Fehler ist, an einem politisch so wichtigen Platz wie Bonn nicht vertreten zu sein.

So ungefähr war die Lage beschaffen, als Caspar Hilzinger seine Kollegen über die weiteren Absichten in der Nahostpolitik der Bundesregierung unterrichtete. Er tat es mit folgenden Worten:

Ausgangspunkt unserer Politik ist die für uns unerfreuliche Lage im gesamten Mittelmeergebiet. Von der Entwicklung in diesem Raum gehen negative Einflüsse aus, die eine Bedrohung unserer Sicherheit darstellen und die den Erfolg unserer Politik in anderen Bereichen nachhaltig beeinträchtigen können. Eine Entspannung im Zentrum Europas, das Bemühen um den Abbau der Gegensätze zwischen Ost und West, kann auf die Dauer kaum erfolgreich sein, wenn in einem Europa unmittelbar benachbarten Gebiet weiterhin Spannung und Konfrontation die Auseinandersetzung der Großmächte um Einfluß und politische wie soziale Instabilität das Bild entscheidend bestimmen. Ich würde noch einen Schritt weitergehen und nicht nur von einem Europa benachbarten Gebiet sprechen. Die Entwicklung im Mittelmeergebiet und im Nahen Osten ist für die Sicherheitspolitik Europas absolut essentiell und ist strategisch als eine Einheit zu betrachten.

Unsere größte Sorge gilt dabei dem Konflikt zwischen Israel und den arabischen Staaten. Dieser Konflikt ist die Wurzel der meisten Übel im Nahost- und Mittelmeerraum. Nach wie vor stellt der Konflikt einen der größten potentiellen Gefahrenherde für den Weltfrieden dar. Die beiden Großmächte, die USA und die Sowjetunion, haben gegenüber den Parteien Schutzmachtfunktionen übernommen und sich militärisch wie politisch unmittelbar engagiert. Das Wiederaufleben der Kampfhandlungen zwischen den lokalen Kontrahenten kann deshalb schnell zu Ausweitungen im internationalen Bereich führen. Daneben ist der Konflikt seit 20 Jahren das Hauptvehikel für die Sowjetunion, ihre Position in diesem Raume systematisch auszubauen. In zahlreichen arabischen Ländern ist der Einfluß der Sowjetunion heute im politischen wie im wirtschaftlichen Bereich vorherrschend. Ich kann nur auf den gerade abgeschlossenen Freundschaftsvertrag zwischen der Sowjetunion und dem Irak hinweisen. Die Abhängigkeit der arabischen Staaten von Rüstungslieferungen des Ostblocks wie der Aufbau der Eskadra im Mittelmeer haben der Sowjetunion darüber hinaus eine bedeutende militärische Präsenz verschafft.

Das sowjetische Vordringen in diesem Raum berührt unsere Interessen in vielfacher Weise. Militärisch ist der Mittelmeerraum die verwundbare Südflanke Europas. Geographisch ist das Gebiet für uns die Brücke nach Asien und Afrika. Wirtschaftlich sind wir von den Erdölquellen dieses Raumes abhängig. Schließlich können ganz allgemein, ausgehend von politischer und sozialer Unruhe im südlichen und östlichen Mittelmeerraum, gefährliche Einflüsse mit ihren teilweise schwachen gesellschaftlichen Strukturen übergreifen.

Für unsere Politik müssen deshalb zwei Anliegen im Vordergrund stehen. Erstens, die Herbeiführung eines dauerhaften Friedens im Nahen Osten und die Einbeziehung dieser Frage in den Entspannungsprozeß in der Welt. Daraus ergibt sich eine für die nächste Zukunft sehr entscheidende Frage: Kann es in Zentraleuropa auf die Dauer Entspannung geben, wenn im Mittelmeerraum die Konfrontation weitergeht? Zweitens, der Aufbau eines europäischen Gegengewichts gegenüber der starken Stellung des Ostblocks mit dem Ziel einer Wiederheranführung der arabischen Staaten an Europa.

Auch hier stoßen wir immer wieder auf dieselben Konklusionen aller politischen Analysen seit 1945. Die Stabilisierung der strategischen Situation und der politischen Situation Europas ist nicht zu schaffen ohne eine konkrete und zügige Entwicklung der europäischen Einigung.

Beide Anliegen, die Herbeiführung einer Friedenslösung wie die Schaffung eines Gegengewichts gegenüber der sowjetischen Präsenz, stellen keine speziellen Interessen der deutschen Nahost- und Mittelmeerpolitik dar. Sie gelten im gleichen Maße für alle anderen Staaten Europas, auch wenn die Anlieger des Mittelmeers, wie Frankreich und Italien, naturgemäß unmittelbar berührt sind. Hier gilt eine alte Binsenwahrheit: Wir allein können nicht europäische Politik machen, sondern die anderen Partner in Europa müssen sie mit uns machen. Wir allein sind nicht Europa, und wir allein können die europäische Einigung nicht schaffen, wenn die anderen Partner sich nicht entsprechend beteiligen. Eine erfolgreiche Politik kann deshalb nur durch ein enges Zusammenwirken der europäischen Regierungen vollbracht werden. Kein einziger europäischer Staat ist in sich allein stark genug, um die Entwicklung entscheidend zu beeinflussen.

Aus dieser Erkenntnis heraus haben wir den Bestrebungen um den Aufbau einer einheitlichen europäischen Politik gegenüber den Fragen des Nahen Ostens und des Mittelmeerraumes von Anbeginn an erhebliche Bedeutung beigemessen und sie nach Kräften unterstützt. Die Erörterung von Fragen einer Nahost-Friedenslösung im Rahmen der politischen Zusammenarbeit der Europäischen Gemeinschaft war, wie Sie wissen, mancherlei Mißverständnissen ausgesetzt. Auf arabischer Seite hat man offenbar erwartet, Europa werde im Sinne der zu dem Thema erarbeiteten Vorstellungen auf Israel Druck ausüben. Israel umgekehrt sah in den Erörterungen der EWG-Staaten eine Einmischung in seine eigenen vitalen Angelegenheiten. Beides war nicht richtig. Wichtig war vielmehr, jedenfalls aus unserer Sicht, durch die Behandlung der Nahost-Fragen das Bewußtsein für die Notwendigkeit einer gemeinsamen europäischen Politik in diesem Raum zu fördern und nach außen hin mit einer Stimme sprechend das nachhaltige Interesse Europas an der Herbeiführung einer friedlichen Lösung des Konflikts zu dokumentieren.

Es besteht kein Zweifel, daß die vernünftigen Kräfte in den arabischen Ländern sich nichts sehnlicher wünschen, als daß ein geeintes Europa in der Lage sein sollte, eine stabilisierende, vernünftige und konstruktive Wirkung im Mittelmeerraum auszuüben. Dasselbe Interesse hat Israel. Auch Israel ist daran interessiert, sich an einem starken und leistungsfähigen Europa zu orientieren, und nur durch einen solchen Katalysator wie ein geeintes Europa kann im Mittelmeerraum gegenüber den Einflüssen der Sowjetunion eine konstruktive Entwicklung herbeigeführt werden.

Unsere Politik im Nahen Osten und in Nordafrika hat nicht dasselbe Schwergewicht in der Außenpolitik der Bundesregierung wie zum Beispiel die Ost-West-Politik ·oder die Europa-Politik oder die Allianz-Politik. Wir sind uns aber der großen Bedeutung bewußt, die die Entwicklung in diesem Raum für uns und für ganz Europa hat. Mit anderen Worten: das Mittelmeer und der Nahe Osten stehen in der Liste der Prioritäten unserer außenpolitischen Ziele unmittelbar nach den Zielen der Allianz, der europäischen Einigung und der OstWest-Politik in Europa an nächster Stelle. Die sich abzeichnende Wiederherstellung unserer Präsenz in allen Staaten des Raumes gibt uns die Möglichkeit, künftig wieder eine Rolle zu spielen und schrittweise eine Position aufzubauen, sei es im gesamteuropäischen Rahmen und im gesamteuropäischen Interesse, sei es bilateral in unserem unmittelbaren Interesse. Wir sind bereit und willens, diese Möglichkeit im Sinne unserer Anliegen und im Sinne unserer Interessen zu nutzen. Die abgelaufene Zeit von 1965 bis heute zeigt, das müssen wir ganz offen bekennen, wie kostspielig Fehler sind und wie lange es dauert, bis grundlegende Fehler wieder korrigiert oder beseitigt sind.

Auf dieser Grundlage konnte Willy Brandt vom 7. bis 11. Juni 1973 den ersten offiziellen Besuch eines deutschen Regierungschefs in Israel absolvieren. Caspar Hilzinger begleitete ihn, denn seit der Großen Koalition war es üblich geworden, daß Bundeskanzler und Bundesaußenminister, die verschiedenen Parteien angehörten, im Ausland nicht gemeinsam auftraten. Keiner sollte in den Schatten des anderen treten müssen, was ja im Zeitalter des Fernsehens bis in die letzten Stuben seine innenpolitischen Auswirkungen haben müßte.

Auf dem Hinflug nahm Caspar Hilzinger die Gelegenheit wahr, dem Kanzler mündlich den letzten Stand der Beziehungen und der Probleme vorzutragen. Seit seinem Besuch in Teheran (1971) spielte die Frage der Energieversorgung in der Vorstellung von Caspar Hilzinger eine wesentliche Rolle. Deshalb machte er auch auf der Israel-Reise Willy Brandt auf diesen Aspekt des Nahostkonflikts aufmerksam. Er plädierte dafür, der Kanzler möge diese für Westeuropa und die Bundesrepublik so lebenswichtige Frage mit Golda Meir ganz offen besprechen. Es ist ja keine Schande, sich Sorgen zu machen.

Willy Brandt war für jeden verantwortlichen Beamten, der etwas Wesentliches beizutragen hatte, ein idealer Gesprächspartner. Mit ruhigem, abwägendem Interesse, manchmal abwesend erscheinender Gemütsart, ohne jeden Hochmut des Geistes oder der Stellung, hörte er dem Vortrag aufmerksam zu. Wenn er es auch stets offenließ, ob er von einem neuen Gedanken Gebrauch machen würde, so konnte sein Gesprächspartner doch sicher sein, nicht ins Leere hinein gesprochen zu haben. Manchmal kam Willy Brandt Wochen später auf einen Gedanken zurück, der ihm vorgetragen worden war. In dem vorliegenden Fall hatte ihn der Zusammenhang zwischen Nahostkonflikt und Energieproblematik für Westeuropa hellwach gemacht.

Caspar Hilzinger neigte bei derlei offiziellen Besuchen nicht im besonderen Maße zu sentimentalen Regungen. Doch erinnert er sich, bei drei ähnlichen Gelegenheiten im Ausland während des Abspielens der Nationalhymnen jenen prickelnden Schauder im Rücken verspürt zu haben, den man Gänsehaut nennt. Das erste Mal geschah es am 6. November 1956 bei der Ankunft Konrad Adenauers in Paris, wenige Stunden nach Eingang des sowjetischen Ultimatums an Frankreich, sich aus Ägypten zurückzuziehen. Dann am 12. August 1970 auf dem Moskauer Flugplatz bei der Ankunft Willy Brandts zur Unterzeichnung des Moskauer Vertrages, wenige Kilometer von jenem Denkmal entfernt, das den Punkt der Umkehr der deutschen Panzerarmeen vor Moskau 1941 bezeichnet. Und nun am 7. Juni 1973 nach der Landung Willy Brandts auf israelischem Boden.

Dreimal Stationen deutscher Außenpolitik, Stationen europäischen Schicksals, Anlässe, über so vieles nachzudenken, nicht zuletzt darüber, daß ein Krieg schnell vom Zaun gebrochen ist, daß es aber harter und langwieriger Arbeit bedarf, einem einigermaßen friedlichen Zusammenleben der Völker wieder eine Chance zu geben.

Der Besuch von Yad Vashem war dieses Mal nicht als Programmüberraschung vorgesehen. Er bildete Anlaß zu einer kurzen würdigen Trauerfeier in Anwesenheit der deutschen Delegation, bei der der Kantor einen bis ins Mark rührenden Trauerpsalm sang. Es klang, als riefen uns die Gemordeten der Konzentrationslager.

Golda Meir, zu der Zeit Ministerpräsident des Staates Israel, war eine der eindrucksvollsten politischen Persönlichkeiten, die Caspar Hilzinger im Laufe einer langen beruflichen Laufbahn kennengelernt hat. Sie besaß die Schönheit des Alters, jene ausgeruhten Gesichtszüge, die Charme und Vertrauen zugleich ausstrahlen. Ihr melancholisches, manchmal verschmitztes Auge schien in weite Fernen zu reichen. Der Gesprächspartner fühlte sich einem ruhigen Blick ausgesetzt, der ebenso gütig schien, wie er durchdrang und abwog. Die tiefe Großmutterstimme, durch jahrelanges Kettenrauchen rauh geworden, vermittelte den Eindruck, daß diesem Menschen, der so viel erlebt hatte, nichts Menschliches fremd war. Sie hatte in ihrem Leben Höhen und Tiefen durchlebt, die der fremde Besucher nur ahnen konnte. Sie war Niobe und Nemesis zugleich, nur gemildert durch den Charme der Großmutter.

Das Verhältnis zwischen Golda Meir und Willy Brandt war vom ersten Augenblick an von starker persönlicher Wärme geprägt. Vielleicht wußte oder ahnte sie, daß ihr ein Gast gegenübersaß, dessen innere Erlebnisstruktur von der ihren nicht wesentlich verschieden war. Vielleicht sah sie in ihm den Deutschen, wie sie sich ihn gewünscht hätte, wenn solche Wünsche im Leben der Menschen und der Völker erfüllbar wären. Auf jeden Fall entstand eine persönliche Atmosphäre zwischen den beiden Regierungschefs, die eine so offene Darlegung der beiderseitigen Standpunkte ermöglichte, wie sie sonst nur unter alten Freunden möglich ist.

Der Zuhörer wurde an die Sprache der Propheten des Alten Testaments erinnert, wenn Golda Meir in weniger als einer Stunde zweitausend Jahre jüdischer Geschichte, zweitausend Jahre Verfolgung der Juden, in einer Folge von holzschnittartigen Bildern darstellte, deren Linien in ihr Herz eingekerbt schienen. Wie eine Ur-Mutter ihres Volkes schilderte sie die Leiden seiner Kinder. Die Verfolgung in der Hitler-Zeit war lediglich eine, wenn auch besonders grausame Episode in dieser langen Leidensgeschichte. Sie selbst hatte als Kind Pogrome in Osteuropa erlebt. Sie waren tief in ihre Erinnerung gegraben. Für sie bildete der Staat Israel das glückliche Ende der tausendjährigen Irrfahrt ihres Volkes. Hier gab es keine Verfolgungen mehr für die Juden, aber Probleme über Probleme. Freundschaft zwischen Deutschen und Israelis halte sie eines Tages für möglich. Niemand könne sagen, wann das sein werde. Sicher war nur, daß die Deutschen am Anfang einer langen Bewährungsprobe standen, wenn auch sie diese Freundschaft wollten.

So in der Mitte der Geschichte ihres Volkes stehend, Regierungschef eines kriegführenden Staates, der viele Opfer beklagte, und voller Skepsis gegenüber dem Feind, erschien diese Frau der Vorbilder des Alten Testaments würdig.

Caspar Hilzinger wird den letzten Abend dieses abwechslungsreichen und erlebnisstarken Besuchs nicht so schnell vergessen. Golda Meir hatte zu einem Diner eingeladen. Sie erschien in einem mit fleischfarbenem Taft unterlegten Spitzenkleid, wie es in den zwanziger Jahren Mode war. Seitdem hatte sie es wahrscheinlich in der Truhe verwahrt. Golda, die Großmutter, war zu Ehren des deutschen Bundeskanzlers in ihr Abendkleid aus Baltimore geschlüpft und machte ihm sichtlich den Hof, was dieser wieder durchaus zu genießen schien. Auch andere waren auf dieses seltsame Idyll aufmerksam geworden. Ein hoher israelischer Regierungsbeamter bemerkte zu Caspar Hilzinger: »It looks like a love-affair between Golda and Willy!«

In den Gesprächen, wie sie im Juni 1973 zu führen waren, blieb indessen nicht viel Raum für Liebesgeschichten. Nahum Goldmann, der bei weitem klügste israelische Politiker, den Caspar Hilzinger kennengelernt hat, formulierte die Probleme in ihrer historischen Perspektive knapp und klar: »Nach der Austreibung der Juden haben die Moslems die Region jahrhundertelang beherrscht. Dann kamen während der Kreuzzüge die Christen. Es folgte eine Periode der westeuropäischen Kolonialherrschaft. Schließlich tauchten die Juden wieder am Horizont auf und gründeten ihren Staat. Für ihn haben sie in den letzten dreißig Jahren vier Kriege geführt; drei davon gewannen sie eindeutig, einer endete in einem Beinahe-Sieg für sie. Dennoch ist der Friede im Nahen Osten so fern wie eh und je.«

Die Israelis sind Meister in der Inszenierung diplomatischer Verhandlungen. Dabei kann man sich fragen, ob die feingesponnenen taktischen Finessen und flankierenden Pressemunkeleien immer den Arbeitsaufwand wert sind. Die Dinge sind, wie sie sind, pflegte Charles de Gaulle zu sagen; das heißt: die internationale Lage läßt für die Phantasie wenig Spielraum. Wer seinen Gesprächspartner mit Hilfe solcher Tricks in die Enge treibt und ihm gar eine vorschnelle Konzession abringt, die dieser nicht machen durfte, wird schon am nächsten Tag die Enttäuschung erleben. Weil eben die Dinge sind, wie sie sind.

Auf dem Besuchsprogramm des ersten Vormittags stand als einziger Punkt ein Vier-Augen-Gespräch zwischen Golda Meir und Willy Brandt. Caspar Hilzinger richtete sich deshalb darauf ein, zusammen mit seinen Kollegen aus Bonn einen ruhigen Vormittag des Wartens zu verbringen, wahrscheinlich mit Orangensaft und Tee der Gastgeber versüßt.

Herr Yazid, Staatssekretär bei der Ministerpräsidentin, hatte offensichtlich wenig Sinn für das Far niente der Deutschen. Er führte Caspar Hilzinger und dessen Kollegen in einen nahegelegenen Sitzungssaal, in dem alles für eine regelrechte Delegationssitzung vorbereitet war. »Wir wollen doch die Zeit nutzen, während unsere Regierungschefs ihr Vier-Augen-Gespräch haben, und eine deutsch-israelische Konsultationssitzung durchführen«, leitete er das Gespräch ein.

Dies war etwas ungewöhnlich, denn die Restdelegation konnte natürlich nicht wissen, wie das Gespräch der beiden Regierungschefs verlaufen würde, so daß die große Gefahr bestand, aneinander vorbeizureden. Es wäre recht mißlich gewesen, wenn die Israelis bemerkenswerte Auffassungsunterschiede zwischen dem Bundeskanzler und dem Auswärtigen Amt hätten feststellen können. Zum Glück hatte der Flug von Köln-Wahn zum Ben-Gurion-Flughafen Gelegenheit geboten, die allgemeine Linie der Gespräche abzustimmen.

Yazid, ein ungewöhnlich gut informierter und eifriger Israeli, der etwas von einem Musterschüler an sich hatte, trug zunächst die Position der israelischen Regierung vor. Alsdann forderte er Caspar Hilzinger auf, nun seinerseits die Politik der Bundesregierung gegenüber Israel und dem Nahen Osten zu erläutern.

Wenn man mit derlei Ansinnen überrascht wird, ist es immer das beste, sich auf eine kühle, wissenschaftliche Darstellungsweise zurückzuziehen, in der das Wort »objektiv« oft vorkommt. Dies tat denn Caspar Hilzinger auch.

Eine Anzahl von historischen, kulturellen, wirtschaftlichen und politischen Faktoren bestimmten die Politik der Bundesregierung. Caspar Hilzinger zählte sie einzeln auf und erläuterte sie ausführlich. Er war wohl beim sechsten Faktor angelangt, als er plötzlich hinzufügte: »Herr Kollege, da wir gute und dauerhafte Beziehungen mit Israel wünschen, meine ich, sind wir zu vollständiger Offenheit verpflichtet, wie es sich unter Freunden gehört. Ich muß Sie darauf aufmerksam machen, daß es noch einen Faktor gibt, der in der Zukunft unsere Beziehungen und die Einstellung der Bundesregierung zum Nahostproblem in zunehmendem Maße beeinflussen wird. Ich meine das Öl.«

Bei dem Wort »Öl« unterbrach Yazid Caspar Hilzinger mit einem nervösen, heiseren Lachen und sagte: »Lieber Herr Kollege, bis hierher bin ich Ihrer sehr interessanten Analyse mit großem Interesse gefolgt. Jetzt muß ich Ihnen in aller Offenheit sagen, daß ich Ihnen nicht mehr folgen kann. Was soll Öl, um Gottes willen, mit der deutschen Politik im Nahen Osten zu tun haben? Das ist geradezu grotesk, was Sie sagen.«

Ruhig antwortete Caspar Hilzinger: »Lieber Herr Kollege, das kann ich Ihnen ganz genau erklären. Sehen Sie, wenn, wirtschaftlich gesprochen, auf dem Markt ein nachgefragtes Gut rar wird, dann drückt sich das zunächst in der Weise aus, daß der Käufer dem Verkäufer gegenüber höflicher und zuvorkommender wird, damit er ihn beliefert. Mehr wollte ich Ihnen mit meinem Hinweis auf das Öl als einem Faktor der deutschen Nahostpolitik nicht sagen. Sie müssen damit rechnen, daß die westlichen Regierungen, nicht nur die deutsche, in Zukunft den arabischen Ölproduzenten höflicher begegnen werden. Ich hätte mir später einen Vorwurf gemacht, Sie nicht rechtzeitig darauf aufmerksam gemacht zu haben.« Yazid zeigte jetzt keine Neigung mehr, das Gespräch über diesen Punkt fortzusetzen. Er war auf einmal sehr, sehr nachdenklich geworden.

Tags darauf wurde das Gespräch fast wörtlich in der *Jerusalem Post* wiedergegeben. Zum Schluß des Artikels hieß es dann, dies seien die Ansichten der westdeutschen Diplomaten. Jetzt komme es darauf an, ob der Bundeskanzler ebenso denke. Zu diesem Zeitpunkt aber hatte sich Willy Brandt gegenüber der israelischen Regierungschefin fast mit den gleichen Worten geäußert. Glücklicherweise, kann man sagen, denn sonst wären diese Diplomaten wieder einmal mehr als die zynischen, rücksichtslosen, gefühllosen Verfechter ihrer Interessen erschienen.

In den Tagen nach dem Ausbruch des Jom-Kippur-Krieges im Oktober 1973 sollte sich die freundschaftliche Offenheit ein zweites Mal bezahlt machen. Die Bundesregierung hatte einige Entscheidungen zu treffen, die Israel nicht gefallen konnten, die aber zur Aufrechterhaltung der Glaubwürdigkeit der deutschen Politik erforderlich waren.

WIE SO OFT IM LEBEN denkt der Mensch, etwas gut gemacht zu haben, wenn er sein Verhältnis zum Hauptbeteiligten auf eine klare Grundlage gestellt hat. Aber er vergißt, daß es fast in jeder Angelegenheit Dritte gibt, die ihre eigenen Interessen vertreten. Diesmal waren es die Amerikaner, oder genauer gesagt: Henry A. Kissinger. Und das kam so:

Am 24. Oktober 1973 rief ein Journalist aus Bremerhaven bei Caspar Hilzinger an und fragte, was das Auswärtige Amt zur Verladung von Kriegsmaterial auf Schiffe unter israelischer Flagge in Bremerhaven zu sagen habe. Im Augenblick konnte das Auswärtige Amt überhaupt nichts sagen, denn es hatte von dem Vorgang keine Ahnung.

Was war geschehen? Drei israelische Frachter hatten sich auf Veranlassung der amerikanischen Regierung an einem schönen Oktobermorgen an der Reede von Bremerhaven eingefunden, um Kriegsmaterial der in der Bundesrepublik Deutschland im Rahmen der NATO stationierten amerikanischen Streitkräfte an Bord zu nehmen. Keine deutsche Stelle war davon unterrichtet, geschweige darüber konsultiert worden. Lokale Pressefotografen wurden auf die Aktion aufmerksam und wollten fotografieren, wurden aber von amerikanischer Militärpolizei in rüder Weise von der Mole verjagt, was nunmehr die Fotografen erbitterte.

Caspar Hilzinger zeigte sich zutiefst betroffen. War dies die Art, wie Bündnispartner einander unterrichten sollten? Noch 1970 hatte Henry A. Kissinger seinen Vorschlag, die Konsultationsmechanismen des Bündnisses zu verbessern, als unnötig zurückgewiesen. Schwerer als das verletzte Selbstgefühl wog freilich die Befürchtung, daß die vorsichtigen Bemühungen um eine Normalisierung der Beziehungen zu den arabischen Staaten zum Scheitern verurteilt waren, wenn diese von der Aktion Kenntnis erhielten. Kein Mensch würde dann glauben, die deutsche Seite habe davon nichts gewußt und sei nicht Komplize dieser Aktion. Und dies alles zu einem Zeitpunkt, da die deutsche Diplomatie sich die größte Mühe gab, den Arabern zu versichern, daß Waffenlieferungen, wie sie bis 1965 durchgeführt worden waren, ein für allemal der Vergangenheit angehörten.

Umgehende Erkundigungen ergaben, daß mittlerweile eines von insgesamt drei Schiffen voll beladen war, ein zweites bis zur Hälfte, und daß sich ein drittes Schiff noch auf offener See befände, mit Kurs auf Bremerhaven. Ein vollbeladener Sonderzug mit Panzern, die für Bremerhaven bestimmt waren, stand in Kaiserslautern abfahrbereit.

Caspar Hilzinger setzte Walter Scheel unverzüglich in Kenntnis. Er trug ihm vor, welche möglichen Folgen es haben werde, wenn wir das alles tolerierten und Nicht-Wissen vorschützten. Kein Mensch würde uns mehr glauben.

Dem Außenminister war die Angelegenheit zu brisant, um eine Entscheidung allein auf seine Kappe zu nehmen. Er rief sogleich Willy Brandt an, der zu allem Unglück auf einem Auslandsbesuch weilte und nur schwer zu erreichen war. Schließlich hatte er ihn an der Strippe. Nachdem er von Walter Scheel ins Bild gesetzt worden war, entschied Willy Brandt, die Verladungen sollten ohne Verzug eingestellt werden und die israelischen Schiffe die deutschen Hoheitsgewässer sofort verlassen.

Caspar Hilzinger übernahm es, den amerikanischen Geschäftsträger, mit dem er befreundet war, von der Entscheidung des Bundeskanzlers zu unterrichten und ihn zu bitten, für das sofortige Ende der Operation zu sorgen. Der zeigte sich den Argumenten Caspar Hilzingers gegenüber einsichtig und verständnisvoll. Dies konnte er um so aufrichtiger tun, als auch die Amerikanische Botschaft in Bonn von ihrem Außenminister nicht unterrichtet worden war.

Zwei Stunden später kam der amerikanische Geschäftsträger zurück und fragte, ob wenigstens das bis zur Hälfte beladene Schiff seine Fracht vollends aufnehmen könne. Da mußte ihm Caspar Hilzinger den Unterschied von Nicht-Wissen und Mit-Wissen erklären. Also nahm der zweite Frachter mit halber Fracht Kurs auf die offene See. Das dritte Schiff kehrte unbeladen um.

In kritischen Situationen stellt sich gewöhnlich eine technische Panne oder menschliches Versagen ein, das die Dinge noch schwieriger gestaltet, als sie schon sind. Diese allgemeine Erfahrung sollte sich auch hier bestätigen.

Mittlerweile war auch die Presse in Bonn unruhig geworden. Caspar Hilzinger redigierte deshalb eigenhändig eine Sprachregelung für das Pressereferat, damit dieses in die Lage versetzt wurde, die Gründe und Motive der Entscheidung der Bundesregierung verständlich zu machen. Diese Sprachregelung war lediglich als Formulierungshilfe für den diensttuenden Pressereferenten gedacht und deshalb zur Veröffentlichung nicht geeignet.

In der Mittagspause des 25. Oktober 1973 versah ein junger, unerfahrener Legationssekretär die telefonische Auskunft des Auswärtigen Amtes, während seine älteren Kollegen zu der bekannt frugalen Mahlzeit in der Kantine des Amtes weilten. Dies ist leider auf der ganzen Welt so: Schwachstellen sind die Mittagszeit und die Wochenenden. Der junge Kollege, der den Unterschied zwischen einer internen Sprachregelung und einer offiziellen Erklärung nicht kannte oder vielleicht das Gefühl hatte, die Mittagspause sei günstig, um ins Rad der Geschichte zu greifen, gab dem ersten und dann den folgenden journalistischen Fragestellern die stolze Antwort: »Hierzu liegt eine Erklärung des Auswärtigen Amtes vor. Sie hat folgenden Wortlaut.« Dann las der Unglücksrabe die interne Sprachregelung Wort für Wort vor, die an manchen Stellen nicht gerade sehr schmeichelhaft für amerikanische Ohren klang. Sie trug, würde man heute sagen, gaullistische Züge.

Kein Wunder, daß das amerikanische Außenministerium und mit ihm die amerikanische Presse empfindlich reagierten, als sie aus Bonn eine Melodie der Selbständigkeit zu hören bekamen. Henry A. Kissinger tat sich besonders hervor, in einer Pressekonferenz die Bundesregierung zu tadeln, obwohl Caspar Hilzinger dem amerikanischen Botschafter feierlich versichert hatte, es gebe keine Erklärung der Bundesregierung, das Ganze sei eine Panne und ein Mißverständnis. »Caspar, ich glaube Ihnen, daß es sich so verhält. Aber Sie kennen ja die Leute in Washington, mit denen wir es zu tun haben.«

Am 28. Oktober sah sich Willy Brandt veranlaßt, dem amerikanischen Präsidenten Richard M. Nixon einen Brief zu schreiben, in dem er sich besorgt über die amerikanischen Reaktionen auf die Unterbindung der Waffentransporte durch die Bundesregierung äußerte. Er betonte die Notwendigkeit, die Informations- und Konsultationsmechanismen des atlantischen Bündnisses zu verbessern, und unterstrich, daß die Bündnissolidarität der Bundesrepublik Deutschland außer Zweifel stehe.

Bereits am 2. November erhielt Willy Brandt eine Antwort von Richard M. Nixon, in welchem dieser versicherte, daß er die deutsch-amerikanischen Meinungsverschiedenheiten über die Nahostpolitik als beigelegt betrachte. Dies hinderte den Vorsitzenden der CDU/CSU-Fraktion im Bundestag in keiner Weise, im *Deutschland-Union-Dienst* am 2. Januar 1974, also zwei Monate nach Eingang des Nixon-Briefs, zu schreiben, durch das Verhalten der Bundesregierung gegenüber den Vereinigten Staaten während des Nahostkonflikts seien die Beziehungen zu diesem Land, wie befürchtet werden müsse, dauerhaft belastet worden.

Der Vorsitzende der CDU, Helmut Kohl aus Mainz, wußte es noch besser. Er hatte schon am 29. Oktober erklärt, die Bundesregierung habe sich mit dem Verbot der Benutzung deutscher Flugplätze und Häfen außerhalb der westlichen Gemeinschaft gestellt.

Mit diesen Erklärungen war das Signal gegeben für eine innenpolitische Polemik, die bis in die Reihen der sozialliberalen Koalition hinein geführt wurde. Dies ist bei den Deutschen oft so: Erst die negative Reaktion des Auslands gegen die eigene Regierung bringt sie überhaupt auf den Gedanken zu fragen, was vorgegangen sei. Aber dann stimmen sie um so lauter in den Chor der Ankläger ein, ohne sich auch nur ein wenig Mühe zu machen, die Motive der eigenen Regierung zu verstehen oder zur Kenntnis zu nehmen. Deshalb ist die Beschäftigung mit der Außenpolitik in Deutschland oft eine so deprimierende und undankbare Aufgabe.

Eine angesehene bürgerliche Zeitung sprach von den »Heizöl-Diplomaten des Auswärtigen Amtes«, ein Ausdruck, den Caspar Hilzinger geradezu als beleidigend empfand. Da setzen sich diese Herren hin, sagte er sich, und hauen dich in die Pfanne, und du weißt nicht, wo dir vor Übermüdung der Kopf steht.

Der Arbeitskreis »Außenpolitik« der SPD-Bundestagsfraktion zitierte Caspar Hilzinger, um ihn über die Vorgänge von Bremerhaven zu befragen. Auch dort fiel das böse Wort von den Heizöl-Diplomaten. Da sagte Caspar Hilzinger so ruhig, wie es ihm eben möglich war:

»Ja, meine Herren von der SPD-Fraktion, wir sind Öl-Diplomaten. Das muß ich zugeben. Aber wir sind nicht für das leichte Heizöl zuständig, sondern für das Schweröl. Wir fühlen uns nicht zuständig für die warmen Stuben, sondern für die Arbeitsplätze. Und Schweröl bedeutet Arbeitsplätze, oder wenn man es nicht hat, bedeutet es Arbeitslosigkeit. Das müßten Sie doch eigentlich am besten verstehen. Und wenn wir schon über dieses Thema sprechen, will ich Ihnen noch etwas sagen, was Sie vielleicht als Skandal empfinden werden: Entweder wir kriegen das Öl auf der Grundlage guter Beziehungen zu den Produzentenländern, oder wir müssen es uns holen, und das würde Krieg bedeuten.«

Caspar Hilzinger konnte sich in dem anschließenden Lärm kaum verständlich machen. Er rief in den Saal: »Für mich kommt nur die erste Alternative in Frage. Wenn Sie einen dritten Weg wissen, wie wir ans Öl kommen können, so wäre ich für einen Hinweis sehr dankbar.« Das war 1973. Die Fragestellung hat sich bis heute nicht verändert, nur verschärft.

Einer der Wortführer in diesem Gespräch, ein junger SPD-Abgeordneter, der aus absolut ehrenhaften Motiven die israelische Lobby vertrat, begegnete nach längerer Zeit Caspar Hilzinger, als dieser schon das Auswärtige Amt verlassen hatte, und begrüßte ihn: »Na, wie geht's Ihnen, Herr Hilzinger?«

»Danke, sehr gut!« antwortete dieser. »Jetzt, da ich keine Verantwortung für die Diplomatie mehr trage, kann auch ich meinen Gefühlen für den Staat Israel freien Lauf lassen.«

FÜR HENRY A. KISSINGER, mittlerweile Nixons Außenminister, war der Streit über die Vorgänge von Bremerhaven auch nach dem beruhigenden Brief von Richard M. Nixon nicht beigelegt. Er sei von der Haltung der Europäer angeekelt, sagte er. Am 24. März 1974 auf Besuch in Bonn, fast ein halbes Jahr nach der Ankunft der israelischen Schiffe, wärmte er die alte Geschichte wieder auf, nicht ohne bissige Seitenhiebe gegen die Bundesregierung auszuteilen. Vor seiner Weiterreise hatte Kissinger ein längeres Gespräch unter vier Augen mit Caspar Hilzinger, weil Walter Scheel als Ratspräsident in Brüssel sein mußte. In seinem Auftrag sollte Caspar Hilzinger den Streit um Bremerhaven im Gespräch mit Henry A. Kissinger endgültig beilegen.

Es war ein sonniger, aber kühler Vorfrühlingstag, als Henry A. Kissinger und Caspar Hilzinger im Park des Bundeskanzleramtes einige Runden drehten. Der Amerikaner überschüttete Caspar Hilzinger gleich bei den ersten Sätzen mit Vorwürfen. Die Bundesregierung habe durch ihr Verhalten Angst vor den Arabern gezeigt. Aus lauter Sorge um ihre Energiequellen habe sie den Arabern einen Gefallen tun wollen, dabei jedoch die Solidarität mit den Vereinigten Staaten mißachtet; Solidarität sei aber das Wichtigste im Bündnis. Auch für die Bundesrepublik sei die Solidarität der Vereinigten Staaten lebenswichtig.

Als endlich Caspar Hilzinger zu Wort kam, zeigte sich wieder einmal, daß er keiner von denen war, die vor einer harten Sprache, die meist Unsachliches kaschieren will, ohne weiteres zurückweichen. Wie in anderen Fällen hielt er sich auch hier an die Volksweisheit: Auf einen groben Klotz gehört ein grober Keil!

Auch er sei der Meinung, sagte er, daß Solidarität eine wichtige Grundlage der Beziehungen zwischen den Vereinigten Staaten und der Bundesrepublik Deutschland darstelle. Als Professor kenne Professor Kissinger sicher die Gesetze der Logik. Es sei logisch, daß man nicht solidarisch sein könne, ohne zu wissen, wofür man solidarisch sein solle. Eine blinde Solidarität könne es doch wohl nicht geben. Ebensowenig könne man von anderen, und seien sie auch

Bündnispartner, Solidarität für eine schlechte Politik verlangen. Der Bundesrepublik Deutschland Schiffe unter israelischer Flagge ins Haus zu schicken, um Waffen in den Nahen Osten zu transportieren, ohne ihr vorher auch nur ein Sterbenswörtchen davon zu sagen, sei keine gute Politik. Im übrigen erinnere er an das Gespräch in Washington im Dezember 1970. Damals habe er den Vorschlag Caspar Hilzingers, die Informations- und Konsultationsmechanismen des Bündnisses zu verbessern, abgelehnt. Damals habe er diesen Gedanken kurzerhand mit der Bemerkung vom Tisch gewischt, Information und Konsultation im Bündnis seien gut. Wie gut, das hätten wir jetzt gesehen.

Caspar Hilzinger hat immer wieder erfahren, daß Menschen, die ihren Gesprächspartner in polternder Weise zu überrumpeln versuchen, ebenso schnell zurückweichen, wenn man ihnen hart und klar antwortet. In der Replik auf brutale Anwürfe darf keine Spur von Angst sein, weil Angst die Aggressivität des anderen erst recht provoziert. So war es auch bei diesem Gespräch. Henry A. Kissinger erklärte sich damit einverstanden, daß die Kontroverse mit diesem Gespräch beendet sein solle. In Zukunft werde man die Bundesregierung rechtzeitig unterrichten, damit ähnliche Mißverständnisse vermieden werden könnten.

Diese Einigung hinderte aber Henry A. Kissinger nicht, noch an demselben Nachmittag in Brüssel wieder in die gleiche Kerbe zu hauen und die Bundesregierung erneut anzugreifen. Das ist etwas, was ein Diplomat niemals tun darf. Das gegebene Wort muß heilig sein.

Im übrigen konnten die Deutschen froh sein, mit einem blauen Auge davongekommen zu sein. Sie wußten damals noch nicht so genau, welcher Geist die oberste Führung der Vereinigten Staaten beseelte, wenn es darum ging, einen widerspenstigen Verbündeten auf Vordermann zu bringen, wie etwa im Falle von Vietnams Präsident Thieu. Henry A. Kissinger selbst hat uns in seinen Memoiren berichtet, welche Sprache im Weißen Haus des Richard M. Nixon geführt wurde: »Nixon war entschlossen, sich durchzusetzen. Brutalität ist nichts dagegen, sagte er mir. Wenn dieser Hundesohn sich nicht fügt, sollen sie mal wirkliche Brutalität erleben!« Das war einen Monat nach dem »Weihnachtsbombardement« Nordvietnams.

In der ganzen Zeit, in der die Bundesregierung unfreundliche Töne aus den Vereinigten Staaten zu hören bekam, war es bemerkenswert, daß aus Israel keine besonders kritischen Stimmen zu den

Vorfällen von Bremerhaven zu hören waren. Caspar Hilzinger führte dieses größere Verständnis israelischer Regierungskreise auf die offenen, gutgemeinten Gespräche Willy Brandts im Juni 1973 zurück. Die Israelis hatten den Hinweis auf das Öl als Faktor der Nahostpolitik ernst genommen. Ganz Westeuropa war inzwischen beim Ölembargo der arabischen Staaten mehr oder weniger in die Knie gegangen. Die einen hatten es verstanden, ihr Nachgeben besser zu garnieren als andere, in der Sache gab es jedoch keinen Unterschied. Die Welt hatte erkannt, daß der Nahostkonflikt in eine neue Phase eingetreten war, die uns hart an den dritten Weltkrieg führen konnte, wenn wir nicht sehr aufpaßten. Zunehmend war der öffentlichen Meinung im Westen bewußt geworden, daß die Energiefrage in den kommenden Jahrzehnten über vieles andere mehr als nur über den Nahostkonflikt entscheiden würde: über die Zukunft der industriellen Zivilisation, vielleicht sogar über Krieg und Frieden. Nahum Goldmann hat recht. Der Friede im Nahen Osten ist so fern wie eh und je.

Man muß selbst dort gewesen sein, um die Israelis zu begreifen, dort im Nordteil des Landes, wo die Grenze zwischen Jordanien und dem Mittelmeer eine halbe Stunde Autofahrt auseinanderliegt. Man kann die Israelis begreifen, wenn sie nach Sicherheit verlangen. Man muß sich aber auch die Gefühle der Araber vergegenwärtigen, denen auf der Westbank in immer neuen Variationen Land weggenommen wird, um israelischen Siedlern Lebensraum zu schaffen. Man begreift ihre Gefühle. Das Dilemma scheint total und ausweglos zu sein.

Das Nahostproblem kann mit einem bösartigen Geschwür verglichen werden. Die Welt ist bereits befallen von diesem Geschwür. Sie sucht die Krankheit zu verdrängen; sie will sie nicht wahrhaben. Schmerzlos und für jeden unsichtbar breiten sich die Metastasen im ganzen Organismus der Weltpolitik aus, um eines Tages den Kollaps herbeizuführen. Wenn wir nicht aufpassen.

Die Juden können auf eine heroische Geschichte zurückblicken, mehr heroisch als erfolgreich. Doch geht es von jetzt an nicht mehr in erster Linie um den Streit zwischen Israel und den arabischen Staaten. Das scheint nur so. In Wirklichkeit sind der Vordere und Mittlere Osten aus energiestrategischen Gründen zum unerklärten Spannungsfeld der Weltmächte geworden. Was nach lokalem Konflikt aussieht, ist nur der Stellvertreter-Konflikt der Großmächte. Jede der beiden Weltmächte hat die Nahostkrise längst in seine umfassenderen Pläne für die nächsten Jahrzehnte eingesetzt. Sie benutzen den Konflikt für ihre Ziele. Israel läuft Gefahr, in dieser unheimlichen, sich abzeichnenden Auseinandersetzung der Großen zerrieben zu werden.

UM WILLY BRANDT DEN HEROISCHEN VERTEIDIGUNGSWILLEN der Juden zu demonstrieren, hatte ihn die israelische Regierung 1973 zur Felsenfestung Masada geführt. Eine solide Drahtseilbahn schweizerischer Bauart trägt den Touristen üblicherweise von der Talstation auf das flache, etwas schräg abfallende Plateau der vierhundert Meter hohen, fast senkrecht aufragenden Bergfestung. Dort haben sich die letzten jüdischen Verteidiger gegen die Römer im Jahre 73 nach Christus den Tod gegeben, als ihre Sache aussichtslos geworden war.

Caspar Hilzinger wird Masada für immer im Gedächtnis behalten. Die israelische Armee hatte es sich in den Kopf gesetzt, die deutsche Delegation mit einem zweirotorigen Armeehubschrauber auf der Spitze des Felsens abzusetzen und sie damit durch eine Probe ihres fliegerischen Könnens zu beeindrucken. Durch eine starke Bö im Augenblick der Landung, als die Triebwerke gerade abgestellt waren, kam die Maschine auf dem abschüssigen Boden in Bewegung und rollte dem Abgrund zu. Reste einer niedrigen Festungsmauer des Herodes hielten die Maschine kurz vor dem Steilabfall auf und retteten so Bundeskanzler und Delegation vor dem sicheren Tod.

Manche Israelis sehen im Masadafelsen auch heute noch ein Symbol für ihren Kampf und ihre Entschlossenheit bis zum Letzten. Sie sollten allerdings wissen, daß die Verteidigung Masadas bis zum letzten Mann nicht nur dem letzten Israeli den Tod bringen würde. Heute würde die ganze Welt in den Abgrund mit hineingezogen.

Moshe Dajan, der schlagfertig und witzig sein kann, hat nach dem Hubschrauberunglück zu Willy Brandt gesagt: »Die Winde, die den Hubschrauber abstürzen lassen wollten, waren arabische; der Gott, der Sie vor dem Absturz errettet hat, war der Gott der Juden.«

Die Welt braucht keine Wiederholung des heroischen Endes von Masada. Die Welt braucht Frieden, die Region braucht ihn und Israel auch.

Der Schlüssel zum Frieden im Nahen Osten liegt allerdings nicht im Spektakel einer amerikanischen Nahostpolitik, die mit Henry

A. Kissinger vor den Bildschirmen der Welt angefangen hat. Friedenspolitik kann nicht im Stile amerikanischer Vorwahlen betrieben werden. Kissingers Pendeldiplomatie ging davon aus, daß die Großmacht USA noch allein über Krieg und Frieden in entfernteren Teilen der Welt souverän bestimmen könne. Für alle, die die Freunde der Vereinigten Staaten und ihre Verbündeten sind, ist es eine bittere Wahrheit, daß im Nahen und Mittleren Osten ohne die konstruktive Mitwirkung der Sowjetunion der Friede nicht wiederhergestellt werden kann. Das mag bei vielen Leuten im Westen liebgewonnene Vorstellungen ins Wanken bringen; manche mögen es als unglaublich betrachten, doch es ist die Wirklichkeit.

So wie die nukleare Parität der beiden Weltmächte genügend Abschreckung erzeugt, um den Weltfrieden aufrechtzuerhalten, das heißt den Frieden zwischen den Vereinigten Staaten und der Sowjetunion, so sind die beiden infolge der nuklearen Parität auch wieder gelähmt und können ihre Eigeninteressen mit Hilfe eines regionalen Konflikts nicht mehr offen durchsetzen. Was jede der beiden Mächte für sich allein unternimmt, um den Frieden im Nahen Osten wiederherzustellen, ist zum Scheitern verurteilt, auch wenn die Fernsehkameras noch so eindringlich summen. Und selbst Vorschuß-Friedensnobelpreise können daran nichts ändern.

Ihr Status als Nuklearmächte zwingt die Vereinigten Staaten und die Sowjetunion, für den Nahostkonflikt eine gemeinsame Lösung zu finden. Je länger dies hinausgeschoben wird, desto mehr werden sich neue Aspekte des gleichen Konflikts in den Vordergrund schieben und die letzte Verständigungsmöglichkeit der Großmächte zerstören.

Am 1. Oktober 1977 veröffentlichten Amerikaner und Russen eine gemeinsame Erklärung. Danach führte der richtige und effektive Weg zu einer Lösung des Nahostproblems über die Einberufung einer Friedenskonferenz in Genf unter amerikanisch-sowjetischem Vorsitz. Aber sie wurde »leider von der jüdischen Lobby (in Amerika) zu Fall gebracht« (Nahum Goldmann).

Präsident Jimmy Carter war zu schwach, der Lobby entgegenzutreten, die traditionell demokratisch wählt. Man kann von keinem Politiker verlangen, daß er den Boden zerstört, auf dem er steht; ein Beweis mehr dafür, daß das Nahostproblem im Alleingang nicht zu lösen ist. Dem Ansehen der Vereinigten Staaten als gleichwertiger Kontrahent der Sowjetunion hat die Sache jedenfalls nicht gerade genützt.

Die Rückkehr zur Nahostpolitik Nixon/Kissinger bot sich an. Sie lieferte wenigstens die benötigten kurzlebigen PR-Effekte für die Innenpolitik. Die Initiative von Camp David, bei der Jimmy Carter als amerikanischer Präsident tagelang das tat, was Henry A. Kissinger monatelang als amerikanischer Außenminister vorgeführt hatte, stimmte Caspar Hilzinger nachdenklich und traurig. Wenn der amerikanische Präsident in eigener Person als Mittelsmann zwischen zwei nahöstlichen Regierungschefs hin und her pendelt, so bedeutet dies das Ende einer rationalen Diplomatie. Ein Höhepunkt der Gipfeldiplomatie, die nichts bringen kann außer farbigen Bildern rund um die Welt. Aber die Welt richtet sich nicht nach Bildern. Die Aufkündigung der gemeinsamen amerikanisch-sowjetischen Erklärung vom 1. Oktober 1977 war der Fehler Jimmy Carters, der die weitreichendsten Folgen hatte. Daraus ist der Beginn einer neuen Konfrontation der beiden Weltmächte geworden.

Das Bemühen Jimmy Carters in Camp David, zwischen Begin und Sadat stehend, ein wenig hilflos, mit gequältem Lächeln, erinnerte Caspar Hilzinger an ein anderes, wenn auch harmloseres Bild: Nach der Beerdigung Konrad Adenauers ließ sich Heinrich Lübke zwischen Charles de Gaulle und Lyndon B. Johnson filmen, wobei er ein wenig naiv, ein wenig linkisch versuchte, die Hände der beiden Antagonisten zum Zeichen der Versöhnung ineinanderzulegen. Was mochten Charles de Gaulle, der stolze Realist, und Lyndon B. Johnson, der mit allen Wassern gewaschene »politician« von dieser ach so gut gemeinten Geste des Deutschen gehalten haben? Nichts!

Wer es mit Israel gut meint und entsprechend dem historischmoralischen Hintergrund unserer Geschichte denkt, muß den Mut haben, wohldurchdachte Wahrheiten auszusprechen, auch wenn sie zunächst schmerzen. Nicht öffentlich, nein. Wir müssen zurückkehren zur stillen Diplomatie und mit allen sprechen, auch und vor allem mit der Sowjetunion.

Als ein arabischer Politiker Caspar Hilzinger fragte, wie er die Erfolgsaussichten der Vereinbarungen von Camp David einschätze, antwortete dieser, es sei wohl möglich, daß diese spektakuläre Gipfeldiplomatie anfangs Erfolge bringen werde, dann aber werde sie steckenbleiben. »Frieden kann so nicht entstehen. Wir müssen nach Genf zurückkehren. Eine solche Friedenskonferenz kann ein, zwei, fünf Jahre dauern. Was tut's? Ohne die Mitwirkung der Sowjetunion, die ihre Gleichrangigkeit mit den Vereinigten Staaten auch in dieser Frage bescheinigt haben will, läuft gar nichts.«

»Was Sie sagen, ist sehr interessant«, antwortete der Araber. »Ich war vor einigen Tagen bei Präsident Assad von Syrien. Er hat mit fast den gleichen Worten dasselbe gesagt.«

Man kann Konferenzen einberufen, Verträge aushandeln, Garantien geben, politische und militärische, man kann so vieles unternehmen. Und doch wird alles umsonst sein, wenn Israel nicht aufhört, sich als Brückenkopf Westeuropas und als Flugzeugträger der Vereinigten Staaten zu verstehen. Brückenköpfe und Flugzeugträger sind militärische Einrichtungen. Der wahre Friede bedarf ihrer nicht. Ebensowenig ist ein wirklicher Frieden im Nahen Osten mit strategischen Hintergedanken der einen oder anderen der beiden Weltmächte zu vereinbaren. Sonst wird der Nahostkonflikt zum auslösenden Zünder eines Weltkonflikts. Und Masada wird kein Beispiel mehr sein können, weil es keine Überlebenden geben würde. Wenn Frieden werden soll, müssen Juden und Araber, die Menschen, Frieden schließen und zusammenarbeiten.

ZUM ABSCHLUSS DES BESUCHES VON WILLY BRANDT im Juni 1973 wurde die Chaim-Weizmann-Stiftung besichtigt, eine Einrichtung, um die wir Westeuropäer Israel nur beneiden können. Bei dem sich anschließenden Mittagessen hatte das Protokoll Caspar Hilzinger links neben Golda Meir gesetzt, da er ja den Außenminister zu vertreten hatte. Eine angenehme Unterhaltung entspann sich. Sie gab Caspar Hilzinger die Gelegenheit, eine wichtige, vielleicht die wichtigste Frage zu stellen, wenn man vom Frieden für Israel spricht.

»Frau Premierminister, meine arabischen Freunde sagen mir immer wieder, das Haupthindernis für einen Frieden im Nahen Osten sei darin zu sehen, daß sich Israel nicht als ein Teil dieser Region begreife, daß es anders sein wolle als seine Nachbarn. Was sagen Sie dazu?«

»Wenn dies heißen soll, daß wir werden sollen wie die da, dann sage ich: Niemals!« schoß es aus ihr heraus. Da war Golda Meir plötzlich nicht mehr die mildblickende Großmutter. Da war sie ganz Nemesis.

Und der Friede? Was soll aus dem Frieden werden? Der Gesprächsfaden war plötzlich abgerissen.

Was mit Hitler anfing ...

*Mit den Deutschen werden auch die größten Angelegenheiten
innerhalb von einigen Tagen erledigt.*

Wjatscheslaw Molotow

*Und ich baue fest darauf, daß wir in Zukunft, d. h. natürlich
nicht wir, sondern die künftigen Russen, bereits alle
ausnahmslos begreifen werden, daß ein echter Russe sein nichts
anderes bedeutet, als sich bemühen, die europäischen
Widersprüche in sich endgültig zu versöhnen, der europäischen
Sehnsucht in der russischen allmenschlichen und allvereinenden
Seele den Ausweg zu zeigen ...*

Fjodor Michailowitsch Dostojewski

*Die russische Deutschlandpolitik vom Wiener Kongreß bis zur
Gegenwart läßt, unter dem Gesichtspunkt der außenpolitischen
Nutzensvorstellungen analysiert, sehr wenig Kontinuität und
sehr viel Wandel erkennen.*

Gerhard Wettig

CASPAR HILZINGER WURDE PLÖTZLICH NACHDENKLICH und merk-
würdig still, als er am 26. Juli 1970 in einer sowjetischen Regie-
rungslimousine auf dem Weg vom Flughafen Moskau-Wnukowo
am Stadtrand das Panzerdenkmal passierte, das die vorderste Linie
der deutschen Panzerspitze des Jahres 1941 markiert. Fast dreißig
Jahre zuvor war er als Oberleutnant jener im Abschnitt der Rollbahn Smolensk-Moskau eingesetzten Panzerdivision bis zu dem
Punkt, wo jetzt das Denkmal steht, vorgedrungen. Man schrieb den
Winter 1941/42. Die Getriebe der Panzer froren ein; die schweren
»Belgier« der bespannten Artillerie fielen vor Erschöpfung und Kälte tot um; ein paar Filzstiefel entschieden über Leben und Tod; und
nachts kamen die Russen über die zugefrorenen Sümpfe, die sich
am Tage in tiefen Morast verwandelten.

Was sich damals vollzog, war die Wiederholung des Rückzuges
von Napoleon I. Ein russischer Bauer, der im Ersten Weltkrieg
Kriegsgefangener in Hamburg gewesen war, sagte Caspar Hilzinger auf dessen Frage, wo denn die russische Regierung sei: »Nix
Moskau, nix Ural, hinter Ural – Rußland ist groß!« Dabei huschte
ein schwaches Lächeln über sein Gesicht, das auch ein Grinsen sein
konnte. Er deutete auf die Lederstiefel der deutschen Soldaten und

wiederholte: »Nix gut! Winter kaputt.« Vielleicht sah er sie alle schon tot im Schnee liegen, bei 52 Grad unter Null.

Hier vor Moskau war Caspar Hilzinger die Geschichte eingefallen, die ihm sein Großvater erzählt hatte. Eines Tages, so sei wieder von dessen Großvater berichtet worden, hätten französische und russische Soldaten im Dorf kampiert, Reste der Bourbaki-Armee. Sie hätten keine Nasen und keine Ohren gehabt. Als Kind hatte sich Caspar Hilzinger das Fehlen von Nasen und Ohren bei jenen Soldaten nie erklären können. Jetzt, vor Moskau im Winter 1941/42, kannte er den Grund. Nie wieder würde er den Gestank verfaulenden Fleisches vergessen, wie er nach Erfrierungen dritten Grades entsteht, bevor amputiert werden muß.

Es war an derselben Rollbahn, 1941. Der Unteroffizier Karl König wurde von einer Panzerabwehrgranate schwer getroffen. Das Geschoß schlitzte ihm die Bauchdecke auf. Man konnte, wenn man sie ein wenig mit der Hand aufklappte, die Eingeweide sehen.

Caspar Hilzinger schätzte diesen braven Unteroffizier, einen soliden schwäbischen Handwerker, ganz besonders. Er fuhr zum Hauptverbandsplatz zurück, um nach ihm zu sehen und dafür zu sorgen, daß er womöglich rasch einen Platz im Sanitätszug fände. Da lag er auf einer Tragbahre, einer von 40 oder 50 Schwerverletzten, die darauf warteten, operiert zu werden.

»Ich habe mit dem Oberarzt gesprochen«, sagte Caspar Hilzinger zu Karl König. »Er wird dich jetzt gleich drannehmen. Danach kommst du in den nächsten Sanitätszug, und ab geht's in die Heimat!« Da sagte dieser brave Mann, der von wächserner Bleichheit und vom Tod schon gezeichnet war: »Herr Oberleutnant, ich werde nicht mehr zurückkommen in die Heimat. Ich muß sterben. Aber ich sterbe gern ... für das Reich!«

Caspar Hilzinger konnte diese Worte eines Todgeweihten nie mehr vergessen; Worte in einem Augenblick an der Schwelle des Schwarzen Tores, da, wo man keine Sprüche mehr macht, nicht mehr lügt, nicht einmal sich selbst belügt.

Was konnte Karl König gemeint haben, er sterbe gern für das Reich? Welches Reich? Das Dritte Reich doch wohl nicht. Dazu war Karl König viel zu anständig. Ein richtiger Nazi konnte doch nur einer sein, der einen schlechten Charakter hatte. Das, was nach dem Krieg als »Deutschland in den Grenzen von 1937« bezeichnet wurde? Wohl kaum! Das war nicht möglich. Das Reich – ein Traum. Deutschland geteilt. Zwei Staaten in Deutschland.

Als Vertreter des einen deutschen Staates war Caspar Hilzinger nun mit der Delegation Walter Scheels nach Moskau gekommen, um einen Vertrag auszuhandeln, der ein Schlußstrich sein sollte. Ein Schlußstrich auch unter den Wahnsinn der Deutschen napoleonischer Dimensionen, unter das große Töten, unter Haß und Vorurteil. Das war ein ehrgeiziges Unterfangen.

Caspar Hilzinger blieb in den folgenden Tagen nach seiner Ankunft nicht viel Zeit, solchen Gedanken nachzuhängen. Die Russen sind dafür bekannt, harte Verhandlungspartner zu sein. Zudem sind sie eine Großmacht. Großmächte – und solche, die sich dafür halten – haben ihre eigene Art zu verhandeln. Mehr den atavistischen Instinkten verhaftet als der Aufklärung, glauben sie an die Mittel des Drucks, der Täuschung und der Überraschung. Es hieß daher, auf der Hut zu sein, um so mehr, als über die Verhandlungspraxis von Andrej Gromyko und Valentin Falin noch keine persönlichen Erfahrungen vorlagen.

Der unreife Lärm in Bonn, der der Abreise nach Moskau vorausging, war nicht gerade dazu angetan, die Verhandlungen zu erleichtern. Wenn in einem Land die lukrative journalistische Sensation und das parteiegoistische Gehabe das allgemeine Interesse, die eigene Regierung in internationalen Verhandlungen erfolgreich zu sehen, überwiegt, ist es schwer zu bestehen. Man ist gezwungen, gegen zwei Fronten zu kämpfen, und beide tun sich zusammen, spielen sich gegenseitig die Argumente zu. Natürlich in einem scheinbar völlig entgegengesetzten Interesse.

Als Caspar Hilzinger am 1. Juni 1970 zum Staatssekretär des Auswärtigen Amtes ernannt wurde, hatte Egon Bahr seine Sondierungen und Gespräche mit Gromyko bereits abgeschlossen. Ihr Ergebnis war im sogenannten Bahr-Papier niedergelegt. Es enthielt, wie die Deutschen meinten, die Umrisse eines Vertrages; es enthielt, wie die Russen meinten, die ausformulierten Bestimmungen eines Vertrages. Der Unterschied in der Einschätzung dieses »Bahr-Gromyko-Papiers« wäre ohne allzugroße Bedeutung geblieben, wenn nicht Geld- und Sensationsgier wie Parteiegoismus in der Bundesrepublik sich auf dieses Papier gestürzt hätten, um es vorzeitig zu veröffentlichen. Es erschien eines Tages, noch bevor die Verhandlungen begonnen hatten, in einigen dieser famosen Boulevardblätter und Magazine abgedruckt. Eines dieser Massenblätter mit dem bekannt patriotischen Herausgeber ging sogar so weit, das Bahr-Papier in der Form eines ratifizierungsreifen Vertrages darzustellen. Dem Leser sollte der Eindruck vermittelt werden, daß nur noch die Unterschriften fehlten. Das war es genau, was Andrej Gromyko am liebsten gehabt hätte.

Ein amerikanischer Kollege hatte noch im Stadium der Vorbereitung der Vertragspolitik mit dem Osten zu Caspar Hilzinger einmal gesagt: »Weißt du, ich bin sehr für die ostpolitische Aktivität der Deutschen; aber ich fürchte, ihr habt dazu weder die notwendige Geschicklichkeit noch ausreichend Geduld und Disziplin. Das braucht man, wenn man mit den Russen verhandeln will.«

Was ein Teil der Boulevardpresse damals bot, hatte weder mit Geschicklichkeit noch mit Disziplin etwas zu tun. Jedes Kind konnte sich an seinen fünf Fingern abzählen, daß die noch vor dem Beginn der Verhandlungen liegende Veröffentlichung der Punkte, auf die Egon Bahr und Andrej Gromyko sich in einem langwierigen Sondierungsprozeß geeinigt hatten, es der Sowjetunion schwer, wenn nicht unmöglich machen würde, von diesen Punkten in den Verhandlungen abzuweichen, wenn sie nicht vor aller Welt als derjenige dastehen wollte, der schwach genug war, nachzugeben.

Vielleicht wollten jene Publikationspatrioten gerade dies, vielleicht wollten sie zeigen, daß die Sowjetunion zu Kreuze kriechen müsse, wenn aus dem Vertrag etwas werden solle. Vielleicht interessierte der Vertrag sie gar nicht, sondern nur die Demütigung der Sowjetunion. Eine neue Spielart deutscher Großmannssucht, 25 Jahre nach der Demütigung durch die eigene bedingungslose Kapitulation?

Caspar Hilzinger ärgerte sich über diese »Indiskretionen«, die bald als eine Art Gentleman-Delikt Schule machen sollten. Man mußte das ertragen als eine Art Preis für die freiheitliche Demokratie, zumal dann, wenn ihre ethische und moralische Grundlage fragwürdig geworden war. Er betrachtete es daher als eine logische Konsequenz, daß einige Jahre später das Strafgesetz geändert wurde, so daß ein Journalist, der geheime Informationen des Staates veröffentlichte, frei ausging, der Beamte hingegen sich nach wie vor strafbar machte, wenn er Geheimnisse ausplauderte. Warum eigentlich? fragte er sich. Haben wir nicht alle dem gleichen Gemeinwohl zu dienen? Oder wird in der Konsum- und Profitwirtschaft das Fehlen moralischer Maßstäbe durch die Steigerung der Auflage ersetzt? Wenn zwei das gleiche tun, ist es eben nicht dasselbe.

Noch während dies alles geschah und für Unruhe in Bonn sorgte, machte sich das Auswärtige Amt in aller Ruhe an die verfassungsrechtliche Prüfung der einzelnen Punkte des Bahr-Papiers. Dabei waren die Spitzenbeamten der für die Verfassungsfragen zuständigen Ministerien des Innern und der Justiz, Hans Schäfer und Hermann Maassen, für den Erfolg der Arbeit unerläßlich. Geprägt von Objektivität, von juristischem Sachverstand und Gewissenhaftigkeit, bildeten diese Beratungen einen scharfen Kontrast zu dem Geschrei draußen.

Zielscheibe der publizistischen Angriffe war in erster Linie Egon Bahr. Caspar Hilzinger hätte insgeheim über die Kritik an ihm Schadenfreude empfinden können, denn durch die Stellung Egon Bahrs im Bundeskanzleramt war es so gut wie unvermeidlich, daß Kompetenzüberschneidungen zwischen den beiden vorkamen, die den ruhigen Gang der Dinge stören konnten. Außerdem erleichterte er seinen Kritikern das Geschäft durch seine Geheimnistuerei und seinen Hang zu romantischen Methoden der Geheimkontakte, seinem Kritiker Henry A. Kissinger nicht unähnlich. Der pflegte diplomatische Kontakte über Militärpersonen zu unterhalten, während sich die amerikanischen Botschafter durch Desinformation auszeichneten. Die Ausschaltung der zuständigen und eingefahrenen Kanäle der Diplomatie bringt außer Reibungsverlusten und Verdächtigungen rein gar nichts ein. Manch einer, der sich übergangen fühlt, verspürt darüber Ranküne und läßt sich womöglich dazu verleiten, Memoiren zu schreiben, nur um der interessierten Umwelt nachzuweisen, daß alles viel besser ausgegangen wäre, hätte man nur ihn allein machen lassen. Dabei handelt es sich meistens um arme Menschen, die einen Mangel an beruflichem Erfolg durch ein überhöhtes Selbstbewußtsein zu kompensieren suchen. Sie reden sich ein, daß die Welt einen anderen Lauf genommen hätte, wenn man ihrem Rat gefolgt wäre. Das kauen sie unermüdlich vor sich hin, bis selbst ihr Lebensabend von der darob empfundenen Bitterkeit verdorben wird.

Das war indessen nicht die Art von Caspar Hilzinger. Er verband eine gewisse fatalistische Gelassenheit mit ebenso festen und unerschütterlichen Überzeugungen. Er glaubte daher jedesmal, wenn ihm jemand hineinreden oder hineinpfuschen wollte, daß letzten Endes, wenn sich die unausbleiblichen Schwierigkeiten in der Sache einstellten, alle Beteiligten wieder zusammenfänden, alle gleich gescheit oder gleich dumm. Wie man's eben nähme.

Mit den Angriffen gegen Egon Bahr war es etwas anderes. Mancher erinnerte an die irrationalen Vorwürfe gegen Pierre Mendès-

France. Wer die bittere Wahrheit auszusprechen wagt, wird verfolgt. Caspar Hilzinger hat dies auch im Falle Egon Bahrs immer als äußerst unsachlich und ungerecht empfunden. Es scheint, daß eine gewisse konservative Rechte ohne Furcht vor Landesverrat, unbewußtem Antisemitismus und subkutanen Verdächtigungen nicht auskommen kann. Diese Leute können ohne irgendeine Art von Dreyfus-Affären nicht leben. Irgendwo entdecken sie immer die unsichtbaren Netze der Weisen von Zion, des Weltkommunismus, des Verrats, die ihnen über den Kopf geworfen werden sollen. Insoweit, als es sich um derart unqualifizierte Verdächtigungen handelte, stand Caspar Hilzinger auf der Seite Egon Bahrs.

Caspar Hilzinger hielt Egon Bahr für einen idealistischen Nationalisten. Seine angeborene Neigung zu dialektischem Denken, die gelegentlich sophistische Ausflüge in die Gegend der Scheinbeweise und Scheinschlüsse nicht verschmähte, verleitete ihn, den Einfluß seiner Gedanken auf die politische Wirklichkeit gelegentlich zu überschätzen. Einen Mann wie Andrej Gromyko kann man nicht durch logische Schlüsse zu etwas bringen, was er nicht will. Eine Weltmacht wie die Sowjetunion läßt sich nicht durch intellektuelle Pirouetten blenden. Dort zählt nur das Interesse und die Macht.

Die Überschätzung des Intellektuellen in der Politik hat bei Egon Bahr eine Art Idealismus erzeugt, der ihn seinerseits wieder befähigte, sich an die schwierigsten Probleme heranzuwagen, wo andere vor den vielen »wenn und aber« zurückgeschreckt wären.

Ein solcherart gestalteter Idealismus bringt auch Schwierigkeiten mit sich, wenn es sich darum handelt, die wirkliche Lage realistisch einzuschätzen. Er verleitet dazu, das Selbsterdachte für allgemeingültig zu halten. So war es in der intellektuellen Konsequenz Egon Bahrs durchaus verständlich, daß er seinerzeit den Gedanken, das Bundesumweltamt in Berlin (West) anzusiedeln, als erster propagierte. Im guten Glauben dachte er auf genügend solidem Boden zu stehen, um von den Sowjets zumindest ein Stillhalten erwarten zu dürfen. Doch es entstand beträchtlicher Ärger daraus.

Rückblickend vermag Caspar Hilzinger nicht mehr mit Gewißheit zu sagen, ob die hemmungslose Kampagne gegen Egon Bahr und das »Bahr-Papier« der Sache selbst, nämlich dem Versuch einer neuen Ostpolitik, geschadet oder genützt hat. Die öffentliche Meinung war auf die Ostpolitik so gut wie gar nicht vorbereitet. Die in die Tiefe gehende Bedeutung jener Stelle in der Regierungserklärung von 1969, daß es »zwei Staaten in Deutschland« gebe, wurde zunächst als eine der zahlreichen Verlegenheitsfloskeln verstanden, mit denen früher das Gewünschte und das Unerreichbare in der deutschen Frage überbrückt worden waren. »Ostdeutschland«, »sowjetisch besetzte Zone«, »Phänomen« – alle diese Bezeichnungen sollten darüber hinwegtäuschen, daß dort ein Staat mit eigenem Staatsgebiet, einem Staatsvolk und einer effektiv organisierten Staatsgewalt entstanden war. Die Bezeichnung »zwei Staaten in Deutschland« hatte damit aufgeräumt, nicht erst in den Moskauer Verhandlungen, sondern bereits seit 1969.

Ähnlich verhielt es sich mit dem Berlin-Problem. Die Westdeutschen waren es gewohnt, aus ihrer Sicht – und insoweit hatten sie ja auch recht – vom »Land Berlin« zu sprechen, als sei Berlin ein Land der Bundesrepublik Deutschland wie etwa Baden-Württemberg oder Nordrhein-Westfalen. Aber die Westalliierten und erst recht die Sowjetunion sahen das anders. Das mußte spätestens offenkundig werden, als die Bundesregierung sich anschickte, einen Vertrag zu schließen, der für alle Teile des gespaltenen Deutschland von Bedeutung war.

Eines Tages hatte Caspar Hilzinger, in Vorbereitung der Moskauer Verhandlungen, dem Kabinett vorzutragen, wie sich nach objektiver Analyse die Vorbehaltsrechte der Alliierten auf die Verhandlungen auswirken würden. Er war, in kurzen Worten, zu dem Schluß gekommen, daß die Bundesregierung die Einbeziehung des Berlin-Problems in die Moskauer Verhandlungen nicht erreichen werde. Erstaunen, dann Verärgerung im Kabinett. Berlin war doch ein Land der Bundesrepublik. Warum sollte da die Bundesrepublik nicht auch über Berlin verhandeln können? Man bedeutete Caspar Hilzinger, er solle seinen Vortrag beenden, weil eine Anzahl Minister nicht bereit wäre, diesen Gedankengängen zu folgen.

Dies geschah am grünen Tisch. Wie aber sah es erst draußen im Lande aus mit der Kenntnis und der Einsicht in die wirkliche Lage Deutschlands?

Nicht wenige glaubten, jetzt werde ein Wiedervereinigungsvertrag oder ein Friedensvertrag geschlossen. Noch während des Aufenthaltes der Bonner Delegation in Moskau versuchte Ernst Achenbach, der die Delegation als FDP-Abgeordneter begleitete, die Russen von dem Gedanken, einen Friedensvertrag zu schließen, zu überzeugen. Aber dafür war es eben zu spät. Die nüchterne Aufgabe, um die es 1970 noch gehen konnte, bestand einfach darin, sich trotz des ausgebliebenen Friedensvertrages über eine Anzahl von Fragen, die sich aus dem Zweiten Weltkrieg ergeben hatten, Klarheit zu verschaffen – oder aber für absehbare Zeit auf die Herstellung besserer Beziehungen zur Sowjetunion zu verzichten.

Wer wollte es verantworten, darauf zu verzichten? Es handelte sich schließlich nicht mehr um die Sowjetunion von 1917. Man konnte nicht länger übersehen, daß sich das politische und strategische Gleichgewicht zwischen den beiden Weltmächten verändert hatte. Die Bündnispartner trugen dieser Tatsache seit langem Rechnung. Für die Bundesrepublik mit den zahlreichen Grenzen im Herzen Mitteleuropas gab es – wenn sie es nicht vorzog, auf bessere Tage zu warten – keinen vernünftigen Grund, nicht ihrerseits zu versuchen, was möglich war. Nicht als Wiederholung von Rapallo (übrigens kein so stolzes Stück deutscher Außenpolitik, wie manche glauben), und auch nicht im Alleingang.

Karl Moersch war damals Staatsminister im Auswärtigen Amt. Er kam, ein unabhängiger Geist, vom Journalistenberuf. Die Zusammenarbeit zwischen ihm und Caspar Hilzinger war ausgezeichnet. Er hatte die glänzende Idee, die Chefredakteure der wichtigsten Zeitungen und Zeitschriften in Bonn zusammenzurufen, damit die Vertreter des Auswärtigen Amtes ihnen den Hintergrund, die Motive und Probleme der bevorstehenden Vertragsverhandlungen erläutern konnten. Die Veranstaltung war ein Stück offener Diplomatie und ein voller Erfolg.

Karl Moersch hat die Vertragspolitik mit dem Osten aus Überzeugung mitgetragen. In vielen Fragestunden des Deutschen Bundestages hat er den teils aggressiven, teils insinuierenden Fragen der Opposition mit gleichbleibendem Humor und scharfer Formulierung standgehalten. Auf die Dauer war er aber zu unabhängig, zu eigenwillig für das Serail. Darum hat er es 1976 verlassen.

Caspar Hilzinger gebrauchte in jenem Gespräch mit den Chefredakteuren im Königshof in Bonn für die Lage der deutschen Diplomatie dieses Bild: Ein Mann will über einen tiefen Graben hinweg seinem ehemaligen Gegner die Hand reichen. Er kann dies nur tun, wenn jemand hinter ihm steht und ihn festhält. Läßt dieser ihn los, fällt unser Mann in den Graben.

Hinter der Bundesrepublik stand das atlantische Bündnis, was immer einzelne ihrer Kritiker besser zu wissen glaubten oder zu kritisieren hatten. Ohne das Bündnis im Rücken wären Verhandlungen mit der Sowjetunion nicht möglich gewesen, sondern nur Scheinverhandlungen, wie sie mit Satelliten geführt werden.

Die Franzosen mußten die deutsche Initiative unterstützen, was immer an bösen Erinnerungen sie mit den Namen Tauroggen oder Rapallo auch verbinden mochten. Lange genug hatte Charles de Gaulle auf die Notwendigkeit hingewiesen, von der Konfrontation über die Entspannung zur Kooperation zwischen Ost- und Westeuropa zu kommen. Die Engländer sahen die Sache realistisch. Sie versprachen sich von der Entspannung eine Entlastung ihrer Verantwortung und Präsenz in Mitteleuropa. Sie befürworteten die deutschen Absichten. Die Amerikaner waren im Prinzip nicht gegen einen deutsch-sowjetischen Vertrag, aber ihr Konservierungsreflex als westliche Führungsmacht hinderte sie daran, den Deutschen voll zu vertrauen. Manche Leute in Washington mochten wohl auch gedacht haben, daß eine Sache nur gut sein könne, wenn man sie selbst in die Hand nähme.

Caspar Hilzinger hatte sich nach seiner Ernennung zum Staatssekretär des Auswärtigen Amtes in den Hauptstädten der Westalliierten vorgestellt. Das war eine Frage der Höflichkeit. In Washington führte er auch ein Gespräch mit Henry A. Kissinger, damals noch Sicherheitsberater des Präsidenten Richard M. Nixon. Mit heftigen Worten griff Kissinger zunächst die Vertragspolitik der Bundesregierung mit dem Osten an. Aber Caspar Hilzinger hielt ihm entgegen, daß ein Volk auf die Dauer seine Existenz nicht auf Wünschen aufbauen könne. Es müsse mit sich selber und mit der nach dem Krieg entstandenen Lage ins reine kommen. Dazu gehöre auch, daß es die Sowjetunion nicht ignoriere, sondern die Beziehungen zu ihr auf eine realistische, nüchterne Grundlage stelle.

Auf diese Weise in die Enge getrieben, sagte Henry A. Kissinger einen Satz, der für die Position der Amerikaner, nicht aller, symptomatisch war: »Eines will ich Ihnen sagen, wenn schon Entspannungspolitik mit der Sowjetunion gemacht werden soll, dann machen *wir* sie!«

Caspar Hilzinger hat es immer für falsch gehalten, Vertragspolitik mit dem Osten mit Entspannungspolitik gleichzusetzen. Die Entspannungspolitik ist eine Erfindung Josef Stalins. Sie sagt in der Substanz ebensowenig aus wie das von den Sowjets so gern gebrauchte Wort »Normalisierung«. Die Vertragspolitik der Jahre 1970 bis 1972 besaß nicht die hochgeschraubten Ziele, wie sie einer allgemeinen, weltweiten Entspannung entsprochen hätten. Sie sollte lediglich die Geschäftsgrundlage formulieren, aufgrund derer beide Seiten nach einem Debakel ohnegleichen wieder »normale« Beziehungen anstreben könnten.

In einem Hintergrundgespräch am 16. Juni 1970 verwendete Caspar Hilzinger in diesem Zusammenhang zum erstenmal den Begriff des Modus vivendi, der fortan in die Diskussion über die Natur der Verträge Eingang finden sollte. »Ein qualifizierter Gewaltverzicht auf der Grundlage des Status quo ist in Wirklichkeit ein Modus vivendi.« Das ist, bildlich gesprochen, nichts anderes, als wenn man in einen Neubau einen provisorischen Fußboden legt in dem Wunsch, darauf gehen zu können; einen Boden, der später, wenn das Gebäude steht, durch eine andere, tragfähigere Konstruktion ersetzt werden soll. Das Erfolgsgeheimnis der Demokratie ist darin zu sehen, daß die Bürger manchmal, und sei es nur instinktiv, klüger sind als die veröffentlichte Meinung und die Honoratioren der politischen Gesellschaft. Der ganze Heckenschützenkrieg gegen die Verträge war umsonst. Das Wahlergebnis von 1972 hat alle diejenigen Lügen gestraft, die in den Verträgen das Ende der Bundesrepublik und das Ende der Freiheit sehen wollten. Die Freiheit stirbt nicht an Verträgen!

Es kann sein, daß auch die Regierung in der Hitze des Gefechts die Perspektiven für die Zeit nach Abschluß der Verträge rosiger dargestellt hat, als nach Kenntnis der Materie zulässig erschien. Doch wäre es kaum möglich gewesen, die Verträge durch das Parlament zu bringen ohne jene aufwühlende Debatte; auch nicht ohne jenen Schuß Idealismus, der in dem Wort »Friedenspolitik« zum Ausdruck kommt.

Noch aber war die Sache nicht so weit gediehen. Erst mußte in einem sorgfältigen Verfahren festgestellt werden, wo die Grenzen der Verfassungsmäßigkeit lagen. Denn ein ausgehandelter und unterschriebener Vertrag, der nicht ratifiziert werden kann, weil er sich als nicht verfassungskonform herausstellt, ist nicht nur nichts wert, sondern sogar schädlich.

Caspar Hilzinger legte größten Wert darauf, die Völkerrechtswissenschaft an den Vorbereitungen zu beteiligen. Nicht die vielen Professoren im Auswärtigen Amt konnten ihm helfen, wohl aber der aus der Distanz und vom sichereren Boden der Erfahrung und Analyse aus urteilende Wissenschaftler. Aus der Zusammenarbeit von Wissenschaft und Praxis konnten wichtige Ergebnisse erwartet werden, nicht nur zum Vorteil der unmittelbar beteiligten Wissenschaftler und Professoren, sondern zum Vorteil des auszuhandelnden Vertrages. Jochen A. Frowein war einer dieser Wissenschaftler, der Walter Scheel auch nach Moskau begleitet hat. Mit seiner kühlen, messerscharfen Analyse hat er der Delegation entscheidende Dienste geleistet.

Einem anderen Manne, Mitglied des Auswärtigen Amtes, muß an dieser Stelle ein Denkmal errichtet werden, ganz abgesehen davon, daß die an den Vorarbeiten und Verhandlungen beteiligten Kollegen Caspar Hilzingers in bezug auf Einsatzbereitschaft und Loyalität jedes Lob verdienten. Der leider viel zu früh verstorbene Leiter der Rechtsabteilung und Berater des Auswärtigen Amtes in Fragen des Völkerrechts, Dedo von Schenck, erschien Caspar Hilzinger stets als ein Vorbild des gewissenhaften Beamten, der weiß, daß es innere Zweifel zu überwinden gilt, wenn die Politik zu Entscheidungen kommen soll, der aber ebenso deutlich macht, wo für ihn selbst die Grenze seines Handelns und seiner Mitwirkung liegt. Dedo von Schenck stand innerlich der Ostpolitik der Regierung Brandt/Scheel skeptisch gegenüber; aber er wußte, daß die demokratisch gewählte Regierung nicht handlungsunfähig werden und daß man ihre politischen Ziele nicht in einem Wattebausch juristischer Bedenken ersticken durfte. Er wußte auch, daß dies nicht die Gelegenheit war, persönliche Eitelkeiten in den Vordergrund zu stellen oder sie gar als Gewissenskonflikte auszugeben. Sein menschlicher Anstand stand für so viele Beamte des Auswärtigen Dienstes, die sich zunächst in einer ähnlichen persönlichen Lage sahen, dann aber in einem kameradschaftlichen Miteinander zusammenstanden, um aus der gegebenen Lage das beste zu machen.

Es gab auch einige wenige Einzelfälle, in denen Kollegen Caspar Hilzingers glaubten, ihre grundsätzliche Abneigung gegen die Vertragspolitik mit dem Osten in der einen oder anderen Form aktenkundig machen zu müssen. In einem Fall hat Caspar Hilzinger es bedauert und respektiert. In anderen Fällen durfte er später feststellen, daß er deren Mitarbeit nicht vermißt hatte. Und der eine oder andere hat seine Opposition post festum bekanntgemacht, als dies für niemand von Interesse war. Nicht einmal für die Auflagenhöhe der Memoiren.

Kurzum: das Auswärtige Amt darf es sich als bleibendes Verdienst zurechnen, die Elemente des »Bahr-Papiers« in einen verfassungsmäßigen Entwurf eingebracht und ergänzt zu haben. Dadurch ließen jene geringen, aber in ihrer juristischen Bedeutung entscheidenden Veränderungen und Zusätze einen möglichen

Gang der Opposition zum Bundesverfassungsgericht nach menschlichem Ermessen aussichtslos erscheinen.

Caspar Hilzinger sieht heute noch das Gesicht Valentin Falins vor sich, eine Mischung aus Erstaunen, Ungläubigkeit und Verärgerung, als er ihm in der ersten Verhandlungsrunde in Moskau einen kompletten Vertragsentwurf über den Tisch reichte, der zwar die Punkte des »Bahr-Papiers« berücksichtigt, sie andererseits aber soweit wie möglich ergänzt und verändert hatte.

Die Bundesregierung konnte keinen Vertrag schließen, der einen Friedensvertrag präjudiziert, die Rechte der Alliierten untergraben, aus dem Gewaltverzicht eine Grenzanerkennung gemacht, die Lage Berlins unberücksichtigt gelassen oder die früher geschlossenen Verträge mit anderen Staaten beeinträchtigt hätte. Caspar Hilzinger hielt es für das beste, den Stier bei den Hörnern zu packen. So wußten die Russen gleich vom ersten Tag an, woran sie waren. Er umriß in wohlabgewogenen Worten, was an Voraussetzungen erforderlich wäre, damit eine Unterschrift möglich würde. Wenn dies nicht berücksichtigt werde, könnten die beiden Delegationen zwar einen Vertrag aushandeln und sogar unterschreiben, der Bundestag ihm eventuell auch noch zustimmen, aber die Hürde des Bundesverfassungsgerichts werde er dann nicht überwinden. Dann gerieten beide Seiten außenpolitisch gesehen in eine ganz schlechte Situation.

Deshalb erachte er es den Verhandlungspartnern gegenüber als aufrichtig und auch als rationell in bezug auf die Verhandlungsmethode, wenn er jetzt der sowjetischen Delegation den Entwurf übergebe, der aufgrund aller dieser Gesichtspunkte, einschließlich des »Bahr-Papiers«, erarbeitet worden sei.

Als Caspar Hilzinger das etwa achtseitige Dokument über den Tisch reichte, war auf der Gegenseite eine merkwürdige Verlegenheit und Unruhe zu verzeichnen. Gerade, als ob man jedem sowjetischen Delegationsmitglied eine Handvoll Wespen unter die Sitzfläche geschoben hätte, fingen sie an, auf dem Stuhl hin- und herzurutschen und verlegene Blicke mit Valentin Falin auszutauschen, der wie erstarrt dasaß. Der deutsche Vertragsentwurf schwebte über dem Konferenztisch wie ein Medusenhaupt und wurde von Caspar Hilzinger in jener alemannischen Zähigkeit und Impertinenz angeboten, die ihm eigen war.

Valentin Falin hatte wohl das Gefühl, er werde sich verunreinigen, wenn er den Entwurf entgegennähme. Andererseits war er natürlich brennend daran interessiert zu erfahren, was wohl in diesen acht Seiten Papier verborgen sei. Schließlich kam er auf folgende Lösung, die typisch war für jenen Prozentsatz asiatischen Denkens und russischer Verhandlungsweise: kennen, aber nicht zur Kenntnis nehmen. Er bat Caspar Hilzinger, den Inhalt des deutschen Entwurfs langsam vorzulesen, damit seine Mitarbeiter mitschreiben könnten.

Caspar Hilzinger erfüllte diesen Wunsch, denn es war klar, daß die Verhandlungen keinen großen Sinn hatten, wenn die gegenseitigen Positionen nicht klar auf dem Tisch lagen. Die Minister tasteten sich zwar in den Vorgesprächen langsam an den Kern der Sache heran, die Rechnung auf Punkt und Komma blieb aber den Bürokraten überlassen. Diese kann man dann tags darauf beschimpfen: »Unsere Delegationen haben nicht gut gearbeitet; sie sind ins Stolpern gekommen«, pflegte Andrej Gromyko bei solchen Gelegenheiten in einem Ton zu sagen, der ein fernes Donnergrollen vermuten ließ.

Das Erstaunen der sowjetischen Delegation war in diesem Falle echt. Sie hatte tatsächlich geglaubt, die Verhandlungen mit den Deutschen seien eine Formsache, nachdem Andrej Gromyko und Egon Bahr viele Stunden miteinander zugebracht hatten. Sie meinten, es genüge, die Punkte des »Bahr-Papiers« in Vertragsform zu bringen, just so, wie jene famose deutsche Boulevardzeitung es getan hatte. Irgendeine Seite war da wohl einer anderen aufgesessen.

Die erste Krise in den Verhandlungen war daraufhin unausbleiblich, denn die Bewegungsfähigkeit der sowjetischen Diplomaten angesichts überraschend eintretender Veränderungen ist gleich null. Sowjetische Delegationen, einschließlich ihres Außenministers, gehen in Verhandlungen von solcher Bedeutung mit einem präzisen und vom Politbüro abgesegneten Mandat. Jeder sowjetische Verhandlungspartner würde lieber einen Finger seiner Hand opfern als vom Verhandlungsmandat des Politbüros auch nur um ein Jota abzuweichen, ja, nur diesen Anschein zu erwecken.

Caspar Hilzinger empfand oft Mitleid mit seinen Verhandlungspartnern aus den Ländern des Warschauer Pakts. Sie standen nicht nur dem Ausländer mit einer für sie oft unverständlichen Verhandlungstaktik gegenüber, sie hatten nicht nur ihrer Regierung gegenüber Rechenschaft abzulegen, sie waren auch ständig in Gefahr, zwischen der Regierungsverwaltung und der Parteiverwaltung (ZK, Politbüro) zerrieben zu werden. Das zwingt den stärksten

Mann in die Knie; es strapaziert die Nerven und ruft Magengeschwüre hervor. Magengeschwüre sind wohl eine der häufigsten Berufskrankheiten kommunistischer Diplomaten – und von Beamten der Sicherheitsorgane.

Es mag sein, daß auf deutscher Seite die Unterhändler manchmal an zu langen Zügeln gehen. Vieles bleibt der Situation des Augenblicks und der Verantwortung des Unterhändlers überlassen, was im geschlossenen System kommunistischer Staaten eingehende Beratungen an höchster Stelle erfordert. Auch Egon Bahr ist der Vorwurf gemacht worden, daß er seine Sondierungsgespräche mit Andrej Gromyko zu »freihändig« geführt habe. Er konnte mit Recht darauf verweisen, daß er über jedes seiner Gespräche lange Telegramme verfaßt, dagegen nicht auf jedes eine Antwort erhalten habe.

Georg Ferdinand Duckwitz, an den die Telegramme Egon Bahrs aus Moskau (mit kleinem Verteiler) gerichtet waren, hat wohl das einzig Richtige getan. Er hat sie zu den Akten geschrieben und Egon Bahr vertraut. Sonst hätte man die Sondierungen in Moskau vielleicht für 20 Pfennig als Fortsetzungsgeschichte in jener Boulevardzeitung lesen können. So weit durfte die Transparenz der Außenpolitik nun doch nicht gehen.

Die Berührung mit der deutschen Auffassung eines Modus vivendi, die sich aus der Rücksichtnahme auf das Grundgesetz ergab, war für die sowjetische Seite tatsächlich so etwas wie ein Schock. Wenn die Deutschen nicht sicher sein könnten, daß ein Vertrag ohne die verlangten Einschränkungen ratifiziert würde, so könne dies doch nur bedeuten, daß die Zeit für einen Vertrag noch nicht reif sei, meinte Valentin Falin. Auch Andrej Gromyko zog gegenüber Walter Scheel alle Register seiner Überzeugungskunst. Vergeblich. Das Grundgesetz mit seiner Aufforderung, die Einheit und Freiheit der Deutschen zu vollenden, erwies sich als ein objektives Hindernis für die Wünsche der Sowjets, einen Vertragsabschluß zu erzielen, der einem Separat-Friedensvertrag gleichgekommen wäre.

Eines Tages vertraute sich Valentin Falin Caspar Hilzinger an, soweit von Vertrauen zu sprechen denkbar war. Andrej Gromyko sei verzweifelt. Er könne mit der Verhandlungsmethode von Walter Scheel nicht zurechtkommen. Walter Scheel weiche aus, ergehe sich in allgemeinen Beteuerungen und sei einfach nicht zu greifen. Gromyko wisse nicht, wie er sich verhalten solle. Lasse er ihn weiterhin gewähren, so würden sich die Verhandlungen ewig hinziehen; wende er eine härtere Gangart an, so sei ein Abbruch zu befürchten.

Caspar Hilzinger empfahl Geduld. Die Sowjets seien ja gute Juristen. Sie wüßten selber, daß das Grundgesetz gewisse Barrieren errichtet habe, die respektiert werden müßten. Sonst seien die ganzen Anstrengungen umsonst.

Die Äußerung Wjatscheslaw Molotows im Gespräch mit Juho Kusti Paasikivi, daß man mit den Deutschen die größten Angelegenheiten innerhalb von einigen Tagen erledigen könne, mag zutreffend gewesen sein. Aber die Deutschen waren auch gelehrige Schüler. Innerhalb weniger Tage hatten sie gelernt, auf der dreifachen Ebene der sowjetischen Diplomatie zu agieren. Auf der Ebene der Außenminister wurde vorgeklärt; die Stellvertreter Valentin Falin und Caspar Hilzinger verwandelten die Absprachen der Minister in Vertragstexte; und Egon Bahr hielt die Verbindung zu den Leuten aus der sowjetischen Parteiverwaltung, dem parallelen Informations- und Entscheidungsstrang der sowjetischen Hierarchie.

Die Vertreter der Koalitionsfraktionen, Karl Wienand (SPD) und Ernst Achenbach (FDP), nahmen an allen Besprechungen der deutschen Delegation teil und waren auf diese Weise in der Lage, die Glaubwürdigkeit unserer Absichten in ihre Gespräche mit sowjetischen Persönlichkeiten zu tragen. Dazu hatten sie genug Gelegenheit. Die Opposition in Bonn hatte dagegen darauf verzichtet, einen Vertreter nach Moskau zu entsenden. Wie sagt doch das französische Sprichwort? »Les absents ont toujours tort!«

Manchmal verspürte Caspar Hilzinger den Wunsch, die Verhandlungsprotokolle möchten eines nicht zu fernen Tages veröffentlicht werden, damit die deutsche Öffentlichkeit daraus ersehen könnte, wie zäh und hart dort gerungen wurde. Es gab einige pathetische Augenblicke, die nur diejenigen würdigen können, die solche Verhandlungen nicht als episodische Tätigkeiten einer verhaßten Regierung begreifen.

MITTLERWEILE ZOGEN SICH DIE VERHANDLUNGEN HIN. Das Gästehaus auf den Lenin-Hügeln war für die deutsche Delegation bereits eine gewohnte Unterkunft geworden. Man konnte sich dort über alles unterhalten, nur nicht über den Stand der Verhandlungen. Es »roch« förmlich nach Abhöranlagen. Auf dem Weg vom Gästehaus zur Universität und in den dortigen Anlagen war die Gefahr, abgehört zu werden, gering. Also gewöhnten sich Walter Scheel und Caspar Hilzinger an den abendlichen Spaziergang dorthin. Zwei sowjetische Sicherheitsbeamte begleiteten sie in geziemendem Abstand.

Auch der Park des Gästehauses war in die Sicherheitsmaßnahmen einbezogen. Zwar traten keine Polizisten in Zivil oder Uniform in Erscheinung; aber über die Blumenbeete zogen sich feine Kupferdrähte, deren Bedeutung für den ahnungslosen Besucher aus dem Westen nicht ohne weiteres erkennbar war. Eines schönen Tages gingen Walter Scheel und Caspar Hilzinger durch den Garten. In einer Anwandlung jugendlichen Übermutes kickte Walter Scheel einen solchen Draht in die Luft und sagte: »Geben Sie acht; jetzt wollen wir mal sehen, was passiert.«

In wenigen Sekunden war das ganze Grundstück mit streng dreinblickenden, aber unbeteiligte Mienen vortäuschenden Sicherheitsbeamten umstellt. Sie verschwanden nach Feststellung des blinden Alarms so plötzlich, wie sie gekommen waren. Die deutsche Delegation konnte sich sicher fühlen wie in Abrahams Schoß.

Ein anderes Mal konnte sich Caspar Hilzinger von der Güte der im Speisesaal des Gästehauses angebrachten Mikrophone überzeugen. Im Zeichen russischer Gastfreundschaft wurde die deutsche Delegation hervorragend verpflegt. Zum Frühstück standen jeden Morgen zwei Schüsseln Kaviar auf dem Tisch. Man brauchte sich, ohne sonderlich unverschämt zu erscheinen, keine große Zurückhaltung aufzuerlegen. Dies traf sich sehr gut für Caspar Hilzinger, der für sein Leben gern Kaviar ißt. Nicht nur morgens zum Frühstück, sondern zu allen Tageszeiten; vorausgesetzt, er hat welchen.

Gerade der Umstand, daß eines Morgens, gegen Ende des Aufenthaltes in Moskau, kein Kaviar auf dem Frühstückstisch stand, veranlaßte ihn zu der Bemerkung über den Tisch hinweg: »Herr Minister, mit der Union der Sozialistischen Sowjetrepubliken geht es offensichtlich bergab.«

Fragend und ein wenig mißbilligend richtete Walter Scheel den Blick auf Caspar Hilzinger, dessen lose Zunge ihm längst bekannt war. Vielleicht dachte er auch an die vorhandenen Abhörgeräte.

»Ja, es geht bergab«, bekräftigte Caspar Hilzinger. »Es gibt keinen Kaviar mehr.« Zehn Sekunden später stürzte die Serviertochter in den Speisesaal mit hochrotem Kopf und einer Schüssel Kaviar, die sie vor Caspar Hilzinger auf den Tisch stellte. Manchmal waren die Mikrophone wirklich ein großer Vorteil.

Die Verhandlungen stagnierten. Zwischen dem Gästehaus auf den Lenin-Hügeln und dem Palais Spiridonowa begann ein Ritual Platz zu greifen: am Vormittag Begegnung der Delegationen unter Vorsitz der Außenminister; am Nachmittag Sitzung der Delegationen unter Vorsitz von Valentin Falin und Caspar Hilzinger. Vor der Ministerbesprechung am Vormittag gab es jeweils zehn Minuten lang die unnachahmlichen rhetorischen Lockerungsübungen Andrej Gromykos, die darin bestanden, daß er sich freundlich nach dem Befinden eines jeden erkundigte, ein kleines Witzchen einschob, mit rollendem Baß dazu ein wenig lachte. Wenn er glaubte, es sei jetzt wohl genug des frivolen Spiels, machte er ein Gesicht, als sei es Zeit für die Hinrichtung. Dann begann für beide Seiten der Ernst des Lebens.

Der Außenstehende kann sich kaum ein Bild machen vom Ausmaß der Meinungsverschiedenheiten, die in Wahrheit die Verhandlungen blockierten, hing ihre Beilegung doch scheinbar nur von geringfügigen semantischen Änderungen ab. Es ging aber um die Frage, ob die Bundesrepublik Deutschland die nach dem Kriege entstandenen Grenzen de jure anerkennen sollte, oder ob sie die Grenzen in Europa als unverletzlich betrachtete, weil der Grundsatz des Gewaltverzichts eine Verletzung der Grenzen verbot. Dies war natürlich keine rein akademische Frage. Man konnte gut verstehen, daß Andrej Gromyko, um der zweiten, der deutschen Version, zustimmen zu können, das Politbüro in Bewegung setzen mußte.

Als weitere Schwierigkeit schwebte über den Verhandlungen die Frage der Wiedervereinigung Deutschlands, die wenigstens als Perspektive für die Zukunft offengehalten werden mußte. Die Verhandlungen wurden dadurch nicht nur verzögert; auf beiden Seiten tauchte zeitweilig der Gedanke einer längeren Denkpause auf, die durch das Verbleiben der Delegation ohne ihren Außenminister hätte überbrückt werden können. Beide Delegationen gewannen am Ende der ersten Verhandlungswoche den Eindruck, daß es entweder einen Durchbruch geben müsse oder daß sich die Verhandlungen festfahren würden.

Da ergriff Andrej Gromyko die Initiative. Überraschend und kurzfristig lud er Walter Scheel und Caspar Hilzinger zu einer Landpartie. Das Ziel des Ausfluges war den Gästen unbekannt: irgendeine Datscha in der Umgebung Moskaus.

Was als Datscha angekündigt war, entpuppte sich als herrschaftliches Landgut aus dem Beginn des 19. Jahrhunderts, von herrlichem Laubwald umgeben, gepflegt und stimmungsvoll – so recht eine Kulisse für ein Stück Anton Tschechows, voller Zukunftsangst und Melancholie.

Die ankommenden deutschen Gäste wurden von freundlichen Bediensteten auf ihre Tageszimmer geleitet, wo sie sich erfrischen konnten. Anschließend erwartete Andrej Gromyko seinen Gast Walter Scheel zum Spaziergang. Caspar Hilzinger bekam den stellvertretenden Außenminister Kowalew zugeteilt, mit dem er zur gleichen Zeit die Wege entlangschlenderte, die einst von einem zaristischen Gutsherren angelegt worden sein mochten.

Zwei Stunden lang ergingen sich die russischen und deutschen Gesprächspartner in dem weitläufigen, waldähnlichen Park und erreichten schließlich auf getrennten Wegen einen einsam dastehenden offenen Pavillon, mit weißgestrichenen Rohrmöbeln ausgestattet: Der Samowar dampfte. »Onkel Wanja« hätte hier gelebt haben können.

An so einem Tag lernt man über die Mentalität eines Volkes natürlich ungleich mehr als in den öden Verhandlungen. Die Russen gestatteten sich an diesem warmen Augusttag als einzige Erleichterung, den Rock ihrer schwarzen Anzüge auszuziehen, nicht aber Weste und Krawatte. Das Bild einer bürgerlichen Gesellschaft des 19. Jahrhunderts war für einen Sommernachmittag perfekt – wenn nicht irgendwo in der Nähe noch die Weltmacht Sowjetunion gewesen wäre.

Caspar Hilzinger indessen hat dort den Stil des proletarischen Internationalismus praktiziert. Da er es seit langen Jahren gewohnt war, am Sonntag auf die Krawatte zu verzichten, weil er dieses Ding verabscheute, so hatte er sich entschieden, für die sonntägliche Landpartie einen blauen Rollkragenpullover anzulegen. Darüber trug er allerdings einen hellgrauen Sakko. Warum, so meinte er, solle er eine Ausnahme machen? Sonntag blieb Sonntag, ob in Deutschland oder in Rußland. Und seine Gewohnheiten waren ihm heilig, auch wenn Gromyko der Gastgeber war.

Zunächst schien auch alles gutzugehen. Die helle Sommerkleidung der Deutschen stach zwar von den korrekt und schwarz gekleideten Russen ab, aber niemand schien sich an dem »anarchistischen« Kleidungsstück eines Rollkragenpullovers zu stören.

Das änderte sich jedoch beim Abendessen, zu dem die beiden Deutschen überraschend eingeladen wurden. Warum, zum Teufel auch, muß denn bei solchen Verhandlungen auch alles in der Form von Überraschungen vor sich gehen! Caspar Hilzinger fühlte sich plötzlich nicht mehr wohl in seinem hellblauen Pullover. Kaum am Tisch, neben Andrej Gromyko sitzend, bemerkte dieser mit mißbilligender, verächtlicher Miene: »Wenn man sich bei uns an den Tisch setzt, bindet man sich eine Krawatte um.«

Caspar Hilzinger hatte sein Fett weg. Die sozialistische Strenge in kleinbürgerlicher Aufmachung hatte für die westliche Dekadenz, die sich sichtbar in der Nachlässigkeit der Kleidung ausdrückte, kein Verständnis. Da bindet man sich eben eine Krawatte um. Caspar Hilzinger hielt es für das beste, die Zurechtweisung Andrej Gromykos zu überhören und zu schweigen.

So korrekt, wie er gekleidet war, so pedantisch absolvierte Andrej Gromyko danach sein Konversations-Pflichtprogramm. Zunächst berichtete er über seine Jagderlebnisse. Da Caspar Hilzinger in allem, was mit dem Waidwerk zusammenhängt, nicht mithalten konnte, verspürte Andrej Gromyko offensichtlich ein missionarisches Bedürfnis, ihn aufzuklären. Doch nach einer gewissen Zeit war im Gespräch mit einem Laien, selbst für einen so passionierten Jäger wie Andrej Gromyko, der Vorrat an Jagdgeschichten erschöpft.

Nun kam der zweite Punkt an die Reihe: russische Literatur. Zum Glück handelte es sich hier um ein Thema, das Caspar Hilzinger seit jeher interessiert hatte. Er bemerkte, daß er die wichtigsten Autoren des 19. Jahrhunderts, aber auch der Gegenwart gelesen habe, wenn auch nur in Übersetzungen. Er finde den Unterschied zwischen der früheren und der zeitgenössischen Literatur, abgesehen von ein paar ideologischen Hintergrundmalereien, gar nicht für so bedeutend, wie dies manchmal behauptet werde. Die russische Seele sei da wie dort das entscheidende Element.

»Welcher russische Schriftsteller ist denn Ihr Lieblingsautor?« begann ihn Andrej Gromyko zu examinieren.

Ohne Zögern antwortete Caspar Hilzinger: »Anton Tschechow«.

»Das ist interessant«, fuhr Andrej Gromyko fort. »Tschechow war in gewisser Weise genial. Er hat die Revolution von 1917 vorausgeahnt. Er war zwar ein Vertreter der Bourgeoisie, aber die Dekadenz seiner Klasse gegen Ende des 19. Jahrhunderts hat keiner so scharf gezeichnet wie er. Persönlich war er eher ein anarchischer Typ, der sich jeder Autorität und Konvention widersetzte.«

Jetzt war Caspar Hilzinger an der Reihe, die Ausführungen Andrej Gromykos interessant zu finden. »Sie sagen, Anton Tschechow habe sich der Autorität und der Konvention widersetzt. Dann können wir wohl davon ausgehen, daß er, wäre er heute abend Ihr Gast, ohne Krawatte im Rollkragenpullover erschienen wäre wie ich.« Diese eher soziologisch-literarische Bemerkung Caspar Hilzingers beendete das Thema russische Literatur. Andrej Gromyko machte ein Gesicht, als wolle er sagen, daß sich die heutige Jugend einem alten Manne gegenüber allerhand herausnehme. Aber das werde sich sicher noch geben.

Hinterher sah Caspar Hilzinger ein, daß er den Erfordernissen des diplomatischen Metiers nicht gerecht geworden war. Er hätte seine Gewohnheit, am Sonntag keine Krawatte zu tragen, hier nicht praktizieren dürfen. Es war ein Mangel an Landeskenntnis. Die Sowjetmenschen, gerade eben zum schwarzen Anzug und zur Krawatte aufgestiegen, mußten dies als Provokation auffassen, um so mehr, als im Westen Ende der sechziger Jahre die Jugend ihren Nonkonformismus gerade in ihrer saloppen Kleidungsweise zum Ausdruck brachte. Provozieren wollte Caspar Hilzinger bestimmt nicht. Und die persönliche Note fällt bei Begegnungen mit Andrej Gromyko sowieso nicht ins Gewicht.

An jenem Sonntag, dem 2. August 1970, gerieten indessen die Verhandlungen, die sich in einer Sackgasse befanden, wieder in Bewegung. In stundenlangen Gesprächen im Schatten der hohen Birken und Fichten ließen sich die Sowjets überzeugen, daß die deutschen Wünsche keinem Betrugsmanöver Vorschub leisten, sondern im Gegenteil die Annahme des Vertrags sicherstellen sollten. Selbst der »Brief zur deutschen Einheit« und seine prozedurale Behandlung stießen nicht auf Ablehnung.

Andrej Gromyko hatte die veränderte Position vom Politbüro absegnen lassen. Aber auch danach behielt er die für ihn wesentlichen Anliegen im Auge. »Wir sind im Prinzip nicht gegen diesen Brief zur deutschen Einheit«, sagte er. »Aber wir fürchten, daß in einigen Jahren bei Ihnen zu Hause vom Vertrag nicht mehr die Rede sein wird, während Sie dann nur noch von diesem Brief sprechen werden. Wir können in den Vertrag und in den Brief hineinschreiben, was immer wir wollen. Eines muß den Deutschen klar und bewußt sein: die Frage der Grenzen in Europa ist die Frage von Krieg und Frieden!« Das war Klartext und ebenso inhaltsschwer wie irgendein Vertrag.

Wer glauben möchte, mit grundsätzlichen Einigungen sei in Vertragsverhandlungen mit den Sowjets etwas Endgültiges erreicht, sieht sich schnell getäuscht. Grundsätzliche Vereinbarungen müssen bei der Redaktion des Vertragstextes erst noch in präzise Formulierungen, schwarz auf weiß, gegossen werden. Nur allzuleicht tauchen dabei die alten Gegensätze, wenn auch in anderer Form, wieder auf. So waren auch dieses Mal die Tage vom 3. bis 6. August buchstäblich bis zur letzten Minute mit einem zähen Ringen beider Seiten um Worte und Satzzeichen ausgefüllt. Endlich am späten Abend des 6. August konnte die Delegation sagen: Ende gut, alles gut!

Gegen 21 Uhr kam Bewegung in den Betrieb des Gästehauses. Auf der Terrasse wurden Gartenmöbel aufgestellt, im Speisesaal der Tisch gedeckt. Andrej Gromyko hatte sich angesagt, um Termin und Modalitäten der Paraphierung zu besprechen.

Dieses Mal hatten die Deutschen eine Überraschung für Andrej Gromyko bereit. Er schien sie keineswegs zu schätzen. Walter Scheel verlas eine kurze Erklärung, die kurze Zeit vorher von Willy Brandt fernmündlich genehmigt worden war. Aus ihr ergab sich, daß mit einer Ratifizierung des Vertrages durch den Deutschen Bundestag nicht zu rechnen sei, wenn die Berlin-Frage nicht zuvor eine befriedigende Regelung durch erfolgreiche Vier-Mächte-Verhandlungen gefunden haben werde.

Andrej Gromyko besitzt eine einmalige Fähigkeit, bei Dingen, die er nicht zu hören wünscht, den Eindruck erwecken zu können, als sei er plötzlich taub geworden. Also wiederholte Walter Scheel die Lektüre ein zweites und ein drittes Mal und steckte ihm schließlich den Zettel, auf dem die Erklärung stand, zu. Dann erst gab Andrej Gromyko zu erkennen, daß er verstanden habe, nicht jedoch ohne ein weiteres Mal zu betonen, daß die Berlin-Frage Sache der vier Alliierten des Zweiten Weltkriegs sei und deshalb in bilateralen deutsch-sowjetischen Verhandlungen keinen Platz habe.

Mit einiger Verspätung konnte das letzte gemeinsame Essen, das sich die beiden Delegationen redlich verdient hatten, beginnen.

DER TERMIN FÜR DIE PARAPHIERUNG war auf den nächsten Vormittag um 11 Uhr im Palais Spiridonowa festgelegt. Gegen 23 Uhr meldete sich am Telefon der britische Geschäftsträger. Er bat um ein dringendes Gespräch mit Walter Scheel noch während der Nacht. Also wurde ein Treffen mit ihm auf 24 Uhr im abhörsicheren Raum der Deutschen Botschaft vereinbart. Es wurde dann ein Uhr morgens. Walter Scheel und Caspar Hilzinger fuhren abgespannt und todmüde in die Botschaft, wo sie bereits der britische Diplomat erwartete, im dunklen Nadelstreifenanzug, frisch, wie aus dem Ei gepellt.

Er habe sich mit seinen beiden westlichen Kollegen über das Verhandlungsergebnis unterhalten, und sie seien zu dem Ergebnis gelangt, daß es gut sein würde, die Paraphierung zu verschieben, bis die alliierten Regierungen Gelegenheit gehabt hätten, den Vertragstext genau zu studieren. Er selber sei des Russischen mächtig und habe feststellen können, daß in der Begleitnote zum Vertrag nicht von den alliierten Rechten und Pflichten die Rede sei, sondern lediglich von der »Frage der Rechte der Vier Mächte«. In der russischen Sprache heiße aber »wapross« nicht nur »Frage«, sondern könne auch »Fragwürdigkeit« bedeuten. Ja, dieses Wort »wapross« sei es, das ihn störe. Er halte es für das beste, die Paraphierung zu verschieben.

Caspar Hilzinger fiel auf, daß der Diplomat allein, ohne die beiden anderen Alliierten, die doch an dieser Frage, an dieser »wapross«, in gleicher Weise interessiert sein mußten, gekommen war. Walter Scheel und Caspar Hilzinger gaben sich keiner Täuschung hin, welche Gefahr es bedeuten würde, auf das Ansinnen des Briten einzugehen. Die Bundesrepublik Deutschland hätte sich auf einen Schlag als Verhandlungspartner entwertet, wenn sie ihre Paraphe unter den fertigen Vertragstext in dieser Situation verweigert hätte. Außerdem waren die Alliierten laufend über das Verhandlungsergebnis unterrichtet worden. Sie hätten Zeit genug gehabt, Bedenken geltend zu machen. Wer konnte also wissen, ob dieser freundliche Diplomat nicht »Hauptmann Köpenick« spielte und ob er überhaupt von seiner Regierung entsprechende Anweisung hatte.

Um dem Spiel ein Ende zu bereiten, zog Caspar Hilzinger das Wort an sich und sagte zu ihm: »Herr Kollege, berichten Sie Ihrer Regierung, daß es für eine Verschiebung der Paraphierung zu spät sei. Sie wird heute vormittag um elf Uhr stattfinden. Die Sache ist gegessen.«

Der britische Außenminister Douglas Home richtete wenige Stunden später ein Telegramm an Walter Scheel und beglückwünschte ihn zum Abschluß der Verhandlungen. Der Ständige Staatssekretär des britischen Außenministeriums, Sir Dennis Greenhill, entschuldigte sich wenige Tage danach in einem ausführlichen Brief an Caspar Hilzinger für die Eigenmächtigkeit des Diplomaten. Wie er Caspar Hilzinger später einmal erzählte, hatte der Satz »Die Sache ist gegessen«, den der britische Diplomat in deutscher Sprache übermittelte, im Außenministerium ein allgemeines Schmunzeln ausgelöst.

Die nächtliche Episode, die schwerwiegende Folgen hätte haben können, fand damit ein glückliches Ende. Immer wieder kann ein Diplomat in Versuchung kommen, den Mantel der Geschichte ergreifen zu wollen, oder wenigstens einen kleinen Zipfel davon. Er muß dabei sehr vorsichtig sein. Sonst fällt er, wie das Beispiel zeigt, auf die Nase.

Wie mit Andrej Gromyko vereinbart, fand die Paraphierung in würdiger Form in jenem Raum des Palais Spiridonowa statt, in dem die Delegationen viele Stunden und Tage gestritten und verhandelt hatten.

Wer je schwere Verhandlungen dieser Art zu bestehen hatte, kann das Gefühl der Erleichterung nachvollziehen, das der physischen und psychischen Erschöpfung Platz macht, wenn man in den Sessel des Flugzeugs fällt, das einen nach Bonn zurückbringt. Man möchte nur noch schlafen, sich ausschlafen. Aber dazu ließ Bonn nach der Rückkehr wenig Zeit. Die Alliierten, der NATO-Rat, die Fraktionen des Deutschen Bundestages und nicht zuletzt die Auslandsvertretungen mußten unterrichtet werden. Die Presse, die die Verhandlungen zum größten Teil mit Wohlwollen begleitet hatte, bestand nunmehr auf der Ausübung ihres Informationsrechts. Die innenpolitische Schlacht um den Vertrag nahm ihren Anfang. Die Vier-Mächte-Verhandlungen über Berlin, die Verträge mit der Volksrepublik Polen, mit der CSSR und der Grundlagenvertrag mit der DDR standen noch bevor. Wenig Zeit zum Ausruhen. Worauf? Auf Lorbeeren? Nein, nur in einem gewöhnlichen Bett zu Hause.

Als Caspar Hilzinger den NATO-Rat in Brüssel über das Vertragswerk mit Moskau unterrichtete, tat er dies unter anderem mit Worten, die auch heute noch ihre Gültigkeit haben:

Deutsch-sowjetische Verträge regen immer die Phantasie an, und das Wort ›Rapallo‹ ist schnell bei der Hand. Diesmal ist nichts so irreführend, wie der in diesem Wort angedeutete Vergleich; denn fast alles ist anders geworden seit jenem Tag vor achtundvierzig Jahren. Der Ver-

trag von Moskau ist nichts mehr und nichts weniger als ein großangelegter Versuch, unsere Beziehungen zur Sowjetunion auf die Grundlage der wirtschaftlichen Vernunft statt der ideologischen Leidenschaft, auf die Grundlage der friedlichen Zusammenarbeit statt auf die des kalten Krieges zu stellen.

Wir können nicht im voraus wissen, ob dieser Versuch von Erfolg gekrönt sein wird. Aber wir wissen auch, daß wir einfach nicht das Recht haben, den Versuch nicht zu unternehmen.

Es wäre ein leichtfertiger Optimismus zu glauben, die wirtschaftliche Zusammenarbeit für sich allein würde die Sowjetunion friedfertiger und weniger gefährlich machen. Dies ist eine falsche Fragestellung. Richtiger lautet die Frage: Was ist für uns gefährlicher, eine Sowjetunion, die mit dem Westen zusammenarbeitet, die Kapitalinvestitionen zuläßt, die eine gewisse gegenseitige Durchdringung auf wirtschaftlichem Gebiet toleriert? Oder eine Sowjetunion, die vor nahezu unlösbaren wirtschaftlichen Problemen steht, der die wirtschaftliche Zusammenarbeit mit dem Westen verschlossen bleibt und die sich deshalb in einem frustrierenden Zustand der Isolierung befindet? Vergessen wir nicht, daß sich auch bei dieser zweiten Alternative nichts an der enormen Militärmacht der Sowjetunion ändert.

Der deutsch-sowjetische Vertrag hat zwischen unseren Alliierten und zwischen den Partnern der Europäischen Wirtschaftsgemeinschaft das Bedürfnis nach gegenseitiger Konsultation gesteigert. Wir sind entschlossen, diesen Wünschen jetzt und in Zukunft nachzukommen, und wir sehen darin einen Beweis für das gute Funktionieren der westeuropäischen Institutionen.

Lassen Sie mich ein Bild wiedergeben, das kürzlich ein ausländischer Kollege mit großer Berufserfahrung mir gegenüber gebraucht hat. Er sagte, die Außenpolitik sei mit den menschlichen Bewegungsgesetzen vergleichbar. Sobald der Mensch das Gleichgewicht zu verlieren drohe, tue er einen Schritt vorwärts. Ich möchte hinzufügen, daß auch wir in diesem Sinne voranschreiten, indem wir abwechselnd das rechte und das linke Bein bewegen. Wichtig ist natürlich, daß wir nicht allein gehen, sondern gemeinsam mit unseren Verbündeten.

Das Gespenst von München

*Es setzt sich nur soviel Wahrheit durch, als wir durchsetzen; der
Sieg der Vernunft kann nur der Sieg der Vernünftigen sein.*

Bertolt Brecht

*Von dem, was Geschichte geworden ist, läßt sich nichts
rückgängig machen. Was wir jedoch tun können, ist, gereift
durch die historische Erfahrung, Grundlagen zu schaffen für ein
neues Verhältnis zwischen unseren Staaten und Völkern.*

Walter Scheel

JEDESMAL, WENN CASPAR HILZINGER NACH PRAG KAM, spürte er
deutlicher als in anderen europäischen Hauptstädten, daß er sich an
einer Schnittlinie europäischer Tragik befand. Die Steine dieser
Stadt haben die Geschichte Europas in sich aufgesogen, und die
Straßen und Gassen sind von ihrem Atem erfüllt.

Erste deutsche Universität, doch tiefe Abneigung gegen das
Deutsche. Kampf gegen den Habsburger Völkerverband, doch innere Unrast und seltsame Verlassenheit nach dessen Zerstörung.
Bündnis mit Frankreich und England, doch in der Stunde der Not
von ihnen kalt fallengelassen. Die Tschechoslowakei, ein Bündel
innerer Gegensätze, von außen her von allen getreten. Das formt
ein Volk. Das Ergebnis ist komplex wie die Ereignisse, die dieses
Jahrhundert geprägt haben.

Es ist nicht einfach, mit Vertretern eines Volkes hart verhandeln
zu müssen, für das man Mitgefühl empfindet wegen des Unrechts,
das ihm angetan worden ist. Dies bedrückte Caspar Hilzinger in jeder Verhandlungsrunde. Er konnte sich nicht auf die Argumente
einlassen, die die Geschichte den Tschechoslowaken lieferte. Er
mußte hart und logisch argumentieren, wenn nicht ein Vertrag herauskommen sollte, der zwar den Gefühlen der Tschechen entge-
genkäme, aber in sich eine Absurdität wäre.

Das Vertragswerk mit Moskau hatte auch für die Verhandlungen mit Polen und der Tschechoslowakei die äußere Architektur
des Vertrages mehr oder weniger festgelegt. Darüber hinaus aber
hatte jedes der Länder ein Schwerpunktproblem, das im Mittelpunkt stand. Für die Polen war es die Grenzfrage, für die Tschechoslowaken das Münchener Abkommen von 1938.

Dieses Abkommen, mit dem das Sudetengebiet an das Deutsche

Reich abgetreten werden mußte, ist unter Druck zustande gekommen. Daraus schlossen die Tschechoslowaken, daß es von Anfang an ungültig gewesen sei. Es sei der erste widerrechtliche Akt der deutschen Reichsregierung gewesen, mit dem eigentlich der Zweite Weltkrieg begonnen habe. Sie verlangten deshalb Anerkennung der Ungültigkeit des Abkommens »von Anfang an« und – Schadensersatz. Ohne die Ungültigkeitserklärung dieser Art würde es keinen Vertrag mit der Bundesrepublik Deutschland geben. So lautete die tschechoslowakische Ausgangsposition.

Die Bundesregierung hat die These vertreten, daß der Vertrag ursprünglich rechtens zustande gekommen sei, daß Adolf Hitler ihn 1939 mit dem Einmarsch in die Tschechoslowakei zerrissen habe und die Bundesregierung heute aus dem Abkommen keinerlei territoriale Rechte ableite. Das alles im Vertrag niederzulegen, sei die deutsche Seite bereit.

Diese schönen Beteuerungen interessierten die Tschechoslowaken wenig, denn sie gaben ja keine juristische Grundlage für ihre Schadensersatzforderungen ab. Erst wenn man ihnen bescheinigte, daß das Abkommen »von Anfang an« ungültig gewesen sei, konnten sie die weitere Frage stellen, was unter diesen Umständen der Schritt Hitlers, der Überfall auf die Tschechoslowakei und die Abtrennung des Sudetengebiets, bedeutet habe. Doch wohl einen völkerrechtswidrigen Akt. Dafür konnten sie Schadensersatz verlangen. Die Forderung der Tschechoslowaken hatte also sehr wohl einen materiellen Hintergrund, der unter Umständen zu astronomischen Zahlen hätte führen können, wenn die Deutschen sich auf dieses Geleis hätten locken lassen. Aber es gab auch einen anderen, einen psychologischen Hintergrund für das tschechoslowakische Verlangen.

Völker haben manchmal das Bedürfnis, eine jahrelange, durch Niederlagen und Demütigungen aufgestaute Frustration dadurch abzuschütteln, daß sie einen mehr oder weniger irrationalen Punkt zum zentralen Gegenstand ihrer Politik erheben. Als Frankreich nach 1945 sich aller vermeintlichen Kriegsziele und Trümpfe von der Loslösung des linken Rheinufers über die Internationalisierung der Ruhr bis zur Abtrennung des Saargebietes ledig sah, erhob es die Forderung nach der Kanalisierung der Mosel zum harten Kern der Deutschlandpolitik. Dabei war es ein offenes Geheimnis, daß die erforderlichen Investitionen volkswirtschaftlich gesehen nicht zu rechtfertigen waren. Bis heute nicht.

So ähnlich ging es auch den Tschechoslowaken mit ihrer Forderung, das Münchener Abkommen, mit dem das ganze Unglück angefangen habe, möge ausradiert werden. Man reißt eine Seite aus dem Geschichtsbuch heraus, und schon ist die Welt wieder heil. Die Deutschen dürften die letzten sein, die das nicht verstehen. Caspar Hilzinger hatte dafür Verständnis. Doch wollte er mit diesen Verhandlungen nicht ins Schleudern geraten, mußte er von Anfang an hart auftreten.

Manches Mal fragte er sich im Innern, was die tschechoslowakischen Verhandlungspartner von ihm wohl dächten und was er wohl an ihrer Stelle empfände? Wie um sich persönlich abzuheben von dem harten Nein zu den tschechoslowakischen Forderungen, erzählte er ihnen die Geschichte seines Vetters Franz F. Dieser hatte zehn Jahre im Konzentrationslager Buchenwald als Häftling verbracht. Einige Jahre davon verwaltete er die Kartothek der Krankenstation. Das erlaubte ihm, einen tschechischen Anatomieprofessor auf seiner Liste als »tot« zu führen und ihm so das Leben zu retten. Dieser Universitätsprofessor wiederum erteilte dem KZ-Häftling Franz F. jahrelang Privatstunden in den medizinischen Fächern, so daß dieser nach 1945 in Prag bei demselben Professor das medizinische Staatsexamen ablegen konnte. Welch eine Geschichte.

Der Vertrag zwischen den beiden Nachbarländern durfte nicht dazu beitragen, die unselige Frustration am Leben zu erhalten und zu immer neuen Kontroversen Anlaß zu geben; er mußte erreichen, daß das Münchener Abkommen für beide Seiten endgültig der Vergangenheit angehörte, damit es den Weg für die notwendige Zusammenarbeit nicht mehr versperren konnte.

Schon bei der ersten Verhandlungsrunde in Prag stellte sich heraus, daß die tschechoslowakische Seite solche Überlegungen nicht angestellt hatte. Ihr Unterhändler, der stellvertretende Außenminister Milan Klusak, ging frisch drauflos und verlangte gleich in den ersten zehn Minuten, daß die deutsche Seite das Münchener Abkommen für ungültig von Anfang an erkläre und alle sich daraus ergebenden Konsequenzen akzeptiere.

Das war nun wieder nicht die Art, wie man mit Caspar Hilzinger verhandeln konnte. Zur großen Überraschung von Milan Klusak antwortete Caspar Hilzinger: »Herr Kollege, ich bin bereit, das Münchener Abkommen von 1938 für ungültig von Anfang an zu erklären...« Die Überraschung schlug jedoch rasch in Verärgerung um, als er fortfuhr: »… wenn Sie bereit sind, im Vertrag festzulegen, daß Johannes Hus 1415 in Konstanz nicht als Ketzer verbrannt worden ist. An einer solchen Erklärung läge mir persönlich, denn ich stamme aus der Gegend von Konstanz.«

Milan Klusak hatte sich die Verhandlungen wohl etwas zu einfach vorgestellt. Er war davon ausgegangen, daß es genüge, die Deutschen auf die Vergangenheit hinzuweisen; dann würden sie auch die unmöglichsten Dinge akzeptieren. So sagte er einmal zu Beginn der Verhandlungen, in der Tschechoslowakei hätten viele Deutsche in der Vergangenheit eine Zuflucht gefunden. Dabei zitierte er Heinrich Mann, der die Tschechoslowakei 1934 nach seiner Emigration als einen gastfreundlichen Hort der Freiheit pries, in dem er Aufnahme gefunden hatte.

Ob Heinrich Mann wohl auch heute noch die Tschechoslowakei als freiheitlichen Staat feiern würde, wollte Caspar Hilzinger wissen. Milan Klusak mußte die Antwort schuldig bleiben. Er war sicherlich erleichtert, als er nach zwei Verhandlungsrunden plötzlich zum Kulturminister des tschechischen Landesteiles berufen wurde. Auf diese Weise wurde er die Verhandlungen, denen er anscheinend nur wenig Geschmack abgewinnen konnte, auf elegante Art und Weise los.

Sein Nachfolger als Leiter der tschechoslowakischen Delegation wurde Jiri Götz. Er stammt aus Pilsen, der Stadt des Bieres, und trägt wie viele Tschechen einen deutschen Namen. Seine Karriere im Auswärtigen Dienst verdankte er seinem Durchsetzungsvermögen, der kommunistischen Partei und dem Mitglied des Politbüros Bilak, einem Vertreter der harten Linie. Er hatte sich ein Leben lang mit Deutschland beschäftigt, und zwar mit beiden Teilen Deutschlands, deren politische Verhältnisse er hervorragend kannte.

Wie die meisten Absolventen höherer Parteischulen verfügte er über die Technik dialektischen Debattierens und auch über jene Härte gegen sich und gegen andere, ohne die es dort kein längeres politisches Überleben gibt. Dabei war er von einer Art Offenheit, die auch zeigen sollte, daß er sie sich leisten konnte.

Ohne sein eigenes Urteil, das sich im Laufe der Verhandlungen festigte, ohne seine Verbindungen zu den höchsten Stellen in Staat und Partei sowie ohne seine hart zupackende Art wäre der Vertrag nie Wirklichkeit geworden. Er war auch ein Mann mit Humor. Bei einer der ersten Verhandlungsrunden in Bonn lud Caspar Hilzinger die tschechoslowakische Delegation in das Hotel Rheinland in Bad

Godesberg ein, wo ein Pilsener Urquell vom Faß ausgeschenkt wurde. Jiri Götz war, wen wundert es, ein Freund dieses köstlichen Getränks. Zu vorgeschrittener Stunde zog Caspar Hilzinger seine Füllfeder aus der Tasche und fing an, den möglichen Wortlaut des angestrebten Vertrages auf das Tischtuch zu schreiben. Und wer will es glauben, der Wortlaut war von dem schließlichen Vertragstext nicht sehr verschieden.

Jiri Götz belustigte der Einfall. Er erbat sich von der Wirtin das Vertrags-Tischtuch. Es befindet sich heute bei seinen persönlichen Dokumenten.

Die langen und zähen Verhandlungen mit Götz wurden zu einem Beispiel dafür, daß sich oft zwischen Verhandlungskontrahenten, die sich gegenseitig schwer zusetzen, über unüberbrückbare Klüfte hinweg ein persönliches Gefühl des Respekts, wenn nicht gar freundschaftlicher Wertschätzung entwickeln kann. Jeder kannte die Schwierigkeiten des anderen. Beide versuchten, den einzig gangbaren Weg zu finden. Angesichts der unterschiedlichen Entscheidungsmechanismen in Ost und West war dies für Jiri Götz bedeutend schwieriger und risikoreicher als für Caspar Hilzinger.

Es galt, für die Ungültigkeit des Münchener Abkommens eine Formulierung zu finden, die beide Seiten befriedigte. Das war schneller gesagt als getan. Sobald man sich daranmacht, einen Tatbestand in präziser, juristisch abgesicherter Sprache festzuhalten, stellt man fest, daß es da wenig Spielraum für gewollte Unklarheit gibt. Entweder dieses Abkommen war von Anfang an ungültig, oder es war es nicht. Ein wenig ungültig ist nicht möglich.

Ein zweiter Gesichtspunkt war noch wichtiger. Es galt eine Formel zu finden, die von vornherein Gewähr bot, daß die unglückliche Diskussion über das Münchener Abkommen nicht am Tage nach der Unterzeichnung des Vertrages wieder von neuem aufflammte. Beide Seiten mußten den sicheren Eindruck bekommen, daß das Gespenst endgültig tot war.

Auch in der Bundesrepublik wurden die Verhandlungen mit Argwohn verfolgt. Viele ehemalige Sudetendeutsche klammerten sich an die Vorstellung der Rechtmäßigkeit des Zustandekommens, gerade so, als könnte diese Rechtmäßigkeit in der Prozedur die verlorene Unschuld im deutsch-tschechoslowakischen Verhältnis wiederherstellen. Und dann gab es noch die Funktionäre der Flüchtlingsorganisationen, die sich auch im Deutschen Bundestag Einfluß zu verschaffen wußten. Ihnen paßte die ganze Richtung nicht. Caspar Hilzinger erinnert sich aus jener Zeit auch an angenehme Gespräche, vor allem mit Josef Stingl, einem Sudetendeutschen, der ihm bis heute freundschaftliche Gefühle bewahrt hat. Er war einer der ganz wenigen, die es Caspar Hilzinger hoch anrechneten, daß er nie versucht hat, um die Sudetendeutschen herum zu verhandeln.

Es gab wohl kaum eine verbale Variation, die in den verschiedenen Verhandlungsrunden nicht durchprobiert worden wäre, um dem Interesse beider Seiten gerecht zu werden: ungültig, zerrissen, ungerecht von Anfang an, ungerecht von Anfang an und nunmehr ungültig …

Alle diese Formelkompromisse konnten keine Gnade finden. Jiri Götz machte deshalb den Vorschlag, man solle großzügig auf »ungültig von Anfang an« verzichten und statt dessen von der »Nichtigkeit« des Münchener Abkommens sprechen. Dieser Gedanke war zuvor auch in politischen Kreisen der Bundesrepublik ventiliert worden. Man konnte nicht ausschließen, daß die Tschechoslowaken von diesem Ei des Kolumbus aus der Bundesrepublik Wind bekommen hatten. Es war auf jeden Fall starker Tobak. Jeder Student im zweiten Semester wußte, daß die »Nichtigkeit« eines Vertrages nichts anderes war als seine Ungültigkeit von Anfang an, gerade so, als sei er nie geschlossen worden. Das konnte Caspar Hilzinger auf keinen Fall akzeptieren.

Kein Gedanke, kein Vorschlag, der in Verhandlungen vorgebracht wird, auch wenn er nicht akzeptiert werden kann, ist so schlecht, daß aus ihm nicht etwas Vernünftiges gemacht werden könnte. So war es auch dieses Mal. Caspar Hilzinger wandte sich vehement gegen den Gedanken, das Münchener Abkommen für nichtig zu erklären. Gleichzeitig rief er die Mitglieder des von ihm ins Leben gerufenen völkerrechtswissenschaftlichen Beirats zusammen und stellte ihnen die Aufgabe, das echte Ei des Kolumbus zu finden – dasjenige nämlich, das auch stehen bleibt.

Fünf der angesehensten Völkerrechtler aus der Bundesrepublik setzten sich in einer zweitägigen Klausurtagung zusammen und berieten, wie im Vertrag der Begriff der Nichtigkeit eingegrenzt oder so weit relativiert werden könnte, daß das Ohr des Politikers Befriedigung empfinden und der Verstand des Juristen beruhigt sein konnten. Nichtig, ohne nichtig zu sein, das war das Kunststück, um das es ging.

Und siehe da, es gelang. Irrationale Verhandlungsziele muß man durch eine psychologische Methode zu erreichen suchen. Das Münchener Abkommen wurde im Vertrag für »nichtig nach Maßgabe dieses Vertrages« erklärt, das heißt eingeschränkt nichtig, also nicht nichtig.

Jede Seite konnte zufrieden sein. Und das ist das anzustrebende Ideal jeder Verhandlung. Das bietet Gewähr, daß der Streitpunkt mit dem Abschluß der Verhandlungen ins Reich der Gespenster entweicht, von wo es keine Rückkehr gibt. Es sei denn, irgendwelche Verrückte fingen die Weltgeschichte wieder von vorne an.

Dieser kleine Taschenspielertrick der Völkerrechtler wäre ohne die notwendige zeitliche Muße und ohne den konstruktiven Willen der beiden vertragschließenden Parteien nicht gelungen. Wer Verträge aushandelt, muß sich Zeit lassen, und wer einen Vertrag als ein Mittel ansieht, um den anderen hereinzulegen, wird des Vertrages nicht froh werden.

Natürlich gab es in der Bundesrepublik Stimmen, die Caspar Hilzinger zu größerer Eile antreiben wollten. Es gab auch Abgeordnete, die glaubten, sie müßten selber einmal in Prag nach dem Rechten sehen. Diesen Leuten vom Auswärtigen Amt könne man schließlich nur mit Maßen vertrauen. Wer weiß, welche politischen Interessen sie verfolgten.

Sie mußten aber bald einsehen, daß sich die Dinge von außen meistens leichter ansehen als von innen. Herbert Wehner ließ über eine Wochenzeitschrift seinen Unmut über die lange Verhandlungsdauer verbreiten. Er hatte den alemannischen Dickschädel Caspar Hilzingers unterschätzt. Anstatt sich nunmehr zu sputen, antwortete dieser seelenruhig, daß nach seiner Auffassung jedermann das Recht habe, ungeduldig zu sein; der Diplomat aber habe die Pflicht, sorgfältig und gewissenhaft zu verhandeln, auch wenn dies Zeit koste.

Dann war wieder Ruhe im Serail. Es gab allerdings noch eine unglückliche Verzögerung, die dramatischer aussah, als sie sich dann herausstellte. Sie hatte mit dem Münchener Abkommen gar nichts zu tun. Eine sehr spezielle Frage war durch die Vertragspolitik mit dem Osten aus dem Schatten hervorgeholt worden, in dem sie die ganzen Jahre zugebracht hatte: die Rechtshilfe für West-Berliner Gerichte durch fremde Staaten. Bei den Juristen des Auswärtigen Amtes bestand die Auffassung, daß die Staaten des Warschauer Paktes nach Abschluß der Verträge verpflichtet seien, Rechtshilfegesuchen West-Berliner Gerichte, die ihnen auf dem diplomatischen Weg durch die Bundesrepublik zugeleitet würden, zu entsprechen. Dies ergab sich, so meinten sie, aus der im Vier-MächteAbkommen über Berlin verankerten Bindung an die Bundesrepublik und aus der internationalen Vertretungsbefugnis des Bundes. Das Pech war nur, daß die Ostblockländer dies nicht auf die gleiche Weise interpretierten. Sie waren allenfalls bereit, Rechtshilfeersuchen in Zivilsachen, nicht aber in Strafsachen entgegenzunehmen. Dies alles sahen die Ostblockländer natürlich so auf Anweisung Moskaus, das damit einmal mehr demonstrierte, daß es seine Rechtsposition bis auf die allerletzte Stelle hinter dem Komma auszureizen entschlossen war.

Caspar Hilzinger erkannte, daß aus einer Forderung nach Regelung des Rechtshilfeverkehrs im Vertrag mit der Tschechoslowakei eine arge Kalamität für den Verhandlungskalender entstehen konnte. Trotzdem unternahm er den Versuch. Er führte prompt zu einer Verschiebung der Unterzeichnung des Vertrages, die für die Bundesregierung insofern peinlich war, als in Deutschland Parteien und Presse darauf geeicht sind, in jeder unvorhergesehenen Verzögerung schon eine Katastrophe zu sehen. Die Deutschen sind immer und überall unter Zeitdruck. Da sie ihn aber selber erzeugen, unterliegen sie ihm dauernd. Hinterher hat sich Caspar Hilzinger manchmal gefragt, ob es richtig war, sich die Sorgen der Kollegen aus der Rechtsabteilung in so starkem Maße – und in gewisser Weise wider besseres Wissen – zu eigen zu machen. Manchmal stieg in ihm auch der Verdacht gegen sich selbst auf, er habe sich diese Forderung zu eigen gemacht, weil der Hafer des Ehrgeizes ihn gestochen habe. Da in den Verträgen mit der Sowjetunion, mit Polen und der DDR diese Frage nicht geregelt werden konnte, wäre ein solcher Erfolg für ihn sehr schmeichelhaft gewesen.

Für den Vertrag war dies an sich ohne Bedeutung. Doch Caspar Hilzinger hat aus dieser letzten Phase der Verhandlungen die Lehre gezogen, daß der persönliche Ehrgeiz, und sei er lediglich sportlicher Natur, für Verhandlungen ein schlechter Ratgeber ist.

Der Vertrag hat bis heute gehalten, was man vernünftigerweise von ihm erwarten durfte. Er hat eine Grundlage geschaffen für mehr Zusammenarbeit zwischen der Bundesrepublik Deutschland und der Tschechoslowakei, wenn beide Seiten sie wollen. Er hat das Gespenst des Münchener Abkommens in die Rumpelkammer der Geschichte verwiesen, von wo es kein Konrad Henlein je wieder herausholen wird.

Jedermann war sich im klaren, daß auch dieser Vertrag und die mit ihm anvisierte wirtschaftliche Zusammenarbeit unter dem Gesetz der Großwetterlage zwischen Ost und West stehen würde. Wenn die großen atlantischen Tiefs und die großen osteuropäischen Tiefs sich aufeinanderzubewegen, dann kann Mitteleuropa keine Schönwetterzone bleiben. Aber die Leute wissen dann wenigstens, woher das schlechte Wetter kommt.

Der Unterhändler, der politische Verträge zwischen Staaten zu erarbeiten hat, ist in stillen Augenblicken der Besinnung geneigt, sich als Wohltäter der Menschen zu verstehen, denn es gibt keine schönere Aufgabe, als an der Verständigung der Völker zu arbeiten. Wenn die Last der Verhandlungen ihn zu erdrücken scheint, führt ihn eine erfrischende Phantasie in ein Land, wo sich die Menschen verstehen, nicht in ihren philosophischen und ideologischen Fragestellungen, sondern in ihren ganz banalen Sorgen um die Existenz. »Einen Traum träumte ich, und sah in ihm eine Stadt, unüberwindlich dem Angriff der ganzen übrigen Erde; und ich träumte, dies sei die neue Stadt der Freunde« (Walt Whitman).

Nachdem die Vertragstexte fertig vorlagen, ging es noch um einige Randfragen. Unter anderem war zu klären, wo die Botschaft der Bundesrepublik Deutschland nach Aufnahme der diplomatischen Beziehungen ein Gebäude finden würde. Die Tschechoslowaken hatten zunächst die Idee, die Botschaft draußen vor der Stadt als Neubau errichten zu lassen. Dem widersprach Caspar Hilzinger heftig. Mitten in die Altstadt gehöre sie, sagte er Jiri Götz. Dort wo die Zeugnisse einer jahrhundertealten Verbindung und Verstrickung der Geschichte in Baudenkmälern sichtbaren Ausdruck gefunden habe, dort, wo die erste deutsche Universität errichtet worden sei, dort wo man mit Fug und Recht einen Schwerpunkt der europäischen Kultur sehen könne, dort müsse Deutschland vertreten sein. Wir wollten für uns ein historisches Gebäude, das wir restaurieren und erhalten wollten. Insofern sei dies auch ein praktischer Gewinn für die Stadt.

Jiri Götz verstand die Argumente Caspar Hilzingers und erreichte, daß das Palais Lobkowitz mitten in der Altstadt geräumt wurde. Dort war das Forschungsinstitut des Marxismus-Leninismus untergebracht, für das eine neue Unterkunft gesucht werden mußte. Ein Beschluß des Politbüros war erforderlich.

Als Caspar Hilzinger in Bonn im Kabinett für eine solche Lösung plädierte, hörte er den Zwischenruf eines Ministers: »Sie wollen wohl selbst Botschafter in Prag werden und im Palais wohnen.« Die Lösung wurde verwirklicht, aber der Zwischenruf hatte ihn traurig gestimmt. Nicht aus persönlichen Gründen.

Eines Sonntags im Frühling fuhr Caspar Hilzinger mit seinem Dienstwagen nach Prag zu einer weiteren Verhandlungsrunde. Kurz nach der Grenze im Bayerischen Wald, wo schon Böhmen beginnt, arbeiteten die Menschen an ihren Häusern, bauten sie neu oder besserten sie aus, mit dem wenigen und ärmlichen Baumaterial, das ihnen zur Verfügung stand. Was könnten wir schaffen in Europa, im ganzen weiten Europa, ging es Caspar Hilzinger durch den Kopf, wenn wir nur die Menschen machen ließen und ihnen nicht immer die Zwangsjacke der Ideologie anzulegen versuchten.

Einem seiner tschechoslowakischen Gesprächspartner erzählte Caspar Hilzinger später einmal von seinen sonntäglichen Eindrücken und Überlegungen im Böhmer Wald. »Sagen Sie mir doch einmal ganz offen, Sie als überzeugter Marxist-Leninist, was glauben Sie, ist für die Menschen dort, die ein Haus bauen wollen, wichtiger: die Ungültigkeitserklärung des Münchener Abkommens von Anfang an oder ein Sack Zement?«

Etwas kleinlaut antwortete der Funktionär: »Natürlich ein Sack Zement!«

Von seiner Antwort ging eine Hoffnung aus.

Das Ende einer Teilung

Der Vertrag (mit der Volksrepublik Polen) ist kein Anlaß zum Jubeln.

Präsidium der SPD

Ohne jede Frage ist dies deutsches Land gewesen. Aber es ist eben abgehackt worden mit dieser schlimmen Axt, von der ich sprach.

Carlo Schmid

Wir müssen, Deutsche und Polen, miteinander nach vorn und auf Europa sehen, dann wird vieles leichter werden.

Rainer Barzel

IM HERBST 1970, NACH ABSCHLUSS DES MOSKAUER VERTRAGES, nahm eine Regierungsdelegation mit Walter Scheel an der Spitze die abschließenden Verhandlungen mit der Volksrepublik Polen auf. Damit waren auch in der zeitlichen Abfolge die Verhandlungen so gelaufen, daß wie von selbst die politische Vorherrschaft der Sowjetunion im Bereich des Warschauer Paktes respektiert war, wie dies die sowjetische Regierung für selbstverständlich hielt. Die Vor- und Weltmacht bestimmt, was ihre Vasallen anging, die Reihenfolge der Abschlüsse und die Gesamtarchitektur der Verträge. Auf diese Weise war es ihr möglich, Zugeständnisse einzelner Verhandlungspartner der Bundesrepublik Deutschland gegenüber zu verhindern, zu denen diese im Interesse ihrer eigenen spezifischen Anliegen unter Umständen bereit gewesen wären. Das wasserdichte System von Gewaltverzicht, Grenzaussage, Berlin und Wiedervereinigungsvorbehalt hätte eventuell an der einen oder anderen Stelle durchlässig gemacht werden können. Das lag nicht im Interesse der Sowjetunion, die unter allen Umständen die Bewegungen in Mitteleuropa unter Kontrolle halten will.

Wahrscheinlich war dieses Verhalten auch eine späte Reaktion auf die Ostpolitik Gerhard Schröders, der geglaubt hatte, er könne die Ostpolitik von der Peripherie her in Gang bringen, indem er mit Rumänien diplomatische Beziehungen aufnahm. Andere hätten dann folgen sollen. Aber schon in Budapest war Schluß. Die Hintergrundmusik mancher Politologen, die gewisse zentrifugale Ten-

313

denzen im Ostblock entdeckt zu haben glaubten und dauernd über Polyzentrismus philosophierten, mögen das Mißtrauen der Sowjetunion damals noch verstärkt haben. Der Schlüssel zur Ostpolitik war endgültig im Kreml zu Moskau verwahrt. Zentrifugale Kräfte und Möglichkeiten wurden fortan durch die Moskauer Zentrale abgeblockt. Wie oft haben osteuropäische Gesprächspartner durchblicken lassen: Uns ist dieses oder jenes Problem schließlich gleichgültig; aber wir müssen Solidarität üben. Wir sind nicht allein. Versteht das doch!

Gerade dies hat die deutsche Diplomatie nur selten verstanden. Und wenn, dann ging sie so plump vor, daß der andere sich erschreckt zurückzog, aus Furcht, er könne kompromittiert werden und in persönliche Gefahr geraten. Es ist im Bereich des Ostblocks nicht viel anders als in jedem totalitären System. Dort gibt es eine offizielle Sprache, die mit den von der Führung zugelassenen Vokabeln wie ein Sprachcomputer hantiert. Wenn der Zuhörer aus einem Satz nicht schlau geworden ist, wird er einfach noch einmal wiederholt. Andererseits gibt es die Verständigungsmöglichkeit mittels vorsichtiger Andeutungen, die die Bedeutung eines Codes haben. Es handelt sich dabei um scheinbar völlig abwegige Bemerkungen allgemeiner Art oder um doppelbödige, verschlüsselte Ausdrücke, die oft in eine karikaturhaft übersteigerte Parteisprache gekleidet sind. Jedermann konnte im »Dritten Reich« so etwas erleben. Ab 1943 genügte es, an der Front einen Kameraden zu fragen: »Hast du heute schon den Wehrmachtsbericht gehört?« Darauf antwortete dieser prompt: »Du glaubst wohl auch nicht mehr an den Endsieg.«

Es kommt im Gespräch mit osteuropäischen Diplomaten darauf an, die Halbtöne zu vernehmen und so zu antworten, daß der andere daraus schließen kann, seine Schwierigkeiten, sich frei auszudrücken, seien registriert worden. Sie sind wahrlich nicht zu beneiden, die Kollegen aus den osteuropäischen Ländern. Eingeklemmt zwischen Regierung und Parteiverwaltung, müssen sie auch noch darauf achten, dem großen Freund und Verbündeten Sowjetunion nicht zu mißfallen, der sein Auge überall hat.

Auch die Lage Polens insgesamt ist vielschichtig und widersprüchlich. Diese allgemeine Situation zeigte im Laufe der Jahre psychosomatische Auswirkungen auf die ganze Bevölkerung.

Jahrhunderte hindurch Vorposten der europäischen Kultur, ist Polen jetzt zum Sicherheitspuffer der Sowjetunion gegen den Westen geworden; darauf angewiesen, zwischen West und Ost das Gleichgewicht einigermaßen zu halten, wurde es durch die Schaffung der DDR vom Westen auch geographisch getrennt; schicksalhaft im Guten und im Bösen mit den Deutschen verbunden, sieht es sich heute zwei deutschen Staaten gegenüber. Der unmittelbare Nachbar DDR, der Musterschüler, das kommunistische Modell auf der einen Seite, das die Polen an die Einbindung in den Warschauer Pakt erinnert. – Eine sozialistische deutsche Musterrepublik, die wie zum Hohn dem Opfer von gestern sozialistische Effizienz vorexerziert. Exerziert im wahrsten Sinne des Wortes. Wie hieß es doch früher? Nur was exerziert wird, klappt auch!

Andererseits durch die DDR vom westlichen Deutschland getrennt, das der Musterschüler der Vereinigten Staaten ist, das aber doch wie eine Fata morgana am europäischen Abendhimmel die verpaßten Gelegenheiten zweier europäischer Kulturstaaten versinnbildlicht.

Man kann auch mit den besten und vertrautesten Freunden aus Polen nicht über die Tragik der Geschichte dieser beiden Völker sprechen, ohne ihnen und sich selbst wehzutun. Soll man einem in der Reihe stehenden Marxisten-Leninisten, der auf ewig im Bündnis mit der großen Sowjetunion steht, das er als Friedensbündnis betrachtet, sagen, daß das unselige »Dritte Reich« der Deutschen durch seine selbstmörderische Politik die Russen ins Land gebracht hat? Nicht nötig. Sie wissen es. Besser als wir. Soll man ihm sagen, daß die Deutschen nach 1945 es nicht fertiggebracht haben, die OderNeiße-Grenze als den Preis für die Jahre 1933–45 zu akzeptieren – nicht weil die Mehrheit der Deutschen nicht dieser Auffassung gewesen wäre, sondern weil der innenpolitische Mechanismus in der Bundesrepublik nur mit Hilfe der Vertriebenenverbände so funktioniert hat, wie die Regierenden es brauchten? Oder soll man ihm sagen, daß die ersten Fühler, die Albrecht von Kessel in Washington zu polnischen Vertretern ausgestreckt hatte, brüsk untersagt wurden, als die amerikanische Regierung die Stirn runzelte?

Nicht nötig. Sie wissen es. Besser als wir.

Man kann ihm doch nicht erzählen, daß es Deutsche gibt, die meinen, mit Auschwitz am besten fertig zu werden, indem sie es einfach leugnen; oder daß es Politiker in der Bundesrepublik gibt, die Auschwitz, die erste geplante, verwaltete und technisierte Menschenvernichtungsmaschinerie der Weltgeschichte, mit Übergriffen der vorrückenden Soldateska auf eine Stufe stellen; oder das

Wort eines Abgeordneten des Deutschen Bundestages: »Was hat denn Auschwitz mit dem Tschechenvertrag zu tun? Das liegt doch in Polen!«

Nein, mit Polen kann wohl nie über Endgültiges verhandelt werden. Das beste wird wohl sein, praktische Lösungen für konkrete Probleme zu suchen: Die Westgrenze Polens, wie sie von der Potsdamer Konferenz festgestellt worden ist, wird von der Bundesrepublik Deutschland, was ihre eigene Haltung angeht, so festgestellt. Das steht im Vertrag.

Die »Anerkennung« ist vermieden worden, sagen die einen, welch ein Erfolg! Das ist die »Anerkennung«, sagen die anderen, der Ausverkauf Deutschlands! Was soll es? Keiner denkt an Auschwitz, keiner denkt daran, daß die Deutschen die Russen nach Europa gelockt haben. Keiner denkt daran, wie Deutsche und Polen wieder miteinander zurechtkommen können nach all den tragischen Irrtümern und Verbrechen.

Solche und ähnliche Gedanken bewegten Caspar Hilzinger, als er mit Walter Scheel die Reise nach Warschau antrat.

Zuvor hatte er noch den Besuch eines prominenten Abgeordneten der CDU erhalten: »Ich höre, Sie fahren mit dem Bundesaußenminister nächste Woche nach Warschau zu den Verhandlungen. Ich weiß nicht, ob Sie die Polen kennen. Ich kenne sie. Wissen Sie, es sind nette Leute; sie versprechen alles und halten nichts. Deshalb bin ich zu Ihnen gekommen vor Ihrer Abreise. Denn das müssen Sie wissen, wenn Sie mit den Polen verhandeln. Daran müssen Sie immer denken.«

Und was werden andere über uns denken? dachte Caspar Hilzinger, als er seinen Besucher verabschiedete. Mit solchen Vorurteilen kommt man in der Außenpolitik nicht weit. Verträge müssen Interessen zum Gegenstand haben, nicht tiefenpsychologische Geschichtsbewältigung, auch nicht die Pflege von Ressentiments.

Als Caspar Hilzinger das Amt des Staatssekretärs übernahm, waren die Verhandlungen, die als Vorgespräche bezeichnet wurden, zwischen Georg Ferdinand Duckwitz und dem stellvertretenden polnischen Außenminister Winiewicz ziemlich weit gediehen. Es gab schon einen Entwurf, über angrenzende Fragen wurde noch gesprochen. Für Georg Ferdinand Duckwitz waren diese Verhandlungen ein Höhepunkt in seiner diplomatischen Karriere, denn er hatte zusammen mit Albrecht von Kessel schon seit Jahren für die Regelung unseres Verhältnisses zu Polen plädiert. Er sollte sie deshalb auch zu Ende führen, als er bereits in den Ruhestand getreten war.

Caspar Hilzinger erschrak nicht wenig, als er feststellte, daß über das zukünftige Schicksal der in Polen verbliebenen Volksdeutschen keine Abmachung mit den Polen vorgesehen war. Winiewicz hatte sich mit Erfolg geweigert, diese Frage in den Gesamtzusammenhang der Vertragsverhandlungen einzubeziehen, und auf spätere mögliche Entwicklungen verwiesen. Im übrigen gebe es, so behauptete die polnische Seite zunächst, östlich von Oder und Neiße so gut wie keine Volksdeutschen mehr.

Bei dem Wort »Volksdeutsche« regte sich bei Caspar Hilzinger die Erinnerung an die Jahre des Krieges. Nach einer Verwundung war er einige Zeit lang Chef einer Ausbildungskompanie in Ulm gewesen. In jener Zeit wurden die letzten menschlichen Reserven zusammengekratzt, um aus ihnen in der Rekordzeit von sechs Wochen Soldaten zu machen: Schauspieler, Berufsmusiker, Kunstmaler und auch »Volksdeutsche der Klassen I bis IV«. Klasse III und IV bedeutete, daß die darunter eingestuften Rekruten so gut wie kein Wort Deutsch sprachen oder verstanden.

Caspar Hilzinger hatte damals die traurige Lebensgeschichte jedes einzelnen dieser »Volksdeutschen« protokolliert. Die meisten von ihnen waren beim Vorrücken der Deutschen nach 1939 von Haus und Hof verjagt worden, weil sie als Polen angesehen wurden. Dann, im Jahre 1943, als der Führer immer mehr Soldaten brauchte, erinnerte man sich ihrer und verlieh ihnen den Ehrentitel »Volksdeutsche«, Klasse I bis IV. Der Leser kann sich denken, mit welcher Begeisterung diese hin- und hergeworfenen Menschen den Dienst in der Wehrmacht versahen.

Caspar Hilzinger hatte damals in Ulm über jedes Einzelschicksal einen Bericht geschrieben und ihn an die Divisionsführung geschickt. Er wollte denen da oben zeigen, wie es 1943 in der Truppe wirklich aussah. Da kam ein Anruf von der Division. Sie hätten diese Berichte über die Volksdeutschen erhalten. Was sie damit machen sollten? Sie sollten sie lesen, hatte Caspar Hilzinger geantwortet. Mehr könne da keiner tun.

Es gibt eine Faustregel, um Polen von Deutschen in den ehemaligen deutschen Ostgebieten zu unterscheiden: Diejenigen, die polnische Namen tragen, sind oft deutscher Abstammung und umgekehrt. Trotzdem hielt Caspar Hilzinger es für vollkommen ausgeschlossen, daß die Bundesregierung den Vertrag mit Warschau zur

Ratifizierung vorlegte, ohne die Frage beantworten zu können, was aus den in den Ostgebieten verbliebenen Volksdeutschen werden solle. Die Zahl der in Frage kommenden Personen schwankte zwischen 30 000 und 300 000.

Im Auswärtigen Amt waren die Meinungen geteilt. Es gab Stimmen, die es schlicht als für die Polen unzumutbar ansahen, mit entsprechenden Forderungen konfrontiert zu werden. Von allen osteuropäischen Ländern, das darf man wohl sagen, genoß Polen das größte Maß an Wohlwollen seitens der deutschen Diplomatie. Es war deshalb nicht immer ganz einfach, bei manchen Kollegen den Blick für das unumgänglich Notwendige wachzuhalten. Ungleiche Verträge bringen kein Glück.

So konnte es nicht überraschen, daß die Verhandlungen in Warschau sich so gut wie nicht mehr um den Vertrag als solchen als vielmehr um die Möglichkeit drehten, Personen mit eindeutig deutscher Volkszugehörigkeit die Ausreise aus Polen zu erwirken.

Die deutsche Seite hätte natürlich lieber über ein Minderheitenstatut für die Deutschen in Polen verhandelt. Doch davon wollten die Polen durchaus nichts wissen. Sie seien froh, wenn es eines Tages keine Deutschen in Polen mehr gäbe. »Es mag sein, daß wir den einen oder anderen Facharbeiter noch brauchen werden; aber im Prinzip wollen wir keine Deutschen mehr bei uns haben.«

Wer konnte ihnen das verdenken?

Daher richtete sich das Interesse der deutschen Delegation darauf, mit den Polen einvernehmlich die Kriterien festzulegen, nach denen die deutsche Volkszugehörigkeit bestimmt werden konnte, und vor allem darauf, den Prozeß der Auswanderung zeitlich nicht zu begrenzen. Rückschauend darf man sagen, daß diese oft so kritisierte und verhöhnte Konstruktion der sogenannten »Information« mit einem offenen und einem vertraulichen Teil zufriedenstellende Ergebnisse gebracht hat.

Die Verhandlungen sind auf polnischer Seite durch die Person des Außenministers Stefan Jedrichowski nicht gerade erleichtert worden. Er machte einen verklemmten, ängstlichen Eindruck, was die Verhandlungen in sterile Wiederholungen und qualvolle Verzögerungen ausarten ließ. Wenn dieser gute Mann einen Satz von sich gegeben hatte, blickte er mit unsicherem Gesichtsausdruck fragend auf seine Mitarbeiter am Tisch, als wolle er sagen: Ist es so richtig? Er hat die Regierungsbildung nach Gomulka nicht überdauert und verschwand in der Versenkung.

Kein vernünftiger Mensch wird annehmen, daß ein »Vertrag über die Grundlagen der Normalisierung ihrer Beziehungen« mehr geben kann als das, was die Menschen nach der Ratifizierung daraus machen. Fast zehn Jahre nach seiner Unterzeichnung hat Ingo von Münch genau auf diesen Punkt hingewiesen, als er schrieb:

Wenn die Regierung der sozialliberalen Koalition Brandt/Scheel nichts weiter hinterlassen hätte als den Vertrag zwischen der Bundesrepublik Deutschland und der Volksrepublik Polen über die Grundlagen der Normalisierung ihrer gegenseitigen Beziehungen, so wäre dies schon viel. Die Unterzeichnung dieses Vertrages am 7. Dezember 1970 in Warschau war – so pathetisch dies auch klingen mag – ein Ereignis von säkularer Bedeutung. Vielleicht werden erst künftige Generationen die ganze Dimension dieser Versöhnung voll ermessen. Der heute lebenden Generation ist aufgegeben, den Vertrag mit Leben zu erfüllen und die Geleise intensiv zu befahren, die seit der Weichenstellung des Warschauer Vertrages in die richtige Richtung weisen. Der Warschauer Vertrag darf nicht zum Abstellgleis werden, das nur als Deponie für ausrangierte Geschichtsprobleme dient.

Das Verhältnis zu Polen muß mit Leben erfüllt werden, denn Polen ist ja nicht nur das kommunistische Herrschaftssystem – Polen ist vor allem das polnische Volk. Das sind die Menschen, von denen jeder den Kontakt mit »den Deutschen« unmittelbar, persönlich erlitten hat. Nur wenn es uns gelingt, den Eismantel der offiziellen Beziehungen zu durchstoßen und unmittelbar zu den Menschen vorzudringen, wird das Werk gelingen.

Im Rahmen ihrer begrenzten Bewegungsfreiheit suchen die Polen den Kontakt mit den Deutschen. Wenn wir uns ihnen entziehen, wird sich die Geschichte einem anderen Rendezvous zuwenden.

Ein Geleis, das wir intensiver hätten befahren sollen, ist eine Form der Wiedergutmachung, die auf den Charakter des Routinehaften, des Nur-Finanziellen, des Herablassenden verzichtet. Ja, es stimmt: wir haben 100 Millionen Mark für die Opfer gezahlt, an denen in den Konzentrationslagern Menschenversuche verübt worden sind: einer der scheußlichsten Aspekte der scheußlichen Verbrechen.

Caspar Hilzinger hatte in Warschau über diese Frage mit dem stellvertretenden Außenminister Willmann zu verhandeln. »Glauben Sie bitte nicht, es sei uns nur um das Geld zu tun. Meine Schwester wurde beispielsweise ein Opfer solcher unmenschlichen Experimente im Konzentrationslager. Sie ist eine gebrochene Frau; sie konnte keinen Kindern das Leben schenken als Folge dieser ›Versuche‹. Aber sie lehnt es ab, auch nur eine Mark Entschädigung zu akzeptieren.«

Die Bundesrepublik Deutschland hat im Laufe der Jahre über 80 Milliarden DM Entschädigung an die Juden in aller Welt gezahlt. Aber sie hat nur schwer einen Weg gefunden, überall dort in Ost und West, wo Hitler sein Unwesen getrieben hat, Zeichen der Wiedergutmachung zu setzen, die nicht zwischen den Finanzministerien ausgehandelt werden, sondern die die Menschen direkt erreichen.

Caspar Hilzinger hatte vorgeschlagen, für Polen eine Nationalstiftung zu errichten, die, aus privaten Mitteln gespeist, jedes Jahr durch ihr finanzielles Aufbringen zur Erneuerung des wiedergewonnenen Verhältnisses beitragen sollte, indem karitative Leistungen erbracht würden. Aber es fand sich keiner, der sich dafür stark machen wollte.

Das andere Geleis ist die wirtschaftliche Zusammenarbeit. Die Auffassungen hierüber waren auf beiden Seiten wohl nicht ohne weiteres in Übereinstimmung zu bringen, ganz abgesehen von den unterschiedlichen Wirtschaftssystemen der beiden Länder. Caspar Hilzinger hatte diese Erfahrung gemacht, als er mit seinem Kollegen, dem stellvertretenden Außenminister Czyrek, über die Gewährung eines Finanzkredits an Polen verhandelte. Das war noch zu der Zeit, als der deutsche Leistungsbilanzüberschuß in geradezu unerwünschter Weise in die Höhe schoß und die Dollarguthaben der Bundesbank anschwollen. Ob die Polen denn zufrieden seien, wenn die Bundesregierung ihnen einen Dollarkredit einräumte mit der Auflage, die Bestellung in den Vereinigten Staaten zu tätigen? Jeder andere hätte gierig nach einem solchen Angebot gegriffen. Nicht so der Pole. Ob die Deutschen denn nicht begriffen hätten, worum es sich bei der wirtschaftlichen Zusammenarbeit handle. Nicht amerikanische Maschinen wollten sie kaufen, sondern deutsche, damit die beiden Volkswirtschaften mit der Zeit immer stärker und immer enger miteinander verzahnt würden. Ein so enges wirtschaftliches Verhältnis werde auf die politische Wirklichkeit durchschlagen und schließlich zum Frieden beitragen.

Caspar Hilzinger fühlte sich beschämt. Hatte auch ihn die Mentalität erfaßt, wonach man mit Geld alles regeln kann? Wirtschaftliche Zusammenarbeit heißt eben nicht nur zahlen und vereinnahmen. Sie ist vielmehr darauf aus, zwei Volkswirtschaften in einen so hohen Grad gegenseitiger Verflechtung zu bringen, daß jede unüberlegte politische Entscheidung von den wirtschaftlichen Interessen her ein Regulativ zum Positiven hin findet. Daß die Wirtschaft unser Schicksal sei, hat Walther Rathenau schon gewußt. Die wirtschaftliche Zusammenarbeit ist das Schicksal des internationalen Friedens. Im Westen haben die Montanunion und die Europäische Wirtschaftsgemeinschaft den Beweis dafür erbracht. Mit dem Osten steht er noch aus. Das war jedenfalls gemeint, als die beiden Regierungen im Vertrag vom 7. Dezember 1970 darin übereinstimmten, »daß eine Erweiterung ihrer Zusammenarbeit im Bereich der wirtschaftlichen, wissenschaftlich-technischen, kulturellen und sonstigen Beziehungen in ihrem beiderseitigen Interesse liegt«.

Beide Verträge, der Moskauer und der Warschauer, wurden dem Deutschen Bundestag zusammen zur Ratifizierung zugeleitet. In der Debatte ging es hoch her. Caspar Hilzinger wohnte ihr von Anfang bis zum Ende bei. Er konnte von seinem Platz hinter der Regierungsbank den Abgeordneten der Opposition in den ersten Reihen direkt ins Gesicht sehen. Niemals wird er die vom Haß verunstalteten Züge einiger Abgeordneter vergessen, die es nicht verwinden konnten, 1969 als stärkste Fraktion auf die Oppositionsbänke verwiesen worden zu sein. Haß gegen diejenigen, die nach ihrer Einschätzung den Ausverkauf Deutschlands betrieben. Was hatten sie nicht alles angestellt, um diese Vertragspolitik mit dem Osten zu Fall zu bringen. Am Ende siegte die Einsicht ins Unvermeidliche, wenn auch knapp. Wer weiß, ob sich die Gelegenheit, zu den osteuropäischen Staaten vernünftige Beziehungen herzustellen, jemals unter ähnlichen, relativ günstigen Bedingungen wieder ergeben hätte, wenn die Abstimmung mit einer Zurückweisung der Verträge geendet hätte.

Caspar Hilzinger hatte während der Verhandlungen die Aufgabe, Rainer Barzel, den Vorsitzenden der CDU/CSU-Fraktion, über den jeweiligen Stand der Verhandlungen zu unterrichten. Wie es der Art und der Überzeugung Caspar Hilzingers entsprach, gab er die Informationen so freimütig und offen wie möglich. Rainer Barzel war an jeder Einzelheit interessiert. Er bewertete sie mit großem Sachverstand und politischem Urteil. Nach und nach gewann Caspar Hilzinger den Eindruck, daß Rainer Barzel den Ehrgeiz hatte, seine Fraktion zur Zustimmung zu den Verträgen zu bewegen. Aber ein echtes Vertrauensverhältnis zu ihm mochte sich dennoch nicht einstellen. Irgend etwas, ein Gefühl, eine atmosphärische Note oder die zwar gestochene, aber etwas zu salbungsvolle Diktion Rainer Barzels stand im Wege. Caspar Hilzinger konnte sich nicht darüber klar werden, was es war. Er war auf der Hut.

Vielleicht tat er diesem Mann unrecht. Wer weiß? Eines Tages suchte Caspar Hilzinger den Vorhang, der vor dem Verhalten der Opposition heruntergelassen war, ein wenig anzuheben und dahinterzugucken, als Rainer Barzel unvermittelt zu ihm sagte: »Jeden Tag drängen sie dort zur Türe herein und wollen von mir wissen, wie ich zu den Verträgen stehe. Ich muß sie mit Gewalt wieder zur Türe hinausdrücken. Aber eines kann ich Ihnen sagen, wenn dort auf jenem Stuhl (er meinte den Platz an seinem Schreibtisch) nicht ein Patriot säße, wären die Verträge schon jetzt zum Scheitern verurteilt.«

Caspar Hilzinger hat aus der Bemerkung geschlossen, daß Rainer Barzel in seinem Innersten der Annahme der Verträge zuneigte. Vielleicht hat er geglaubt, daß er wie in seinem Lieblingssport, dem Eiskunstlauf, mit Kurven und Pirouetten über die Schwierigkeiten hinwegkommen könne. Rainer Barzel ist einer der intelligentesten Politiker der CDU. Es ist kein Zufall, daß so viele über ihn hergefallen sind, als das Glück ihn verließ.

Die Verträge wurden gegen die überwiegende Mehrheit der CDU/CSU-Abgeordneten ratifiziert. Den Schaden davon hat seit zehn Jahren die CDU/CSU.

Was soll bloß aus Deutschland werden?

*Das deutsche Volk muß überzeugt werden, daß es eine totale
militärische Niederlage erlitten hat und daß es sich nicht der
Verantwortung entziehen kann für das, was es selbst dadurch
auf sich geladen hat, daß seine eigene mitleidlose Kriegführung
und der fanatische Widerstand der Nazis die deutsche
Wirtschaft zerstört und Chaos und Elend unvermeidlich
gemacht haben.*

Potsdamer Abkommen

*Die Vorschläge aus dem Jahre 1952 hätten für uns gefährlich
werden können. Glücklicherweise hat die andere Seite sie
abgelehnt.*

Walter Ulbricht

*Glaube niemand, daß es so etwas gäbe wie ein in den Sternen
geschriebenes Naturrecht auf die Einheit der Nation.*

Hermann Heimpel

DIE UNVOLLKOMMENHEIT DER MENSCHEN in der deutschen Politik
schien Caspar Hilzinger an keinem Beispiel so eklatant zutage zu
treten wie in der Frage, welche staatliche Form Deutschland haben
solle. Durch die Geschichte hindurch zieht sich die grüblerische
und oft selbstzerstörerische Frage: Was ist Deutschland?

Was für andere Völker spätestens mit dem 19. Jahrhundert fester
Bestandteil ihres politischen Selbstbewußtseins war, ist für die
Deutschen bis zum heutigen Tage Gegenstand des Zweifels, der
Selbstkritik oder der Verdächtigung des Andersdenkenden geblie-
ben. Das heilige, hehre Bild vom Deutschen Reich mußte oft her-
halten, wenn es galt, das niedere Geschäft des innenpolitischen
Kampfes im Lande zu betreiben. Dazu war »die deutsche Frage«
noch alle Male gut.

Die Haltung seiner Landsleute zum inneren Gefüge Deutschlands erinnerte Caspar Hilzinger oft an jene legendäre elsässische
Gestalt des »Hans im Schnakenloch«: Er weiß nicht, was er will,
denn was er hat, das will er nicht, und was er will, das hat er nicht.
Hans im Schnakenloch war sicherlich mit Vergeßlichkeit gesegnet.
Dies machte es ihm so leicht, heute das zu wollen, was er gestern
noch verworfen hatte.

Nicht wenige Gegner der Bismarckschen Einigungspolitik sahen nach dem Zweiten Weltkrieg ein Glück im Unglück darin, den zentralistischen Betonklotz »Deutsches Reich«, den Bismarck mit preußischer Gewalt in die elastische Masse des europäischen Gleichgewichts gesenkt hatte, aufzulösen und alte föderalistische Traditionen wieder aufzunehmen. Solche Vorstellungen und Wünsche waren bis in die Hauptstädte der Siegermächte gedrungen. Was auf der Jalta-Konferenz als »Zerstückelung« Deutschlands zum Ziel erhoben worden war, beflügelte die Phantasie vieler Menschen in und außerhalb Deutschlands, die verschiedenen Variationen des Geschichtsatlasses seit Karl dem Großen durchzuspielen.

Caspar Hilzinger kannte noch jenen Dr. med. Bernhard Dietrich, der im Hegau praktizierte und jedem Patienten, bevor er ihn untersuchte, erst einmal einen ausführlichen Vortrag hielt, daß jetzt die historische Stunde gekommen sei, sich von Preußen loszusagen. In unermüdlich angefertigten Denkschriften, die er an »Gott und die Welt« versandte, forderte er einen Bund der Alpenvölker, dem Österreich, Bayern, Württemberg, Baden und wenn möglich die Schweiz angehören sollten. Er war im Konzentrationslager gewesen und fühlte sich damit mehr als viele andere im Recht, über die Zukunft Deutschlands nachzudenken.

Mittlerweile haben wir es vergessen oder verdrängt, daß es damals viele gab, die bereit waren, den Traum von der Einheit Deutschlands an der Mainlinie enden zu lassen – nicht nur aus dem naheliegenden Wunsch, sich dadurch besser aus der Konkursmasse des »Dritten Reiches« herausziehen zu können. Viele dachten, daß ein einheitliches, zentralistisches Deutschland in Europa nicht jene notwendige Scharnierfunktion zwischen Ost und West, zwischen Nord und Süd, die zur Erhaltung des Friedens notwendig wäre, ausüben könnte. Man kann nicht ausschließen, daß Josef Stalin, wenn auch in umgekehrtem Sinne, ähnlich dachte, als er 1952 das überraschende Angebot machte, Deutschland als bewaffneten und einheitlichen Staat wiederherzustellen; ja, es scheint sogar verständlich, daß Josef Stalin mit seinem Angebot der These Lenins von der Unvermeidlichkeit des Krieges zwischen kapitalistischen Ländern folgen wollte. Vielleicht wollte er den Boden für neue kriegerische Auseinandersetzungen zwischen einem wiedererstarkten, einheitlichen Deutschland und seinen westlichen Siegern von gestern bereiten, in der Hoffnung, daß am Ende des dialektischen

Pendelschlages die Sowjetunion als stärkste Macht in Europa übrigbleiben werde. »Der Sachverhalt war 1951/52 sehr einfach: Auf den Plan einer Vereinigung Europas reagierte Stalin mit dem Plan einer Wiedervereinigung Deutschlands« (Hermann Achminow).

Der Gedanke, dem Frieden in Europa zuliebe das Einheitspaket Bismarcks wieder aufzuschnüren und die einzelnen Stämme Deutschlands in einen europäischen Bundesstaat einzubringen, trug also realpolitische Züge. So weltfremd, wie sich diese Gedanken nach drei Jahrzehnten Wiedervereinigungsgerede für manche ausnehmen mögen, waren sie nun auch wieder nicht. Aber es ist anders gekommen.

Caspar Hilzinger hat in seinem diplomatischen Beruf nie eine direkte Zuständigkeit für deutschlandpolitische Fragen besessen, außer derjenigen, während der Vertragsverhandlungen mit dem Osten sorgsam darauf zu achten, daß die Verträge eine friedensvertragliche Regelung mit Gesamtdeutschland nicht ausschlössen. Darauf hatten übrigens auch jene Kollegen geachtet, die in den fünfziger Jahren die westeuropäischen Verträge ausgehandelt hatten. Man kann sagen, daß die gesamtdeutsche Jungfräulichkeit auf dem Papier bis heute intakt geblieben ist; aber keiner wollte die Braut küssen.

In einem Punkt unterschieden sich allerdings die formalen Friedensvertragsvorbehalte in den Ostverträgen von den formalen Vorbehalten der fünfziger Jahre. Die sozialliberale Koalition nach 1969 hat nie die Stirn besessen, dem Bürger zu sagen, die Verträge mit dem Osten führten zur Wiedervereinigung. Wohl aber hat Konrad Adenauer den Beitritt zur NATO und zur EWG als Schritt auf dem Wege zur deutschen Einheit dargestellt. »Wir sitzen«, so sagte er am Tage des Beitritts zur NATO, »im stärksten Bündnis der Welt. Es wird uns die Wiedervereinigung bringen.« Wer damals nicht wußte, daß sich das eine und das andere ausschlossen, wird auch heute noch daran glauben. Auch das ist ein Teil des deutschen Traums von der Einheit.

Die Währungsreform von 1948 war von den Amerikanern bis in alle Einzelheiten vorbereitet und dann den Deutschen als wirtschaftspolitische Medizin verordnet worden. Sie schmeckte zunächst bitter, erwies sich aber bald als Heilmittel für die am Boden liegende deutsche Wirtschaft. Verständlicherweise beschäftigten sich die Westdeutschen mehr mit der Frage, wie es nach der Auszahlung des Handgeldes von 40 DM weitergehen solle, als mit dem Problem, welche politischen Auswirkungen diese Maßnahme haben mußte. Politisch gesehen war die auf die Westzonen begrenzte Währungsreform die schärfste, tiefgreifendste und dauerhafteste Grenzziehung gegenüber der sowjetisch besetzten Zone. Das Dilemma der Sowjetunion, auf der einen Seite den Einfluß auf den größeren Teil Deutschlands zu verlieren und auf der anderen Seite durch parallele Maßnahmen in ihrer Besatzungszone jede Aussicht auf ein neutrales Gesamtdeutschland schwinden zu sehen, wurde durch diesen vordergründig rein monetären, aber in Wirklichkeit an die Wurzel reichenden Schritt der Amerikaner offenbar.

Caspar Hilzinger hat die Leute nie leiden können, die diesen brutalen, aber klaren Sachverhalt mit heuchlerischem Gebaren überdecken wollten. Er vertrat die Ansicht, daß das, was ein Student im achten Semester zu beurteilen in der Lage sei, auch verantwortliche Politiker hätten einsehen und aussprechen müssen. »Machen wir uns doch nichts vor«, pflegte er zu sagen, »wir haben den Spatz in der Hand, der eine westdeutsche, separate Wirtschaftssanierung brachte, der Taube auf dem Dach eines wiedervereinigten Deutschland vorgezogen. Wir haben die Vorteile dieser Option im Übermaß genossen und sollten anständig genug sein, den Preis dafür zu entrichten.« Der Preis war der objektive Verzicht auf die Wiedervereinigung. Bis eben am 10. März 1952 Josef Stalin jene Note an die drei Westmächte richtete, die, solange wir leben und selbst nach unserem Tode, Anlaß zu Streit, Spekulation und Legende sein wird.

Es ist müßig, die Frage zu stellen, ob das Angebot Josef Stalins die Einheit Deutschlands um den Preis der Neutralisierung wiederherzustellen, ernst gemeint war oder nicht, ob und gegebenenfalls wie viele Fußangeln in der Note versteckt waren. Vielleicht sollte die ganze Operation auch nur dazu dienen, die Verhandlungen über die Europäische Verteidigungsgemeinschaft zu stören. Eines steht fest: Das Angebot Josef Stalins stand im kausalen Zusammenhang mit der Perspektive eines vereinten, erstarkten Europa, einer Perspektive, die 1952 gerade anfing, konkrete Konturen anzunehmen. Diese Perspektiven wurden nicht verwirklicht, aber, das muß man sagen, nicht durch die Schuld der Sowjetunion. Wir kennen alle das Ende dieser Fragestellung »Vereintes Europa mit einem westdeutschen Rumpfdeutschland oder ein neutralisiertes Gesamtdeutschland«. Durch die Schuld und das Versagen vieler, auch durch eigene Schuld, stehen wir heute da, ohne eines der beiden Ziele verwirklicht zu haben.

Aber auch ein anderes steht fest: Die Weigerung der damaligen Regierung – nicht das »Versäumnis«, wie Erich Ollenhauer damals meinte –, das Angebot Moskaus auf seine Ernsthaftigkeit hin zu prüfen, widerspricht dem Berufsethos des Diplomaten. Sie stellt eine historische Schuld gegenüber dem Gedanken der deutschen Einheit dar, die eigentlich jenen, die das zu verantworten haben, den Mund für immer hätte verschließen müssen, wenn von Wiedervereinigung die Rede war. Aber das hieße wohl das Gedächtnis mancher Politiker überschätzen und ihre politische Beweglichkeit unterschätzen. Ein Bundesminister hatte die Courage, gegen diese Verweigerung die Stimme zu erheben: Jakob Kaiser, zuständig für »gesamtdeutsche Fragen«. Es ist ihm nicht bekommen.

Gerechterweise muß man sagen, daß die Note Josef Stalins an die drei Westmächte und nicht an die Bundesregierung gerichtet war. Diese hatten also in jedem Falle das letzte Wort. Sie haben nicht im Traum daran gedacht, ein neutrales Deutschland als Puffer zwischen Ost und West entstehen zu lassen. Insofern erleichterte die Eile der Bundesregierung, mit der sie die Note der Sowjetunion herabwürdigte, den westlichen Alliierten das Geschäft.

Auch bei den Verhandlungen der Bundesrepublik mit den Westalliierten und später bei den EVG-Verhandlungen hätte größere Zurückhaltung seitens der Bundesregierung in bezug auf ihre musterhafte Westorientierung die Bedingungen verbessern können. Aber Zurückhaltung ist nur selten die Sache der deutschen Diplomatie gewesen. Am 11. März 1952 äußerte der amerikanische Außenminister Dean Acheson Walter Hallstein gegenüber, daß die Note nichts Neues über das hinaus bringe, was seit 1945 von den Sowjets immer wieder erklärt worden sei. Einen Tag später erklärte Hallstein, die Note enthalte substantiell nichts Neues, sie sei absolut bedeutungslos. Nun, der weitere Gang der Deutschlandpolitik ist nicht durch Erklärungen solcher Art beeinflußt worden, sondern durch das Gewicht von Tatsachen und durch das Gewicht der Mächte, die sich hochbewaffnet und mißtrauisch gegenüberstanden.

Konrad Adenauer ist der nagende Zweifel am Ende seines Lebens, ob alles so gekommen sei, wie er gewollt hat, nicht erspart geblieben. Aus seinen sonst so emotionslosen »Erinnerungen« dringt dann und wann ein melancholischer Ton, so im Zusammenhang vom März 1952, wenn er mehr an sich als an seinen Leser die Frage richtet, ob in den großen Augenblicken der Geschichte Staatsmänner da seien, die die Gegebenheiten erkennen würden.

Caspar Hilzinger hat nach 1945 kein politisches Ziel für wichtiger gehalten als die Einigung Europas. Die These indessen, daß die Einigung Westeuropas und der Beitritt der Bundesrepublik Deutschland zum atlantischen Bündnis die Voraussetzungen für die Wiedervereinigung Deutschlands schaffen würden, ist ihm stets wie regierungsamtliche Augenwischerei vorgekommen. Es mag sein, daß es Leute gab, die dies geglaubt haben. Sie waren sich weder der Interessen und der Macht der Sowjetunion noch der Abneigung der westlichen Partner, mit einem wiedervereinigten Deutschland in einer europäischen Gemeinschaft zu leben, bewußt. Nicht, daß ihnen solche Informationen gefehlt hätten. Der Mensch glaubt eben lieber das, was er glauben möchte. Davon bilden auch die Politiker keine Ausnahme. Ein Michel Debré, der Saint-Just der französischen Gaullisten, hat immer laut und deutlich davon gesprochen, daß ein europäischer Zusammenschluß so lange nicht in Frage komme, wie die Wiedervereinigung Deutschlands als potentielle Möglichkeit weiterbestehe. Andere haben das gleiche gedacht und geschwiegen. Jede deutsche Äußerung, daß ein Vereintes Europa die Wiedervereinigung bringen werde – und solche Äußerungen waren damals Legion –, minderte die an sich schon geringen Chancen, mit dem europäischen Gedanken voranzukommen. Die Deutschen, die in Westdeutschland lebten, waren unseren Nachbarn und Verbündeten auch so schon zahlreich, tüchtig und dynamisch genug, als daß jene den Wunsch verspürten, noch mehr Vertreter dieser arbeitsamen Rasse zum Freund zu haben.

Es wäre gewiß ungerecht, diesen Gang der Dinge allein Konrad Adenauer anzulasten. Er fand in seiner Partei – mit wenigen Ausnahmen – allgemeine Zustimmung. In der Ablehnung der Neutralität eines wiedervereinigten Deutschland unterstützte ihn auch die sozialdemokratische Opposition. Das Neutralitätsstatut für das ganze Deutschland war aber der Kern des sowjetischen Angebots. An dieser Tatsache führte kein Taktieren mit freien Wahlen vorbei.

Heute meint Caspar Hilzinger, daß es wohl seine tiefe Bedeutung habe, daß der Gedanke der deutschen Neutralität zwischen Ost und West damals auf eine so breite Ablehnung gestoßen sei. Es ist durchaus möglich, daß die Deutschen von 1952 die Neutralität instinktiv abgelehnt haben, weil sie sich die Kunst einer neutralen

Politik nicht zugetraut haben. Was Schweizer, Österreicher, Finnen und Schweden, jeder auf seine besondere Weise, mit Erfolg praktizieren, wäre wahrscheinlich über das außenpolitische und diplomatische Vermögen der Deutschen hinausgegangen. Sie hätten es bei all den bis heute mitgeschleppten Komplexen und Wunschträumen womöglich fertiggebracht, aus einem neutralen Land einen Konfliktherd zu schaffen. Wer weiß, womöglich hätte sich die Leninsche, von Josef Stalin wieder aufgenommene These von der Unvermeidlichkeit des Krieges zwischen kapitalistischen Staaten doch noch erfüllt. Das wäre wohl eine schöne Neutralität geworden. Hatte Josef Stalin das geahnt und vielleicht sogar gewollt?

Wer das, was er hat, nicht will, und das, was er will, nicht hat, kommt bald in eine unbefriedigende Lage. Er wird unzufrieden. Die Feststellung, daß die Politik der Bundesregierung seit 1949 in den beiden wesentlichen, sich allerdings ausschließenden Zielen der europäischen Einigung und der deutschen Einheit gescheitert war, bildete den wehmütigen und wehleidigen Hintergrund für eine Regierungskoalition, die lediglich im quantitativen Sinne als »groß« bezeichnet werden konnte. Wenn auch die Koalition unter Kurt Georg Kiesinger primär durch wirtschaftliches Versagen ihrer Vorgängerin notwendig geworden war, so hatte sie für die Sozialdemokraten den unschätzbaren Vorteil, daß sie durch ihre Teilnahme an der Regierung im Bund aus der fast zwei Jahrzehnte währenden Isolierung heraustreten, ihre Regierungsfähigkeit unter Beweis stellen und die Bürger an die Vorstellung von »Sozi-Ministern« gewöhnen konnte.

Die größten Erwartungen waren jedoch an das Kabinett Kiesinger/Brandt auf außenpolitischem Gebiet geknüpft. Dies kam wohl auch der inneren Neigung des neuen Bundeskanzlers entgegen, der sich stets als Außenpolitiker begriffen hat, dem als Stuttgarter Regierungschef aber solche Aktivitäten versagt waren. Hinzu kam, daß die Ernennung eines Sozialdemokraten zum Außenminister wohl bedeuten sollte, daß die Bundesregierung sich bemühen werde, aus den Verklemmungen und Erstarrungen der bisherigen Deutschlandpolitik herauszukommen und sich ein wenig stärker der Wirklichkeit anzunähern. Im Mittelpunkt dieses Ablösungsprozesses, von dem jedermann eine Kurskorrektur erwartete, stand die sogenannte Hallstein-Doktrin, also jene Maxime deutscher Politik, wonach jedes Land, das die DDR völkerrechtlich anerkannte, mit dem Abbruch der diplomatischen Beziehungen zu bestrafen sei.

Die Große Koalition erwies sich nicht als tragfähige Grundlage für die Änderung dieser Politik. Er gab zu viele Leute, die glaubten, Kurt Georg Kiesinger bestimme die Richtlinien der Politik, wenigstens, was seine eigene Partei angehe. Und es gab zu viele Leute, die erwarteten, die Sozialdemokraten würden ihm helfen, an der alten, unpraktikabel gewordenen Politik der Nichtanerkennung festzuhalten.

Im Grunde genommen hatte damals keiner der beiden Koalitionspartner eine klare Vorstellung vom Möglichen und Notwendigen in der Deutschlandpolitik. Die Ironie wollte es zudem, daß die Partei, die am frühesten und am vorausschauendsten über die Deutschlandpolitik nachgedacht hatte, die FDP, sich in der Opposition wiederfand. Nach dem Gesetz der Opposition fing sie nun auch an, in der Ostpolitik der neuen Regierung ein Haar in der Suppe zu finden und die Regierung ihrerseits auf die Konservierung der Grenzfrage festzulegen.

Im Frühjahr 1969 begleitete Caspar Hilzinger den Außenminister Willy Brandt zu einem offiziellen Besuch in die Türkei. Auf dem Rückweg von Ankara waren zwei Tage Aufenthalt in Tarabya bei Istanbul vorgesehen. Die Türken wollten ihre touristischen Errungenschaften vorführen und brachten die deutsche Delegation in einem neuerrichteten, riesigen Luxushotel unter, das am Bosporus liegt. Vom Hotel aus erwartete die Besucher ein überwältigender Ausblick auf die romantische Fischerbucht von Tarabya mit einem kleinen Naturhafen und unzähligen Fischlokalen.

In einer dieser Tavernen, wo der Fisch vom Meer direkt in die Pfanne kommt, saßen an jenem Abend Willy Brandt, seine Frau, Wolf J. Bell und Caspar Hilzinger zusammen. Die Unterhaltung war ruhig und entspannt, denn die vier Bonner Gäste hatten die türkischen und deutschen Bewacher abgeschüttelt und fühlten sich für einen Abend wie freie Menschen.

Auf einmal sah Caspar Hilzinger, wie das Gesicht von Willy Brandt rot anlief bis zum Hals. Sein erster Gedanke: eine Gräte! Da schlug Willy Brandt unvermittelt mit der Faust auf den Tisch und donnerte los: »Wenn die da glauben, sie könnten dieses Spiel hinter meinem Rücken mit mir treiben und mich für ihre innerparteilichen Interessen mißbrauchen, dann haben die sich gründlich getäuscht. Ich kann auch anders!«

Sprach's und aß wieder ruhig weiter, als ob nichts gewesen wäre.

Was hatte Willy Brandt so erregt? Wenige Augenblicke vor dem Verlassen des Hotels war eine dpa-Meldung eingegangen, wonach Günther Diehl als Sprecher der Bundesregierung den beabsichtigten Abbruch der diplomatischen Beziehungen zu Kambodscha angekündigt hatte, nachdem Prinz Sihanouk die DDR anerkannt hatte. Das widersprach der vereinbarten Politik. Die Koalition hatte sich nämlich zu Beginn ihrer Regierungszeit intern verständigt, auf der Grundlage der Grundsatzerklärung vom 30. Mai 1967 die Anerkennung der DDR zwar als unfreundlichen Akt zu betrachten, diesen aber nicht mehr mit dem Abbruch der diplomatischen Beziehungen zu beantworten.

Es war schon ein recht zweifelhafter Stil, eine solche Frage in Abwesenheit des zuständigen Außenministers zu entscheiden. Darüber hinaus war bei Willy Brandt für einen Augenblick das ganze Mißtrauen gegen die ungeliebte Koalition und ihren ungeliebten Kanzler hochgekommen. Er mußte den Eindruck gewinnen, der Bundeskanzler habe die Abwesenheit des Außenministers benutzt, um hinter seinem Rücken eine Entscheidung zu treffen, der Willy Brandt nicht zustimmen konnte.

Ein Telegramm mit kurzem klarem Inhalt während der Nacht tat Wunder. Die ebenfalls klärende Antwort, man werde die Entscheidung erst nach der Rückkehr des Außenministers treffen, war innerhalb von zwei Stunden da. Der deutsche Botschafter in Phnom Penh wurde abberufen und die Tätigkeit der Botschaft eingestellt, die diplomatischen Beziehungen jedoch ausdrücklich nicht abgebrochen. Man nannte das künftig »kambodschieren«.

Was zurück blieb, war ein Stachel des Mißtrauens gegen Kurt Georg Kiesinger. Als Caspar Hilzinger einmal Wolf J. Bell nach der Bildung der sozialliberalen Koalition wieder traf, fragte er ihn: »Erinnern Sie sich noch an den Abend in Tarabya in dem Fischlokal mit Willy Brandt?« – »Ja«, sagte Wolf J. Bell, »dort hat das alles begonnen. Wir waren Zeuge der eigentlichen Geburtsstunde der sozialliberalen Koalition.«

Vielleicht war die Bemerkung mit der Geburtsstunde ein wenig übertrieben, doch hat Caspar Hilzinger immer den Eindruck gehabt, daß die sogenannte Große Koalition sehr viel länger hätte dauern können, wenn ihr Regierungschef im eigenen Lager mehr Gewicht und in der Ost- und Deutschlandpolitik mehr Mut gehabt hätte. So war es von der Außenpolitik her gesehen nur natürlich und logisch, daß die Freien Demokraten als das dynamischere Element den Platz der Christdemokraten einnahmen, wenn auch begleitet von einem Selbstreinigungsprozeß.

Dank der restriktiven Politik der vorhergehenden Regierung in Sachen Ost- und Deutschlandpolitik war die neue Regierung Brandt/Scheel mit einem Rennpferd zu vergleichen, das ungeduldig auf das Zeichen zum Start wartet. Die Regierungserklärung vom 28. Oktober 1969 gibt davon einen Eindruck. Mit großer Wahrscheinlichkeit wäre die ost- und deutschlandpolitische Entwicklung unmittelbar nach dem Antritt der Regierung Brandt/Scheel ruhiger und stetiger verlaufen, wenn die Große Koalition statt verbaler Gewaltverzichtsakrobatik den Mut zu Entscheidungen in der Sache aufgebracht hätte. Die Polen beispielsweise wollten von der Bundesregierung des Jahres 1969 nicht wissen, wo sie philosophisch gesehen den Gewaltverzicht einordne, sondern wie sie es mit der Oder-Neiße-Grenze halte.

In Deutschland existieren zwei Staaten. Das war das Neue in der Regierungserklärung der sozial-liberalen Koalition. Caspar Hilzinger hat erst Jahre danach durch Zufall erfahren, wer diese Formulierung mit ihren weitreichenden Konsequenzen in die Erklärung eingebracht hat. Es handelte sich um eine rein politische Entscheidung und Verantwortung.

Das Auswärtige Amt befürchtete mit Recht, daß die zwei Staaten in Deutschland, die füreinander nicht Ausland sein konnten, von dritter Seite ganz anders gesehen würden, nämlich als zwei Staaten wie alle anderen, souverän und unabhängig, mit Staatsgebiet, Staatsvolk und mit effektiver Staatsgewalt ausgestattet. Um solchen »Fehlinterpretationen« der sozial-liberalen Regierungserklärung entgegenzuwirken und einen plötzlichen Anerkennungseinbruch zu verhindern, wurden die Staaten gebeten, die Anbahnung innerdeutscher Beziehungen nicht durch voreilige Anerkennung der DDR politisch zu erschweren. Aber: Wie man das Ding auch drehen mochte, die Schleuse für die Anerkennung der DDR war geöffnet worden.

Caspar Hilzinger vermochte darin nichts Negatives zu sehen. Für ihn kam es vielmehr darauf an, welche Schlußfolgerungen aus der Tatsache gezogen würden, daß sich auf internationaler Ebene fortan zwei deutsche Staaten, zwei deutsche Delegationen und zwei verschiedene politische Haltungen begegneten. Sollte die Bundesregierung ihre Bürger und die Welt glauben machen, daß das Nebeneinander der beiden deutschen Staaten mehr oder weniger zwangsläufig zu einem Miteinander führen werde, oder sollte sie der Wirklichkeit ins Auge sehen, die durch die Feindseligkeit der beiden politischen Ordnungen in Ost und West bestimmt wurde. Und durch die Großmachtinteressen der Sowjetunion?

Die Einheit der Deutschen in der Geschichte war nicht das Werk von Frieden und Harmonie. Otto von Bismarck wußte das besser als jeder andere. Seine Kriege gegen Habsburg und Frankreich waren die blutigen Stufen, die zum Altar der deutschen Einheit führten. Und selbst nach 1871 hörte die Teilung nie auf. Sozialisten und Bürgerliche, Katholiken und Protestanten im Kulturkampf, Norddeutsche und Süddeutsche, Preußen und Bayern. Da war weder von Nebeneinander noch von Miteinander die Rede. Bis 1914.

Caspar Hilzinger ging es darum, über der Euphorie des Anfangs die wirklichen Gegensätze nicht in Vergessenheit geraten zu lassen. Obwohl er als Leiter der politischen Abteilung im Auswärtigen Amt für solche Fragen nicht »zuständig« war, beschäftigte ihn diese Frage zutiefst. Ende Januar 1970 bat ihn Georg Ferdinand Duckwitz, seine Gedanken über die Zukunft der Deutschlandpolitik zu Papier zu bringen.

Ich möchte mich nicht der Gefahr aussetzen, dieses Papier mißverständlich zu behandeln. Sein Inhalt, so scheint mir, ist von bleibendem Interesse, auch wenn wir heute glauben, die Deutschlandpolitik habe mit dem Grundvertrag eine andere Richtung eingeschlagen. Es wird das beste sein, wenn ich diese Ausarbeitung Caspar Hilzingers im Wortlaut wiedergebe.

DIE ZUKUNFT DER DEUTSCHLANDPOLITIK

I.

Die Bundesregierung hat dem Vorsitzenden des Ministerrats der DDR Verhandlungen über den Austausch von Gewaltverzichtserklärungen und einen »breit angelegten Meinungsaustausch über die Regelung aller zwischen unseren beiden Staaten anstehenden Fragen« vorgeschlagen. Wir wissen noch nicht, ob es zu solchen Verhandlungen unterhalb der Schwelle der gegenseitigen völkerrechtlichen Anerkennung kommen wird. Noch weniger können wir wissen, ob ihnen – falls sie zustande kommen sollten – ein Erfolg beschieden sein wird.

Beide Seiten haben indessen ihre Positionen, von denen sie in den Verhandlungen ausgehen wollen, recht klar gemacht.

Die Bundesregierung strebt ein vertraglich geregeltes Nebeneinan-
der, einen Modus vivendi an. Sie ist bereit, dabei die allgemein gelten-
den Prinzipien des zwischenstaatlichen Rechts anzuwenden; eine völ-
kerrechtliche Anerkennung der DDR kommt für sie nicht in Betracht.
Der Vorsitzende des Staatsrats der DDR hat am 19. Januar 1970
auf die Erklärung zur Lage der Nation durch Bundeskanzler Brandt
geantwortet und seinerseits die, wie er sie nannte, Minimalforderun-
gen der DDR vorgetragen. Er hat sich im wesentlichen an die Dogmen
des sog. großen »Nationalen Dokuments der SED von 1962« gehalten.
Damit hat er demonstriert, wie starr und immobilistisch die Deutsch-
landpolitik der DDR geblieben ist, wenn man sie mit der Entwicklung
vergleicht, die Regierung und Opposition in der Bundesrepublik seit
dieser Zeit hinter sich gebracht haben.
An erster Stelle der Forderungen der DDR steht diejenige nach völ-
kerrechtlicher Anerkennung der DDR durch die Bundesrepublik. Wir
sollten uns indessen hüten, in ihr den zentralen Kern des Problems zu
sehen. Bereits das »Nationale Dokument« von 1962, dem Ulbricht sei-
nerzeit den ideologischen Rang des kommunistischen Manifests zuer-
kannt hat, hat einen Zusammenhang zwischen der völkerrechtlichen
Anerkennung der DDR und der möglichen inneren Entwicklung der
Bundesrepublik hergestellt. Auf diesen Zusammenhang hinzuweisen,
hat Ulbricht auch dieses Mal nicht versäumt: »Es ist unser Anliegen,
die Regierenden Westdeutschlands vom Wege des Revanchismus und
der Kriegspolitik abzubringen und so dem Volke Westdeutschlands,
und vor allem auch seiner Jugend, eine friedliche Zukunft zu sichern.«
»Möge die westdeutsche Jugend ... selbst Herrn Brandt informieren,
warum jetzt begonnen werden muß mit der neuen Demokratie in
Westdeutschland, mit dem Abbau jeder Revanche und Kriegspolitik,
mit der Herstellung völkerrechtlicher Beziehungen mit der DDR.«
»Neue Demokratie in Westdeutschland«, »Abbau der Kriegspolitik«
und die »Herstellung völkerrechtlicher Beziehungen mit der DDR«
bilden für ihn ein Ganzes.
Diese Zielsetzungen werden noch verstärkt durch eine abstruse ge-
schichtliche Theorie, nach der sich in der Bundesrepublik alles Böse und
Negative der deutschen Geschichte festgesetzt habe, während die posi-
tiven Elemente der deutschen Vergangenheit sich in der DDR verkör-
perten. Nur aus dem Wunsch heraus, den Circulus vitiosus des kommu-
nistischen Dogmas ingang zu halten, kann man eine solche Geschichts-
klitterung verstehen.
Die langfristige Zielsetzung der DDR-Führung ist verhältnismäßig

leicht zu analysieren, wenn man den verwendeten Begriffen ihre wah-re Bedeutung zugrunde legt. Völkerrechtliche Anerkennung durch die Bundesrepublik und damit Schluß mit dem »Wiedervereinigungsgere-de«; Schutz der neu erworbenen Position durch die Regeln des Völker-rechts und damit ungehinderter Aufbau der »Sozialistischen Bastion« auf dem deutschen Boden; Unterstützung des Klassenkampfes in West-deutschland, der zugleich ein Kampf der patriotischen Arbeiter und Bauern gegen die separatistischen Helfer des westlichen Imperialismus darstelle; Polarisierung der gesellschaftlichen und politischen Kräfte in Westdeutschland unter dem Druck der von der DDR bis dahin entwik-kelten Wiedervereinigungsdynamik auf der Grundlage des voraus-schauenden Artikel 8 der Verfassung der DDR.

Die Verhandlungen (falls sie zustande kommen) werden zeigen, ob sich die Zielvorstellungen der beiden Seiten zur Übereinstimmung bringen lassen. Die Bundesregierung möchte »den Grenzen in Europa das Trennende nehmen«, und schrittweise zu einer europäischen Frie-densordnung kommen. Eine solche Entwicklung setzt voraus, daß das kommunistische Gesellschaftssystem seinen totalitären Anspruch ab-schreibt, oder daß es durch die Notwendigkeiten der modernen Indu-striegesellschaft auf dem Wege von Reformen oder durch den Wettbe-werb mit dem westlichen System koexistenzfähig wird.

Die Frage, ob es unter solchen Bedingungen zur Aufnahme vom Verhandlungen mit der DDR oder, was wichtiger ist, zu einem positi-ven Ergebnis solcher Verhandlungen kommen kann, hat Bundeskanz-ler Brandt in gewisser Weise im voraus beantwortet, als er sagte: »Poli-tische Bemühungen müssen unter bestimmten Umständen auch dann unternommen werden, wenn die Aussicht auf Erfolg gering ist« (14. 1. 1970).

Was aber, wenn sich Beziehungen besonderer Art zwischen der Bundesrepublik Deutschland und der DDR tatsächlich nicht herstellen lassen? Was sollen wir tun, wenn den Dogmatikern und den Links-reaktionären in der DDR ihre Machtpositionen tatsächlich wichtiger sind als der Frieden der europäischen Völker?

Die Regierungen haben »von dem auszugehen, was ist«. Die Deutschlandpolitik ist nicht der Auftrag einer zeitlich begrenzten Pha-se der Geschichte oder einer zahlenmäßig begrenzten Gruppe von Poli-tikern. Sie ist Teil der deutschen Geschichte. Diese hat andere deutsche Teilungen gesehen und andere schlimmere Gegensätze und Spannun-gen austragen müssen. Seit mehr als drei Jahrhunderten pendelt die deutsche Geschichte zwischen Teilung und Überwindung der Teilung.

335

II.

Die geschichtliche Dimension des Problems von Teilung und Einheit Deutschlands ist von Karl Otmar Frhr. v. Aretin herausgearbeitet worden. Er sieht die »aus der Mittellage Deutschlands erwachsene Gefahr der Teilung« als »ein in unserer Geschichte angelegtes Problem, das eine lange Vorgeschichte hat«. In der Tat ist Deutschlands Geschichte zu sehen als eine lange Kette von Gegensätzen und dialektischen Spannungen, die einen steten Pendelschlag von Einigungs- und Teilungsbestrebungen erzeugt haben. Die Gegensätze von Katholiken und Protestanten; Kaiser und Papst; Kaiser und Reichsstände; Preußen und Österreich, Nord und Süd; industrieller Westen und agrarischer Osten sind die großen Beweger der deutschen Geschichte gewesen und haben stets den Keim der Teilung in sich getragen.

Am Beispiel der Glaubensspaltung zeigt sich am deutlichsten, daß der religiöse oder ideologische Gegensatz für sich genommen nicht ausgereicht hätte, um jene politische Sprengkraft zu erzeugen, die Deutschland im Dreißigjährigen Krieg an den Abgrund gebracht hat. »Erst die Verbindung von konfessionellem und politischem Gegensatz beschwor damals eine ernste Gefahr für die Einheit des Reiches herauf« (v. Aretin).

Auch das Deutschlandproblem, wie es seit 1945 entstanden ist, ist durch die Existenz zweier Gegensatzpaare gekennzeichnet. Einerseits haben in Jalta und Potsdam zwei Weltmächte Zentraleuropa geteilt und Deutschland seiner traditionellen Scharnierfunktion beraubt; andererseits haben sie sich als Geburtshelfer zweier gegensätzlicher Gesellschaftssysteme betätigt, was die politische und strategische Teilung noch verschärft hat.

Der Hinweis auf die Geschichte darf nicht bei der resignierenden Feststellung enden, daß »die Teilung Deutschlands sowohl in seiner Geschichte wie in seiner geographischen Lage angelegt« ist. Die Gegensätze ideologischer und machtpolitischer Art, die nach 1945 die Teilung Deutschlands hervorgebracht haben, können durch einen dialektischen Prozeß ebenso überwunden werden, wie sich auch die Geschichte einen Weg gebahnt hat von Glaubensspaltung über Augsburger Religionsfrieden zu Toleranz und Ökumene.

III.

Worin besteht nun das dialektische Spannungsverhältnis in der heutigen deutschen Situation? Ganz bestimmt nicht in der Existenz von zwei deutschen Staaten. Diese könnten, wenn jeder von ihnen wollte,

336

die Teilung überwinden oder durch die Betätigung des Selbstbestimmungsrechts als zwei getrennte Staaten nebeneinander existieren. Ob
sie sich gegenseitig völkerrechtlich anerkennen oder nicht, spielt dabei
überhaupt keine Rolle. Die gegenseitige völkerrechtliche Anerkennung ist ein Scheinproblem, in dessen Schatten beide Seiten munter
Scheingefechte führen können. Es zählt einzig der Wille, die Teilung
zu überwinden oder: »Die Einheit der Deutschen hängt von vielen
Faktoren ab. Doch wohl nicht in erster Linie, jedenfalls nicht allein,
von dem, was in der Verfassung steht, sondern von dem, was wir tun«
(Bundeskanzler Brandt am 14. 1. 1970).

Bei der Frage, was wir »tun« können und was nicht, stoßen wir zum
Kern der Deutschlandpolitik vor. Es liegt nicht in unserer Macht,
– das als Folge des Zweiten Weltkrieges entstandene Kräftegleichge-
wicht USA/UdSSR zu verändern;
– die Ausübung des Selbstbestimmungsrechts für alle Deutschen zu er-
zwingen;
– den Abschluß eines Friedensvertrages für Gesamtdeutschland herbeizuführen;
– die Führung in der DDR zu bewegen, ihre ideologischen Interessen
hinter ihre patriotische Pflicht als Deutsche zu stellen;
– die Anerkennung der DDR durch Staaten zu verhindern, die es als in
ihrem Interesse liegend ansehen, dies zu tun;
– das Eindringen der DDR in internationale Organisationen auf unbestimmte Zeit zu verhindern.

Aber wir können
– die Deutschlandpolitik begreifen als dialektische Spannung zweier
entgegengesetzter Gesellschaftssysteme;
– die DDR zur friedlichen Kompetition herausfordern;
– durch Verzicht auf die Scheinfragen, wie Anerkennung und Nichtanerkennung, die DDR dazu bringen, aus ihrer Abkapselung heraus-
zutreten und sich dem Urteil der Welt in allen wichtigen Fragen wie
Friedenserhaltung, Entspannung, Menschlichkeit und Entwicklungshilfe zu stellen;
– der Welt ein Beispiel geben, wie die Gegensätze zwischen Ost und
West nicht zu gewalttätiger Entladung, sondern zur konstruktiven
Synthese geführt werden können;
– eine dialektische Deutschlandpolitik betreiben, die versucht, die bestehenden Gegensätze zu einer höheren Stufe deutscher Wirklichkeit
zu führen, die der staatlichen Einheit nicht bedarf.

IV.

Eine solche dialektische Deutschlandpolitik bedarf der Konkretisierung. Wer feststellt, daß es »zwei Staaten« in Deutschland gibt, muß sein Vorgehen logischerweise auf dieser Ausgangsbasis aufbauen. Staaten richten ihr Verhalten nach ihren Interessen. Dies gilt auch für die beiden deutschen Staaten. Ihr Verhältnis zueinander ist von »besonderer Art«. Einmal im Negativen, nämlich in der »Absurdität, die heute die Besonderheit zwischen uns darstellt«. Dann aber im Positiven, das darin zu sehen ist, daß die beiden Staaten ein und dasselbe Volk und die gleiche Nation umfassen. Wenn die DDR durch das Beispiel der Bundesrepublik mehr Freiheit, mehr Menschlichkeit Raum gewährt, so ist das ebenso ein Gewinn für die gesamte deutsche Nation, wie wenn die Bundesrepublik einen Blick auf die sozialen Errungenschaften in der DDR wirft und beispielsweise über Bildungsprobleme nachdenkt. Die Konkretisierung dieser Deutschlandpolitik wird auf vier verschiedenen Ebenen erfolgen müssen:

(a) Die innerdeutsche Ebene

Die politischen Interessen der Bundesrepublik und der DDR werden in bezug auf diese Fragen noch für lange Zeit nicht zur Übereinstimmung gebracht werden können. Beide Staaten gehören verschiedenen Verteidigungsbündnissen an. Solange diese Bündnisse bestehen, werden sie ihre Sicherheit dort suchen. Aber schon in der Frage eines europäischen Sicherheitssystems können Nuancierungen eintreten.

Komplexer dürfte die Interessenlage der beiden Staaten auf wirtschaftlichem Gebiet sein. Der innerdeutsche Handel ist für beide Seiten nach Umfang und Qualität des Austausches zu einem wichtigen Faktor und Interesse geworden. Der indirekte Zugang der DDR zu den Vorteilen des gemeinsamen europäischen Markts, der ihr im Unterschied zu den übrigen COMECON-Partnern so manchen Vorteil einbringt, wird ebenfalls zu berücksichtigen sein, wenn es darum geht, die innerdeutschen Beziehungen auf die Grundlage der beiderseitigen Interessen zu stellen und diese Dinge nicht nur als zeitlich begrenzte Zeichen des guten Willens der Bundesrepublik zu sehen. Wer mit uns Handel treiben will, muß zu einem Minimum von Freizügigkeit bereit sein. Man spricht nicht umsonst von »Handel und Wandel«.

Die Führung der DDR muß selbst entscheiden, ob die positiven Perspektiven von Handel und Wandel in ihrem Interesse liegen. Wenn sie glaubt, daß die völkerrechtliche Anerkennung, die wir ihr nicht geben können, eine Voraussetzung dafür sei, so ist das ihre Sache. Wir würden jedenfalls keinen Grund sehen, im Gegenteil, den inner-

deutschen Handel ohne völkerrechtliche Anerkennung weiter zu entwickeln.

(b) Die ostpolitische Ebene

Die Normalisierung und Regelung unserer Beziehungen zu den osteuropäischen Ländern, allen voran die Sowjetunion und Polen, sind eine Voraussetzung für eine erfolgreiche Deutschlandpolitik. Nicht in jenem vereinfachenden Sinne, in dem man gelegentlich gesagt hat, daß der Schlüssel zur Lösung des Deutschlandproblems in Moskau liege. Wahrscheinlich haben wir es mit einem Zweischlüsselsystem zu tun. Es geht überhaupt nur darum, der Sowjetunion deutlich zu machen, daß die Bundesrepublik durch ihren politischen Einfluß im Westen und durch ihre wirtschaftliche Leistung ein für sie interessanter Partner sein könnte. Je besser unsere Beziehungen zur Sowjetunion werden, desto größer wird der Spielraum für die Deutschlandpolitik sein.

Was das Verhältnis zu Polen angeht, können wir von einer Normalisierung erst sprechen, wenn wir den Verzicht auf die Gebiete östlich der Oder-Neiße-Linie ausgesprochen haben. Darüber hilft kein Kreditangebot und keine verbale Akrobatik hinweg.

Die Besonderheit der Lage Deutschlands ist darin zu erblicken, daß der eine Teil Deutschlands im Westen, der andere im Osten verankert worden ist. Wie könnten wir hoffen, zur friedlichen Kompetition der beiden Teile zu gelangen, wenn es uns nicht gelänge, das Interesse Osteuropas an dem Zustandekommen dieses friedlichen Wettstreites zu wecken? Auch wenn Ulbricht nein sagen sollte, und gerade dann, müssen wir unser Werben für die Normalisierung der Beziehungen mit Osteuropa intensivieren.

(c) Die Ebene der internationalen staatlichen Organisationen

Für die Verwirklichung der friedlichen Kompetition der beiden deutschen Staaten kommt den internationalen staatlichen Organisationen zentrale Bedeutung zu. In ihnen ist vorzugsweise der Ort zu sehen, wo die friedliche Auseinandersetzung der beiden Gesellschaftssysteme und der Vergleich ihrer Leistungen für Frieden und Wohlfahrt erfolgen sollte.

Die Bundesrepublik sollte sich daher nicht länger gegen die Aufnahme der DDR in solche Organisationen, allen voran die Vereinten Nationen, sperren. Hierin kann nicht die leiseste Form der völkerrechtlichen Anerkennung der DDR durch die Bundesrepublik gesehen werden, zumal es sich so einrichten läßt, daß weder die Bundesrepublik noch die drei Westalliierten für die Aufnahme der DDR zu stimmen brauchen. Die Stimmenthaltung genügt. Obendrein hätte die Delegation der

Bundesregierung immer wieder Gelegenheit, bei der Prüfung der Delegationsvollmachten einen Vorbehalt anzubringen. Die Sowjetunion und Taiwan, die Araber und Israelis koexistieren auf diese Weise in den Vereinten Nationen, ohne sich gegenseitig anzuerkennen.

Die Aufnahme der beiden deutschen Staaten in die Vereinten Nationen und ihre Sonderorganisationen würde das Ende jener nur schwer erträglichen Machenschaften der DDR mit sich bringen, die Bundesrepublik, aus sicherem Versteck, mittels der Zirkulation von Dokumenten und mit Hilfe osteuropäischer Staaten zu diffamieren. Ulbricht wäre gezwungen, sein Versteck zu verlassen und sich der Diskussion vor dem Forum der Weltöffentlichkeit über die Probleme unserer Zeit zu stellen.

Dies gilt vor allem auch für die Sonderorganisationen der Vereinten Nationen, wo mit ideologischem Gefasel nicht viel getan ist. Dort können beide deutschen Staaten vor der Welt dartun, was sie für die Lösung der großen Menschheitsprobleme beigetragen haben. Aus ihrem Wettbewerb wird eine Leistung erwachsen, die höher sein wird als die Summe ihrer getrennten oder gar entgegengesetzten Leistungen. Das ist der tiefere Sinn der dialektischen Deutschlandpolitik, das ist aber in bezug auf die Welt gesehen auch der tiefere Sinn jenes zu allen Zeiten unklaren Begriffs »Deutschland«.

(d) Die Ebene der Beziehungen zu dritten Staaten

Wenn man davon ausgeht, daß der anzustrebende friedliche Wettbewerb mit der DDR die Frage einer Anerkennung der DDR durch die Bundesrepublik nicht präjudizieren soll, so wird auch die Aufnahme diplomatischer Beziehungen des einen oder anderen Landes mit der DDR kein unüberwindliches Hindernis darstellen. Solange die Bundesrepublik selbst keine völkerrechtlichen Beziehungen zur DDR herstellt, hätte diese zwar optisch, nicht aber im Kern der Sache etwas gewonnen.

Gleichwohl bleibt die diplomatische Anerkennung der DDR durch dritte Staaten eine Unfreundlichkeit gegenüber der Bundesrepublik. Der Staat, der die DDR anerkennt, bringt damit zum Ausdruck, daß er auf das langfristige Ziel unserer Deutschlandpolitik keine Rücksicht nehmen will. Er kalkuliert somit die Möglichkeit ein, daß die Bundesrepublik die Beziehungen zu ihm in erster Linie unter dem Gesichtspunkt des eigenen Interesses und dann erst unter demjenigen der Freundschaft gestaltet.

Die Bundesrepublik gewinnt solchen Staaten gegenüber einen Bewegungsspielraum, über den sie seit der Anwendung der sog. Nichtaner-

*kennungspolitik noch nie verfügt hat. Dieser Bewegungsspielraum
wird es ihr gestatten, ihre Präsenz, ihr politisches Engagement und ihre
Investitionen so zu plazieren, wie sie es in ihrem eigenen Interesse für
richtig hält.*

*Anders verhält es sich mit Staaten, mit denen die Bundesrepublik in der
Europäischen Gemeinschaft oder im atlantischen Bündnis verbunden
ist. Von diesen Partnern muß sie unter allen Umständen erwarten, daß
sie die Grundstruktur der Deutschlandpolitik, wie sie im Deutschland-
vertrag und in zahlreichen Beschlüssen des NATO-Ministerrats enthalten sind, respektieren. Dies läßt die handelspolitischen Interessen
unberührt.*

*Der friedliche Wettbewerb mit der DDR muß an jedem Ort möglich
sein, ohne Rücksicht darauf, ob an diesem Ort ein DDR-Botschafter
sitzt oder nicht. Wenn die beiden Staaten in Deutschland ihre Beziehungen in besonderer Weise so zu regeln vermögen, daß sie für einander nicht Ausland sind, so ist es für die langfristigen Perspektiven der
Deutschlandpolitik ziemlich irrelevant, ob der eine oder andere Staat,
der sich zum Gesellschaftssystem der DDR hingezogen fühlt, dorthin
einen Botschafter entsendet. Die Hauptsache bleibt, daß wir wissen,
was wir wollen, daß wir das langfristige Ziel einer europäischen Frie-
densordnung nicht aus den Augen verlieren und daß wir im friedlichen
Wettbewerb mit der DDR die besseren Leistungen erbringen.*

V.

*Diesen Weg sollten wir aus eigenem Entschluß beschreiten. Wir sollten
nicht warten, bis die Entwicklung ihn uns aufzwingt.*

*Wir sollten die notwendige – ich gebe zu: dramatische – Entscheidung
auch nicht vom Ausgang der gegenwärtigen oder kommenden Gespräche mit dem Osten abhängig machen. Ebensowenig darf es ein Junktim
geben mit der geplanten Europäischen Sicherheitskonferenz. Der Gedanke des friedlichen Wettbewerbs mit dem Gesellschaftssystem der
DDR wird in uns den Wunsch entstehen lassen, an allen Orten und in
allen Lebensfragen zu beweisen, daß das deutsche Volk aus den Irrtümern der Vergangenheit gelernt hat, daß es Großes zu leisten vermag
und daß es entschlossen ist, seine Energie und seine Kraft für den Frieden in Deutschland einzusetzen.*

*Im friedlichen Wettbewerb der beiden Staaten in Deutschland wird
sich als ein dialektischer Prozeß herausbilden, was Deutschland eines
Tages sein wird.*

Spannung und Entspannung

*Wir sollten uns um die wirklichen Gefahren und nicht um die
eingebildeten kümmern.*

George F. Kennan

*Ich bescheinige sowjetischen Erfolg einer Sache und nur dieser:
einer ausgezeichneten Außenpolitik. Sie hat Stil und Klasse,
und wenn die nichtkommunistischen Mächte etwas lernen
müssen, dann auf diesem Gebiet, auf dem die Sowjets
herausragen.*

Sinnathamby Rajaratnam, Außenminister von Singapur

CASPAR HILZINGER HIELT NIE BESONDERS VIEL von Begriffen wie
Entspannung, Normalisierung, friedliche Koexistenz und ähnlichem. Sie hatten für ihn stets etwas Schillerndes und Verwaschenes,
verdeckten die Wirklichkeit mehr, als sie sie freilegten. Selbst als
Arbeitshypothese schienen sie ihm wenig brauchbar, weil sie nicht
klar definiert werden konnten. Es leuchtete ihm nicht ein, daß unklare Begriffe dazu beitragen sollten, eine an sich schon verworrene
Situation zu klären.

Was ist Entspannung? Das Gegenteil von Spannung? Wenn hier
und da gesagt wurde, man müsse zuerst die Ursachen der Spannung
beseitigen, so ist zu antworten, daß weder in Europa noch im Verhältnis der Weltmächte die Ursachen der Spannung auf absehbare
Zeit beseitigt werden können. Wenn von anderer Seite die Meinung
geäußert wird, gerade weil so viele gegensätzliche Interessen in unserer Welt Spannungen erzeugten, müsse man fest entschlossen
Entspannungspolitik betreiben, so ist diesen Enthusiasten der Entspannungspolitik zu sagen, daß die deklarierte Entspannung so wenig wirksam ist wie der Wunsch nach schönem Wetter. Caspar Hilzinger empfing eines Tages in Bonn den Außenminister von Obervolta. Es war ein nebliger, trüber, regnerischer Herbsttag. Der Afrikaner trat ans Fenster und rief begeistert aus: »Was für ein herrlicher Regen!« Wenn einem das ganze Jahr über die Sonne in den
Nacken brennt, kann man das wohl sagen. Aber hier in Bonn …

Spannung und Entspannung sind Phasen zwischenstaatlicher
Beziehungen, die uns jeweils anzeigen, in welchem Maße die Interessen der Beteiligten aufeinanderstoßen oder parallel laufen. Die

Feststellung, diese oder jene Macht treibe Entspannungspolitik oder trage zur internationalen Spannung bei, nützt uns für eine exakte Analyse der Weltlage überhaupt nichts. Im Gegenteil, wer nur bis zu dieser Feststellung vorstößt, läßt sich von der zentralen und entscheidenden Frage ablenken, wie die Interessen dieser oder jener Macht in einer bestimmten Frage oder Region beschaffen sind.

Unter ziemlich dramatischen Umständen ist Caspar Hilzinger zum ersten Mal mit der Philosophie der Entspannungspolitik in Berührung gekommen. Er war an der Beobachtermission der Bundesrepublik bei den Vereinten Nationen als Botschaftsrat tätig. Da sein Botschafter oft abwesend war, mußte Caspar Hilzinger viele Termine als dessen Stellvertreter wahrnehmen, die an sich die Teilnahme des Botschafters erfordert hätten. So war es auch wieder gewesen, als Adlai Stevenson, der Vertreter der USA bei den Vereinten Nationen, auf dem Höhepunkt der Kubakrise die Botschafter der verbündeten Länder zusammenrief, um sie über den letzten Stand der Krisenentwicklung zu unterrichten. Präsident John F. Kennedy hatte eine Seeblockade gegen Kuba verhängt. Die Sowjetregierung mußte es sich nun ernsthaft überlegen, ob sie die Blockade durchbrechen und damit den militärischen Konflikt mit den Vereinigten Staaten riskieren wollte, oder ob sie es vorziehen sollte, die unterwegs befindlichen Schiffe zurückzurufen.

Adlai Stevenson eröffnete seinen Vortrag mit den Worten: »Gentlemen, entweder haben wir in den nächsten 48 Stunden einen Atomkrieg zwischen den USA und der Sowjetunion oder den Beginn der Entspannungspolitik zwischen Ost und West.« Caspar Hilzinger war über die kuriose Äußerung von Adlai Stevenson ebenso verwundert wie die meisten der anwesenden Diplomatenkollegen der Bündnisstaaten. Er konnte nicht verstehen, daß Atomkrieg und Entspannung so nahe beieinander liegen sollten wie ein Entweder-Oder.

In gewisser Weise behielt Adlai Stevenson recht. Nachdem die Kubakrise beigelegt war, kamen die ersten amerikanisch-sowjetischen Gespräche in Gang. Sollte der Blick in den atomaren Abgrund schon ausgereicht haben, das nationale Interesse hinterher anders zu sehen und zu definieren? Warum mußten die Weltmächte sich erst in eine solche Lage begeben, um zusammenarbeiten zu können? Was ein nukleares Inferno bedeuten würde, wußte doch jeder. Irgend etwas stimmte da nicht, soweit Caspar Hilzinger die Dinge verstand. War es nicht vielmehr so, fragte er sich, daß die Sowjetunion einmal abtasten wollte, wie weit sie gehen konnte. Die amerikanische Regierung hatte genügend Signale ausgesandt, die so verstanden werden konnten, als riskierte die Sowjetunion nicht allzuviel bei dem Abenteuer. Und wenn es ihr erlaubt würde, vor der Haustüre der Vereinigten Staaten Fuß zu fassen, so waren noch viele Expansionsmöglichkeiten in der Welt für sie offen.

Wie immer es gewesen sein mochte, es bleibt die Feststellung, daß der Ausgang des Kubakonflikts dem Gedanken der Entspannungspolitik großen Aufschwung verliehen hat, ohne daß die Amerikaner viel Zeit und Mühe darauf verschwendeten, sich die Frage vorzulegen, ob das Ergebnis der Krise für sie so positiv war, wie sie meinten. Die sowjetischen Raketen waren zwar abgezogen worden, aber die Sowjetunion hatte ihr Banner dort aufgepflanzt, wo es bis heute weht. Die amerikanische »Entspannungspolitik«, die darauf folgte, hat die Probleme wie mit einem großen Mantel zugedeckt.

Der Begriff der Entspannungspolitik in seiner pauschalen Bedeutung wird der Wirklichkeit der Weltpolitik in ihren so verschiedenen Erscheinungsformen nicht gerecht. Deshalb sind die außenpolitischen Denker aller Grade auch bald dazu übergegangen, über die Frage zu philosophieren, ob Entspannungspolitik teilbar oder unteilbar sei. Die unterschiedlichsten Situationen wie in Angola, Chile, Kambodscha, Iran oder Afghanistan wurden über einen Kamm geschoren. Damit wurde die komplexe und unübersichtliche Lage der Welt nur noch mehr verwirrt und dem Frieden immer mehr entfremdet.

Was der Welt von heute fehlt, ist nicht Entspannung, sondern Vertrauen. Dieses entsteht aber nicht auf der Grundlage theoretischer Hilfskonstruktionen, sondern nur durch Taten und Tatsachen, die dem Gegner anzeigen, daß er in dieser oder jener Sache nichts zu fürchten habe. Vertrauen läßt sich nicht dekretieren. Die echten oder vermeintlichen Interessen der Mächte werden nicht dadurch beeinflußt, daß diese erklären: Ab heute wollen wir entspannen! Allein Tatsachen vermögen da etwas auszurichten.

Caspar Hilzinger hat sich stets dagegen gesträubt, die Vertragspolitik mit den Staaten des Warschauer Pakts zwischen 1970 und 1972 unter der Überschrift »Entspannungspolitik« zu sehen. In Gesprächen und Verhandlungen mit Vertretern dieser Staaten, in denen diese mit den Begriffen von »Entspannung« und »Normalisierung« nur so jonglierten, hat er immer wieder erklärt, daß sein Ziel viel bescheidener, aber dafür auch viel dauerhafter sei. Ihm gehe es lediglich darum, die Beziehungen zu diesen Ländern zu verbessern, in der Hoffnung, daß sie eines Tages sogar gut sein würden. Es sei vielleicht eine etwas altmodische Art, von der Verbesserung der Beziehungen zu sprechen. Doch dies sei eine klare Sprache, hinter der sich nichts verberge, was der Vertragspartner anders verstehen könne oder nicht wissen solle.

Nun ist natürlich rasch gesagt, daß die Welt Vertrauen benötige. Nur ein Träumer kann übersehen, daß Mißtrauen heutzutage geradezu erforderlich ist, wenn man überleben will. Das allgemeine Mißtrauen hat seinen Grund darin, daß es im Bereich der internationalen Beziehungen zu viele Tatbestände gibt, die der gesunde und einfache Menschenverstand nicht als gerecht und dauerhaft ansehen kann. Auch die ungerechte Sache hat ihre Argumente parat; das weiß man. Ein Propagandaapparat ist immer da, der die ungerechte Parole in die Welt hinausposaunen kann. Das ändert aber nichts an der Tatsache, daß die Gerechtigkeit die erste und wichtigste Voraussetzung des Friedens ist. Wo die Ungerechtigkeit frech ihre Stirne erhebt, entsteht Mißtrauen. Und aus Mißtrauen entsteht nichts Gutes.

Der Friede zwischen den Völkern wird nicht durch großartige Ideen befestigt, sondern durch fortdauernde und zähe Schritte, ein wenig mehr Gerechtigkeit in die Welt zu bringen. Keiner sage, er wisse nicht, was im internationalen Leben Gerechtigkeit sei. Keiner berufe sich darauf, daß erst der Endsieg seiner politischen Doktrin Gerechtigkeit bringe, während in der Übergangszeit Ungerechtigkeiten nicht zu vermeiden seien. Der Grundsatz »Jedem das Seine« ist allgemein genug, um von der ganzen Welt verstanden zu werden, und er ist speziell genug, um auf jeden konkreten Streitfall angewandt werden zu können. Die Völker haben ein Gewissen wie der einzelne auch. Auch sie versuchen, es manchmal zu übertönen oder zum Schweigen zu bringen. Das geht eine Zeitlang, dann spricht die Geschichte das Urteil und wird zum Gericht.

Die Verträge mit Moskau, Warschau und Prag sind nicht zu verstehen, wenn man ihre Vorgeschichte, die Adolf Hitler geschrieben hat, zur gerechten Würdigung nicht heranziehen will. Das »Dritte Reich« mit seinen Überfällen auf friedliche Völker, seinem Völkermord und seiner Schädigung der europäischen Kultur hat eine so nachhaltige Zerstörung der europäischen Verhältnisse bewirkt, daß das zurückschlagende Pendel nur das Signal zu neuen Ungerechtigkeiten sein konnte, wenn nicht eine mutige Politik Einhalt gebot. Diese Verträge hatten ihrem Wesen nach nichts mit »Entspannung« zu tun, wohl aber mit der Wiederherstellung einer zivilisierten Grundlage für bessere Beziehungen mit den Völkern, denen Deutschland gestern noch bitterstes Leid zugefügt hatte. Dazu reichte natürlich nicht ein deklamatorischer, verbaler Gewaltverzicht. Da mußte man sich, um glaubwürdig zu sein, zu substantiellen Aussagen bereitfinden. Nur solche konnten Vertrauen neu entstehen lassen.

Deshalb geht es um mehr als Entspannung. Es geht um den Frieden. Den versteht jeder; der bedarf keiner Erläuterung.

Sich selbst fragend und innerlich bewegt, ist Caspar Hilzinger immer wieder auf ein Erlebnis aus dem Jahre 1973 zurückgekommen. Leonid Breschnew war zum offiziellen Besuch nach Bonn gekommen. Der protokollarische Ablauf schien nicht gerade unter den günstigsten Bedingungen anzufangen. Wochenlang konnten sich die Sowjets nicht entschließen, ein festes Datum für den Besuch zu nennen. Als dann endlich am 18. Mai 1973 die Staatsmaschine des Generalsekretärs der Kommunistischen Partei der Sowjetunion sich auf dem Wege in die Bundesrepublik Deutschland befand, gab es weiteren Ärger. Die Russen telegraphierten vom Flugzeug aus, die Eskorte der deutschen Jagdflugzeuge solle abgezogen werden; sie gefährde durch ihre Manöver die Sicherheit des sowjetischen Flugzeugs. Auf dem Flugplatz Köln/Bonn hingegen bemängelten die Russen ein Zuwenig an protokollarischen Aufmerksamkeiten. Die Kanonen, aus denen normalerweise bei Staatsbesuchen die Böller abgefeuert werden, blieben stumm, denn Leonid Breschnew war ja »nur« Generalsekretär und nicht Staatsoberhaupt. Und schließlich blickte Leonid Breschnew finster drein, als sich Walter Scheel am zweiten Tag zu einer seit langem vereinbarten Reise nach Kairo verabschiedete, weil er dort eben Wort halten wollte.

Diesem Umstand hatte es Caspar Hilzinger zu verdanken, daß er Zeuge einer Szene wurde, in der die Frage von Krieg und Frieden wie in einer Faust gebündelt nach einer Antwort verlangte: Konnte Leonid Breschnew, der die Entspannung propagierte, auch als ein Mann des Friedens angesehen werden? Wie betäubt erlebte Caspar Hilzinger, wie der mächtigste Mann der mächtigen Sowjetunion die selbsterlebte Vergangenheit beschwor, um in Erinnerung zu rufen, was Krieg bedeute.

Willy Brandt hatte eine kleine Zahl deutscher Politiker in seine

Wohnung auf dem Bonner Venusberg zum Abendessen mit Leonid Breschnew und Andrej Gromyko eingeladen. Da Walter Scheel in Kairo weilte, nahm Caspar Hilzinger seinen Platz ein. Die Stimmung war freundlich, fast fröhlich zu nennen. Leonid Breschnew brachte auf dieses und jenes, auf diesen und jenen Trinksprüche aus, wie das eben so russische Sitte ist.

Als alle Trinksprüche gesagt waren, stand der schwere Mann noch einmal auf. Das sonst so jovial dreinblickende, massive Gesicht mit den drohenden Augenbrauen nahm einen starren, abwesenden Ausdruck an. Es schien Schmerz und Angst auszudrücken. Dann begann Leonid Breschnew von seinen Erlebnissen während des Zweiten Weltkriegs zu erzählen.

Am 22. Juni 1941, dem Tag des deutschen Überfalls auf die Sowjetunion, habe er in der Ukraine das Beladen eines Güterzuges mit Weizen für Deutschland beaufsichtigt. Da sei die Meldung vom Angriff der Deutschen gekommen. Die Genossen hätten die Nachricht für einen schlechten Scherz gehalten. Sie hätten sie nicht glauben wollen. Aber bald habe sich herausgestellt, daß es kein Scherz gewesen sei.

Er sei dann an die Front versetzt worden. Im Winter 1941/42 habe er wie viele andere erleben können, was der Krieg für die Menschen bedeutete. Jene Bilder an der Front könne er so wenig vergessen wie Millionen Soldaten, die sie auch erlebt hätten. Ein Glück sei es gewesen, daß die Väter und Mütter der Soldaten nicht hätten mitansehen müssen, wie ihre Söhne gefallen seien. Die eisige Kälte habe die Glieder der Gefallenen im Todeskampf erstarren lassen, wie sie gerade von den Granaten getroffen worden seien.

Dann versuchte Breschnew durch die Verrenkung seiner Arme darzustellen, wie die Toten dalagen und ihre verzerrten Glieder zum Himmel zeigten. Die Gefühle übermannten ihn. Seine Augen füllten sich mit Tränen. »Lassen Sie uns gemeinsam alles tun, damit sich so etwas zwischen unseren Völkern niemals wiederholt!«

Die Stimme Leonid Breschnews erstickte. Schwerfällig sank er auf seinen Stuhl zurück. Ein bleiernes Schweigen legte sich über den kleinen Raum im Haus Birkenweg Nr. 21. Keiner der Teilnehmer verspürte Neigung, etwas zu sagen. Kein Trinkspruch mehr, kein Kommentar. Die Gäste sahen still vor sich hin, während ihre Gedanken wohl in die Vergangenheit reichen mochten. Eine Vergangenheit, die allen, die am Tisch saßen, gemeinsam und doch so verschieden war.

Waren die elementaren Gefühle, die aus der Brust dieses schweren Körpers, aus den groben Zügen eines von Machtbewußtsein geprägten Gesichts sich eruptionsartig ergossen, echt und aufrichtig? Handelte es sich um einen sentimentalen Ausbruch der russischen Seele, der sich gewöhnlich ebenso überraschend ankündigt, wie er wieder verfliegt? Oder wurde den Deutschen von Leonid Breschnew gar nur ein Meisterwerk politischer Schauspielkunst vorgeführt? Caspar Hilzinger vermochte die Frage nicht zu beantworten.

Das Essen war zu Ende. Die Arbeit nahm ihren Anfang. Andrej Gromyko, Valentin Falin, Egon Bahr und Caspar Hilzinger verhandelten bis spät nach Mitternacht über die Differenzen, die bei der Anwendung des Berliner Vier-Mächte-Abkommens entstanden waren. Man einigte sich nach Stunden auf die Formel »strikte Einhaltung und volle Anwendung«.

Drunten in Bonn am Rhein schliefen die Bürger längst den Schlaf der Gerechten.

ABER DIE ZEIT STEHT NICHT STILL. Noch ehe der alte Streit begraben ist, tauchen am Horizont neue, gefährlichere Probleme auf. Den Generalstäben und den Diplomaten ist in der Regel gemeinsam, daß sie die Kriege und Probleme von morgen mit den Generalstabsplänen und Erfahrungen von gestern gewinnen und lösen wollen. Neue Interessengegensätze bedeuten neues Mißtrauen. Mit Spannung und Entspannung läßt sich die neue Gefahr nicht bannen. Man muß sie zunächst einmal kaltblütig analysieren und dann vernünftig handeln.

Vor nahezu dreißig Jahren führte Caspar Hilzinger in Paris ein Gespräch mit Geneviève de Tabouis, der streitbaren, großen alten Dame des französischen Journalismus. Sie erzählte ihm von einem Besuch Ende 1948 in Moskau. Es war die Zeit der Berliner Blockade, und viele Menschen stellten die bange Frage: Wird es Krieg geben? Geneviève de Tabouis stellte sie einem russischen Bekannten, der zum hohen Funktionär im Zentralkomitee der KPdSU aufgestiegen war. »Keine Sorge, Madame«, antwortete ihr der Sowjetfunktionär damals, »es wird keinen Krieg geben. Aber es kommt etwas ganz anderes.« Da erwachte in der leidenschaftlichen Journalistin, die immer auf Neuigkeiten erpicht war und das Gras wachsen hörte, mit einem Schlag die professionelle Neugier. »Was soll das heißen, es kommt etwas ganz anderes? Das kann ich nicht verstehen.« Darauf erwiderte ihr russischer Bekannter: »Es wird in den nächsten zwanzig, dreißig Jahren zu einer Entwicklung kommen, an deren Ende sich der imperialistische Westen in einer Lage befinden wird, die mit derjenigen eines Schmetterlings vergleichbar ist, der zwar noch lebt, aber dessen Flügel auf Karton aufgeklebt sind. Solange der Schmetterling sich nicht bewegt, wird er es nicht bemerken, daß seine Bewegungsfreiheit eingeschränkt ist. Will er aber von seinen Flügeln Gebrauch machen, wird es für ihn zu spät sein.«

Diese Geschichte beeindruckte Caspar Hilzinger damals sehr. Er hat für die langfristige globale Strategie der Sowjetunion seither kein zutreffenderes Bild gefunden. Eine Entwicklung, die, jede Schwäche des Westens ausnutzend, das politische und soziale Vakuum von Entwicklungsländern auszufüllen versucht und dabei, mit der militärischen Macht der Sowjetunion im Rücken, die strategisch wichtigen Punkte auf der Weltkarte sorgfältig aussucht. Das alles läuft mit viel Geduld seitens der Sowjetregierung ab, die infolge der verzweifelten Lage vieler Entwicklungsländer lediglich befürchten muß, diese von ihr gewünschte Entwicklung könne zu rasch vor sich gehen. Die Kontrolle über das Tempo der globalen Expansion ist entscheidend, wenn ein vorzeitiger oder unzeitiger Konflikt mit den Vereinigten Staaten vermieden werden soll.

Caspar Hilzinger hat die einprägsame Parabel der möglichen weltpolitischen Entwicklung seit Jahren jedem vorgetragen, der sie hören wollte. Meistens verzeichnete er als Reaktion seiner Zuhörer nur ein mitleidiges Lächeln, als wolle der Gesprächspartner sagen: Ach, der mit seiner Schmetterlingstheorie; der sollte sich mal untersuchen lassen, ob er nicht einen Schmetterling im Kopf hat.

Caspar Hilzinger wurde es leid, als Pessimist abgestempelt zu werden, nur weil er versuchte, auf die Gefahren von morgen und übermorgen hinzuweisen. Regieren heißt vorausschauen! Das war in der Bundesrepublik Deutschland kein populäres Motto. Man wollte weder gestört noch beunruhigt werden. »Hören Sie doch endlich auf mit Ihrer Schwarzmalerei«, sagte ihm eines Tages eine hochgestellte Persönlichkeit des öffentlichen Lebens. »Man kann doch nicht immer unzufrieden sein. Geht es uns denn nicht gut?« Da Caspar Hilzinger sich angewöhnt hatte, in solchen Unterhaltungen immer das letzte Wort zu haben, zitierte er den Ausspruch der Mutter Napoleons, Lätitia, als diese angesichts des Prunks am Pariser Hof ihres Sohnes in ihrem korsischen Dialekt ausrief: »Purwu que sa dure!« (Hoffentlich bleibt es so.)

Für die KPdSU mag es von großer Bedeutung sein, Handel und

Wandel mit den westlichen, kapitalistischen Ländern unter Bezugnahme auf die Kirchenväter der Partei als ideologiekonform erscheinen zu lassen. Entspannung und friedliche Koexistenz machen es möglich. Dem Westen hingegen kann es völlig gleichgültig sein, unter welcher Überschrift die Geschäfte mit der Sowjetunion abgewickelt werden, vorausgesetzt, sie entsprechen seinen Interessen. Auch der wirklichkeitsfremdeste Sowjetdiplomat wird kein Abkommen mit einem westlichen Staat treffen, wenn es nicht den Interessen der Sowjetunion dient. Das ist allerdings weiter nicht schlimm und braucht niemand von Abkommen mit der Sowjetunion abzuschrecken, denn die besten internationalen Vereinbarungen sind diejenigen, in denen beide Seiten ihr Interesse finden. Was aber wird aus diesen »Geschäften«, wenn die Sowjetunion sich anschickt, den großen Bogen der globalen Einkreisung gegen den kapitalistischen Westen, oder zumindest gegen die kapitalistischen Vereinigten Staaten, zu schlagen?

Die NATO, das wohl geschlossenste und bedeutendste System eines Zusammenschlusses westlicher Staaten, mag von dieser Fragestellung etwas geahnt haben, als sie auf der Grundlage des Harmel-Berichts auf den Gedanken kam, das militärische Bündnis müsse, gleich einem Januskopf, zwei Gesichter haben, ein abschreckendes, das militärische, und ein freundliches, das politische, das Entspannung betreibt. Zuckerbrot und Peitsche.

Gleichwohl hat Caspar Hilzinger die bizephale Tätigkeit des Militärbündnisses von Anfang an für einen schwerwiegenden Fehler gehalten. Jeder, der einmal versucht, die außenpolitischen Interessen und Verhaltensweisen mehrerer verbündeter Länder auf einen Nenner zu bringen, wenn es nicht um die militärische Verteidigung geht, der weiß, daß das Ergebnis in keinem Falle eine geschlossene außenpolitische Entscheidung sein wird. Wenn aber erst eine Weltmacht wie die Vereinigten Staaten versucht, die kleineren europäischen Länder auf ihre Linie zu bringen, obwohl deren Interessen in einer bestimmten Frage abweichen, so kann in jedem Falle am Ende nur eine Schwächung des Bündnisses stehen. Es ist ein Kardinalfehler, militärische Bündnisse in dem Sinne zu politisieren, daß sie für alle aufkommenden Fragen in der Welt zuständig sein sollen. Das zu wissen hatte Charles de Gaulle allen anderen voraus.

Ein Bündnis ist ein militärischer Zweckverband, der als Instrument der Verteidigung auf Beschluß der Mitgliedsregierungen in Aktion tritt. Nicht mehr und nicht weniger. Deshalb sollte man es nicht zulassen, daß in der Schaltzentrale des Bündnisses ehemalige Politiker eine Art Verdrängungsdiplomatie betreiben dürfen, die die Regierungen in Verlegenheit bringt. Denn der Zusammenhalt des Bündnisses ist eine ernste Sache. Er darf nicht wegen momentaner Meinungsverschiedenheiten, die sich aus peripheren Entwicklungen ergeben, aufs Spiel gesetzt werden.

Es ist noch nicht so lange her, da gab es genug Leute im Westen und auch in der Bundesrepublik Deutschland, die allen Ernstes behaupteten, Berlin werde in Saigon verteidigt. Entweder sie sagten dies bar jeder Kenntnis und Einsicht und plapperten es anderen nach, oder sie folgten einem falsch verstandenen Begriff von Solidarität. Inzwischen wissen es alle besser. Solidarität im Handeln kann es nur da geben, wo man nach ruhiger Abwägung des Sachverhalts zu einem gemeinsamen Entschluß gelangt ist. Solange der Westen dem, was Caspar Hilzinger als »den großen Bogen der globalen Einkreisung des kapitalistischen Westens« bezeichnet, nur mit einer undifferenzierten, episodischen Politik der Vereinigten Staaten begegnen will, der man sich wider besseres Wissen anschließt, wird er auf der Verliererseite stehen.

Der große Vorteil des Westens besteht darin, daß ihn das Prinzip der Freiheit dazu befähigt, in einer differenzierten Rollenverteilung aufzutreten, solange der Bündnisfall nicht gegeben ist. Dem hat die Sowjetunion im Rahmen ihres Bündnisses nichts Gleichwertiges entgegenzusetzen. Sie ist durch die Konstruktion ihres Systems zum monolithischen Vorgehen verurteilt.

Auf westlicher Seite hätte dies allerdings zur Voraussetzung, daß die Weltmacht USA genug Einsicht und Selbstverleugnung aufbringt, die weitgehende Autonomie der Entscheidung ihrer Bundesgenossen anzuerkennen und nicht gleich bei jeder Abweichung von der Washingtoner Linie (oder dem, was dafür gehalten wird) mit der Aufkündigung der Bündniszusage zu drohen. Eine solche mindert nämlich die Glaubwürdigkeit der atlantischen Abschreckung. Sie ist das Wertvollste, was wir haben.

Caspar Hilzingers Hoffnung auf eine solche Einsicht der Amerikaner war gering. Die ablehnende Haltung Henry A. Kissingers zu dem Gedanken eines europäisch-arabischen Dialogs hat ihn skeptisch gestimmt. Das war vor mehr als sieben Jahren. Wie froh könnten wir heute sein, wenn dieser Dialog konkrete Ergebnisse gebracht hätte. Denn die arabischen Staaten sind nun einmal das nächstliegende Ziel der sowjetischen Politik »des großen Bogens«.

Henry A. Kissinger glaubte, der europäisch-arabische Dialog würde seine Kreise im Nahostkonflikt stören. Aber die Frage muß erlaubt sein, was aus der Politik Kissingers in jener Gegend geworden ist. Es war sicherlich nicht die Unbotmäßigkeit der Europäer, die bis heute eine Lösung des Konflikts verhindert hat.

Wie dem auch sei, die Weltmächte mögen ihre eigenen Schwierigkeiten haben, die sich aus ihrer Eigenschaft als Weltmächte ergeben. Die Aufgabe der europäischen Länder in dieser Lage ist – mit Ausnahme des Bündnisfalles – eine andere. Ihr Auftrag, der sich aus ihrer geschichtlichen Erfahrung ergibt, besteht darin, der Vernunft und damit dem Frieden eine Chance zu geben, so lange wie möglich.

An diesem Punkt der weltpolitischen Analyse angelangt, pflegte Caspar Hilzinger jedesmal auszurufen: »Da haben wir es wieder. Das Versäumnis, einen europäischen Staat zu schaffen, werden wir noch teuer bezahlen, was immer die Gründe für unser Versagen gewesen sein mögen. Danach fragt die Geschichte wenig.«

In der Tat muß jeder ruhige und objektive Beobachter der weltpolitischen Szene feststellen, daß das Gewicht und die Anziehungskraft eines Vereinten Europa fehlen. Nicht eines sich beratenden, konsultierenden und koordinierenden Europa, das sich zunehmend in seinen inneren Widersprüchen verstrickt, sondern eines europäischen Staates, der für die Staaten der Dritten Welt eine größere Hoffnung bedeutet, als die Europäer auch nur ahnen. So bleiben Spannungs- und Entspannungspolitik eine Angelegenheit der Weltmächte, denen sich eines allerdings noch fernen Tages die Chinesen, trotz ihrer Beteuerung, sie wollten keine Großmacht sein, anschließen werden.

Der Zugang zu Energie und Rohstoffen – darum geht es auf absehbare Zeit – kann nicht die ausschließliche Sorge der Weltmächte sein. Die ganze Welt wird von dieser Frage in ihrer Existenz betroffen. Energie und Rohstoffe spielen für unsere Gesellschaft eine ebenso lebenswichtige Rolle wie die Versorgung der französischen Bevölkerung mit Getreide vor 1789. Monopol und Spekulation mit dem Getreidepreis haben schließlich den Anstoß zur Großen Revolution gegeben. Deshalb werden die weltumspannenden multinationalen Konzerne, die sich eine Monopolstellung im Weltmaßstab aufgebaut haben, eines Tages von ihrem hohen Roß heruntermüssen, um den Regierungen ein Mitspracherecht einzuräumen.

Eine militärische Lösung für dieses Problem ist keine Lösung.

Das Gegenteil mögen die Großmächte annehmen, die gewohnt sind, in den Kategorien von Abschreckung und Pokerspiel zu denken.

Was die energie- und rohstoffproduzierenden Länder angeht, wollen sie, soweit sie nicht Großmächte sind, von der Sowjetunion keine brüderliche Hilfe und von den Amerikanern keinen militärischen Schutz. Sie wollen im Grunde nichts anderes als die europäischen Staaten auch. Auf der Grundlage der zeitlich begrenzten Reichtümer versuchen sie eine Gesellschaft aufzubauen, die auch den kommenden Generationen ein Auskommen bietet. Beide können das nur im Frieden.

Mögen die Weltmächte Entspannungspolitik und Spannungspolitik betreiben, ganz wie sie es in momentanen Verlegenheiten für richtig halten. Die europäischen Länder können und sollten da nicht mithalten, auch nicht als Erfüllungsgehilfen einer Politik, die sie weder verursachen noch in ihren schließlichen Zielen kennen. Europa, so wie es ist, oder besser so, wie es sein sollte, muß ein zuverlässiges Element der Zusammenarbeit mit den Rohstoffländern der Dritten Welt werden, und das nicht nur auf der Basis: Wer Geld hat, kann kaufen! Die Solidarität der europäischen Länder mit diesen Rohstoffländern ist der Natur der Sache nach viel tiefer verankert, als sie das bis heute erkannt haben. Im Vergleich zu den Weltmächten sind sie zwar militärisch schwach; aber wirtschaftlich sind sie aufeinander angewiesen bis auf das letzte Barrel Öl und bis auf die letzte industriell gefertigte Maschine.

Wenn die Spannungen in der Welt gefährlich werden, rücken die Menschen und die Völker zusammen. Manche sehen sich zum ersten Mal und fangen an, sich kennenzulernen. Dann werden wir feststellen, daß es weit weniger »Verrückte« gibt, wie wir diejenigen zu bezeichnen belieben, die wir nicht verstehen. Wir werden sie besser verstehen in ihrer Sorge um die Zukunft ihrer Völker und manchmal auch in ihrem Haß gegen diejenigen, die ihnen für den einzigen und so vergänglichen Reichtum ein wenig Geld hingeworfen haben, aber sonst nichts mit ihnen zu tun haben wollten.

Vor einigen Jahren stattete der afghanische Botschafter Caspar Hilzinger einen Besuch ab. »Mein Volk hungert«, sagte er. »Wenn Deutschland nicht hilft, werden viele infolge der Mißernte verhungern. Überall sind wir bisher abgewiesen oder vertröstet worden. Aber Deutschland ist unser Freund. Es wird sicher etwas für uns tun.«

Er hatte recht: Die Beziehungen mit Afghanistan waren aus rein sentimentalen Gründen über Jahrzehnte hinweg von besonderer Qualität. König Aman Ullah war das erste Staatsoberhaupt, das dem besiegten deutschen Volk nach 1918 die Ehre eines Staatsbesuches erwies. Auch so etwas hat Gewicht in der internationalen Politik. Caspar Hilzinger hält die Treue in den Beziehungen der Völker für eine wertvolle Tugend. Es gelang ihm, Getreidelieferungen von 20 000 Tonnen zusammenzukratzen.

Aber Afghanistan war weit weg. Erst im Winter 1979/80, als die Sowjetrussen dort einmarschierten und eine neue Phase der Spannung einläuteten, schien es wieder ganz nahe zu sein.

Armer Herzog von Talleyrand

*Indessen bekennen wir gerne und laut, teils um unser Leben zu
retten, teils um nicht total in Unglanz zu kommen in der Welt,
wo die Professoren so dicht stehen wie Hühnerdarm am alten,
schaligen Gemäuer, daß wir den tiefsten Respekt haben vor
tiefem Studium und professerlicher Gelehrsamkeit, können uns
jedoch nicht enthalten, die Bemerkung zu machen, daß wir
kaum in einem Stande hochmütigere, dümmere, ja
beschränktere Menschen angetroffen als unter den Professoren.*

Jeremias Gotthelf

*Juristen in der Politik müssen von Nicht-Juristen umgeben sein,
um sie davon abzuhalten, zu legalistisch und zu einfallslos zu
sein.*

Richard Nixon

Meine Herren, ich will keinem Professor zu nahe treten.

Konrad Adenauer

DAS PROFESSORENPARLAMENT VON 1848 hätte für die Deutschen
Warnung genug sein müssen. So wie jene die deutsche Einheit zu
Tode diskutiert hatten, bis kein einziges Tröpfchen Wirklichkeit
mehr in ihren Diskussionen war, so verwandelten die deutschen
Europa-Professoren der Jahre 1950 bis 1965 das Projekt eines Vereinten Europa in ein gigantisches juristisches Seminar, dem die
europäische Umwelt teils staunend, teils belustigt zusah.

Dieser Kult mit dem Professorentitel ist keine spezielle Eigenart
des Auswärtigen Amtes gewesen. Auch in anderen Sparten des öffentlichen Lebens und auch im privaten Leben verleiht der Titel die
höheren Weihen und stellt den Inhaber außerhalb und oberhalb jeder fragenden oder zweifelnden Meinung. Ein deutscher Professor
diskutiert nicht, er doziert. Damit hat er sich auch in der Vorstel-
lungswelt des Auslandes, in der Deutschland manchmal sonderbare
Züge einnimmt, längst einen festen Platz erworben und zum exo-
tischen Akzent des Deutschlandbildes beigetragen.

Solange die Deutschen sich ihren Bundeskanzler oder ihren
Bundespräsidenten nur schwerlich ohne den Titel Professor vorstellen können, solange das alles sozusagen unter uns bleibt, ist das
an sich nicht weiter schlimm. Da haben die schlauen Schwaben

längst eine Marktlücke erkannt. Ihr Ministerpräsident kann den Titel Professor verleihen, ohne daß diese Ernennung etwas mit Wissenschaft oder Universität zu tun haben braucht. Hier ist der Titel einfach eine Art Bundesverdienstkreuz höherer Ordnung.

Anders sieht die Lage aus, wenn die Vorbereitung und Durchführung der Außenpolitik – die Diplomatie – von jenem rechthaberischen, formalistischen und weltfremden Sauerteig durchzogen wird, der normalerweise den Studenten das Leben schwermacht, in der Diplomatie aber Verheerungen anrichtet. Diplomatie bedeutet alles andere als Rechthaberei.

Man muß zugeben, daß ein Professor an seinem Platze, das heißt auf seinem Lehrstuhl, sehr wohl ein gewisses Maß an Rechthaberei aufbringen muß. Seine Aufgabe ist es zu sagen, wie sich die Dinge verhalten. Er ist der Gebende, der Student ist der Nehmende. Jeder Berufszweig entwickelt mit der Zeit den ihm eigenen Habitus. So auch der Stand der Professoren. Er tritt auf mit dem Anspruch, allein recht zu haben. Das ist vielleicht notwendig für die Autorität des Professors, aber Gift für die Diplomatie. Sie ist auf Verständnis, Toleranz und Kompromiß aufgebaut.

Der Titel sollte wohl die Leistung und die Autorität des Trägers auf dem Gebiet der Diplomatie in den Augen der Zeitgenossen erhöhen. Ein Diplomat, der zudem noch Professor war, das grenzte schon an den Besitz der Unfehlbarkeit; er konnte sich als Talleyrand und Professor in einer Person fühlen.

Andere Länder kannten dieses Doppelspiel von diplomatischer und wissenschaftlicher Karriere weniger. Erst mit John F. Kennedy haben sich die amerikanischen Präsidenten eine Reihe von Professoren als Berater geleistet. Mancher hatte den Ehrgeiz, sich mit Professoren zu umgeben, damit unter seiner Regierung Politik und Geist für jeden sichtbar eine Ehe eingehen sollten. Richard Nixon ist dann noch einen Schritt weitergegangen und hat einen Professor zum Außenminister gemacht. Noch heute streiten die Gelehrten, ob das ihm und der amerikanischen Außenpolitik gut bekam. Nur die Deutschen, in unbewußter Affinität, haben einen Kult um diesen Professor-Außenminister errichtet. Zweimal wurden wahre amerikanische Gentlemen, Bill Rogers und Cyrus Vance, als Außenminister von Professoren „abgeschossen": einer kam aus Deutschland, der andere aus Polen.

Von dem Dutzend Professoren, die Caspar Hilzinger im Auswärtigen Amt kennengelernt hat, waren alle bis auf eine Ausnahme

Juristen. Sie waren in den fünfziger und sechziger Jahren im Amt tonangebend. Sie haben die Politik der europäischen Einigung in jene blutleeren Sphären gehoben, wo nichts falsch gemacht werden kann, wenn man nur den Professor richtig verstanden hat. Mit Logik, Schlüssigkeit und Zugzwängen wurden Glasperlenspiele zelebriert. Wer sich der Weisheit der Professoren nicht unterwerfen konnte oder wollte, machte sich verdächtig oder galt als Dummkopf.

Caspar Hilzinger hat das selbst erfahren. Im Frühjahr 1956 stand die Zustimmung der französischen Regierung zur Wiedereingliederung des Saargebietes in den deutschen Verband noch aus, obwohl die Abstimmung an der Saar über die Möglichkeiten Frankreichs wenig Zweifel gelassen hatte. Gleichwohl war die französische Regierung bemüht, aus ihrer Zustimmung zur Rückkehr der Saar noch etwas für die französischen Interessen herauszuschlagen, nämlich den Moselkanal.

Heinrich von Brentano war mit einer großen Delegation nach Paris gekommen. Französischer Außenminister war Christian Pineau. Um neun Uhr vormittags hielt Heinrich von Brentano eine Vorbesprechung in der Botschaft ab. Um elf Uhr sollten die Gespräche im Quai d'Orsay beginnen. Botschafter Vollrath von Maltzan machte den Vorschlag, der Minister möge sich eingangs von Caspar Hilzinger berichten lassen, wie die Erwartung der Franzosen im Hinblick auf das Saarproblem beschaffen sei. Dieser wies darauf hin, daß der Moselkanal, losgelöst von irgendwelchen ökonomischen Überlegungen, für die Franzosen geradezu eine Zwangsvorstellung geworden sei. Nachdem aus dem Erwerb des linken Rheinufers, aus der Internationalisierung des Ruhrgebiets und aus der Europäisierung des Saargebietes mit wirtschaftlichem Anschluß an Frankreich nichts geworden sei, hätten sich alle französischen Ansprüche aus dem Zweiten Weltkrieg auf diesen psychologischen Komplex »Moselkanalisierung« konzentriert. Ohne Moselkanal gebe es keine Zustimmung der Franzosen zur Saarlösung.

Hier unterbrach einer der Professoren aus dem Auswärtigen Amt Caspar Hilzinger abrupt und meinte, so etwas Dummes habe er von einem Diplomaten noch nie gehört. Caspar Hilzinger schwieg.

Zwei Stunden später begannen die Gespräche im Quai d'Orsay. Außenminister Christian Pineau begann mit den Worten: »Messieurs, die französische Regierung ist im Prinzip bereit, die Rückgliederung des Saargebietes dem Parlament zur Ratifizierung vorzulegen. Aber seien Sie sich darüber im klaren, ohne die Zustimmung der Bundesrepublik zur Kanalisierung der Mosel wird es keine Rückgliederung des Saargebietes geben.« Und so kam es auch. Auf einmal sahen die Deutschen ein, daß die französische Forderung wohl ihre Berechtigung hatte.

CASPAR HILZINGER KENNT DIE NEUGIER vieler seiner geneigten Leser. Sie werden bei diesem Kapitel mehr als bei anderen nach Namen fragen. Aber er war nicht bereit, nicht einmal mir gegenüber, dem alten Kollegen aus dem Auswärtigen Amt, Namen zu nennen. Caspar Hilzinger ging es bei dem Bericht über die Rolle der Professoren in den ersten fünfzehn Jahren deutscher Nachkriegsdiplomatie nicht um Personen, die, jede für sich genommen, intelligent und ehrenwert waren. Ihm ging es darum, auf einen Faktor unter vielen hinzuweisen, der dazu beigetragen hat, die Außenpolitik der fünfziger und sechziger Jahre zu dem zu machen, was sie war. Wer sich eines Tages fragen wird, wie alles so kommen konnte, wie es gekommen ist, darf das Wirken von so vielen Professoren an wichtigen Stellen des Auswärtigen Amtes nicht vergessen.

Man kann nicht sagen, daß Caspar Hilzinger gegen diese Kollegen ein Vorurteil gehegt hätte. Er hat es lediglich bedauert, daß manche von ihnen der Universität verloren gegangen waren. Wenn er allerdings nach 1970 die Angriffe gegen die Vertragspolitik der sozialliberalen Koalition mit dem Osten hörte, so dachte er oft, daß manche Formulierung in den Ostverträgen hätte günstiger ausfallen können, wenn der starre Formalismus der Professoren in den fünfziger Jahren rechtzeitig das Notwendige zugelassen hätte.

Professoren der Rechte sehen die Außenpolitik wie einen Zivilprozeß. Da gilt die Zivilprozeßordnung, und jede der Parteien muß sich daran halten. Die besseren Argumente werden dann den Sieg davontragen. Es ist ihr großer Irrtum zu meinen, daß das für die Diplomatie auch gelte. Sie sehen nicht die Fülle des Lebens, in dem die Macht und die Gewalt keine geringere Rolle spielen als das Recht.

Caspar Hilzinger empfand einen großen Respekt vor Rechtswissenschaftlern, die der Wissenschaft treu blieben und deshalb das Auswärtige Amt wieder verließen. Er dachte, daß die Zusammenarbeit zwischen Rechtswissenschaft und praktischer Diplomatie, jeder aus seiner Verantwortung heraus argumentierend, von großem Nutzen sein konnte. Deshalb richtete er einen völkerrechtswissenschaftlichen Beirat beim Auswärtigen Amt ein. Ihm gehörten neben dem Leiter der Rechtsabteilung eine kleine Zahl der renommiertesten Völkerrechtslehrer der Bundesrepublik an. Die sehr ausgewogene Konstruktion einer Formel über die Ungültigkeit des Münchener Abkommens im deutsch-tschechoslowakischen Vertrag war beispielsweise ein Produkt dieser Zusammenarbeit von Wissenschaft und Diplomatie. Und dazu ein sehr gelungenes.

Unser Land braucht Diplomaten, die nicht »recht haben« wollen, sondern den Erfolg suchen. Auch das mit uns befreundete Ausland erwartet von ihnen keine Rechtsbelehrungen über noch so wichtige Fragen. Es kann einem sonst passieren, daß die Regierung, bei der der Diplomat akkreditiert ist, auf seine Abberufung hinarbeitet. Und die eigene Regierung kann und will ihn dann nicht halten. Dafür gibt es Beispiele. Das Ausland hat, wenn es um die Auslegung von Verträgen geht, seine eigenen Juristen. Die sind nicht schlechter als die unsrigen.

Unser Land braucht Diplomaten, die unsere Interessen mit Takt, Verständnis und Standfestigkeit vertreten können, gleichzeitig aber den Partner spüren lassen, daß wir es gut meinen mit ihm, daß wir ihn nicht in einem Netz rabulistischer Interpretationen fangen wollen, sondern daß Vertreter zweier Länder zusammenkommen, von denen jedes seine eigene Sicht der Dinge hat und die trotzdem eine Einigung erzielen wollen.

»Der Mann ist aufrichtig und bescheiden. Mit dem werden wir zu einem positiven Ergebnis kommen«, sagte Park Chung-Hee über Caspar Hilzinger. Zum Glück hatte er es bei seiner schwierigen Mission unterlassen, den Präsidenten über den Geist und Wortlaut der koreanischen Verfassung aufzuklären. Dann säßen die sechs Gefangenen heute noch im Zuchthaus.

Wenn Caspar Hilzinger heute die personellen Verhältnisse im Auswärtigen Amt betrachtet, so kann er mit Zufriedenheit feststellen, daß die Professorenwelle der fünfziger Jahre abgeflaut ist. Der Zeitablauf hat in dieser Frage wie in so mancher anderen für Abhilfe gesorgt. Von dem Dutzend, von dem Caspar Hilzinger zu Anfang berichtete, ist kein einziger mehr im aktiven Dienst.

Junge Kräfte sind herangewachsen. Sie konnten sich, bevor sie in die verantwortungsreichen Stellen einrückten, erst einmal die Welt ansehen. Sie erhielten Gelegenheit, an Ort und Stelle die fundamentalen Kräfte kennenzulernen, die die Weltpolitik in Bewegung halten. Sie haben auch die Geographie besser gelernt, als dies früher in Deutschland für notwendig gehalten worden war. Sie können den Standort der Bundesrepublik Deutschland im Gesamtzusammenhang der Welt besser einordnen und wissen, daß die Welt nicht am deutschen Wesen genesen will. Früher oder später kommen sie zu der Einsicht, daß man den Beruf des Diplomaten nur mit Erfolg und Befriedigung ausüben kann, wenn man patriotisch und bescheiden für sein Land wirbt und gleichzeitig begreift, daß die Bundesrepublik Deutschland nur ein Rädchen im Gesamtgetriebe ist.

Armer Herzog von Talleyrand-Périgord! Er galt bisher in der diplomatischen Kunst als unerreichtes Genie. Wer konnte aber ahnen, daß eines Tages deutsche Professoren aufstehen würden, die auf dem Gebiet der Diplomatie noch bessere Leistungen erbringen sollten als er. 1979 bescheinigte ein deutscher Professor in einer angesehenen Zeitung einem anderen, der an der Politik Konrad Adenauers maßgeblich beteiligt war, daß »die deutsche Außenpolitik der frühen Adenauer-Jahre« die Leistung Talleyrands »übertroffen« habe. Die Professoren werden es noch fertigbringen, dem Helden des Wiener Kongresses den Platz in der Geschichte der Diplomatie streitig zu machen. Ach, wenn Talleyrand doch Professor gewesen wäre ...

Vom Elend der Diplomatie

Dem fatalen Wort »Karriere« steht die Nichtigkeit der meisten sogenannten Staatsmänner von heute zur Seite. Diese Herren sehen die Welt mit ihren kleinen Diplomatenaugen klein, ihr eigenes ordenbespicktes Ich aber kommt ihnen höllisch imposant vor.

Freiherr Alexander von Schleinitz (1850)

Ihr Kerle, all ihr Kerle in den Medien! Die ganze Politik hat sich euretwegen gewandelt. Ihr habt die traditionellen Mechanismen zerschlagen zwischen uns und dem Kongreß und den Städten. Ihr habt uns eine neue Art von Leuten beschert.

Lyndon B. Johnson

Ohne unbedingt für meine eigene Kirche predigen zu wollen, meine ich doch, daß man das außenpolitische Geschäft, wenigstens was seine Durchführung anbelangt, am besten den Diplomaten überläßt.

Jean-Pierre Brunet

Die europäische Gipfelkonferenz in Kopenhagen war für Caspar Hilzinger so etwas wie ein Schlüsselerlebnis. Wozu, dachte er bei all dem dortigen Wirrwarr, brauchen wir eigentlich noch eine funktionierende Diplomatie? Die Regierungschefs betreiben das Geschäft ja offensichtlich mit großem Vergnügen.

Eine funktionierende Diplomatie, das ist ein Netz straff organisierter Kontakte zu den Regierungen in der Welt. Das ist die Möglichkeit, über die Zustände eines fremden Landes laufend aus erster Hand unterrichtet zu werden; das ist die Möglichkeit, zu jeder Zeit der eigenen diplomatischen Vertretung an drittem Ort genau sagen zu können, wie sie ihre Gespräche mit der Regierung führen soll, bei der sie beglaubigt ist; und das ist vor allem die Möglichkeit, die eigenen Leute ohne Gesichtsverlust desavouieren zu können, wenn es zu ernsten Mißverständnissen mit einer anderen Regierung kommen sollte.

Eine funktionierende Diplomatie kann sich taub stellen, wenn es die Lage erfordert, oder sie kann der fremden Regierung und der sie stützenden öffentlichen Meinung mit Argumenten begegnen. Eine Botschaft kann sich aus einer Sache zurückziehen, indem sie erklärt, sie habe einen Fehler begangen, sie habe ihre Kompetenz überschritten; oder sie kann neue Ideen lancieren und ventilieren, ohne die eigene Regierung dafür in Anspruch nehmen zu müssen.

All das kann die Gipfeldiplomatie nicht. Staats- und Regierungschefs verhandeln immer in letzter Instanz, und wenn etwas schiefgeht, hat das unmittelbare, konkrete Folgen. Die persönlichen Rivalitäten und Animositäten hochkarätiger Politiker lassen oft den sachlichen Aspekt einer Frage hinter den persönlichen Gefühlen zurücktreten, während die konventionelle Vorstellung vom Diplomaten davon ausgeht, daß bei ihm Sympathien oder Antipathien schon aus professionellen Gründen keine Rolle spielen dürfen. Die Gipfeldiplomatie der Staats- und Regierungschefs färbt ab auf die Außenminister, die unentwegt auf Reisen sind, um sich gegen die Konkurrenz der höchsten Gipfelbesteiger halten zu können. Und schließlich haben sich auch die Spitzenbeamten (der Außenministerien) daran gewöhnt, sich gegenseitig sogenannte Konsultationsbesuche abzustatten.

Die fast permanente Reisebewegung auf diesen drei Ebenen absorbiert einen bedeutenden Teil der Arbeitszeit in Staatskanzleien und Ministerien für die Vorbereitung und Durchführung solcher Reisen, obwohl eigentlich die Botschaft am Ort dafür bezahlt wird, die gleichen Themen zu behandeln. Es ist nicht nur eine Vergeudung von Zeit und Kraft, sondern die Gipfel- und Reisediplomatie greift auf eine Art und Weise in das differenzierte Gefüge eines funktionierenden diplomatischen Dienstes ein, daß Störungen und Mißverständnisse unvermeidlich werden.

Die Staats- und Regierungschefs sowie die Außenminister haben sich daran gewöhnt, direkt miteinander zu telefonieren. Die jeweiligen Botschafter sind deshalb über den letzten Stand einer Frage oft nicht unterrichtet. Für die Gastregierung verlieren sie dadurch an Interesse und sinken immer mehr herab zu Verwaltern von Gästehäusern mit diplomatischer Immunität, zu »Gastwirten der Nation«. Der aufwendige Apparat des auswärtigen Dienstes verkümmert dabei und ist im Falle einer Krise gar nicht in der Lage, entscheidend einzugreifen. Die eigene Initiative, das Gefühl, für den Stand der Beziehungen mit dem Gastland in besonderer Weise verantwortlich zu sein, schwindet beim diplomatischen Personal immer mehr dahin, weil ja der »Chef« zu Hause das alles an sich zieht. Da ist es am besten, sich auf die dekorative Präsenz im fremden Land zu beschränken.

Die Konferenz in Kopenhagen, an der Caspar Hilzinger als Mitglied der deutschen Delegation teilnahm, bot das jammervolle Bild einer auf diese Weise funktionsunfähigen Diplomatie. Ein Ausstellungsgelände mit großen, unpersönlichen Hallen war von der dänischen Regierung mit Hilfe einiger Kilometer blauen Baumwollstoffs und Rupfens in verschiedene Abteilungen, Stände und Sekretariate aufgeteilt worden. Das Ganze vermittelte den Eindruck eines großen diplomatischen Jahrmarkts, wobei lediglich die Ausstellungsobjekte – normalerweise dänisches Fleckvieh – durch Politiker und Diplomaten aller Grade aus neun Ländern ersetzt worden waren. Die Eröffnungssitzung bestand darin, daß die neun Staats- und Regierungschefs auf einer Rampe Platz nahmen, um den nahezu tausend Fernsehleuten, Fotografen und Journalisten Gelegenheit zu geben, die Matadore zu sehen, zu fotografieren, zu filmen. Dieses Video-Happening dauerte eine halbe Stunde. Als alle Filme belichtet waren, zogen sich die Staatsmänner zurück. Caspar Hilzinger hat nicht gehört, daß einer von ihnen gegen diese unwürdige Vorführung protestiert hätte. Sie waren doch sicherlich nicht nach Kopenhagen gekommen, um der harrenden Umwelt den optischen Beweis ihrer Anwesenheit zu liefern. Oder dachten sie vielleicht gar nicht an die Würdelosigkeit des Augenblicks, sondern eher an die Wirkung auf den heimischen Bildschirmen?

Dann hatte irgend jemand den Einfall, die Staats- und Regierungschefs sollten das Schlußkommuniqué selbst redigieren, obwohl es von hohen Beamten, die solche Arbeit gewöhnt waren, nur so wimmelte. Flugs verwandelte sich die pompös angekündigte Gipfelkonferenz in ein hochrangiges Redaktionskomitee unter Vorsitz des dänischen Ministerpräsidenten Anker Jörgensen. Insgesamt zehn Stunden lang feilte man nun an Worten und Sätzen, durch die die Wirklichkeit der politischen Lage nicht um ein Jota verändert wurde. Die Staats- und Regierungschefs lieferten sich erbitterte Scheingefechte. Die Obersten Befehlshaber hatten sich selber zu Maschinengewehrschützen degradiert – und schossen mit Platzpatronen. Sir John Brimelow, einer der fähigsten Diplomaten des englischen Foreign Office, reiste am Vormittag des zweiten Tages vor dem Ende der Konferenz ab. »Ich fliege zurück«, sagte er zu Caspar Hilzinger, »weil ich das nicht mehr mit ansehen kann. Die Staats- und Regierungschefs machen das Kommuniqué so vorzüglich, daß sie gar keine Hilfe brauchen. Am Ende sind sie alle zerstritten. Das ist das Ende jeder vernünftigen Diplomatie.«

Mit Henry A. Kissinger hat die Reise- und Gipfeldiplomatie eine besondere Ausprägung und wohl auch einen einsamen Höhepunkt gefunden. Jimmy Carters Versuch, diesem Vorbild auf seine Weise nachzustreben, mißlang, er hat es nicht geschafft. Niemand vermochte dem staunenden Weltbürger so sehr das Gefühl der Omnipräsenz zu vermitteln wie Henry A. Kissinger: immer unter den Augen der Fernsehkameras, von einer Kavalkade amerikanischer Journalisten begleitet; man wußte nicht, ob man den Weltjahrmarkt eines herumfliegenden amerikanischen Außenministers bestaunen, oder ob man weinen sollte. Der Außenminister der westlichen Führungsmacht gab sich dazu her, der Showman Nr. 1 in der Welt zu sein. Es ist bekannt, daß Henry A. Kissinger vom diplomatischen Dienst und seinem reibungslosen, stillen Funktionieren nicht viel hält, wie übrigens auch Konrad Adenauer, der einmal gesagt hat: »Man sollte alle Auswärtigen Ämter mit Stumpf und Stiel ausrotten!« Als amerikanischer Außenminister mußte doch Kissinger das Prestige Amerikas am Herzen liegen. Er hätte daher merken sollen, wie sehr dieses Prestige Not gelitten hatte. Es war nachgerade völlig uninteressant geworden, mit einem amerikanischen Botschafter ein politisches Gespräch zu führen, ganz einfach deshalb, weil er nicht informiert war.

Diese neue Technik der Reisediplomatie erreichte ihren Gipfel, als Kissinger im Nahen Osten von Hauptstadt zu Hauptstadt flog, eine Reise, bei der der politische Erfolg im umgekehrten Verhältnis zu den geflogenen Kilometern stand. Ein Außenminister ist kein Handelsreisender, selbst wenn das, was er anzubieten hat, von noch so hoher Qualität wäre. Er ist der Chef der Diplomatie eines Landes, der von seiner Hauptstadt aus in direkter Verbindung mit den politischen Kräften die notwendigen Operationen vorbereitet. Er muß jederzeit von dem nervösen Instrument des auswärtigen Dienstes Gebrauch machen können, ohne von nebensächlichen Augenblickseindrücken vor Ort beeinflußt zu werden. Es ist noch kein General ein großer Feldherr geworden, der nur in der Hauptkampflinie herumgelaufen ist.

Caspar Hilzinger war nicht so naiv zu übersehen, daß es wohl Gründe gab, die Politiker veranlassen konnten, die Öffentlichkeit und die Feuerwerksveranstaltungen der Gipfel- und Reisediplomatie zu suchen. Diese Gründe haben allerdings mit den Interessen der Diplomatie wenig zu tun. Die Massenmedien Rundfunk und Fernsehen sind wohl beide noch zu jung, um uns ein genaues Bild der von ihnen selbst verursachten tiefen gesellschaftlichen Veränderungen zu geben. Hans Heigert hat völlig recht, wenn er sagt: »Nichts ist mehr falsch als dies, als die Vorstellung, ein Kommentator oder Moderator könne große Meinungsmengen von hier nach dort bewegen. Das Fernsehen bewirkt etwas viel Schlimmeres. Es führt zur Sprach- und Ausdruckslosigkeit, und es erzeugt Unsicherheit und Angst. Es bewirkt die Ausbreitung des Schweigens.«

Nun ist aber gerade dieses Fernsehen zum ständigen Begleiter der Regierungschefs und Außenminister geworden. Jene glauben, daß die Interessen beider, des Politikers und des Fernsehmanns, die Grundlage zu einem für beide Seiten vorteilhaften Geschäft abgeben könnten. Der Fernsehmann, dessen Berufspflicht darin besteht, möglichst vieles aktuell »in den Kasten« zu bekommen, sucht taufrische Erklärungen von Konferenzen, in Konferenzpausen und nach Konferenzen. Davon lebt er; das ist sein Job. Niemand kann ihm das verdenken, seine Arbeit ist hart genug. Der Außenpolitiker weiß, daß er seine Arbeit gefährdet, wenn er zur Unzeit zuviel sagt. Aber er glaubt, daß er nicht oft genug auf dem Bildschirm in den Wohnungen der Wähler erscheinen kann, und sei es nur in kurzen und kürzesten Einblendungen. Daß diese werbewirksam sein können, zeigt ja die moderne Reklametechnik. Also wird er einen Kompromiß schließen. Er wird für jede Situation kurze Texte bereithalten, die weder etwas verderben können noch etwas bewirken. Die Gesetze der Fernsehtechnik zwingen ihn, auch dann etwas zu sagen, wenn er im Interesse der Sache schweigen müßte; und sie zwingen ihn, um die Sache herumzureden, wenn Aufklärung not täte. In beiden Fällen ist ja sein Zuschauer und Zuhörer auch sein potentieller Wähler. Der Beamte des auswärtigen Dienstes in irgendeinem demokratischen Lande, der seinem Regierungschef oder seinem Außenminister Zurückhaltung im Umgang mit den Massenmedien anraten würde, könnte heute mit Sicherheit nicht mehr Karriere machen. Er würde für beschränkt gehalten. Die Distanz, die der bedeutende Staatsmann zu allen Zeiten gegenüber der Masse gewahrt hat, gilt heute als Arroganz und Mangel an demokratischem Grundverständnis. Die Massenmedien haben die Barrieren durchbrochen, die bisher zwischen Bürger und Staatsmann bestanden. Sie sind nicht nur in die Privatsphäre des Bürgers eingedrungen, sondern sie haben auch die Diplomatie jenes Schutzes beraubt, den sie braucht. Sie haben die geografischen Entfernungen so stark verkürzt, daß der Bürger allabendlich Zeuge einer recht chaotischen Welt sein kann. Und sie lassen Diplomatie und Außenpolitik als etwas ganz Banales erscheinen.

Die Diplomatie wird mit den für sie fatalen Folgen der Gipfel- und Reisesucht und der Massenmedien nicht fertig werden. Sie wird früher oder später daran zugrunde gehen. Zu viele persönliche und innenpolitische Interessen sind im Spiel, deren Vertreter darauf brennen, sie auf das Protokollarische, auf das Nebensächliche, auf die juristische Hilfsfunktion zu beschränken. Ein so erfolgreicher amerikanischer Diplomat wie J. Robert Schaetzel hat das klar erkannt: »Ständige bilaterale Treffen, Beteuerungen der Kompetenz in der Außenpolitik und die Hingabe an die Sache des Weltfriedens, das alles ist weniger eine Frage der Überzeugung, daß die Politiker ihre Aktivitäten als entscheidend für das Wohl ihrer Bürger betrachten, oder eine Antwort auf die Forderung des Volkes, sondern vielmehr eine Flucht vor den fast unlösbaren Problemen der Innenpolitik.« Alles hat sich ins Gegenteil verkehrt. Die Diplomatie, die von der Diskretion lebt, wird täglich entschleiert, der Außenminister begibt sich an den Tatort, anstatt sich in ständigem Kontakt von seinen Beamten informieren zu lassen – außenpolitische Geschäftigkeit als Flucht vor der Innenpolitik, die die wirklichen Probleme in sich birgt.

Wie weit dieser Prozeß der Verkümmerung der Diplomatie schon gediehen ist, ließ sich in den Tagen der Afghanistan-Krise deutlich ablesen. Alle Welt hatte Botschaften in Moskau, Washington, Paris, London, wo immer, und alle Welt klagte, der Dialog zwischen Ost und West sei abgebrochen; es herrsche Sprachlosigkeit. Helmut Schmidt solle Leonid Breschnew, Leonid Breschnew solle Valéry Giscard d'Estaing und Jimmy Carter solle Leonid Breschnew treffen, um den Frieden der Welt zu retten. Doch es kam niemand auf den Gedanken, ganz einfach wie zu Talleyrands oder Bismarcks Zeiten einen Botschafter oder einen Botschaftsrat in das Außenministerium zu schicken, damit der mit seiner Gastregierung ein vernünftiges Gespräch führe, darüber berichte und auf Weisung warte, um das Gespräch fortzusetzen. Wozu haben die Länder denn noch diplomatische Dienste, Botschaften und alles, was dazugehört, wenn sie davon keinen Gebrauch machen wollen? Dabei übersieht der Westen ganz gewiß, daß Gipfelgespräche mit sowjetischen Funktionären wegen der besonderen Struktur des dort üblichen politischen Entscheidungsprozesses so gut wie überflüssig sind. Die Sowjetunion ist eines der wenigen Länder, in denen der diplomatische Apparat unter Leitung des besten Außenministers der Welt noch voll funktioniert. Hinzu kommt ein umständlicher, mehrgleisiger Entscheidungsmechanismus, der jede Frage von einigem Gewicht dem Politbüro zuschiebt. Kein Leonid Breschnew, kein Andrej Gromyko würde es sich je gestatten, von der im voraus vom Politbüro festgelegten Linie auch nur um ein Jota abzuweichen. Spontane Zugeständnisse sind schon von der Konstruktion der Beschlußfassung her absolut ausgeschlossen. Jimmy Carter hätte es sich daher ersparen können, Leonid Breschnew zu umarmen. Das zieht bei sowjetischen Politikern nicht. Gipfelgespräche mit den Russen sind für diese eine zusätzliche Quelle diplomatischer Informationen; für den Westen sind sie in der Regel eine Enttäuschung. Nur der stete Tropfen des permanenten diplomatischen Gesprächs vermag den Stein zu höhlen.

Caspar Hilzinger ist schon früh in seinem Berufsleben mit dem Dickicht von Innen- und Außenpolitik, oder besser gesagt: der Verflechtung von persönlichen Interessen und Außenpolitik, in Berührung gekommen. Damals hat er einsehen gelernt, daß Führung der Außenpolitik viel mit Disziplin und Respekt für die Spielregeln zu tun hat, daß sie aber Politiker immer wieder dazu verleitet, ihren persönlichen Ambitionen nachzugeben. Außenpolitik verträgt vor allem nicht, daß Parteien unter Umgehung oder mit Duldung der Regierung sich direkt in diplomatische Vorgänge einschalten, Emissäre aller Art ins Ausland entsenden, um mit fremden Regierungsstellen zu verhandeln oder gar halboffizielle Besuche durchzuführen mit der Abgabe von Erklärungen oder der Abnahme von Militärparaden. Es ist leider wahr: diese dilettantische Art, die Außenbeziehungen zu pflegen, ist nirgends so beliebt wie in der Bundesrepublik Deutschland. Parlamentarier demokratischer Länder mit intakter Regierungstradition demonstrieren im Ausland Disziplin und Solidarität mit der eigenen Regierung, auch wenn sie der Opposition angehören. Das ist hierzulande weitgehend unbekannt. Auslandsreisen und publizistisch herausgeputzte Gespräche mit fremden Regierungsmitgliedern müssen vor allem dazu herhalten, in Wahlkampfzeiten beim Wähler den Eindruck von Weltläufigkeit zu erzeugen. Im Deutschen kennen wir ja den Ausdruck, daß es mit einem Menschen »nicht weit her« sei, oder daß er nicht von »weit her« komme. Von weit her zu sein, von weit her zu kommen, gilt bei den Deutschen als eine Empfehlung. Daher mag es rühren, daß sie glauben, ein Wahlkampf »von weit her« sei besonders wirkungsvoll. In Frankreich oder England würde das nur Mißtrauen hervorrufen und als Verstoß gegen den politischen Stil gelten. Nicht so bei uns. Im Ausland gut anzukommen, gilt nicht als selbstverständlich. Es ist ein Beweis dafür, daß ein Politiker aus seiner bundesrepublikanischen Provinzialität ausgebrochen ist, und wer im Ausland etwas gilt, zählt daheim doppelt.

Es war im Jahre 1954, auf dem Höhepunkt der Gefechte um das Schicksal der Europäischen Verteidigungsgemeinschaft im französischen Parlament. Man wußte, daß der französische Ministerpräsident Pierre Mendès-France persönlich dem Projekt der Verteidigungsgemeinschaft eher skeptisch gegenüberstand. Während er seine Regierungszeit unter das Motto »Regieren heißt entscheiden!« gestellt hatte, wollte er gerade in diesem Fall nicht entscheiden. Das Parlament sollte ohne Empfehlung der Regierung abstimmen, weil die Regierung ihr Schicksal nicht an die EVG binden wollte. Regierungsmitgliedern wurde das Votum freigestellt. Es sah schlecht aus um die Europäische Verteidigungsgemeinschaft. Bonn war aufs äußerste besorgt. In solchen Situationen finden sich immer Politiker, die glauben, mehr zu können als andere. Sie können nicht warten, bis ihre Stunde kommt und versuchen, jeden Zipfel des weiten Mantels der Geschichte zu ergreifen.

Caspar Hilzinger erhielt eine telefonische Mitteilung aus Bonn, daß eine Gruppe von drei Personen mit Wissen des Bundeskanzlers in Paris wichtige Gespräche führen solle. Leider sei keiner der Beteiligten der französischen Sprache so mächtig, daß auf einen Dolmetscher verzichtet werden könne. Andererseits habe man einen Dolmetscher des Auswärtigen Amtes nicht engagieren wollen, da man den Außenminister mit der Sache nicht belasten wolle. Kurzum, Caspar Hilzinger wurde gebeten, zu einem bestimmten Zeitpunkt ins Hotel Majestic am Boulevard Raspail, dem Sitz der Gestapo während des Krieges (!), zu kommen und zu dolmetschen. Das weitere werde sich da finden.

Caspar Hilzinger fand dort vor: die Herren Franz Josef Strauß MdB., Paul Lücke MdB. und Dr. J. J., damals Parlamentsreferent. Die Herren waren sehr freundlich und auch dankbar, daß Caspar Hilzinger es übernommen hatte, ihre Pariser Gespräche zu dolmetschen, deren besondere Vertraulichkeit immer wieder unterstrichen wurde.

Dann ging es direkt in die Pariser Privatwohnung von Antoine Pinay, dem früheren Ministerpräsidenten, am Boulevard Suchet.

Bei ihm als dem Vorsitzenden der bürgerlichen Mitte-Rechts-Partei der Unabhängigen waren die Bonner Herren davon ausgegangen, daß er ein überzeugter Anhänger der EVG sei und daß er keinen größeren Wunsch haben könne, als Pierre Mendès-France, den Anführer der Mitte-Links-Kräfte, aus dem Regierungsamt zu drängen. Wenn sich die beiden Ziele auf einen Nenner bringen ließen, würde auch Bonn auf seine Kosten kommen und seine Europäische Verteidigungsgemeinschaft erhalten. Diese Interessenlage konnte man unschwer auch als Komplott zum Sturz von Mendès-France interpretieren. Das, nicht mehr und nicht weniger, war es jedenfalls, was die Emissäre aus »Outre-Rhin« Antoine Pinay vorschlugen. Der aber wurde von Satz zu Satz, von Minute zu Minute, verlegener und rutschte unruhig auf seinem Stuhl herum, nicht recht wissend, wie er seinen Besuchern das für einen französischen Politiker Ungeheuerliche ihres Vorhabens klarmachen sollte, ohne sie zu verletzen. Erstens war Antoine Pinay erst zum Anhänger der EVG geworden, als er nicht mehr an der Regierung war; zweitens war seine eigene Partei, die Unabhängigen, in dieser Frage gespalten; drittens war er sich sofort bewußt, welches tödliche Risiko er einging, wenn er sich als französischer Politiker in dieser plumpen Art auf Komplott-Gespräche mit Ausländern einließ, dazu noch mit Deutschen. Auch Caspar Hilzinger begriff sofort, daß für die EVG und die deutsch-französischen Beziehungen schwerste Gefahren entstanden, wenn von diesem Gespräch das geringste ruchbar würde. Dann hatte Pierre Mendès-France ein Argument in der Hand, das wirkungsvoller sein würde als alles andere. Die Deutschen hatten versucht, ihn zu stürzen. Da seht ihr, was die europäische Einigung bedeutet! Caspar Hilzinger unterrichtete daher unverzüglich seinen Vorgesetzten an der Botschaft, den Gesandten Gebhardt von Walther, der seinerseits Herbert Blankenhorn im Bundeskanzleramt auf die entstandene Gefahr aufmerksam machte. Damit hatte die Eskapade ein Ende. Konrad Adenauer blies das Unternehmen ab, noch bevor die drei nach Bonn zurückgekehrt waren. Nicht ohne Schadenfreude hatte er die »Außenpolitiker« in Empfang genommen. Eine Verärgerung zwischen Franz Josef Strauß und Caspar Hilzinger war zurückgeblieben. Dieser hatte schließlich nur seine Pflicht getan. Der große Betriebsunfall, der aus diesem Einbruch in die Diplomatie hätte entstehen können, war vermieden worden. Und das war die Hauptsache.

Man hat manchmal gesagt, daß die Gipfel- und Reisediplomatie durch die modernen Reisemöglichkeiten hervorgerufen worden sei. Sicherlich würde weniger gereist, wenn es so beschwerlich wäre wie früher und länger dauerte. Im Jet durch die Welt zu brausen, erhöht das Lebensgefühl mancher Menschen. Aber darin kann man nicht den entscheidenden Grund dafür sehen, daß sich besonders in Deutschland fast ein jeder berufen fühlt, etwas für die Verständigung, für die gemeinsame Verteidigung oder für die gemeinsame Kultur oder für sonst etwas Gemeinsames zu tun, wenn sich damit eine Reise ins Ausland verbinden läßt. Reisen bildet, und insoweit ist nichts dagegen einzuwenden, es sei denn, das Unternehmen erreiche touristische Dimensionen. Der wirkliche Grund für die Gipfel- und Reisediplomatie liegt in der dauernden Verwechslung von Innen- und Außenpolitik. Wenn der außenpolitische Kalender sich nach dem Wahlkalender zu richten beginnt, wird die Sache ernst. Wenn sich in der Welt zu Recht oder zu Unrecht der Eindruck festsetzt, der amerikanische Präsident habe diesen oder jenen außenpolitischen Schritt nur unternommen, um wiedergewählt zu werden, wird die Sache bedenklich. Wenn wir dazu übergehen, unsere außenpolitischen Ziele durch Meinungsumfragen zu ermitteln, wird die Sache hoffnungslos. Es können nicht die Bequemlichkeiten des modernen Reisens sein, die Politiker auf die außenpolitischen Pfade treiben. Das Problem ist älter. Alexis de Tocqueville, »einer der großen Analytiker der großen Welt« (Dilthey) hat schon vor nahezu 150 Jahren gesagt: »Die Demokratien haben meistens nur verwirrte oder sehr irrige Vorstellungen von den auswärtigen Angelegenheiten; sie lösen die Probleme selten, wie sie sich von außen darbieten, sondern vielmehr mit Gründen, die sich aus ihrer inneren Lage ergeben.« Wenn die innere Lage, was immer man darunter verstehen will, prinzipiell die Außenpolitik bestimmt, ist das das Ende der funktionierenden Diplomatie. Was die Diplomatie eigentlich verhindern soll, nämlich die internationale Unordnung, wird dann gerade das Ergebnis sein.

Von Journalisten,
Heuchlern und Besserwissern

Vom eigentlichen Regieren löscht der Begriff immer mehr aus,
wie auch das Licht immer düsterer brennt, je mehr Rauch und
Staub um dasselbe gemacht wird.

Jeremias Gotthelf

Eines Tages werden wir alle vor Gericht kommen, angeklagt,
schweren Mißbrauch mit Worten getrieben zu haben, und das
wird sein, daß Wortabusus zu den Kapitalverbrechen zählt.

Ursula Ziebarth

Herr Springer, wir sind uns selten begegnet; ich möchte Sie nie
mehr wiedersehen.

Gunther Sachs

VON CASPAR HILZINGER IST MANCHMAL BEHAUPTET WORDEN, er
habe zur Presse und zu den Journalisten ein schlechtes Verhältnis.
Einige meinten hingegen, er sei zu vertrauensselig, zu direkt und
verstehe es nicht, sich in der Presse ein »Image« zu schaffen. Darauf, das ist wahr, hat Caspar Hilzinger niemals Wert gelegt. Die
freie Meinungsäußerung und ihre unverfälschte Wiedergabe durch
die Presse hat er stets für eines der höchsten Güter der Demokratie
gehalten, die diese erst zu ihren Leistungen befähige. Wenn Angst
oder Opportunismus die Lust an der freien Meinungsäußerung ab-
sterben lasse, dann sei Gefahr für die Gesellschaft im Verzug. Der
Kampf gegen jede Form der Unfreiheit wäre umsonst, wenn die
Bürger zu dem Ergebnis kämen, daß sich eine freie Meinung nicht
mehr lohne, sondern nur Ärger einbringe.

Caspar Hilzinger hielt nichts davon, im Gespräch mit Journalisten jene berühmte diplomatische Zurückhaltung zu wahren, die
sehr oft Unkenntnis durch Diplomatengehabe verschleiern will.
Dies setzt allerdings gegenseitiges Vertrauen voraus. Nur in ganz
wenigen Fällen ist er da enttäuscht worden. Es handelte sich dann
jeweils um Vertreter jener Massenblätter oder Magazine, die eine
ganz andere, nämlich kommerziell bestimmte Auffassung von Mei-
nungsfreiheit, Fairneß und Vertrauen hatten. Ihnen ging es nicht
um die möglichst genaue Aufklärung eines Sachverhalts, sondern
um den »Knüller«, die Indiskretion mit persönlichem Beige-

schmack, kurz um das, was geeignet ist, die niederen Instinkte im Menschen zu wecken. Und es ging ihnen natürlich vor allem um die Auflagenziffer. Ein Herausgeber solcher Presseerzeugnisse muß die Deutschen für sehr dumm halten. Aber das Schlimme ist, daß die hohen Auflagen seiner Boulevardblätter Axel Springer zum Beispiel recht zu geben scheinen. Das hindert die bundesdeutsche Politprominenz keineswegs, ihm, der sich gern als Patrioten feiern läßt, ihre Reverenz zu erweisen.

Dem Außenstehenden war es unverständlich, daß sich Caspar Hilzinger von Zeit zu Zeit herbeiließ, mit Reportern solcher Blätter und Magazine zu sprechen. Dies ging manchmal so weit, daß wohlgesonnene Journalisten versuchten, ihn von Kontakten mit jenen Kollegen abzuhalten oder ihn abzuschirmen. Gleichwohl sah Caspar Hilzinger es als eine Herausforderung an die Wahrheit an, auch solchen Reportern seine Meinung zu sagen, von denen er mit einiger Sicherheit annehmen konnte, daß sie den Inhalt verzerrt und entstellt wiedergeben würden. Er pflegte dann zu sagen: »Wenn wir aus Sorge, die Wahrheit könnte entstellt werden, die Wahrheit nicht mehr aussprechen, dann haben wir eine de-facto-Konvergenz mit jenen Systemen hergestellt, wo man die Wahrheit nicht aussprechen darf. Der Unterschied zwischen Nicht-wollen und Nicht-dürfen ist dann nur noch gering.«

Die kleinen Vertrauensbrüche und Enttäuschungen, die von nervenschwachen Politikern gern als dramatisch angesehen werden, haben in Caspar Hilzinger das Gefühl der Bewunderung für eine große Zahl befähigter Journalisten, mit denen er im Laufe seines Berufslebens zu tun hatte, nie beeinträchtigen können. Da mag im Unterbewußtsein auch der frühe Wunsch, selber Journalist zu werden, eine Rolle gespielt haben. In seiner Züricher Studienzeit hatte diese Absicht sogar konkrete Formen angenommen, als er anfing, für den *Industriekurier* über die wirtschaftlichen Probleme der Schweiz regelmäßig zu berichten. (Es war damals gar nicht so einfach gewesen, dafür die Zustimmung der schweizerischen Fremdenpolizei zu erhalten, obwohl das in Reichsmark gezahlte Honorar nicht transferiert werden konnte. Aber für die Leute daheim war es ein geöffnetes Fenster ins nachbarliche Ausland. Man bedenke: 1946!) Nein, Caspar Hilzinger war nicht pressefeindlich. Davon hielt ihn schon die Freundschaft mit vielen deutschen und ausländischen Journalisten ab, etwa mit Max Beer, dem Altmeister der UNO-Berichterstattung, der für die *Neue Zürcher Zeitung* arbeitete. Ein großer Teil seiner Familie war im Dritten Reich umgekommen. Seine Haßliebe allem Deutschen gegenüber war verständlich, wenn auch manchmal schwer zu ertragen. Er hatte die Weimarer Republik bei ihren ersten Schritten auf dem Parkett des Genfer Völkerbunds begleitet und danach mitansehen müssen, wie alle guten Vorsätze und Absichten in der Diktatur endeten. Sein größter Wunsch nach 1949 war es, die Bundesrepublik Deutschland möge in den Vereinten Nationen eine bedeutende Rolle spielen und die Stimme einer Nation zu Gehör bringen, die aus ihren Irrtümern und wahrscheinlich auch Veranlagungen etwas Positives für den Frieden gemacht habe. Er hat den Beitritt der Bundesrepublik zur Weltorganisation nicht mehr erleben dürfen. Caspar Hilzinger bewahrte Max Beer Dankbarkeit dafür, daß er ihm den Rat des erfahrenen Journalisten nie versagt hat.

Albert Leichter, der in New York für die Deutsche Presse-Agentur arbeitete, kam vom österreichischen Sozialismus her und besaß eine unerschöpfliche Personenkenntnis über Vertreter der europäischen sozialistischen Bewegung. Emigrant wie Max Beer, war er ein überzeugter Idealist und Menschenfreund geblieben, der die böse Vergangenheit im Gespräch höchstens mit einem melancholisch-wissenden Wort streifte, als wolle er sagen: »Sie wissen ja, was alles möglich ist, wenn man die Menschen aufeinander losläßt.« Er war einer jener Juden voll innerer Einsicht und dabei großer Bescheidenheit, immer bereit, hinter massiver auftretenden Zeitgenossen zurückzustehen – ein guter Freund.

In seiner Pariser Zeit von 1950 bis 1957 hatte Caspar Hilzinger einen regelmäßigen Gast, mit dem er viele Stunden interessanter Diskussion verbrachte: Paul Medina, der aus Paris für die *Frankfurter Allgemeine Zeitung* berichtete. Sein Hauptinteresse galt der französischen Innenpolitik. Hier traf sich seine Aufgabe mit der, die Caspar Hilzinger an der Botschaft übernommen hatte. Er war für die Beobachtung der französischen Innenpolitik und die Verbindung zum Parlament zuständig. Mancher Leitartikel Paul Medinas ist in diesen Gesprächen entstanden. Ihrer beider Gedankenführung in der äußerst vielschichtigen Materie war manchmal so kompliziert, daß Paul Medina in einer netten Art von Selbstironie zu Caspar Hilzinger bemerkte: »Morgen finden Sie über unser Gespräch einen Leitartikel in der *FAZ*, den außer uns beiden kein Mensch verstehen wird.« Caspar Hilzinger denkt heute noch mit Vergnügen an die Unterhaltungen mit diesem Journalisten »alter

Schule« zurück. Paul Medina war immer interessiert, immer auf den Beinen, unermüdlich und kameradschaftlich. Der Tod ereilte ihn mitten in der Arbeit, man konnte es sich gar nicht anders vorstellen. Sein Herz war einfach stehengeblieben.

Es gibt noch viele andere Namen, die aus dem Gedächtnis auftauchen und die Erinnerung beleben. Gerne erinnert sich Caspar Hilzinger seiner Gespräche mit dem Senior der Bonner Journalisten, Georg Schröder, dem intimen Kenner der Bonner Politszene; an Alfred Rapp, den er stets als »Herr Landsmann« titulierte, weil er aus Karlsruhe stammte, und an den quicklebendigen und schlauen Chefreporter Hans-Ulrich Kempski, der ihm so manches »Staatsgeheimnis« entlockte. Ja, man kann durch die gemeinsame Arbeit Freundschaften knüpfen. Aber das hängt nicht nur mit der Arbeit zusammen, sondern vor allem mit den Menschen.

Aus der Begegnung mit so vielen hochqualifizierten Journalisten lernte Caspar Hilzinger, welche große Bedeutung das Verhältnis von Diplomatie und Presse in unserer Zeit besitzt. Aber wie sollte dieses Verhältnis auf der Grundlage gegenseitigen Interesses gestaltet werden, so daß beide Seiten, Diplomatie und Presse, daraus Gewinn ziehen konnten? Weder die für diplomatisches Handeln notwendige Diskretion noch die Unabhängigkeit der Presse durften dabei zu Schaden kommen. Der Journalist, der einer kurzlebigen Indiskretion zuliebe seine Informationsquellen aufs Spiel setzt, ist ebenso schlecht beraten, wie der Diplomat, der glaubt, er könne die Presse mit Halbwahrheiten zur Unterstützung einer bestimmten Politik animieren, die sie nicht unterstützen will. Caspar Hilzinger legte deshalb größten Wert auf gelegentliche Hintergrundgespräche mit einem Dutzend vertrauenswürdiger Journalisten, in welchen diese mit der allgemeinen Problematik einer Frage vertraut gemacht wurden. Diejenigen Faktoren, die bei der Meinungsbildung der Regierung eine Rolle spielten und beachtet sein wollten, trug er dabei so trocken und so objektiv vor, als handle es sich nicht um ein Gespräch mit Journalisten, sondern um ein wissenschaftliches Seminar. Caspar Hilzinger dachte nämlich, wohl zu Recht, daß das Urteil der Journalisten in dem Maße differenziert und vorsichtig würde, in dem man sie mit den vielfachen Facetten eines Problems vertraut machte. Keine Plädoyers für eine bestimmte Politik der Regierung, sondern Einsicht in den komplexen Charakter eines Problems und die Notwendigkeit, stets das kleinere Übel wählen zu müssen.

1979 stand ein Staatsbesuch des Bundespräsidenten im Iran auf dem Reiseprogramm. Es gab viele Gründe, dem Besuch mit einigem Unbehagen entgegenzusehen. Seit dem mißglückten Aufenthalt des Schahs in Berlin war die Atmosphäre getrübt. Das Regime Reza Pahlawis war in der Bundesrepublik nicht populär, die Presse stand ihm kritisch, skeptisch und auch ablehnend gegenüber. Caspar Hilzinger befürchtete, daß der Gegenbesuch des Bundespräsidenten in Teheran erneut mit einem Mißklang enden könnte, wenn die deutschen Journalisten ihrer Kritik an Ort und Stelle freien Lauf ließen. Also lud er sie vor der Abreise zu einem Hintergrundgespräch ein. Als alle Einzelheiten besprochen waren, sagte er zu ihnen: »Meine Herren, ich weiß, daß ein Staatsbesuch in Iran bei uns nicht sehr populär ist. Aber so, wie die Dinge liegen, können wir uns die Regierungen, mit denen wir zu tun haben, nicht aussuchen. Deshalb braucht eine aufmerksame und kritische Berichterstattung keine Not zu leiden. Niemand denkt daran, Ihnen Verhaltensmaßregeln geben zu wollen. Ich möchte Sie nur um eines bitten: Bleiben Sie sich, bei allem, was Sie schreiben, bewußt, daß die Lage in Europa durch die Energieversorgung mit der Stabilität im Persischen Golf aufs engste verknüpft ist. Sollte der Schah durch Druck von außen oder von innen stürzen, sollten die Scheichtümer folgen und am Ende die Monarchie in Saudi-Arabien fallen, dann wird sich das Leben in Europa verändern, und zwar zum Schlechten.«

Die Journalisten hatten begriffen. Es gab keinerlei Ärger. Caspar Hilzinger konnte nicht ahnen, wie prophetisch sein Hinweis war. Ein halbes Jahre später war der Schah gestürzt.

Hintergrundgespräche machen es den Journalisten möglich, ihren Lesern Sachkenntnis zu vermitteln und sie zum vorsichtig abwägenden Urteilen anzuregen. Genau das ist es nämlich, was not tut, wenn Presse und öffentliche Meinung die Außenpolitik eines Landes unterstützen sollen. Das gibt es allerdings nur in Ländern, die über genügend politische Reife verfügen, um einzusehen, daß Außenpolitik und Diplomatie alle angeht, ohne Unterschied ihrer Partei. Nun ist in den letzten Jahren eine Veränderung eingetreten, die die positive Rolle der Presse beeinträchtigt hat. Der Kampf um die aktuellste Nachricht, die Hektik der Konkurrenz und der Primat des finanziellen Gewinns vor dem journalistischen haben die bedeutenden Journalisten, die unabhängige Leitartikler waren, immer stärker zugunsten des Reportertyps zurückgedrängt. Welcher Journalist verfügt heute noch über die materielle und politische Unabhängigkeit, sei es als Auslandskorrespondent oder als Mitglied der Redaktion, um gewissenhaft zu recherchieren und politisch fundiert schreiben zu können? Die Aktualität hat die Meinung verdrängt. Die Jagd nach Sensationen hat auch die Dämme durchbrochen, ist auch in die Reservate eingedrungen, in denen bisher die Außenpolitik eine relative Ruhe und Konsistenz bewahren konnte.

Hinzu kommt, daß die modernen Kommunikationsmittel eine solche Fülle von Nachrichten aus allen Teilen der Welt produzieren, daß der Zeitungsleser unter dem anhaltenden Eindruck steht, die Welt sei voller Krisen und Katastrophen. Da, wo früher der Staatsmann Vertrauen und Sicherheit verbreitete, erscheint er heute als jemand, der, anstatt zu handeln, dauernd ohnmächtige Erklärungen abgibt. Die wirklich großen Probleme der Menschheit scheinen sich in lauter aktuelle und punktuelle Krisen aufzulösen. Wo eine klare Analyse Einsicht in die tieferen Zusammenhänge bringen sollte, entstehen nur Reizwirkungen, wie Verwirrung und Angst.

Auf der anderen Seite wäre der Versuch der Diplomatie, sich gegen die Presse abzuschirmen, sinnlos. Sie braucht die Unterstützung durch die öffentliche Meinung, deshalb muß sie sich ihr öffnen. Sie muß sich der seriösen Presse zuwenden und ihr die Grundlagen, die Ziele und die bestimmenden Faktoren darlegen. Dann wird sie, und damit letztlich auch der Zeitungsleser, in der Lage sein, die auf sie einstürmenden Einzelmeldungen aus aller Welt in ein vernünftiges Koordinatensystem einzuordnen und zur Außenpolitik des eigenen Landes in ein rechtes Verhältnis zu setzen. Dazu genügt es natürlich nicht, den Pressesprecher eines Außenministeriums mit Sprachregelungen zu versehen, die er herunterbeten kann. Die führenden Köpfe der Diplomatie müssen sich selbst der Mühe unterziehen, zwei- bis dreimal im Monat ausführlich mit Journalisten zu sprechen. Wegen der besonderen Lage der Bundeshauptstadt müssen auch die Chefredakteure der großen Zeitungen, die überwiegend nicht in Bonn erscheinen, von Zeit zu Zeit nach, Bonn eingeladen werden.

Die Diplomatie ist kein geeignetes Feld für Besserwisser. Ganz im Gegensatz zu den landläufigen Vorstellungen von der Diplomatie als geheimer Kabinettspolitik ist sie heute eine Angelegenheit für alle politischen Kräfte im Volk geworden. Allerdings unter der Voraussetzung, daß Sachkenntnis und nicht Gefühl das Urteil bestimmt. Vor allem nicht die parteipolitische Emotion, denn von der

Außenpolitik werden die Interessen aller und nicht nur diejenigen einer Partei berührt. Die verantwortungsvolle Presse ist das geeignete Medium, in einer Zeit der Abstumpfung und Ablenkung außenpolitisches Sachwissen zu verbreiten, Ressentiments abzubauen und auf diese Weise dem Gemeinwohl zu dienen. Sie ist neben anderen Massenmedien und Massenorganisationen zur vierten Gewalt im Staat geworden. Allerdings muß sie sich selbst auch kontrollieren.

Über die Dummheit in der Politik

*Weißt du denn nicht, mein Sohn, mit wie wenig Verstand die
Welt regiert wird?*
Papst Julius III.

*Sie wissen ja nicht, wie dumm Politiker sein können. Wenn
man sein ganzes Leben mit Politikern zu tun hatte, weiß man es.*
Konrad Adenauer

*Die Majorität der Dummen ist unüberwindbar und für alle
Zeiten gesichert.*
Albert Einstein

MAN SCHRIEB DEN 14. MAI 1953. Konrad Adenauer war offizieller
Gast der britischen Regierung. In Nr. 10 Downing Street, dem Sitz
des britischen Regierungschefs, gab Winston Churchill ein Abendessen für den Gast aus Bonn.

Das Haus in der Downing Street gehört zu den geschmackvoll-
sten Residenzen, die Caspar Hilzinger kennengelernt hat. Der Eingang, der sich von der Haustüre eines gewöhnlichen Bürgerhauses
in nichts unterscheidet, führt über einen schmalen, mit einem roten
Läufer ausgelegten Korridor ins Innere des Hauses, ganz wie in einem soliden bürgerlichen Stadthaus Londons, das einem Makler
oder Reeder gehört.

Der erste Gedanke, der dem Besucher angesichts der verhältnismäßig einfachen, aber von sicherem Geschmack geprägten, in keiner Weise überzogenen Ausstattung der Räume durch den Kopf
gehen mag: von hier aus also wurde das britische Weltreich gelenkt
und beherrscht. Einen kurzen Moment lang könnte der Besucher
vom Kontinent das Gefühl haben, die privilegierte Stellung der weißen Rasse »all over the world« zu genießen. Er bedenkt wohl auch,
daß von dieser Stätte bürgerlicher Lebensart aus der größenwahnsinnige und proletarische Diktator mit all seiner monumentalen
Architektur besiegt worden ist.

Der schmale Korridor in Nr. 10 Downing Street endet an einer
hölzernen Treppe, schlicht mit weißer Ölfarbe gestrichen, die in die
oberen Salons führt. Dort fand auch das Abendessen an jenem
14. Mai 1953 statt.

381

Die englische Innenarchitektur, wie sie vor der Ex- und Import-
welle englischer »antiques« nach dem europäischen Festland bestanden hat, als sie noch nicht in der vulgärsten Art von wirtschaftlichen Emporkömmlingen nachgeäfft wurde, zeichnet sich durch
Bescheidenheit aus, die gelegentlich auch als »understatement« bezeichnet wird. Für das bürgerliche Selbstgefühl bietet die englische
Wohnkultur eine Art schützendes Gehäuse und ist gleichzeitig von
größter Zweckmäßigkeit. Englische Sitzmöbel sind die bequem-
sten, weil sie nur zum Sitzen da sind; Eßzimmertische sind die prak-
tischsten, weil sie breit genug sind und in der Länge verstellbar. Ma-
hagoni, Silber und die Pastellfarben der Chintzmuster bringen ein
seltenes Gemisch von klarer Schönheit und ruhigem Anstand zuwe-
ge, das auch den Ton der menschlichen Begegnungen in solchen
Räumen bestimmt.

Konrad Adenauer saß im Anschluß an das Abendessen mit Winston Churchill zusammen. Heinz Weber dolmetschte. Man macht
sich in der Verwaltungsmaschinerie der Außenministerien und vor
allem in den Haushaltsausschüssen der Parlamente selten Gedanken darüber, welche Bedeutung die kunstvolle Überwindung der
Sprachbarriere für die zwischenstaatlichen Verhältnisse hat. Heinz
Weber verstand es, die Mentalität der Gesprächspartner, die Atmosphäre, die Betonung und die Dramaturgie des Gesprächs mitzu-
übersetzen. Das macht den großen Dolmetscher aus.

Wie Konrad Adenauer und Winston Churchill so dahinplauder-
ten, entspannt und doch darauf bedacht, von Zeit zu Zeit ein kleines
Kompliment oder eine kleine Bosheit an die Adresse des anderen
fallen zu lassen, trat Churchills wissenschaftlicher Berater, Lord
Cherwell, an den Tisch der beiden, die ihn einluden, bei ihnen Platz
zu nehmen.

Ob er den Herren ein Frage stellen dürfe, meinte Lord Cherwell.
Es handle sich um eine Frage, die ihn schon lange Zeit beschäftige
und auf die die beiden Herren gewiß eine treffliche Antwort wüßten. Die beiden alten Männer nickten und erwarteten die Frage von
Lord Cherwell ein wenig mißtrauisch.

»Wenn Gott die Welt noch einmal zu schaffen hätte und die beiden Herren fragen würde, was er das zweite Mal anders machen
solle, damit die Welt besser würde – was würden Sie, meine Herren,
dem lieben Gott raten?«

Ohne Zögern antwortete Winston Churchill als erster wie aus
der Pistole geschossen: »Lieber Gott, würde ich sagen, Du solltest

dafür sorgen, daß die Menschen nicht mehr fliegen können, und jedes Land sollte so wie England von einem Kanal umgeben sein.« Konrad Adenauer wiegte ein wenig bedenklich das Haupt. »Das ist mir zu britisch gedacht. Ich würde dem lieben Gott sagen: als Du die Welt das erste Mal erschaffen hast, hast Du der menschlichen Klugheit Grenzen gesetzt, nicht aber der menschlichen Dummheit. Wenn Du die Welt noch einmal erschaffst und wenn Du sie besser machen willst, dann setze doch auch der menschlichen Dummheit Grenzen!«

Darauf Winston Churchill in der ihm eigenen trockenen, sarkastischen Art: »Das klingt zwar ganz gut; aber das könnte manchen von uns bei der Arbeit hindern.«

Die menschliche Dummheit muß Konrad Adenauer immer wieder beschäftigt haben. Auch einen Kirchenfürsten fragte Konrad Adenauer einmal, wie es theologisch zu erklären sei, daß Gott alle weltlichen Dinge endlich, die Dummheit aber grenzenlos geschaffen habe. Der Kirchenfürst murmelte etwas von »interessante Frage« und hüllte sich in Schweigen. Er wäre nicht sosehr in Verlegenheit geraten, wenn er sich bei Thomas von Aquin besser ausgekannt hätte. Der große Kirchenlehrer, der über die Dinge der Welt und über die Menschen mehr nachgedacht hat als alle seine Zeitgenossen, fand auch eine erschöpfende Definition der Dummheit. Sie reicht in die letzten Tiefen der menschlichen Natur. Insofern ist es weder ein theoretisches noch ein unnützes Unterfangen, der Dummheit ihren gebührenden Platz in der Geschichte und in der Politik einzuräumen. Da die Dummheit in der Unzulänglichkeit des Menschen ihre Wurzel hat, die Politik aber notwendigerweise von solchen unzulänglichen Menschen »gemacht« wird, trägt die Besinnung über das Phänomen der Dummheit auch zum besseren Verständnis der Politik bei.

Der Leser wird schon bemerkt haben, daß es das Anliegen dieses Buches ist, die Frage, warum alles so gekommen ist, wenn nicht vollständig zu beantworten, so doch mit einer ungewohnten Belichtung zu versehen. Für einen Augenblick sollten die Scheinwerfer amtlicher Darstellungskunst oder parteiischer Propaganda erlöschen, damit auch die unzulänglichen Seiten der menschlichen Natur in der Politik zum Vorschein kommen können, wenn sich die Menschen daranmachen, politische Entscheidungen zu treffen, oder, was ebenso schwerwiegend sein kann, ihnen aus dem Wege zu gehen.

Thomas von Aquin sagt: »Das Wort ›Dummheit‹ stammt offensichtlich von Starrheit ... Dummheit bedeutet eine Stumpfheit des Herzens und eine Abstumpfung der Sinne ... und deshalb wird die Dummheit mit Recht der Weisheit entgegengesetzt.« Daraus geht eindeutig hervor, daß die Dummheit nicht das Gegenteil von Intelligenz ist. Das heißt: auch ein intelligenter Politiker kann in seinen Entscheidungen im höchsten Maße dumm sein. Das hat man schon viele Male erlebt. Jedermann hat dafür Beispiele zur Hand. Sie brauchen hier nicht besonders ausgebreitet zu werden.

Wem die ganzheitliche, aus der mit der Erbsünde belasteten menschlichen Natur abgeleitete Definition nicht zusagt, weil er an die Erbsünde nicht glaubt, kann auch mit Hilfe der bekannten Lexika der Lösung näher kommen. Meyers Großes Konversationslexikon bezeichnet die Dummheit als die »mangelhafte Fähigkeit, aus Wahrnehmungen richtige Schlüsse zu ziehen«.

Eine besondere Form von partieller Dummheit, die auch für die Erforschung der politischen Dummheit von Interesse sein dürfte, wird von einigen Psychiatern als »Salon-Blödsinn« oder »höherer Schwachsinn« bezeichnet. Darunter verstehen sie das plötzliche Aussetzen der verstandes- und wissensmäßigen Orientiertheit bei sonst intelligenzmäßig unauffälligen, gut angepaßten und gebildeten Personen. Diese Spielform der Dummheit kommt der Wirklichkeit der Dummheit in der Politik schon recht nahe.

Robert Musil sieht den Hauptgrund für die Häufigkeit des Auftretens der Dummheit in der unmittelbaren Verwandtschaft von Dummheit und Eitelkeit. Wir kennen dieses Verwandtschaftsverhältnis aus der bekannten Volksweisheit, daß Dummheit und Stolz auf einem Holz wachsen. Aber solche tiefsinnigen Betrachtungen unserer Vorfahren gewinnen eine aktuelle Bedeutung, wenn man sie auf die Analyse unserer Zeit überträgt, wie Robert Musil es getan hat:

Und so vorhin von der Eitelkeit die Rede war, darin Völker und Parteien sich heute in Ansehung ihrer Erleuchtung überheben, muß jetzt nachgeholt werden, daß die sich auslebende Mehrzahl – geradeso wie der einzelne Größenwahnsinnige in seinen Tagträumen – nicht nur die Weisheit gepachtet hat, sondern auch die Tugend und sich tapfer, edel, unbesieglich, fromm und schön vorkommt; und daß in der Welt besonders ein Hang ist, daß sich die Menschen, wo sie in großer Zahl auftreten, alles gestatten, was ihnen einzeln verboten ist.

Arthur Schopenhauer hatte gewiß unrecht, der deutschen Nation eine »überschwengliche Dummheit« zu bescheinigen, derentwegen er sich geschämt habe, ihr anzugehören. Da die Dummheit zur Natur des Menschen gehört wie seine Sterblichkeit, dürfte sie über alle Nationen der Erde etwa gleichmäßig verteilt sein. Es wäre ein zu einfaches Weltbild, den einen die Weisheit und den anderen die Dummheit zuzuschreiben. Dann wäre ja die Welt, die sich seit Jahrtausenden um Frieden und Gerechtigkeit müht, entweder längst zum Gottesstaat auf Erden geworden oder in den Abgrund gestürzt. Dies schließt jedoch die gelegentliche Beobachtung nicht aus, daß der jeweilige Anteil von Weisheit und Dummheit von Epoche zu Epoche schwanken kann.

Auch die Frage, ob Weisheit und Dummheit auf die mit der Führung der Staatsgeschäfte beschäftigten Männer immer in gleicher Weise verteilt sind, hat damit nichts zu tun. Wenn Thomas von Aquin die Dummheit als eine Stumpfheit des Herzens und als eine Abstumpfung der Sinne gegenüber Gott ansieht, rückt er sie in den Bereich der Sünde. Die Weisheit indessen wird der Gnade zugeordnet.

Unsere eigene Geschichte hat uns gelehrt, daß es Zeiten gab, in denen das deutsche Volk nicht die Gnade besaß, an seiner Spitze weise Politiker zu haben. Man kann sagen, daß die Stumpfheit der Herzen und die Abstumpfung der Sinne die Verbrechen des »Dritten Reiches« besser erklären können als alles andere. Wir sagen ja auch, daß der Zweite Weltkrieg schlimmer war als ein Verbrechen, nämlich eine Dummheit.

Winston Churchill und Konrad Adenauer mögen, als sie 1953 so gemütlich über die Dummheit in der Politik plauderten, auch diesen ernsten geistigen und historischen Hintergrund im Sinn gehabt haben. Der alte Praktiker Churchill hat sicherlich nur an die Dummheit der anderen gedacht, als er befürchtete, die Begrenzung der menschlichen Dummheit könnte »manchen von uns« die Arbeit erschweren. Und auch Konrad Adenauer hat an einen bestimmten Parteifreund gedacht, als er später einmal sagte: »Sie wissen ja nicht, wie dumm Politiker sein können.«

Für beide Staatsmänner wäre es wohl zuviel verlangt gewesen, sich selbstkritisch miteinzuschließen in diese Betrachtungen, denn sie hielten sich lieber an Gregor den Großen als an Thomas von Aquin. Nach dem »Knecht der Knechte Gottes« wird die Gabe der Weisheit gegen die Dummheit verliehen.

Die beiden berühmtesten Aussprüche über Dummheit und Politik gehen auf zwei verschiedene Quellen zurück. Die eine hat sich wohl als historisch, die andere als Legende erwiesen. Papst Julius III. (1487–1555) hat einem portugiesischen Mönch, der ihn ob seiner großen Bürde bemitleidete, gesagt: »Weißt du denn nicht, mein Sohn, mit wie wenig Verstand die Welt regiert wird?« Der schwedische Kanzler Axel Oxenstierna (1583–1654) soll gesagt haben: »Wenn du wüßtest, mein Sohn, mit wieviel Dummheit die Welt regiert wird!«

Horst Geyer, Verfasser des Buches »Über die Dummheit«, meint, Axel Oxenstierna »wird die Sentenz päpstlicher Weisheit zitiert haben, wie manches andere auch«. Dies scheint mir unwahrscheinlich, und selbst wenn es sich so verhalten sollte, dann trifft die Legende genauer ins Ziel als die Historie. Man darf annehmen, daß der Staatsmann Oxenstierna schon gewußt hat, warum er die Welt von der Dummheit und nicht vom mangelnden Verstand regiert sah. Dummheit hat mit mehr oder weniger Verstand nichts zu tun. Sie kann auch im Gewande des Verstandes, der geschliffenen Rede, der Schlauheit und sogar des vorübergehenden Erfolgs auftreten. Das macht es eben so schwer, sie als Dummheit zu erkennen. Der Geist, schreibt La Rochefoucauld, leiht uns oft gerade dort, wo wir Dummheiten machen, die kräftigste Unterstützung.

Ebensowenig hat Weisheit mit Verstand, Intelligenz oder vorübergehendem Erfolg zu tun. Das macht es um so leichter, dem Intellekt zu huldigen. Weisheit ist Einsicht in die Dinge, Einsicht in die tiefen Zusammenhänge, die der Mensch nicht in seiner Hand hat, die er aber bei seinen Entscheidungen respektieren muß. Winston Churchill hat einmal gesagt, daß man die politischen Probleme nicht mit dem Kopf allein erfassen könne; man spüre sie in den Knochen oder überhaupt nicht.

Caspar Hilzinger hat das Nachdenken über die Dummheit in der Politik stets als eine Spielerei empfunden, bis ihm eines Tages klar wurde, daß die politischen Fragen, vor denen die Menschheit heute steht, infolge der naturwissenschaftlichen Entwicklung von anderer Qualität sind als die früheren. Während der Volksmund bisher geneigt war zu sagen, Dummheit sei verzeihlich, so kann eine dumme Entscheidung heute oder morgen der Menschheit das Ende bereiten.

Nochmals zurück zu Thomas von Aquin. Er begründete den Begriff der Dummheit theologisch. Dumm ist nach seiner Auffassung, wer aus Starrheit, Stumpfheit, Uneinsichtigkeit oder Eitelkeit Entscheidungen gegen seine letzte und höchste Bestimmung, Gott, trifft. Auf das diesseitige Feld der Politik übertragen heißt das, daß die Starrheit des Geistes, die Stumpfheit der Sinne und die Eitelkeit den Politiker unfähig machen, sein politisches Ziel zu erreichen.

Der Staatsmann, der in unserer Zeit weise handeln will, muß seine politischen Entscheidungen dem letzten und höchsten Ziel unterwerfen. Er muß die physische und moralische Erhaltung des Menschengeschlechts selbst zur Richtschnur seines Handelns machen. Wer diese oberste Sorge außer acht läßt, wird sich um mehr Frieden, um mehr Gerechtigkeit und mehr Sicherheit in der Welt vergeblich bemühen.

Wenn wir uns in der heutigen Welt ein wenig umsehen, so wird uns leichter Schwindel erfassen. Alle diese Eigenschaften, die die Dummheit hervorbringen, sind im Übermaß vorhanden. Manchmal tragen sie andere Namen: Intoleranz, Roheit, Brutalität, Borniertheit, Eitelkeit und vermeintliche Unersetzlichkeit. Diese Eigenschaften erfüllen die Welt, so wie sich Krankheitserreger dort aufhalten. Sie werden durch die Massenmedien tausendfach vergrößert und millionenfach propagiert. Langsam, aber sicher wird die Dummheit als erstrebenswertes Ziel der Menschheit angeboten. Daher ist es kein Wunder, daß unsere Welt von dummen politischen Entscheidungen nur so strotzt, so daß der Staatsmann, der keine Entscheidungen trifft, um ganz sicherzugehen, schon als groß gilt.

Eugen Gürster schildert ein Kindheitserlebnis aus dem Ersten Weltkrieg: Als die ersten Kanonen aus der Schlacht in Lothringen im Triumph nach München gebracht wurden, habe ein Professor, der mit seinen Studenten in der Nähe stand, geäußert, daß es der Geist Kants, der Geist Fichtes gewesen sei, der hier gesiegt habe. Unweit davon unterhielten sich drei Bauern aus der Miesbacher Gegend. Sie sprachen von ihrer Sorge um die Zukunft, ihrer Angst vor dem Kommenden. »Jetzt jubeln sie alle«, meinte einer der Bauern, »aber morgen werden viele von den Jubelnden weinen.«

Professorale Dummheit und bäuerliche Weisheit waren sich für einen Augenblick auf dem Odeonsplatz in München begegnet.

»Wer über das Rätsel der Dummheit nachdenkt und über seine Funktion im Getriebe des Lebens, wird der Einsicht nicht ausweichen können, daß es gleich dem Rätsel des Leidens und des Todes ein Teilaspekt des Geheimnisses des Lebens selbst ist.«

Scherben unserer Träume

*In der Wurstelei unseres Jahrhunderts, in diesem Kehraus der
weißen Rasse, gibt es keine Schuldigen und keine
Verantwortlichen mehr.*

Friedrich Dürrenmatt

Nichts mehr von Dauer. Es ist unheimlich.

Karl Jaspers

*Kommt, Kinder, wir wollen die Bude schließen und die Puppen
einpacken – unser Stück ist aus.*

William Thackeray

ICH HABE CASPAR HILZINGER IM SOMMER 1979 zum letztenmal gesehen und gesprochen. Er war gerade im Begriff, Bonn zu verlassen; jenes linksrheinische Bonn, das vor dreißig Jahren durch den
Willen eines alten Mannes so etwas wie eine Hauptstadt geworden
ist.

Für Bonn bleibt es eine dauernde Versuchung, sich als »provisorische« Hauptstadt mit Berlin, Paris, Rom oder London, wenigstens was das Protokoll angeht, auf eine Stufe zu stellen. Als die
alte, ganz aus Holz gebaute Beethovenhalle noch stand, war die
Stadt ein freundlicher Kartengruß aus einer lieblichen Rheinufer-
landschaft gewesen, inzwischen aber ist sie durch den Mangel an
Kompetenz und Verantwortung zu einem städtebaulichen Mon-
strum geworden. So wie die Behausung eines Menschen etwas über
seine innere Beschaffenheit aussagt, ist eine Hauptstadt, und sei sie
auch nur »provisorisch«, das getreue Abbild eines Landes. Wir haben nicht nur »Deutschland in den Grenzen von 1937« verloren;
uns fehlt auch die Hauptstadt.

Bei unserem letzten Gespräch, aber auch schon bei der einen
oder anderen Gelegenheit in früheren Jahren, gewann ich den Eindruck, Caspar Hilzinger werde der Abschied von Bonn nicht
schwerfallen. Im Gegenteil: als sich die Gelegenheit bot, den Staats-
dienst ein wenig vorzeitig zu verlassen, machte er von dieser Möglichkeit Gebrauch, als handle es sich darum, zum erstenmal in seinem Leben einen Schritt in die Freiheit zu tun.

Ein Erlebnis aus dem Jahre 1975 hat sicherlich zu dem Entschluß beigetragen, Bonn und allem, was damit für ihn verbunden war, den Rücken zu kehren, und zwar für immer. Bei einem Besuch der Sowjetunion kam Caspar Hilzinger auch nach Samarkand. Timur der Große, auch Tamerlan genannt, hatte von seiner dortigen Hauptstadt aus um das Jahr 1400 herum ausgedehnte Feldzüge unternommen. Sie führten ihn bis in die Türkei und weite Gebiete Rußlands, sowie tief in den Orient und nach Indien.

Timur der Große soll seinen Vorgänger Dschingis-Khan an Wildheit und Grausamkeit noch übertroffen haben. Gleichzeitig galt er in seiner Zeit als Dichter, Philosoph und Astronom. In Samarkand haben er und seine Nachfolger die wohl eindrucksvollsten islamischen Baudenkmäler Zentralasiens geschaffen, so das imposante Gur-Emir-Mausoleum mit seinen türkisblauen und goldenen Mosaikplättchen, die die riesige Kuppel bedecken. Wie aus Tausend-und-einer-Nacht. Dort hat Timur der Große nach einem wilden Eroberedasein seine letzte Ruhe gefunden.

Über dem Eingang zum Gur-Emir-Mausoleum befindet sich eine arabische Inschrift, die die begleitende Archäologin bereitwillig übersetzte. Diese Inschrift, sagte sie, stamme von Timur selbst; auf seinen Wunsch sei sie über dem Eingang zu den Timuridengräbern angebracht worden. Der Spruch beweise, daß Timur nicht nur ein brutaler Despot und Eroberer gewesen sei, sondern auch ein feinsinniger Geist. Die Inschrift laute in der Übersetzung:

Glücklich ist, wer die Welt verläßt, bevor sie auf ihn verzichtet!

In der Tat handelt es sich da um eine tiefe Wahrheit, die von großer Weisheit zeugt. Caspar Hilzinger war von dem Spruch Timurs so ergriffen, daß er das Archäologische Institut in Kairo bat, eine getreue Kopie anzufertigen. Sie ist heute in die Wand seines Schwarzwaldhauses eingelassen.

Gehen, bevor man weggeschickt oder weggelobt wird, das schien Caspar Hilzinger fast so wichtig wie das Leben selbst. Das Notwendige aus eigenem Entschluß vollziehen, war für ihn ein Stück Freiheit. Ohne abergläubisch zu sein, meinte er doch, daß man mit solchen tiefen Weisheiten eines Timur keinen Spott treiben dürfe. So etwas müsse man ernst nehmen. In dieser Überzeugung wurde Caspar Hilzinger noch bestärkt, als er von der Prophezeiung Timurs hörte, daß ein großes Unglück über die Welt kommen werde, falls sein Grab eines Tages geschändet würde.

Am 18. Juni 1941, so erzählte die Archäologin, habe ein wissenschaftliches Team die Timuridengräber geöffnet. Dabei sei man auch auf das Grab des Timur gestoßen, dessen Skelett identifiziert werden konnte, weil ein Bein kürzer als das andere gewesen sei. Timur habe seinen legendären Beinamen »der Eiserne Lahme« zu Recht getragen.

Am 22. Juni 1941, am Tage des deutschen Überfalls auf die Sowjetunion, hätten sich die Gebeine Timurs auf dem Bahntransport nach Moskau befunden. Plötzlich habe man sich an die Prophezeiung Timurs erinnert. Marschall Stalin selbst habe den Befehl gegeben, umzukehren und die sterblichen Überreste Timurs wieder in Samarkand beizusetzen und das Grab so massiv mit Beton zu verschließen, daß es nie wieder geöffnet werden könne. Man stelle sich vor: Josef Stalin, der Despot, der Materialist, der Atheist, der Marxist-Leninist, beugte sich der Legende des Timur. Warum sollte da Caspar Hilzinger den Spruch vom Glück des Menschen, der die Welt rechtzeitig verläßt, nicht ernst nehmen?

Das war, so dachte er, keine Geschichte zum Kokettieren und zum Spielen. Sonst kann es einem passieren, daß Timur ein Opfer fordert, exekutiert durch Leute, die gern auf einen verzichten.

Die Einsicht in das unvermeidliche Ende jedes Berufslebens, ja des Lebens überhaupt, hat nichts mit Resignation zu tun. Diese Einsicht ist es, die dem Menschen am Ende eines arbeitsreichen Lebens den schönsten Lohn verheißt: die Möglichkeit, in aller Ruhe und innerer Losgelöstheit eine abschließende Inventur der gelebten und erlebten Zeit aufzustellen. Woher kommen wir, wohin gehen wir? Welche Hoffnungen haben sich erfüllt, welche sind Scherben geblieben? Man muß die Welt eben »verlassen«, wenn man sie richtig erkennen will.

Ein anderes Erlebnis hat Caspar Hilzinger in seinem Entschluß, vorzeitig von Bonn wegzugehen, noch bestärkt. Eines dieser famosen Wochenmagazine gab eines Tages ein Hintergrundgespräch mit Caspar Hilzinger in sensationeller und entstellter Weise wieder. Das Ergebnis war, daß ein jahrelanges Arbeits- und Vertrauensverhältnis in seinem Amt nachhaltig gestört wurde. Caspar Hilzinger hatte wohl schon damals nicht mehr den Willen, sich mit dieser Sorte Journalisten herumzuschlagen. Was soll es, mag er sich gesagt haben, sich mit Reportern und Herausgebern herumzubalgen, die offensichtlich an tiefreichenden Verklemmungen litten. Nur Auflagenhöhe und Geld konnten ihnen vorübergehend Linderung verschaffen.

Caspar Hilzinger zog sich zurück, weit weg, aufs Dorf, wo er hergekommen war. Für ihn hatte sich der Kreis geschlossen. Ende gut, alles gut.

Manchmal erinnert ihn sein Leben im Hochschwarzwald an »Tiefland«, die Oper von Eugène d'Albert, die er als Kind im Stadttheater Konstanz gesehen hatte. Es hat schon etwas auf sich mit den Menschen, die über dem Nebel des Tieflands leben. Sie sind nicht besser als die Menschen im Tal; aber sie leben in reinerer Luft, mit klarer Sicht. Die klare Sicht ist Caspar Hilzinger auch in den Fragen der Diplomatie bis heute geblieben. Sie richtet sich jetzt auf die Zukunft.

Die Gegenwart ist aus den letzten drei Jahrzehnten gewachsen. Und die vor uns liegende Zukunft wird entscheidend davon geprägt, was wir heute tun oder unterlassen. Die bundesdeutsche Vergangenheit der letzten dreißig Jahre ist mit wenigen Worten so umschrieben: materieller Wiederaufbau ohne Beispiel; politische Restauration nach vielen Vorlagen der Geschichte; Versagen in der europäischen Einigung, dafür Teilhabe an der Sicherheit des atlantischen Bündnisses, sofern und soweit die Abschreckung funktioniert; große individuelle Freiheit, hingegen ein Staats- und Verfassungsgefüge, das seine Bewährungsprobe in schweren Zeiten noch nicht abzulegen brauchte; vorbildliches Verhältnis Staat-Gewerkschaft, dafür ein Sozialstaat an der Grenze seiner Leistungsfähigkeit; industrielle Produktion von nie gekannter Höhe, dafür überproportionale Abnutzung der wirtschaftlichen Infrastruktur und der ökologischen Grundlagen; eine wachsende Kluft zur Jugend, die doch unsere Zukunft sein soll; ein Gastarbeiterproblem, das zum Minderheitenproblem zu werden droht; ein Volk, das in weiten Teilen der Welt, nicht zuletzt in Europa, die Tragik der Amerikaner teilt: trotz aller Anstrengungen nicht geliebt zu werden. Denn: die Reichen liebt man nicht!

Die Gegenwart: Der Bürger hat die Errungenschaften der Vergangenheit konsumiert; jetzt kommen die Fragen. Wohin soll das alles führen? Wie viele tausend Kilometer Autobahn wollt ihr noch bauen, ehe das Land zubetoniert ist? Sind denn die Amerikaner wirklich noch die Weltmacht Nummer Eins? Und führt die pausenlose Rüstung in Ost und West nicht gerade zum Gegenteil dessen, was sie bezwecken soll? Werden die angehäuften Waffen eines Tages nicht »von selbst« losgehen? Was soll aus all dem, was wir in dreißig Jahren geschaffen haben, werden, wenn wir das Energie- und Rohstoffproblem nicht lösen können? Muß es denn sein, daß unsere politischen Parteien die großen Fragen in künstlicher Polarisierung so zelebrieren, wie sie es seit je getan haben? Spüren unsere Politiker denn nicht, daß eine völlig neue Welt heraufzieht? Die Gegenwart, das sind Fragen über Fragen, Zweifel über Zweifel. Da, wo Vertrauen und Zuversicht herrschen sollten, greifen Mißtrauen und Unsicherheit um sich. Mangelnde Führungsqualitäten werden mit dem Pluralismus der Meinungen entschuldigt. Verstöße gegen die menschliche Solidarität und zunehmende Illoyalitäten sind zu verbreiteten Methoden der Konkurrenzbewältigung im politischen Alltag geworden. Man ist entweder am oder weg vom Fenster. Der wachsende Wohlstand hat uns allen gefallen, aber er hat uns nicht zu besseren Menschen gemacht. Die liberalste, freiheitlichste Verfassung, die wir je besaßen, lassen wir in Feierstunden gerne hochleben. Aber wir weichen der Frage aus, ob die Deutschen der achtziger Jahre liberale, freiheitliche, demokratische und tolerante Bürger geworden sind.

Wenn wir den Problemen der Zukunft standhalten sollen, die eine universelle Bedrohung unserer westeuropäischen Lebensweise anzeigen, reichen ein paar Sonntagsreden und sonstige Beschwichtigungen nicht aus. Unser verkrustetes Bewußtsein das den Besitzstand stets zu verteidigen und zu rechtfertigen versteht, muß aufgesprengt werden. Es muß aufnahmebereit gemacht werden für die Gefahren der Zukunft, die viel differenzierter, komplexer und viel umfassender sind als alles, was wir bisher an Gefährdungen erlebt haben.

»Machen Sie sich keine Illusionen«, sagte einmal der erfahrene französische Botschafter in Bonn, Olivier Wormser, zu Caspar Hilzinger, »die Menschen und Völker kommen nicht durch die Ratio zur Einsicht, sondern nur durch den Zwang der Ereignisse. Die Diplomatie aber wird mit diesen Zukunftsproblemen nur fertig werden können, wenn sie über Menschen mit Herz (hommes de coeur) verfügt.«

Die internationale Wirklichkeit zu Beginn der achtziger Jahre bietet genug Anlaß, über solche Worte nachzudenken. Europa, einst die Hoffnung der aus dem Krieg heimkehrenden Generation, gefällt sich wie eh und je darin, die kleinen Spielchen des Besserwissens, des Besserkönnens, des Gegeneinander-Ausspielens, zu treiben. Von gemeinschaftlichem Bewußtsein keine Spur. Die uralten Schablonen von der »blauen Linie der Vogesen«, von »Rapallo«, vom »perfiden Albion« haften noch immer in unserem Denken. Regierungen europäischer Länder geraten auch heute noch in Hochstimmung, wenn sie dem Partner ein Schnippchen schlagen können, und genießen die gelungene Überraschung. Der Traum von einem vereinten, solidarischen Europa, der auch der Traum von einer neuen Gesellschaft war, ist ausgeträumt. Wir sind nur noch nicht aus dem Traum erwacht. Den Schaden trägt die kommende Generation und der Weltfrieden.

Die Mittelmeer-Region, das »mare nostrum«, entgleitet dem europäischen Einfluß. Die Völker dort haben lange genug auf ein Zeichen aus Europa gewartet, auf Sympathie, auf Richtungsweisung und das wirtschaftliche Instrumentarium. Dies brauchen die Völker dort, wenn sie ihre Zukunftsprobleme bewältigen sollen. Statt dessen erwacht der Islam zu neuer anti-europäischer Virulenz und verbindet die materiellen Erwartungen seiner Völker mit religiösem Fanatismus zu einer gefährlichen Mischung. »Das nächste Mal wird es kein Poitiers mehr geben«, hat Charles de Gaulle gesagt.

Der Rüstungswettlauf frißt große Teile des Sozialproduktes auf, die zu einer ernsthaften Besserung der Lebensverhältnisse in der unterentwickelten Welt und zur Abwendung weltweiter Hungerkatastrophen benötigt werden. Die Probleme der Energieversorgung, verbunden mit äußerst prekären geopolitischen Verhältnissen im Mittleren Osten, haben die Industrienationen in eine existenzielle Abhängigkeit von unstabilen Regierungen gebracht, die ohne Beispiel in der Geschichte dasteht. Man muß schon ein großer Zyniker oder ein Dummkopf sein, wenn man die politische Sprengkraft dieser Probleme nicht einzusehen vermag. Dabei geht es um Probleme, die eine unerschrockene Analyse erfordern. Und die mutige Entscheidung.

Der Appell an die Diplomatie reicht nicht mehr aus. Die Diplomatie kann ihre Aufgabe nur in einer Welt erfüllen, die zivilisiert ist und sich an ein Minimum von Spielregeln hält. Unsere Zivilisation hat Regeln hervorgebracht, die für alle verbindlich waren und an die sich alle gehalten haben. Wer sie nicht beachtete, verfiel der allgemeinen Verachtung. Und selbst damit war es oft schwer genug, den Konflikt zu vermeiden.

Heute aber sehen wir, daß das Völkerrecht, eine Frucht abendländischer Kultur, mit Füßen getreten wird. Das internationale Faustrecht verdrängt das Völkerrecht immer mehr. Regierungen werden zu Geiselnehmern; sie senden Mordkommandos in die

Welt, um innenpolitische Opponenten zu liquidieren, machen sich zum Komplizen eines weltweiten Terrorismus, der keine Grenzen kennt. Ortega y Gasset hat das wohl gemeint, als er vom »vertikalen Einbruch der Barbarei in unsere Zivilisation« sprach. Mit den Kräften einer barbarischen Welt fertig zu werden, übersteigt das Vermögen der Diplomatie. Wenn eine kranke Gesellschaft gesund werden, wenn sie sich regenerieren will, muß sie sich zunächst wieder auf die Fähigkeiten und Tugenden besinnen, durch die sie einst groß geworden ist. Es genügt nicht, eine größere Rolle in der Welt spielen zu wollen. Die europäischen Länder müssen vorher ihr eigenes Haus in Ordnung bringen.

Die Verantwortung der Generation, die die Zeit nach dem Zweiten Weltkrieg maßgeblich mitgestaltet hat, ist nicht gering. Sie kann auch auf viele positive Ergebnisse ihres Wirkens hinweisen. Längere Zeit als je in der neueren Geschichte hat in Europa Friede geherrscht. Höher als je zuvor ist der materielle Wohlstand, wenn er auch ungleich verteilt wird. Doch die Völker haben ebensowenig das Recht wie der einzelne, sich mit dem Erreichten zufriedenzugeben. Sie müssen sich jetzt neuen Horizonten zuwenden, die uns den Blick für morgen freigeben. Solange in der Welt Ungerechtigkeit und Krieg herrschen, stehen sie ungebrochen in der Verantwortung, weil sonst Ungerechtigkeit und Krieg sie eines Tages selber zerstören werden.

1941, AN DER ROLLBAHN IN UNMITTELBARER NÄHE MOSKAUS, hat der Unteroffizier Karl König wenige Augenblicke vor seinem Tod auf dem Hauptverbandsplatz zu Caspar Hilzinger gesagt, daß er gern sterbe »für das Reich«. Ich habe seither, in all den Jahren seit 1945 nicht herausfinden können, welches »Reich« Karl König gemeint haben kann. Es ist mir nicht klargeworden, welches »Reich« seinen Tod hätte rechtfertigen können. Er ist wahrscheinlich für einen Traum gefallen.

Und wir, die aus dem Krieg Heimgekehrten, wofür haben wir gelebt, leben dürfen? Wir haben gelebt. Wir wurden zu Zeugen der Zeit. Wir haben unsere Erinnerungen, die Scherben unserer Träume aufgehoben und versucht, aus ihnen ein Ganzes zu machen. Aber aus Scherben entsteht kein Ganzes. Das Ganze und das Heile sind ein Traum.

So lautet denn die entschlüsselte Botschaft für die nächste Generation: Habt Mut zum Traum eurer Zukunft! Denn: »Die Republik ist ein Traum, und nichts geschieht, es gebe denn vorher einen Traum« (Carl Sandburg). Träumt mehr, als dies meine Generation getan hat. Sie hatte wenig Gelegenheit dazu. Sie hat sich zu sehr über die Scherben beugen müssen.

Namenregister

Achenbach, Ernst 285, 293
Acheson, Dean 327
Achminow, Hermann 325
Adenauer, Konrad 16–20, 25, 29, 31,
 34–36, 40 f., 43–46, 50, 59, 71–88, 93,
 95, 97, 102–108, 119 f., 122, 149, 186,
 193, 210, 254, 262, 276, 325, 327 f.,
 357, 366, 371, 381–383, 385
Adenauer, Paul 106
Albert, Eugène d' 392
Alexandrow, Professor 217
Aman Ullah, König von Afghanistan
 355
Aphalele, Ezkiel 185
Aretin, Karl Otmar Freiherr von 336
Aron, Raymond 49, 110, 247

Bahr, Egon 197, 281–284, 291–293, 349
Balfour, Arthur James 249
Barrès, Philippe 63
Barzel, Rainer 122, 313, 321 f.
Baudelaire, Charles 36
Baumeister, Willi 18 f.
Becker, Bernhard 9, 111, 116
Beer, Max 36, 212, 374 f.
Begin, Menachem 276
Bell, Wolf J. 330 f.
Benn, Gottfried 7
Bernanos, Georges 34 f., 46
Bernini, Gian Lorenzo 105
Bidault, Georges 42
Bismarck, Otto von 16, 35, 85, 87, 97,
 251, 324, 333, 368
Blank, Theodor 82 f.
Blankenhorn, Herbert 45, 371
Bloy, Léon 171
Blum, Léon 54
Bonaparte, Lätitia 350
Bongras, Eugène 14
Boulanger, Georges 51, 64
Bouteflika, Abdul Aziz 176 f.
Brandt, Rut 330
Brandt, Willy 29, 47, 97, 126 f., 131 f.,
 180 f., 195, 202, 205, 213 f., 216,
 223–226, 261–266, 268 f., 273 f., 277,
 299, 330 f., 334 f., 337, 347
Brecht, Bertolt 171, 303
Breitbach, Joseph 34
Brentano, Heinrich von 29, 40, 44 f., 78,
 82, 84, 106, 186, 359
Breschnew, Leonid 202, 347 f., 368 f.

Briand, Aristide 36 f.
Brimelow, Sir John 365
Brosio, Manlio 109
Brunet, Jean-Pierre 363
Brunner, Guido 162, 197
Burckhardt, Carl Jacob 24
Byrnes, James 77

Carstens, Karl 106, 214, 216
Carter, Jimmy 275 f., 366, 368 f.
Chamberlain, Houston Stewart 110
Chanderli 162 f.
Cherwell, Frederick Alexander Linde-
 mann, Lord 382
Chnoupek, Bohuslav 201
Choe 237, 241
Choi Kyu-Hah 228–230, 232 f., 243,
 247
Chruschtschow, Nikita 149, 155, 157,
 160
Chung 239, 241, 245
Churchill, Sir Winston 62 f., 75, 81,
 108 f., 129, 382 f., 385
Claudel, Paul 35
Cornelis, Henri Arthur 187–192, 210 f.
Coty, René 57
Couve de Murville, Maurice 96
Czyrek, Józef 200, 320

Dajan, Moshe 274
Debré, Michel 34 f., 43 f., 58, 328
Delacroix, Eugène 54
Dietrich, Bernhard 324
Dilthey, Wilhelm 372
Dostojewski, Fjodor M. 279
Dschingis-Khan 390
Duckwitz, Georg Ferdinand 214, 292,
 316, 333
Dürrenmatt, Friedrich 389
Dulles, John Foster 91
Dutourd, Jean 39, 135

Eban, Abba 205, 249, 253
Einstein, Albert 381
Elisabeth II., Königin von England 136
Elsen, Franz M. 15
Eppler, Erhard 182
Erhard, Ludwig 95–97, 120, 122 f., 130,
 144, 213, 254
Erler, Fritz 16
Eschenburg, Theodor 213

Die Fotos stammen aus dem Archiv
des Verfassers.